Bernhard Grom • Religionspsychologie

D1726295

Bernhard Grom

RELIGIONSPSYCHOLOGIE

VOLLSTÄNDIG
ÜBERARBEITETE
DRITTE AUSGABE

Kösel

Bernhard Grom
Religionspsychologie

Vollst. überarbeitete 3. Auflage

Copyright © 2007 Kösel-Verlag, München,
in der Verlagsgruppe Random House GmbH
Umschlag: Kaselow Design, München
Druck und Bindung: Kösel, Krugzell
Printed in Germany
ISBN: 978-3-466-36765-8

Gedruckt auf umweltfreundlich hergestelltem Offsetpapier
(säurefrei und chlorfrei gebleicht)

www.koesel.de

INHALT

ZWEITER TEIL

RELIGIOSITÄT IM WIRKUNGSFELD SOZIALER EINFLÜSSE

ANHANG

Vorwort

Was will Religionspsychologie?

Bei der Europäischen Wertestudie von 1999/2000 erklärten 50,7% der Europäer, Religion sei in ihrem Leben ziemlich oder sehr wichtig, und 57,8% bestätigten, dass sie »aus der Religion Trost und Kraft ziehen«. Letzteres sagten von den Deutschen – unterdurchschnittlich – 49,9%, von den Polen aber – deutlich über dem Mittel – 82% (Halman, 2001).

Religion und Religiosität sind trotz gelockerter Kirchenbindung und fortgeschrittener Säkularisierung bedeutende Faktoren im Leben der Einzelnen und der Gesellschaft geblieben – zu wichtig, als dass die Psychologie sie ignorieren dürfte. Wer Störungen und Ressourcen der Menschen mit den Mitteln psychologischer Forschung und Beratung angehen will, wird diesen Bereich nicht außer Acht lassen, gleich wie er selbst über Glaubensfragen denkt. Nicht wenige Menschen klagen, dass sie weder mit dem Arzt noch mit dem Psychotherapeuten darüber sprechen können, wie sie bei depressiven Verstimmungen im Gebet Zuflucht suchen, in der Trauer um einen lieben Verstorbenen »Erscheinungen« von ihm erleben oder in Sorge sind, wenn sich Tochter oder Sohn einer spirituellen Gruppe angeschlossen haben. Die beträchtliche religiöse Unwissenheit, die in weltanschaulich pluralistischen und stark säkularisierten Gesellschaften herrscht, fördert auch leicht Vorurteile gegenüber »den Kirchgängern«, »den Muslimen« oder »den Sektenanhängern«, die das Zusammenleben belasten. Die Psychologie, die doch in breiten Bevölkerungsschichten die Einsicht in psychische Probleme verbessern konnte, könnte mit ihrer Forschung bei Beratungsprofis sowie im öffentlichen Bewusstsein auch das Verständnis für religiöses Erleben, Denken und Verhalten vertiefen.

Ansätze dazu sind reichlich vorhanden, wirken auf den religionspsychologischen Laien aber unüberschaubar wie ein Dschungel. Es gibt mehrere tausend Veröffentlichungen, die sich in psychologischer Sicht mit religiösen Themen befassen, doch ein umfassendes »Menschenbild«, das uns alles Wesentliche über das Glaubensleben sagt, wird man in ihnen vergeblich suchen; das bieten allenfalls populärwissenschaftliche Erbauungsschriften. Die moderne Religionspsychologie, die mit den Fragebogenuntersuchungen von G. Stanley Hall (1881) und Edwin D. Starbuck (1899) sowie den Fallanalysen von William James (1902) entstand, hat im Windschatten der verschiedenen psychologischen Richtungen ganz unterschiedliche Strömungen entwickelt, die methodisch entweder mehr phänomenologisch und hermeneutisch-tiefenpsychologisch oder aber eher empirischstatistisch ausgerichtet waren (Henning, 2003; Wulff, 1997). Nach dem Abbruch der ersten Forschungsphase in den 1930er-Jahren entwickelte sich in den USA ab 1960 eine »zweite religionspsychologische Bewegung«, die entschieden erfahrungswissenschaftlich arbeitete. Angeregt von Gordon W. Allport (1950), der in seinem Fragebogen eine nutzenorientierte, extrinsische Religiosität von einer überzeugten, intrinsischen unterschied (Allport & Ross, 1967), sowie von Charles Y. Glock (1962), der innerhalb von Religiosität fünf Dimensionen annahm und durch seinen Fragebogen erhob, etablierte sich eine Religionspsychologie, die anschlussfähig war an die wissenschaftliche, akademische Psychologie und Soziologie, weil sie sich um theoretische Grundlagen und Erhebungsmethoden bemühte, die deren Standards entsprachen. Zu ihrer Anerkennung trug auch der Umstand bei, dass diese Forschung größtenteils in psychologischen, medizinischen und sozialwissenschaftlichen Fachbereichen betrieben wurde. Bereits die Pioniere, der Sozial- und Persönlichkeitspsychologe Allport wie auch der Soziologe Glock, arbeiteten an Universitäten ohne theologische Fakultäten, sodass religionskritische Kollegen keinen Grund hatten, ihre Unabhängigkeit von der »religiösen Szene« anzuzweifeln.

Religionspsychologie – Psychologismus – Pastoralpsychologie

Dieser Mainstream-Religionspsychologie, die bis in die Gegenwart zahlreiche Untersuchungen von hohem wissenschaftlichem Niveau hervorgebracht hat, in Europa allerdings schwächer verankert ist (Belzen, 1998; Grzymała-Moszczyńska, 1991b; Henning, 2003), ist das vorliegende Buch verpflichtet. In ihrem Sinne soll hier Religionspsychologie als ein Forschungsbereich oder eine Spezialdisziplin der Psychologie verstanden werden, die mit den Fragestellungen, Konstrukten und Methoden erfahrungswissenschaftlicher Psychologie faktisches religiöses Erleben, Erkennen und Verhalten – kurz: Religiosität – beschreibt und im Hinblick auf ihre psychosozialen und intrapsychischen Bedingungen erklärt und vorhersagt. Im Unterschied zur naturwissenschaftlichen Erklärung klassischer Art bedeutet hier »Erklären« freilich nur eine wahrscheinliche Vorhersage des Verhaltens in bestimmten Situationen. Eine psychologische Erklärung schließt also – sieht man von neurophysiologischen Störfaktoren einmal ab – freies, selbstbestimmtes Verhalten nicht aus, sondern benennt nur Bedingungen und Prozesse, die ihm zugrunde liegen.

So aufgefasst ist Religionspsychologie ein Bereich Angewandter Psychologie, ähnlich wie Umwelt-, Musik-, Betriebs- oder Klinische Psychologie. Tatsächlich wurden die wichtigsten religionspsychologischen Untersuchungen als Anwendungen der Differenziellen, der Klinischen, der Sozial-, der Entwicklungs- und der Gesundheitspsychologie durchgeführt. Religionspsychologie soll innerhalb der Ausbildung künftiger Psychologen und Psychotherapeuten ein angemessenes Verständnis für religiöse Phänomene bei Klienten sowie in der übrigen Bevölkerung gewährleisten. Darum sollte sie idealerweise institutionell dort verankert sein, wo die nötige Kompetenz gewährleistet ist: in den psychologischen Fachbereichen. Die Religionswissenschaft und die Theologie(n) sollten ihr als Gesprächspartner willkommen sein, bringen aber von ihrer Forschungstradition, Fragestellung und Methodik her eine andere, eigene Art von Sachverstand mit.

Um die weltanschauliche Neutralität der Psychologie zu wahren, soll die Religionspsychologie keine Anwendungsziele erforschen, denen bestimmte Wahrheitsansprüche und ethisch-religiöse Normen zugrunde liegen. Denn mit ihrer Fragestellung und ihren Methoden ist sie nur für den *subjektiven* Aspekt religiösen Erlebens, Erkennens und Verhaltens zuständig. Sie muss den *objektiven* Aspekt – die Frage, ob bestimmten Glaubensüberzeugungen objektive Geltung zukommt oder ob einzelne Formen von Gebet, Meditation und Gottesdienst erstrebenswert sind – der kritisch-normativen Reflexion von Ethik, Religionsphilosophie und Theologie überlassen, die dies mit ihren Argumentationsweisen zu erörtern haben.

Welt-
anschauliche
Neutralität

Die Religionspsychologie hat also nicht – wie es Freud (GW 7, S. 129–139; 9; 14, S. 323–380; 15, S. 170–197) aufgrund positivistischer Voreingenommenheit und in Überschreitung der Kompetenzgrenzen der Psychologie tat – über den Illusions- oder Realitätscharakter von religiösen Überzeugungen zu befinden; sie hat weder weltanschauliche Religionskritik noch Religionsapologetik zu betreiben. Sie soll Religiosität weder pauschal pathologisieren noch idealisieren, sondern differenziert erforschen.

Auch eine andere Grenzüberschreitung, die in der Vergangenheit das Verhältnis zum »religiösen Lager« stark belastet hat, sollte die Religionspsychologie vermeiden: einen psychologistischen Reduktionismus, der meint, er könne den Wahrheitsanspruch von religiösen Überzeugungen dadurch beurteilen, dass er nachweist, diese seien »nichts anderes als« die Folge und der Ausdruck einer bestimmten Sozialisation, emotionalen Bedürfnislage oder Störung. Diese Auffassung übersieht, dass religiöse Vorstellungen trotz der Einflüsse, die eine bestimmte Erziehung oder emotionale Befindlichkeit ausüben, vom Gläubigen selbstkritisch in Frage gestellt und modifiziert werden können, wenn seine Religiosität hinreichend stark in einem genuin kognitiven Interesse an weltanschaulicher Erkenntnis und logischer Widerspruchsfreiheit wurzelt. Die emotionalen Motive, die an jemandes Religiosität beteiligt sein mögen, können zwar zu Verzerrungen führen, doch ist dies jeweils auf kognitiver Ebene und mit weltanschaulicher Argumentation zu prüfen. Die einfache Tatsache, dass z.B. jemand streng erzogen wurde oder zu depressiven Verstimmungen neigt, sagt als solche noch nichts über die Richtigkeit oder Unrichtigkeit seiner Gottesvorstellung – so wenig, wie sie über den Wahrheitsgehalt seiner physikalischen oder medizinischen Auffassungen entscheidet.

Die Religionspsychologie sollte sich im Gespräch mit Theologen auch bewusst sein, dass sie vom Glaubensleben (wie auch vom übrigen psychischen Leben) nur das erfasst, was ihre Konstrukte erfassen. Wenn sie beispielsweise von »glaubensgestütztem psychischem Wohlbefinden« redet, nimmt sie sicher einen wesentlichen subjektiven Aspekt von »Heil« in den Blick, aber vielleicht nicht alle Facetten. Ebenso, wenn sie »Nächstenliebe« als »religiös motiviertes prosoziales Empfinden und Verhalten« untersucht oder »Gottvertrauen« als »religiös motiviertes Bewältigungsverhalten«. Dementsprechend sollten die Theologen von der Religionspsychologie auch nicht fordern, dass sie über alle Aspekte des Religiösen Bescheid weiß.

Engagierte Wissenschaft?

Allerdings soll sich die Religionspsychologie in einer Frage, die zweifellos psychologisch ist und in ihren Kompetenzbereich fällt, durchaus als engagierte Wissenschaft verstehen: Aufgrund ihrer psychohygienisch-therapeutischen Grundausrichtung muss sich die Psychologie für *das psychische Wohlbefinden und eine günstige Persönlichkeitsentwicklung* der Menschen verantwortlich fühlen; darum soll die Religionspsychologie auch ermitteln, welche religiösen Einstellungen das Wohlbefinden und die Persönlichkeitsentwicklung beeinträchtigen oder fördern. Diese Aufgabe wird seit Jahren im umfassenden Rahmen der Gesundheitspsychologie (Koenig, McCullough & Larson, 2001; Plante & Sherman, 2001) bzw. der Lebensqualitätsforschung (Ellison, 1991; Witter, et al., 1985) wahrgenommen.

Im Übrigen hat die Religionspsychologie aber nicht normativ und pädagogisch zu untersuchen, wie man eine religiöse Entwicklung fördern kann, die bestimmten theologischen Zielvorstellungen entspricht, d.h. wie man ein authentischer Jude, Christ, Muslim, Hindu oder Buddhist werden kann. Eine solche Art von Anwendung psychologischer Erkenntnisse und Methoden muss ja im Dienst einer bestimmten Glaubensgemeinschaft erforschen, wie deren Erziehungs-, Beratungs- und Seelsorgeziele wirksam verwirklicht werden können. Darum sollte sie klar als Arbeitsbereich kenntlich sein, der gleichzeitig Teil der Anwendungsfächer Klinische und Pädagogische Psychologie und ebenso – im christlichen Kontext – Teil der Praktischen Theologie und Religionspädagogik ist. Diese auf kirchliches Handeln bezogenen Verbunddisziplinen sollte man – um Missverständnisse zu vermeiden – nicht »theologische Religionspsychologie«, sondern »Pastoralpsychologie« (Klessmann, 2004), bzw. »Religionspädagogische Psychologie« (Grom, 2000) nennen.

Was ist religiös bzw. spirituell?

Was aber soll die Religionspsychologie als ihren Gegenstandsbereich, d.h. als religiös betrachten? Religionswissenschaftler geben zu bedenken, dass es nicht möglich ist, einen für alle Kulturen und Zeiten gültigen Begriff von Religion zu bilden. Autoren mit phänomenologischem Ansatz neigen zu der Definition, religiös sei, was mit der Erfahrung des »Heiligen« zu tun habe. Dabei kann man sich allerdings fragen, ob eine solche Charakterisierung universal genug ist. Dies kann man auch einwenden, wenn man das Religiöse im Glauben an das »Absolute« oder »Ultimate« sieht, denn es ist fraglich, ob beispielsweise Polytheisten an ein Absolutes oder Ultimates glauben. Soziologen unterscheiden mit Berger (1974) häufig zwischen »substanziellen« Definitionen, die Religion von Wesen und Inhalt des Geglaubten her bestimmen, und »funktionalen« Definitionen, die sie von den Aufgaben und der Bedeutung her begreifen, die sie für den Einzelnen und die Gesellschaft hat – sei es Kontingenzbewältigung, Sinnstiftung, Kompensation oder soziale Integration. Da diese Funktionen aber auch von erklärtermaßen säkularen, areligiösen Wertorientierungen, Wissenschaften, Lebenshilfe-Angeboten und Gruppen erfüllt werden können, umfasst ein funktionaler Religionsbegriff allzu unterschiedliche Phänomene: Er ist einerseits zu weit und andererseits zu theoriespezifisch.

Der kognitiven Komponente und Eigenart von Religion und Religiosität wird wohl nur eine substanzielle Definition gerecht. Tatsächlich hat die Religionspsychologie in einer langen Forschungstradition gute Erfahrungen mit einem substanziellen Religionsbegriff gemacht, der rein forschungspraktisch und ohne Wertung religiöse Phänomene von nichtreligiösen abgrenzt. In dieser Sicht könnte man sich darauf verständigen, dass als »religiös« jenes Erleben, Denken und Verhalten zu bezeichnen und zu erforschen ist, das in seiner kognitiven Komponente ausdrücklich etwas Übermenschliches und Überweltliches annimmt, gleich, ob dieses poly-, mono-, pantheistisch oder anders aufgefasst wird. Damit bleibt offen und durch eine motivationspsychologische Analyse zu klären, welche Funktionen Religiosität im Einzelfall erfüllt. Als gemeinschaftsbezogene, institutionalisierte Überzeugung und Praxis wird das Religiöse traditionell als »Religion« bezeichnet, im Unterschied zur »Religiosität« als der individuellen Gestalt des Religiösen.

Seit den 1990er-Jahren sprechen amerikanische und auch europäische Autoren vermehrt von »Spiritualität«. Manche verwenden diesen Begriff synonym für Religiosität (wie es auch in diesem Buch geschehen soll), wollen mit ihm aber die persönliche Gläubigkeit betonen, weil auch der Ausdruck »Religiosität« – wenigstens in den USA – manchmal mit rein äußerlicher Zugehörigkeit zu einer Denomination verbunden wird und sich Amerikaner mit gewachsener Distanz zu religiösen Organisationen häufiger als früher als spirituell und nicht als religiös einstufen (Marler & Hadaway, 2002). Andere fassen »Spiritualität« weiter als »Religiosität«, sodass in ihr der Bezug zu einer transzendenten Wirklichkeit auch fehlen kann, weil hier Spiritualität nur eine Suche nach Lebenssinn beinhaltet, der auch einfach in der Verbundenheit mit anderen Menschen, mit der Natur u.ä. gefunden werden kann (Meraviglia, 1999; Řičan, 2004; Zwingmann, 2004). Der Begriff Spiritualität vermeidet zwar die problematischen Konnotationen von Religiosität und wirkt darum uneingeschränkt positiv, leidet aber sichtlich an Unklarheit.

Die Vielfalt von Religiosität, erklärt in »kohärentem Eklektizismus«

Die Ergebnisse der Mainstream-Religionspsychologie wirken großenteils wie eine Masse von Einzelbeobachtungen, in der das Gesicherte vom Ungesicherten und das Ergiebige vom Unergiebigen schwer zu unterscheiden ist. Die verwendeten Verfahren – oft Fragebogen, die Korrelationsstudien zugrunde liegen – sind überaus vielfältig (Hill & Hood, 1999; Huber, 1996), sodass die Resultate schwer vergleichbar und nicht selten uneinheitlich sind. Oft untersuchte man ganz verschiedene Phänomene, ohne einen Themenkomplex systematisch zu erforschen, und bewegte sich, sofern man nicht theorielos Daten erhob, in Rahmenvorstellungen, die sich ebenso schwer miteinander harmonisieren lassen wie Konfessionen. Auch umfangreiche Überblicksdarstellungen haben ihre Mühe, die berichteten Ergebnisse thematisch zu bündeln (Beit-Hallahmi & Argyle, 1997; Spilka et al., 2003).

Das vorliegende Buch beschränkt sich auf Schwerpunkte. Leitidee ist die Annahme, dass es »die« Religiosität nicht gibt, sondern dass sich Religiosität in einer enormen Vielfalt von religiösen Einstellungen, Erlebens- und Verhaltensweisen ausprägen kann. Diese Überzeugung, in der sich heute die meisten Religionspsychologen einig sind, hat bereits William James im Titel seines Pionierwerks »Die Vielfalt religiöser Erfahrung« (1902) treffend und programmatisch formuliert. Religiosität kann mit dem Rückzug in privatistische Innerlichkeit wie auch mit politischem Engagement verbunden sein – sei es demokratisch oder theokratisch –, mit sozialer Sensibilität wie auch mit egoistischer Ausbeutung, mit Gewissensängstlichkeit wie auch mit rationalem Abwägen, mit gefestigtem Selbstvertrauen wie auch mit narzisstischer Störung, mit Depressivität wie auch mit ausgeglichener emotionaler Gestimmtheit, mit einsamer Meditation wie auch mit gemeinsamem Gottesdienst. Es ist das Hauptanliegen dieser Darstellung, *möglichst viel von dieser Vielfalt zu beschreiben und zu erklären – und dabei ein möglichst hohes Maß an Zusammenhang herzustellen.*

Darum erklärt der erste, größere Teil, der Religiosität als Bestandteil der Persönlichkeit untersucht, die Vielfalt möglicher Ausprägungen aus der Vielfalt der beteiligten intrinsischen Motive (Kapitel 1), der ausgeglichenen oder gestörten Emotionen (Kapitel 2) und der veränderten (Ich-)Bewusstseinszustände (Kapitel 3). Der zweite, kürzere Teil weist auf soziale Einflüsse hin, die – in Wechselwirkung mit den behandelten intrapsychischen Faktoren – die erwähnte Vielfalt mitgestalten.

Eine solche Darstellung kann den gewünschten Zusammenhang nicht dadurch herstellen, dass sie von einem einheitlichen Theorieansatz ausgeht, denn gerade die Vielfalt der Phänomene macht deutlich, dass die Erklärungskraft der Grundannahmen der großen psychologischen Richtungen begrenzt ist. Es bedarf auch hier einer Vielfalt von theoretischen Konzepten (und Methoden), die sich ergänzen, ohne sich zu widersprechen, und bestimmte Bereiche des Religiösen überzeugend erklären können. In dieser pluralistisch-integrativen Absicht, diesem »kohärenten Eklektizismus«

Mehrere Theorieansätze

(Allport, 1959, S. XXVI), werden sowohl lerntheoretische als auch (verein-zelt) psychoanalytische, motivations-, emotions- und kognitionspsycholo-gische sowie phänomenologisch-psychiatrische und neodissoziationstheo-retische Ansätze herangezogen.

Religionspsychologie als Neurowissenschaft und »Neurotheologie«?

Seit den 1990er-Jahren gibt es ein großes Medieninteresse für Versuche von Neurowissenschaftlern, Religiosität von den ihr zugrunde liegenden neuronalen Aktivitäten her zu erklären. Schon 1984 hat der Theologe James B. Ashbrook von einer »Neurotheologie« gesprochen. Ausgangspunkt ist die Annahme, dass religiöse Erfahrungen mit bestimmten neuronalen Pro-zessen einhergehen, die man in dafür spezialisierten Hirnregionen nach-weisen kann. Dazu führt man Beobachtungen und Überlegungen wie die folgenden an:

● Persinger (1987; 2002) will beobachtet haben, dass zwischen Visi-onen, unerklärlichen Geruchsempfindungen und ähnlichen Erfahrungen, die oft von Patienten mit Schläfenlappen-Epilepsien berichtet werden, ei-nerseits und mystischen Erfahrungen andererseits ein überzufälliger Zu-sammenhang besteht, den er allerdings bei Gottesdienstbesuchern nicht nachweisen konnte. Bei Experimenten, in denen er im Lauf von 20 Jahren mehr als 1000 Versuchspersonen durch einen umgebauten Motorradhelm schwache Magnetfelder durch den Kopf leitete und auf diese Weise eine Überaktivität im Schläfenlappen (Mikro-Anfälle) erzeugte, sollen 80% der Teilnehmer von Schwebegefühlen, lebhaften Erinnerungen, Stimmen-hören und dem Gefühl einer »gefühlten Gegenwart« berichtet haben, die sie als übernatürlich – oft als Gegenwart von Gott oder einem Engel – deuteten.
● Newberg, d'Aquili und Rause (2003) haben bei acht Buddhisten und drei Franziskanerinnen mithilfe eines radioaktiven Markierungsstoffs durch Kernspintomographie nachgewiesen, dass während der Phasen tiefster spi-ritueller Vereinigung die Durchblutung des oberen Scheitellappens meistens drastisch zurückging. Damit sei die Hirnaktivität im »Orientierungsfeld«, das unsere räumliche Orientierung und die Unterscheidung unseres Körpers von der übrigen Welt ermöglicht, reduziert. Das durch Meditation erstrebte »Leerwerden« kann ihrer Meinung nach die Aufnahme von Sinnesreizen und kognitiven Impulsen so stark unterbinden, dass der obere Scheitellap-

pen die Grenzen von Körper und Selbst nicht mehr finde, sodass – wie es mystische Texte schildern – subjektiv nur noch eine Raumlosigkeit erlebt werde, die der Geist »als Gefühl des unendlichen Raums und der Ewigkeit« deuten könne. Im Unterschied zu Persinger hat für diese Autoren die genetisch vererbte Fähigkeit, solche Einheitszustände zu erleben, nichts mit Epilepsie zu tun. Während Persinger reduktionistisch behauptet, Gott sei »ein Artefakt des Gehirns«, erklären sie, die Neurowissenschaften könnten weder ausschließen noch beweisen, dass in solchen Einheitserlebnissen etwas Göttliches erkannt werde.

● Speziell im Hinblick auf die Zen-Meditation, die er jahrelang praktiziert hat, betrachtet der Hirnforscher Austin (1998) das Phänomen der Erleuchtung, die die Zen-Tradition als Überwindung der Ich-Abgrenzung beschreibt. Austin führt die Erleuchtungserlebnisse auf die durch Meditation herbeigeführte Hemmung der Aktivität mehrerer subkortikaler Hirnareale zurück, die gewöhnlich das Gefühl des körperlichen Selbst und mit ihm die »Ich-mich-mein-Perspektive« speisen. So befähige die Zen-Meditation Gehirn und Bewusstsein zu der eigenständig-geistigen, emergenten Leistung, die neurophysiologischen Veränderungen hervorzurufen, die für die All-Einheitserfahrung nötig seien.

Was ist von diesem Ansatz zu erwarten? Neurophysiologische Untersuchungen sind zweifellos wichtig für das Verständnis und die Behandlung von Verletzungen und Erkrankungen des Gehirns, und da Religiosität – wie alles Denken und Erleben – an Hirnprozesse gebunden ist, können sie Informationen über deren neuronale Grundlagen vermitteln, zumal über die der Meditation. Im Übrigen dürfte ihr Beitrag zur Religionspsychologie aber begrenzt sein. Die »neurotheologischen« Überlegungen gehen meistens von außergewöhnlichen Erfahrungen wie Halluzinationen, epileptischen Anfällen, Orientierungsverlust oder Déjà-vu-Erlebnissen aus. Diese werden dann ähnlichen neuronalen Veränderungen bei ebenso außergewöhnlichen religiösen Erlebnissen wie Visionen oder mystischen Einheitserlebnissen zugeordnet. Die Ähnlichkeit, die man dabei annimmt, ist nur eine ungefähre; eine genaue Entsprechung auf neuroanatomischer Ebene ist nicht nachgewiesen. So ist Persingers Vergleich von religiösem Erleben mit Epilepsie empirisch nicht gesichert (s. auch Sensky, 1983). Die Autoren ordnen religiöse Erfahrungen auch unterschiedlichen Hirnarealen und -aktivitäten zu. Wenn sie auf das limbische System abheben, überschätzen sie wohl dessen Anteil und vernachlässigen die Bedeutung der an Denkvorgängen beteiligten Aktivität der Großhirnrinde, zumal wenn es um weniger au-

Diskussion

ßergewöhnliche Erfahrungen wie das Lesen eines Psalmverses geht (Azari et al., 2001; Azari et al., 2005).

Doch selbst, wenn man eine strenge Entsprechung annehmen könnte, wären die Folgerungen, die man zieht, nur auf außergewöhnliche Erfahrungen übertragbar, nicht auf Religiosität schlechthin. Denn die große Mehrheit der Gläubigen berichtet weder von mystischen noch von visionären Erlebnissen (Hardy, 1980). Das gewöhnliche religiöse Denken und Erleben kann man aber mit der Emotionspsychologie (s. Kapitel 2/I) erklären – ohne besondere Veränderungen der Gehirntätigkeit oder ein spezielles »Gott-Modul« (Ramachandran & Blakeslee, 2004) anzunehmen –, so wie das Bedenken und Feiern ethischer, ästhetischer und interpersonaler Inhalte auch. Die Neurotheologen müssen ja anerkennen, dass die von ihnen beobachteten Erlebnisse des Orientierungsverlusts oder einer gefühlten Gegenwart erst durch die Deutung der Betroffenen zu religiösen Erfahrungen werden. Kognitive und emotionale Inhalte und Vorgänge lassen sich aber nicht aus Gehirn-Tomogrammen und EEG-Aufzeichnungen erschließen. Darum sollte die Religionspsychologie vor allem die kognitive, emotionale und verhaltensbezogene Komponente von Religiosität erforschen und sich auf keinen Fall auf den neuronalen Aspekt beschränken.

ERSTER TEIL

RELIGIOSITÄT ALS BESTANDTEIL DER PERSÖNLICHKEIT

IHRE VORWIEGEND INTRAPSYCHISCHEN BEDINGUNGEN

Schon die Alltagsbeobachtung lehrt, dass es »den« Gläubigen und auch »den« Juden, Christen, Muslim, Hindu oder Buddhisten nicht gibt, sondern dass »so viele Variationen religiöser Erfahrung (existieren), wie religiös eingestellte Menschen auf der Erde leben« (Allport, 1950, S. 30). Offensichtlich sind Menschen, die zwar derselben Glaubensgemeinschaft angehören und in ihr mit Millionen anderen das gleiche Bekenntnis teilen, u.U. auf recht unterschiedliche und höchst persönliche Weise gläubig. Sie unterscheiden sich nicht nur in ihrem religiösen Wissen, sondern auch in ihrer persönlichen Art zu beten, der Einstellung zu rituellen und ethischen Normen, ihren Lieblingsliedern, den Texten und Vorstellungen, die sie in ihren heiligen Schriften bevorzugen, sowie den emotionalen Befriedigungen, die sie aus dem Glauben ziehen. Die religiösen Einflüsse, die sie durch die Fremdsozialisation in ihrer Familie, Glaubensgemeinschaft und den Medien empfangen, verarbeiten sie in Prozessen der Selbstsozialisation (s. Kapitel 5) mehr oder weniger eigenständig, indem sie eine eigene Auswahl treffen, Inhalte neu deuten, diese mit ihrem Selbst- und Lebensverständnis verbinden und Schwerpunkte setzen.

Überblick über den ersten Teil

Die vielen Arten, auf die man religiös sein kann, und die vorwiegend intrapsychischen Bedingungen, unter denen diese Vielfalt entsteht, sind sicher nicht annähernd vollständig zu beschreiben. Dennoch kann man versuchen, möglichst viel davon auf psychologisch relevante Weise zu erhellen. Dieses Ziel verfolgt im Sinne der Differenziellen Psychologie und Persönlichkeitspsychologie der erste Teil dieses Buches, indem er in drei Schritten untersucht, wie sich bestimmte Ausprägungen von Religiosität erklären:

(1) Aus der Vielfalt der intrinsischen Motive, in der sie verwurzelt ist (1. Kapitel).
(2) Aus der Vielförmigkeit der ausgeglichenen oder gestörten Emotionen, die in ihr erlebt werden und unter motivationspsychologischer Rücksicht nicht hinreichend geklärt werden können (2. Kapitel).
(3) Aus verschiedenen veränderten (Ich-)Bewusstseinszuständen, die in besonderen Fällen eine Rolle spielen (3. Kapitel).

Die Vielfalt von Religiosität in der Mehrdimensionalität von Fragebogen

Dass Religiosität nicht nur von Kultur zu Kultur und von Gruppe zu Gruppe, sondern auch individuell variabel ist, hat man erstaunlicherweise vor allem in der empirischen sozialwissenschaftlichen Forschung betont und ernst genommen. Bei vielen Untersuchungen – etwa zur Lebenszufriedenheit oder zu rassistischen Vorurteilen – drängte sich die Vermutung auf, dass es nicht genügt, mit einer einzigen Frage (einem Item) zu ermitteln, ob die Befragten sich als sehr, wenig oder nicht »religiös« einstufen, ob sie an Gott glauben oder wie oft sie den Gottesdienst besuchen. Warum? Weil man all das auf unterschiedliche Weise tun kann. Hier haben sich zwei Ansätze als besonders fruchtbar und zukunftsweisend erwiesen: die Unterscheidung von intrinsischer und extrinsischer religiöser Orientierung nach Allport und Ross (1967) und die Annahme von fünf Dimensionen von Religiosität im Fragebogen von Glock (1962) sowie Stark und Glock (1968). Mit ihnen setzte sich die Erkenntnis durch, dass Religiosität nicht als einheitliches Persönlichkeitsmerkmal, sondern als komplexe Variable aufzufassen und zu untersuchen ist.

Religiosität: Intrinsisch oder extrinsisch?

Die *Religious Orientation Scale* (ROS) von Allport und Ross (1967) entstand im Kontext der Vorurteilsforschung. Allport war aufgefallen, dass bei mehreren Befragungen Gottesdienstbesucher tendenziell häufiger als kirchendistanzierte und areligiöse Personen Vorurteile gegenüber nationalen, ethnischen und ideologischen Minderheiten äußerten, dass dies jedoch bei denen, die dem Gottesdienst häufiger beiwohnten, seltener der Fall war als bei denen, die ihn weniger oft besuchten. Haben, so fragte er sich, die Ideale der Liebe und Geschwisterlichkeit, die das Christentum lehrt und die Gestalten wie Franz von Assisi oder John Wesley verkörperten, bei den einen das Verständnis für Minderheiten gefördert und bei den anderen nicht? Kann Religion sowohl Vorurteile verursachen als auch beseitigen?

Allport vermutete, die Sache lasse sich dadurch aufklären, dass man die Gottesdienstbesucher nach zwei grundlegenden Motiven unterscheidet: Gottesdienstbesucher mit *extrinsischer* religiöser Orientierung seien überwiegend an gesellschaftlichen Beziehungen innerhalb der Glaubensgemeinschaft, sozialem Prestige, Sicherheit und Trost interessiert und hätten damit ein letztlich utilitaristisches, selbstsüchtiges und oberflächliches Verhältnis zur Religion. Gottesdienstbesucher mit *intrinsischer* religiöser Orientierung hingegen schätzten die Religion aus innerer Überzeugung, praktizierten sie um ihrer selbst willen und orientierten sich am Gebot der Nächstenliebe. Und weil sich intrinsisch motivierte Gläubige mit den Idealen und Lehren des Christentums auseinandersetzten, hegten sie vermutlich weniger negative Vorurteile gegen Minderheiten als die extrinsisch motivierten, die die in der Gesellschaft herrschenden Vorurteile kritiklos übernähmen. Ähnlich hatte schon Feagin (1964) eine Intrinsic/Extrinsic Scale konstruiert. Der Fragebogen von Allport und Ross (1967), die berühmte *Religious Orientation Scale* (ROS), war inspiriert von Allports Theorie funktionell autonomer Motive und seinen früheren Überlegungen zu einer reifen Religiosität (s. Huber, 2003). Einige Aussagen (Items) sollen hier nach Zwingmann (1991) angeführt werden:

Tabelle 1: Intrinsische Items (Allport & Ross, 1967)
Es ist wichtig für mich, dass ich mir Zeit für private religiöse Gedanken und Besinnung nehme.
Der Glaube ist besonders wichtig für mich, weil er mir Antworten auf viele Fragen nach dem Sinn des Lebens gibt.
Ich versuche ständig, meinen Glauben auf alle anderen Bereiche meines Lebens zu übertragen.
Wenn ich mich einer kirchlichen Gruppe anschließen sollte, würde ich eine Bibelgruppe anderen, mehr auf Geselligkeit ausgerichteten Gruppen vorziehen.

Tabelle 2: Extrinsische Items (Allport & Ross, 1967)
Trotz meiner religiösen Überzeugung merke ich, dass mir viele andere Dinge im Leben noch wichtiger sind.
Es ist nicht so wichtig, was ich glaube, solange ich ein moralisches Leben führe.
Ein Grund für meine Kirchenmitgliedschaft ist, dass man dadurch in einer Gemeinschaft Anerkennung finden kann.
Ein Hauptgrund für mein religiöses Interesse ist, dass ich mich in meiner Pfarrgemeinde nach Kräften sozial betätigen kann.
Ich bete hauptsächlich, weil man mich so erzogen hat.
Mein Glaube gibt mir vor allem Trost, wenn mich Sorgen und Unglück treffen.
Der wesentliche Zweck eines Gebetes ist, Erleichterung und Schutz zu erhalten.

Mit den extrinsischen Items wurde eine nutzenorientierte Einstellung zum Religiös-Kirchlichen beschrieben, die in den Vereinigten Staaten, wo die Denominationen vom Kindergarten bis zur Altenpflege viele soziale Leistungen erbringen, nach wie vor verbreitet ist – im Gegensatz etwa zu Deutschland, wo religiöse Aktivität nicht mit sozialer Nützlichkeit in Verbindung gebracht wird (Grom, Hellmeister & Zwingmann, 1998). Mehrere Untersuchungen haben Allports Vermutung bestätigt, dass intrinsisch eingestellte Gottesdienstbesucher weniger Vorurteile hegen als extrinsische. Auch bei anderen Variablen bewährte sich die Unterscheidung: extrinsisch Motivierte zeigten im Vergleich zu intrinsischen geringere Werte an Lebenszufriedenheit, Sinnorientierung und Hilfeverhalten und mehr Vorurteilsneigung, Dogmatismus, Depressivität sowie Angst vor Tod und Sterben. Die *ROS* wurde geradezu zu einem Instrument, um »schlechte« von »guter« Religiosität zu unterscheiden. Da sie jedoch mit ihren extrinsischen Items eine ausgesprochen gleichgültige, oberflächliche Art von Religiosität misst, zu der auch ein Schuss Mitläufertum und Heuchelei gehören kann, wäre die E-Orientierung nicht nur als Indikator problematischer Religiosität, sondern großenteils als Hinweis auf eine areligiöse Einstellung zu deuten.

Die *ROS* betrachtete ursprünglich Religiosität noch als eindimensionales, aber bipolares Persönlichkeitsmerkmal, fasste also die I-Orientierung und die E-Orientierung als Endpunkte eines Kontinuums mit zwei Polen auf. Später stellte sich jedoch heraus, dass es sich um zwei voneinander unabhängige, unipolare Dimensionen handelt, dass sich also intrinsische und extrinsische Motivation nicht ausschließen: Man kann den (christlichen) Glauben überzeugt »leben« und gleichzeitig »gebrauchen« (Donahue, 1985; Kirkpatrick & Hood, 1990; Zwingmann et al., 1996). Wie die beiden in Tabelle 2 zuletzt angeführten Items zeigen, wird bei den E-Items persönlicher psychischer Nutzen (»Trost«, »Erleichterung«, »Schutz«) mit sozialem Nutzen konfundiert und rigoristisch als bloß extrinsisch-instrumentell abgewertet. Dies haben später Gorsuch und McPherson (1989) kritisiert und in einem revidierten Fragebogen klarer differenziert.

Batson und Ventis (1982) haben die *ROS* um eine dritte Dimension des Suchens und Zweifelns (quest) erweitert. In den 1990er-Jahren wurde die unzureichende theoretische Begründung und die Vorentscheidung für eine »gute« und eine »schlechte« Religiosität kritisiert. Schließlich hat man Skalen entwickelt, die das zweidimenionale I-E-Konzept aufgaben: Pargament et al. (1990) formulierten Items, die sie auf faktorenanalytischer Grundlage fünf unterscheidbaren Motiven zuordnen konnten, nämlich Selbstaktuali-

Kritik, weitere Entwicklungen

sierung, Sinn/Hoffnung, Problemlösung, Hilfe und Zurückhalten von Emotionen. Gorsuch, Mylvaganam, Gorsuch und Johnson (1997) wiesen mit ihrem Fragebogen bei christlichen College-Studenten ebenfalls fünf Motive nach, die sich mit denen von Pargament et al. (1990) aber nur teilweise decken: Wachstum, Sinn, Sicherheit/Angenommensein, persönliche Moralität, soziale Moralität. Damit setzte sich auf dem Gebiet der Erhebung von Religiosität die Erkenntnis durch, dass diese nicht nur zwei- oder drei-, sondern *mehrdimensional* zu verstehen ist. Doch durch welche Dimensionen ist sie angemessen zu erfassen?

Rligiosität: Mehrdimensional nach Glaubenszustimmung, -praxis, -erfahrung, -wissen und -konsequenzen?

Die Soziologen Glock (1962) sowie Stark und Glock (1968) nahmen in ihrem Ansatz, der in zahlreichen Untersuchungen angewandt wurde, von vornherein *fünf Dimensionen* an, in denen sich die Religiosität der Weltreligionen ausprägen kann; sie bestimmten sie aber nicht motivationspsychologisch, sondern phänomenologisch. Glock hatte – soziologisch denkend – schon in den 1950er-Jahren nach einer »Typologie religiöser Orientierung« gefragt. Die grundlegenden »Ausdrucksformen von Religiosität« zeigen sich seiner Ansicht nach in folgenden Dimensionen:

Tabelle 3: Die mehrdimensionale Struktur von Religiosität nach Stark und Glock (1968)
(1) *Ideologische Dimension* (auch: Glaubensdimension)   Sie soll das Maß erfassen, in dem die einzelnen Gläubigen zentralen Aussagen ihrer Religion zustimmen, und zwar in dreifacher Hinsicht (Subdimensionen):   *Orthodoxie versus Heterodoxie.* Beispielsweise zum Gottesglauben: (a) Ich weiß, dass Gott wirklich existiert und zweifle nicht daran. (b) Obwohl ich Zweifel habe, glaube ich doch an Gott. (c) Manchmal glaube ich an Gott und manchmal nicht. (d) Ich glaube nicht an einen persönlichen Gott, aber ich glaube an eine irgendwie geartete höhere Macht. (e) Ich weiß nicht, ob Gott existiert, und ich glaube nicht, dass man es herausfinden kann. (f) Ich glaube nicht an Gott. (g) Nichts von dem oben Erwähnten gibt wieder, was ich glaube. Was ich von Gott denke, ist …   *Partikularismus.* Beispiel: Meinen Sie, die Zugehörigkeit zu Ihrem speziellen Glauben: (a) Ist unbedingt notwendig zum Heil? (b) Mag wahrscheinlich helfen, das Heil zu erlangen? (c) Hat wahrscheinlich keinen Einfluss auf das Heil?

Ethikalismus. Beispiel: Meinen Sie, den Nächsten zu lieben: (a) Ist unbedingt notwendig zum Heil? (b) Mag wahrscheinlich helfen, das Heil zu erlangen? (c) Hat wahrscheinlich keinen Einfluss auf das Heil?

(2) *Rituelle Dimension*

Sie soll die religiösen Praktiken erfassen, an die sich die Anhänger einer Religion zu halten haben, sei es die Häufigkeit der Gottesdienstteilnahme, des Tischgebets oder des persönlichen Gebets.

(3) *Dimension der religiösen Erfahrung*

Sie soll keine außergewöhnlichen Erfahrungen wie Bekehrungen oder Glossolalie, sondern weniger auffällige Erlebensweisen erfassen. Beispiel:
Hatten Sie als Erwachsener je eine der folgenden Erfahrungen, und wie sicher sind Sie sich dessen?
1. Das Gefühl, irgendwie in der Gegenwart Gottes zu sein? (a) Ja, ich hatte dies sicher. (b) Ja, ich denke schon. (c) Nein.
2. Das Gefühl, in Christus gerettet zu sein? (a) Ja, ich hatte dies sicher. (b) Ja, ich denke schon. (c) Nein.
3. Das Gefühl, von Gott für etwas, das Sie getan haben, bestraft zu werden? (a) Ja, ich hatte dies sicher. (b) Ja, ich denke schon. (c) Nein.

(4) *Dimension des religiösen Wissens*

Sie ermittelt, in welchem Maß Menschen zentrale Aussagen ihres Glaubens wiedergeben können, und sieht darin einen Indikator für religiöse Bindung. Ob Christen etwa die Zehn Gebote nennen oder auf einer Liste von Namen die alttestamentlichen Propheten ankreuzen können. Die Zustimmung zur Glaubenslehre soll hingegen die ideologische Dimension messen.

(5) *Dimension säkularer Konsequenzen*

Hier dachte Glock einerseits an ethische Verpflichtungen, die mit einer Religion gegeben sind, andererseits aber auch an »Belohnungen« wie seelischen Frieden und Freiheit von Furcht und Sorge. Für ihn war nicht klar, inwiefern diese Konsequenzen innerer Bestandteil bzw. Folge von Religiosität sind, und er hat diese Dimension nicht mehr operationalisiert.

Zwar musste auch dieses Konzept manche Kritik hinnehmen (vgl. Huber, 1996, 2003), doch hat es als Ganzes das Bewusstsein von der Vielfalt möglicher Ausprägungen von Religiosität gefördert. Einzelne Items wurden vielfach verwendet und in weiteren Fragebogen modifiziert – auch in Deutschland (Boos-Nünning, 1972; Kecskes & Wolf, 1993, 1995; Kim, 1988). Zu keinen befriedigenden Ergebnissen führten Versuche, Dimensionen von Religiosität dadurch zu ermitteln, dass man errechnete, welche Items unterschiedlicher Fragebogen von denselben Individuen bejaht werden und darum eine Gruppe, einen Faktor bilden, der gegenüber anderen Faktoren verhältnismäßig unabhängig ist (Faktorenanalyse). Ein lehrreiches Beispiel dafür sind die aufwändigen Analysen von King und Hunt (1969,

1975, 1990), die ein Dutzend Faktoren oder Dimensionen ergaben. Solche Faktorenanalysen haben unterschiedliche Resultate erbracht. Sie laufen Gefahr, dass sie zu beliebigen Dimensionen führen, die theoretisch nicht sinnvoll gedeutet werden können.

Die Bemühungen um eine angemessene Konzeption und Messung von Religiosität haben eine Fülle von Fragebogen hervorgebracht (Hill & Hood, 1999; Huber, 1996, 2003; Koenig et al., 2001; MacDonald et al., 1999) und werden sicher weitergeführt werden. Fest steht, dass sie nicht mehr hinter die Erkenntnis zurückgehen können, dass Religiosität keine einheitliche Variable ist, sondern »so unterschiedlich und heterogen wie das menschliche Verhalten selbst« (Dittes, 1969).

KAPITEL 1

RELIGIOSITÄT IN DER VIELFALT INTRINSISCHER MOTIVE

Die religionspsychologische Forschung der letzten fünf Jahrzehnte wollte der Vielfalt, in der sich Religiosität ausprägen kann, dadurch gerecht werden, dass sie zwischen verschiedenen Orientierungen (extrinsisch-intrinsisch), Dimensionen (Ideologie, Rituelle Praxis, Erfahrung, Wissen, Konsequenzen), Überzeugungen, Einstellungen, Gefühlen und Bewältigungsstrategien unterschied. Diese Konstrukte und die entsprechenden Untersuchungsergebnisse stehen weitgehend beziehungslos nebeneinander. Das folgende Kapitel versucht, ihren inneren Zusammenhang aufzuweisen, indem es darlegt, wie bestimmte Motive, die gläubige Menschen innerhalb ihrer intrapsychischen Emotions- und Verhaltensregulation aktivieren, ihrem Glauben charakteristische Züge verleihen.

Sektion 1 diskutiert die Beweggründe, auf die Pawlow, Malinowski, die Terror-Management-Theorie, die Psychoanalyse, die Objektbeziehungs-, Bindungs- und Attributionstheorie sowie eine Ideenskizze von Allport Religiosität zurückgeführt haben.

Sektion 2 untersucht, welche Motive nach aktuellem Forschungsstand möglichst viel von der potenziellen Vielfalt religiösen Erlebens, Denkens und Verhaltens erklären können: In welchem Maß und auf welche Weise ist Religiosität verwurzelt in der (I) Bereitschaft zu moralischer Selbstkontrolle, im (II) Streben nach äußerer Kontrolle bedeutsamer Lebensereignisse und nach Belastungsbewältigung bei Angst, Frustration und Trauer, im (III) Streben nach positivem Selbstwertgefühl, in der (IV) Bereitschaft zu Dank und Verehrung, in der (V) Bereitschaft zu prosozialem Empfinden und Verhalten sowie im (VI) Interesse an weltanschaulicher Erkenntnis und logischer Kohärenz? Ein Exkurs erläutert, wie sich diese Vielfalt in den Gottesvorstellungen widerspiegelt; ein weiterer, wie sich Religiosität entwickelt.

Religiosität kann sich individuell in einer Vielfalt ausprägen, die wohl kein psychologischer Ansatz in allen ihren Aspekten zu erfassen vermag. Jede Darstellung muss sich auf bestimmte Schwerpunkte konzentrieren, und es stellt sich die Frage: Welche Aspekte, welche Dimensionen und Konstrukte können möglichst viel von der erwähnten Vielfalt auf psychologisch bedeutsame Weise beschreiben und erklären?

Kann man Religiosität konkreter verstehen, als es die Unterscheidung von extrinsischer und intrinsischer Orientierung und ihre Weiterführungen vorsehen, und kann man sie weniger statisch-beschreibend, d.h. zusammenhängender auffassen als der mehrdimensionale Ansatz von Stark und Glock (1968)? Die religionspsychologische Forschung hat in den letzten Jahrzehnten im Anschluss an diesen Ansatz und an andere Konzepte eine Reihe von Konstrukten untersucht, die letztlich isoliert und unverbunden blieben, vor allem:

- *Religiöse Überzeugungen* (beliefs), sei es als Zustimmung zu bestimmten Glaubensaussagen im Sinne der ideologischen Dimension nach Stark und Glock (1968), sei es spezieller als Gottesvorstellungen (god concepts, images of god), etwa nach Benson und Spilka (1973), Hutsebaut und Verhoeven (1995), Król (1982), Lawrence (1997), Noffke und McFadden (2001), Petersen (1993), Ronco, Fizzotti und Bellantoni (1995) oder Vergote und Tamayo (1981).
- *Religiöse Einstellungen* (s. Deusinger & Deusinger, 1996; Francis & Stubbs, 1987; Hill & Basset, 1992).
- *Religiöse Gefühle* (Emotionen), sei es im Sinne der Dimension »Religiöse Erfahrung« nach Stark und Glock (1968), sei es nach anderen Operationalisierungen (s. Hardy, 1980; Preston & Viney, 1986).
- *Religiöse Strategien der Belastungsbewältigung* (Coping), wie sie etwa Pargament (1997) und sein Arbeitskreis erforscht haben.

Angelpunkt Emotions-regulation

Vermutlich hängen diese Konstrukte innerhalb der intrapsychischen Emotions- und Verhaltensregulation (Selbststeuerung), die jedem Menschen eigen ist, eng miteinander zusammen. Wenn zur Emotions- und Verhaltensregulation eine *moralische Selbstkontrolle* gehört, wird sie sich an entsprechenden Verhaltensnormen, Gottesvorstellungen und Sanktionen, d.h. an »religiösen Überzeugungen« ausrichten, die der Gläubige verinnerlicht hat. Da er dabei eine Minderung des Selbstwertgefühls (Schuldgefühle) und u.U. auch die Angst vor einer Trennung von Gott sowie vor Strafen vermeiden und inneren Frieden, Übereinstimmung mit sich und Gott erleben will, wird diese Selbstkontrolle in hohem Maß von »religiösen Gefühlen« beeinflusst, die wiederum in bestimmten Motiven wurzeln.

Sofern die Emotions- und Verhaltensregulation aus *religiösen Strategien der Belastungsbewältigung* (Coping) besteht, aktiviert sie ermutigende oder tröstende »religiöse Überzeugungen«, um negative Gefühle wie Minderung des Selbstwertgefühls oder Angst vor der Zukunft (Kontrollverlust) durch positive »religiöse Gefühle« wie Trost und Hoffnung zu vermeiden, und wurzelt damit auch in bestimmten Motiven.

Wenn ein Gläubiger innerhalb seiner Emotions- und Verhaltensregulation *religiöse Befriedigungsstrategien* einsetzt, um sein Wohlbefinden aufrechtzuerhalten oder zu steigern, aktiviert er sinngebende Bewertungen der eigenen Person, des sozialen Verhaltens und des Lebens (»Schöpfung«). Diese »religiösen Überzeugungen« und Gottesvorstellungen, die positive »religiöse Gefühle« wie Selbstwertgefühl, Hoffnung (Kontrollgefühl), Sinn, Freude und Dank vermitteln, sind in entsprechenden Motiven verwurzelt, die diese Bemühungen verstärken. Wie immer man die beteiligten Prozesse der Emotions- und Verhaltensregulation sowie die religiösen Gefühle im Einzelnen auffasst, immer lassen sie nach Motiven fragen. Motive, wie sie hier verstanden werden, sind Personmerkmale und den Konstrukten »Einstellung« und »Eigenschaft« nahe verwandt. Abbildung 1 fasst den geschilderten Zusammenhang modellartig zusammen.

Zentral: Motive

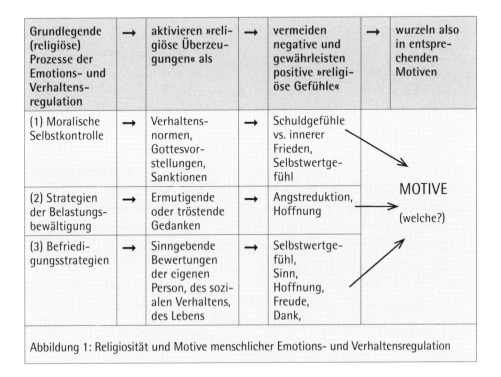

Grundlegende (religiöse) Prozesse der Emotions- und Verhaltensregulation	→	aktivieren »religiöse Überzeugungen« als	→	vermeiden negative und gewährleisten positive »religiöse Gefühle«	→	wurzeln also in entsprechenden Motiven
(1) Moralische Selbstkontrolle	→	Verhaltensnormen, Gottesvorstellungen, Sanktionen	→	Schuldgefühle vs. innerer Frieden, Selbstwertgefühl		
(2) Strategien der Belastungsbewältigung	→	Ermutigende oder tröstende Gedanken	→	Angstreduktion, Hoffnung		**MOTIVE** (welche?)
(3) Befriedigungsstrategien	→	Sinngebende Bewertungen der eigenen Person, des sozialen Verhaltens, des Lebens	→	Selbstwertgefühl, Sinn, Hoffnung, Freude, Dank,		

Abbildung 1: Religiosität und Motive menschlicher Emotions- und Verhaltensregulation

Es empfiehlt sich also, in heuristischer Sicht das Zusammenhang stiftende Konstrukt in Bedürfnissen, Strebungen, Ansprechbarkeiten und Interessen, kurz: in Motiven zu suchen, die das Erleben, Denken und Verhalten von Menschen – im säkularen wie im religiösen Bereich – bestimmen. Aus diesem Blickwinkel wird Religiosität verstanden als die transzendenzbezogene Art, Motive zu aktivieren, die einer Person wichtig sind – nicht als »ganz anderer« Sonderbereich in ihrem Leben. So wird verständlich, dass man versuchen kann, diese Motive auch ohne den Glauben an eine übermenschliche und überweltliche Wirklichkeit, d.h. säkular zu befriedigen. Die unterschiedliche Art, wie Menschen religiös sind, könnte sich gerade aus den Gründen erklären, *warum* sie es sind. Eine motivationspsychologische Erklärung der Vielfalt von Religiosität lässt sich wohl auch grundsätzlich auf alle Religionen anwenden, muss also nicht christentumsspezifisch sein.

Welche Motive kommen in Frage? Was sind überhaupt Motive? Im Anschluss an Heckhausen (1989) und andere Autoren sollen hier Motive als personspezifische, verhältnismäßig konstante, situationsübergreifende – freilich auch situationsabhängige – Erlebens-, Denk- und Verhaltensdispositionen verstanden werden. Sie sind »thematisch abgrenzbare Bewertungsdispositionen« (Schneider & Schmalt, 2000, S. 15) oder – anders ausgedrückt – generalisierte Präferenzen für bestimmte Zielzustände. Da sich solche Dispositionen auf unterschiedlich hohem Abstraktionsniveau definieren und nicht scharf voneinander abgrenzen lassen, gibt es zwar keine allgemein anerkannte umfassende Motivklassifikation, doch hat die empirische Forschung dadurch beachtliche Ergebnisse erzielt, dass sie einfach einzelne Motive wie Leistungsmotivation, Machtstreben, Aggressionstendenz, prosoziales Verhalten oder Neugier untersuchte (Brandstätter & Gollwitzer, 1994; Heckhausen, 1989; Schneider & Schmalt, 2000). Welche Motive dürften nun für religiöses Erleben, Denken und Verhalten eine befriedigende Erklärungskraft aufweisen? Dazu sollen in Sektion 1 zuerst grundlegende Erklärungsversuche diskutiert werden, die in der Vergangenheit vorgelegt wurden. In einer Sektion 2 soll dann ein heuristischer Entwurf die Bedeutung einer Reihe von Motiven prüfen.

Was sind
Motive?

Sektion 1
Wie viele Motive und welche?
Historisch-systematische Diskussion

In der bisherigen Forschungsgeschichte wurden Hypothesen zur Entstehung und Entwicklung von Religiosität vorgelegt, die sehr unterschiedliche Motive annehmen. Dieser Denkprozess verlief ähnlich wie die geschilderte Diskussion um die Dimensionen von Religiosität: Anfangs erklärte man alle Gläubigkeit übervereinfachend monokausal aus einem einzigen Motiv, sah sich dann aber genötigt, multikausal zwei, drei oder mehr Motive anzunehmen.

I. Religiosität –
ein Suchen nach Schutz?
I. P. Pawlows instinkttheoretischer Ansatz

Der bekannte russische Physiologe Iwan P. Pawlow hielt Religion für eine tief im Menschen verwurzelte und darum in der ganzen Menschheit verbreitete Neigung der höheren Nerventätigkeit (Windholz, 1986). Sie ist für ihn ein Instinkt, d.h. ein unkonditionierter Reflex, der aus dem Daseinskampf der menschlichen Spezies entstand. Als sich nämlich, so meint Pawlow, die Menschen über das Tier hinausentwickelten, erfuhren sie viele Naturereignisse als äußerst bedrohlich und erschreckend. Sie retteten sich, indem sie *Religion schufen, die ihnen half, angesichts der unbarmherzigen, allmächtigen Natur zu überleben.* Seither werde die Tendenz zur Religion phylogenetisch von Generation zu Generation weitervererbt. Die entsprechenden religiösen Reaktionen würden jedoch nur bei »schwachen« Menschen ausgelöst, nämlich dann, wenn sie sich den Schwierigkeiten ihrer Umgebung nicht mehr gewachsen fühlten. Ontogenetisch sei Religiosität durch natürliche Selektion bestimmt und genau vorhersagbar: Sie entwickle sich nur bei Individuen mit schwachem Nervensystem voll und zeige sich in Zeiten von situationsbedingten Krisen. Individuen mit »starker« Konstitution hingegen überwänden die religiöse Tendenz zugunsten einer rationalistischen Weltanschauung und zeigten auch bei Belastungen keinerlei religiöses Verhalten. Den Schwachen solle man indes die Religion nicht nehmen, da sie diesen Schutz zum Überleben brauchten. Darum lehnte der Atheist und Humanist Pawlow die Religionsverfolgung der Bolschewisten ab. Er fühlte sich schuldig am Tod eines Freundes, der sich einen Tag, nachdem ihm Pawlow auf seine diesbezügliche Frage erklärt hatte, dass es kein Leben nach dem Tod gebe, das Leben nahm. Für Pawlow selbst stand freilich fest: »Ein Bolschewist braucht den Glauben an Gott nicht, weil er eine andere Religion hat – den Kommunismus.«

Pawlows Erklärungsversuch nimmt spätere soziobiologische Hypothesen vorweg und spricht in etwas kruder Form die verbreitete Überzeugung aus, Religion sei nur etwas für die Schwachen. Daran ist sicher richtig, dass das Bewusstsein menschlicher Ohnmacht und Sterblichkeit in allen Religionen eine wichtige Rolle spielt, und dass die meisten Gläubigen in Notsituationen beten. Unzutreffend ist allerdings Pawlows Annahme, dass sich erworbene kulturelle Verhaltensweisen der frühen Menschheit genetisch vererben. Sie widerspricht biologischen Erkenntnissen und auch der Tatsache, dass Religiosität durch die jeweilige Kultur und Sozialisation vermittelt wird. Religion als instinkthaftes Suchen nach Schutz – dieses Motiv kann zwar magische Praktiken und reflexartige Formen von Bittgebeten erklären, aber nicht die anderen Beweggründe. Die meisten religiösen Menschen glauben ja nicht nur, dass sie von einer göttlichen Wirklichkeit beschützt werden, sondern auch, dass diese Gerechtigkeit und Hilfsbereitschaft verlangt und Anbetung verdient. Da die Bitte um Schutz oft keine materielle Veränderung der Notlage bewirkt, ist auch nicht einzusehen, wie Religion zu einem Überlebensinstinkt des Organismus werden kann.

Es trifft auch nicht zu, dass nur »nervenschwache« Menschen religiös aktiv sind. Nach zahlreichen Studien besteht zwischen Neurotizismus, d.h. großenteils genetisch bedingter emotionaler Labilität einerseits und Religiosität andererseits kein überzufälliger statistischer Zusammenhang (Francis, 1992). In Bezug auf Trait-Angst und manifeste Angst zeigt die Mehrheit der einschlägigen Untersuchungen sogar einen negativen Zusammenhang mit Religiosität, sofern sie intrinsisch ist (Baker & Gorsuch, 1982; Bergin et al., 1987; Petersen & Roy, 1985; Sturgeon & Hamley, 1979). Angst erleben also Gläubige wie auch Ungläubige – Gläubige jedoch eher weniger. Untersuchungen, die ermitteln wollten, ob Gläubige eher zu einer internalen oder externalen Kontrollüberzeugung neigen, d.h. eher zu der Meinung, sie könnten Erfolg und Misserfolg im Leben in hohem Maß selbst beeinflussen (internal), bzw. dies hänge weitgehend von Zufall, Schicksal oder mächtigen Anderen ab (external), erbrachten keine einheitlichen Ergebnisse. Im Überblick betrachtet scheinen jedoch intrinsisch Religiöse ein mehr internales und Extrinsische eher ein externales Kontrollbewusstsein aufzuweisen (Friedberg & Friedberg, 1985; Kivett, 1979; Scheidt, 1973). Auch dies ist alles andere als eine Bestätigung für eine monokausal verstandene Angsthypothese.

II. Religiosität – Hoffnung auf Unsterblichkeit?

Der Ansatz von B. Malinowski und der Terror-Management-Theorie

Der polnisch-britische Ethnologe Bronislaw Malinowski schrieb der Religion bzw. der Magie zwar auch die Funktion des Schutzes zu und sah in ihr ebenfalls eine Hilfe, um die Kulturtradition einer Gruppe zu heiligen und zu erhalten, meinte aber – wie andere Autoren vor ihm –, ihr wichtigstes Motiv für den Einzelnen und die Gemeinschaft sei in allen Kulturen die *Überwindung der Todesangst durch die Hoffnung auf Unsterblichkeit*: »Von allen Ursprüngen der Religion ist das letzte Grundereignis des Lebens – der Tod – von größter Wichtigkeit« (Malinowski, 1973, S. 32). Ihm zufolge helfen die Trauerriten und die Hoffnung auf ein Leben nach dem Tod nicht nur, den Verlust einer nahestehenden Person zu bewältigen, vielmehr können sie auch die tiefe Angst vor Vernichtung und damit die Frustration des Selbsterhaltungstriebs überwinden, die jeden Einzelnen und jede Gemeinschaft zu demoralisieren droht.

»Der Augenschein, die grausame Zersetzung des Körpers, das sichtbare Verschwinden der Persönlichkeit – gewisse anscheinend instinktmäßige Suggestionen von Furcht und Schrecken scheinen den Menschen auf allen Kulturstufen mit der Vorstellung von Vernichten, mit verborgenen Ängsten und Ahnungen zu bedrohen. Und hier, in dieses Spiel emotionaler Kräfte, in dieses äußerste Dilemma von Leben und endgültigem Tod, dringt die Religion ein, wählt die positive Weltanschauung, die tröstliche Aussicht, den kulturell wertvollen Glauben an die Unsterblichkeit, an den vom Körper unabhängigen Geist und an die Fortdauer des Lebens nach dem Tode ... Die Überzeugung des Menschen von der Kontinuität des Lebens ist eine der höchsten Gaben der Religion, welche – durch den Selbsterhaltungstrieb suggeriert – die bessere der beiden Alternativen – die Hoffnung auf ein fortdauerndes Leben und die Furcht vor der Vernichtung – prüft und wählt. Der Glaube an Geister ist die Folge des Glaubens an die Unsterblichkeit« (Malinowski, 1973, S. 36).

Mehr sozialpsychologisch ausgerichtet als Malinowski nimmt die Terror-Management-Theorie des Selbstwertes an, dass die Bewältigung (»Management«) der fundamentalen Angst (»Terror«) vor dem Tod eine zentrale Aufgabe von kulturellen Weltbildern (cultural worldviews) ist (Pyszczynski et al., 1990; Solomon et al., 1991). Kulturelle Weltbilder, so die Theorie, schützen vor der alles lähmenden Todesangst, denn sie vermitteln Vorstellungen über die Entstehung der Welt, Normen, deren Beachtung vor Bösem bewahrt, und Ansichten über Unsterblichkeit – sei es durch das Schaffen kultureller Beiträge, sei es durch die Zusicherung eines Weiterlebens nach dem Tod. Der Glaube an eine solche Weltsicht und an die Bedeutung der eigenen Rolle gewährleiste einen Selbstwert, der das Individuum gegen die Todesangst abpuffere. Dieser Puffer werde aber geschwächt durch die Instabilität des kulturellen Weltbildes, durch schwerwiegende Nichterfüllung der angenommenen Normen und Werte sowie durch Informationen, die einen an die eigene Sterblichkeit erinnern (etwa eine Todesnachricht). Das

Mortalitäts-
salienz

Gewahrwerden der eigenen Sterblichkeit (mortality salience) müsse durch bewusste oder unbewusste Aktionen wieder ins Gleichgewicht gebracht und bewältigt werden. Daraus leiten die Autoren Hypothesen ab, wie sich diese Mortalitätssalienz auf die Einschätzung anderer Personen auswirkt. Diese wurden mehrfach experimentell überprüft (Ochsmann, 1993; Ochsmann et al., 1996), was hier aber ebenso wenig diskutiert werden soll wie die Grundannahme, dass die Todesfurcht allzeit latent vorhanden ist. Wenn die Terror-Management-Theorie auch nicht explizit den gleichen totalen Erklärungsanspruch erhebt wie Malinowskis These, so behauptet sie doch, dass bei vielen Menschen die Religiosität eine zentrale Wertkomponente des kulturellen Weltbildes darstellt und vom Bedürfnis motiviert wird, die Angst vor dem Tod zu bewältigen.

Beide Theorien werfen die Frage auf, ob, in welchem Maß und auf welche Weise der Glaube an ein Leben nach dem Tod die Angst vor Sterben und Tod reduziert und darum ein wichtiges Glaubensmotiv darstellt. Die Thanatopsychologie hat dazu sicher noch nicht das letzte Wort gesprochen, doch steht fest, dass man die Bedeutung dieses Motivs nicht überschätzen und schon gar nicht für den einzigen Beweggrund des Glaubens halten darf. Denn Religiosität gibt es auch ohne Glauben an ein Leben nach dem Tod. Im antiken Israel wurde Jahwe als Gott der Schöpfung und des Bundes verehrt, lange, bevor man an ein Weiterleben nach dem Tod glaubte. Und in den europäischen Ländern glauben mehr Menschen an Gott (77,4%) als an ein Leben nach dem Tod (53,3%). Wenn man die Zahl derer, die aus dem Glauben »Trost und Kraft ziehen« (57,8%), zum Vergleich heranzieht, ist der Unterschied zwar geringer (4,5%), doch sind auch diese beiden Zahlen nicht gleich (Halman, 2001); es muss also noch andere Glaubensquellen geben, aus denen man »Trost und Kraft ziehen« kann. Die Konfrontation mit dem Tod im hohen Alter oder bei unheilbarer Erkrankung mag bei Menschen, die auch vorher schon religiös waren, den Glauben an ein ewiges Leben aktivieren, doch führt er Areligiöse keineswegs automatisch zum Glauben. Die heute über 70-Jährigen sind größtenteils deshalb religiöser als die Jüngeren, weil sie häufiger religiös erzogen wurden.

Auch speziell der Glaube an ein Leben nach dem Tod »steht primär mit der Religion in Beziehung und nicht direkt mit der Angst. Der Jenseitsglaube ist dem Wesen nach ein religiöses Konzept, das von der kirchlichen Lehre abhängt« (Ochsmann, 1993, S. 148). Er wird mit deren Glaubenslehre stark oder schwach verinnerlicht – nicht in Abhängigkeit von der angeblich allgegenwärtigen Angst vor dem Tod. So glauben auch Kinder, denen die Endgültigkeit des Todes noch wenig bewusst ist, die also keineswegs angstgetrieben sind, an ein Leben nach dem Tod.

Die Beziehung zwischen dem Glauben an ein nachtodliches Leben und der Angst vor Tod und Sterben ist noch wenig erforscht. Die bisherigen Ergebnisse der Thanatopsychologie haben großenteils nur die beiden Variablen Religiosität und Furcht vor Tod und Sterben untersucht. Religiosität schließt aber nicht immer Jenseitsglauben ein. Religiosität und Todesfurcht wurden auch unterschiedlich differenziert, sodass die Ergebnisse oft uneinheitlich ausfielen. Einstweilen kann man Folgendes festhalten:

Unbe-
friedigende
Forschungslage

(1) Die Mehrzahl der Studien ergab, dass Menschen mit intrinsischer Religiosität weniger Furcht vor Tod und Sterben bekunden als andere; die statistische Beziehung ist allerdings nicht stark oder bei der Untersuchung von Krause (2005) auf die religiöseren Farbigen beschränkt. Dies spricht dafür, dass Religiosität die Todesfurcht reduziert und die Annahme des Todes erleichtert (zusammenfassend: Ochsmann, 1993; Spilka et al., 2003; Wittkowski, 1990).

(2) Ein Grund für die schwache statistische Beziehung liegt vielleicht darin, dass zwischen Religiosität und Angst vor Tod und Sterben eine kurvilineare, umgekehrt u-förmige Beziehung besteht. Das bedeutet: Personen mit mäßig starker religiöser Überzeugung weisen die höchste Angst vor Tod und Sterben auf, während schwach Religiöse ebenso wie stark Gläubige weniger Angst zeigen. Dies ergaben mehrere Studien (Downey, 1984; Florian & Kravetz, 1983; Leming, 1980; Ochsmann, 1984). Wie ist dieser Befund zu deuten? Löst der Gedanke an den Tod bei mittelstark Religiösen nur

diffuse Ängste vor einem ewigen Gericht aus, von dem sie einmal gehört haben, während die stark Religiösen mit der Warnung vor dem Gericht auch die Verheißung ewiger Seligkeit verinnerlicht haben und die schwach Religiösen längst eine neutral akzeptierende Einstellung zum Tod entwickelt haben, in der der Glaube nicht ins Spiel kommt?

Es ist nicht befriedigend geklärt, von welchen psychologischen Faktoren (Neurotizismus u.ä.) die verschiedenen Dimensionen der Angst vor Tod und Sterben abhängen und wie sie von bestimmten religiösen Überzeugungen und Verhaltensweisen beeinflusst werden.

III. Religiosität – Zwang und regressiver Wunsch nach Schutz?

S. Freuds psychoanalytischer Ansatz

Während Pawlow, Malinowski und die Terror-Management-Theorie der Religiosität funktionalistisch die überaus positive Fähigkeit zuschreiben, die Angst der Schwachen zu mindern und damit die Anpassung des Organismus an seine Umwelt zu fördern, beurteilte Sigmund Freud sie entschieden negativ. In der ersten Phase seines religionstheoretischen Denkens, die vor allem die Essays »Zwangshandlungen und Religionsübungen« (1907: GW 7) sowie »Totem und Tabu« (1912: GW 9) umfasst, wertete er sie als »*universelle Zwangsneurose*« (GW 7, S. 138). Dabei schätzte er ihre Schutz- und Trostfunktion so gering ein, dass seine Zwangsneurosen-Hypothese praktisch als monokausal gelten kann. In der zweiten Phase mit den Schriften »Die Zukunft einer Illusion« (1927: GW 14) und »Neue Folge der Vorlesungen zur Einführung in die Psychoanalyse« (1932: GW 15) betrachtete er die Religion – über ihren zwangsneurotischen Charakter hinaus – bikausal auch als *regressiven, illusionären Wunsch nach dem Schutz eines allmächtigen Vaters* und als Gegensatz zu einer angeblich fälligen »Erziehung zur Realität« (GW 14, S. 373).

Religiosität als Zwang und Schuld

In seiner Schrift »Zwangshandlungen und Religionsübungen« von 1907 (GW 7, S. 129–139) behauptet Freud, zwischen den Zeremoniellhandlungen von Zwangsneurotikern und dem religiösen Ritus bestehe eine tiefe Ähnlichkeit, obwohl letzterer im Unterschied zur Zwangsneurose stereotyper und öffentlich sei:

(1) So, wie dem Neurotiker verborgen bleibt, aus welchen unbewussten Motiven er seine Zwangshandlungen vollzieht, übt der einzelne Fromme in der Regel das religiöse Zeremoniell aus, »ohne nach dessen Bedeutung zu fragen, während allerdings der Priester und der Forscher mit dem meist symbolischen Sinn des Ritus bekannt sein mögen. Die Motive, die zur Religionsübung drängen, sind aber allen Gläubigen unbekannt oder werden in ihrem Bewusstsein durch vorgeschobene Motive vertreten« (GW 7, S. 135).

(2) Wie der Zwangsneurotiker aufgrund von Schuldbewusstsein und Angst vor Bestrafung sein Zeremoniell als Abwehr- oder Versicherungshandlung aufbaut, beteuern die Frommen, dass sie arge Sünder seien, und leiten ihre Tage und besonders außergewöhnliche Unternehmungen durch Gebete und Anrufungen ein.

Parallelen zwischen Zwangsneurose und Religiosität?

(3) So, wie die Zwangsneurose aus einer unvollkommen gelungenen gewaltsamen Verdrängung und Unterdrückung von sexuellen Triebregungen entsteht, scheint auch der Religionsbildung die Unterdrückung von Triebregungen zugrunde zu liegen – doch nicht nur die von sexuellen (wie in der Neurose), sondern auch von anderen, egoistischen, sozialschädlichen Trieben. Zu ihr gehören das Schuldbewusstsein infolge bleibender Versuchung sowie die Angst vor göttlichen Strafen und die Bußhandlungen für Rückfälle.

(4) So, wie durch psychische Verschiebung bei der Zwangsneurose das Geringfügigste zum Dringlichsten werden kann, tendiert in der Religion das kleinliche Zeremoniell dazu, zum Wesentlichen zu werden.

(5) Der den Zwangshandlungen eigene Kompromisscharakter zeigt sich in der Religion darin, dass die Triebhandlungen, die sie unterdrückt und verpönt, gerade im Namen und angeblich zugunsten der Religion vollführt werden.

Freud betrachtet die erwähnte Ähnlichkeit durchaus als Gleichheit: »Nach diesen Übereinstimmungen und Analogien könnte man sich getrauen, die Zwangsneurose als pathologisches Gegenstück zur Religionsbildung aufzufassen, die Neurose als eine individuelle Religiosität, die Religion als eine universelle Zwangsneurose zu bezeichnen« (GW 7, S. 138f.). Dabei denkt er nicht an einzelne Fälle von Religiosität mit zwanghaften Zügen und erwähnt auch kein einziges Fallbeispiel, sondern wendet seine Neurosentheorie auf jede Art von Religiosität an.

Ödipuskomplex, Schuldgefühle, Totemtier und Gottvater-Idee

Freud war überzeugt, dass aller Religion Schuldgefühle zugrunde liegen. Wie diese entstehen und durch Riten beschwichtigt werden, führte er aber erst 1912 in der Abhandlung »Totem und Tabu« (GW 9) aus. Hier nimmt er mit einigen älteren religionswissenschaftlichen Autoren an, dass der Totemismus allen anderen Religionsformen vorausging und sie begründete. Die Eigenarten des Totemismus – der Glaube, ein bestimmtes Tier sei der schützende Urvater der Stammesangehörigen, müsse geschont, dürfe aber bei besonderen Gelegenheiten rituell geschlachtet werden, das Inzestverbot und anderes – erklären sich für ihn aus der bei Kindern häufigen Tierphobie.

Ödipus-
komplex und
Totemismus

Diese ist für Freud, wie er an der Pferdephobie des fünfjährigen »kleinen Hans« gezeigt haben will (GW 7, S. 241–377), eine Verschiebung der aus dem Ödipuskomplex resultierenden, ambivalenten Gefühle des Jungen gegenüber dem Vater. So, wie er dem Vater als dem Konkurrenten im Kampf um die Gunst der Mutter den Tod wünsche und deswegen Angst und Schuld fühle, empfinde er auch gegenüber einem bestimmten Tier. Dieser Kernkomplex aller Neurosen erhelle nun auch den Totemismus mit seinen hauptsächlichen Tabuvorschriften, das Totemtier nicht zu töten und mit keiner Frau, die dem Totem angehört, sexuell zu verkehren.

In der menschlichen Urhorde, so erklärt Freud, hassten die Brüder den Vater, der alle Macht und allen Sexualverkehr mit den Frauen der Horde für sich beanspruchte; aber sie liebten und bewunderten ihn deswegen auch und wollten seine Stelle einnehmen. Sie ermordeten ihn und verspeisten ihn kannibalisch, doch setzte sich auch ihre Liebe zu ihm durch und schuf ein Schuldbewusstsein und tiefe Reue. In nachträglichem Gehorsam widerriefen sie ihre Tat, indem sie die Tötung des Vaterersatzes, des Totemtieres, und den Inzest verboten – zwei Tabus, mit denen die Sittlichkeit der Menschen begann. Aus dem Schuldbewusstsein ging auch die Totemreligion hervor und »alle späteren Religionen erwiesen sich als Lösungsversuche desselben Problems« (GW 9, S. 175): Man suchte Beschwichtigung und

Versöhnung, indem man sich gegenüber dem Vatersurrogat, dem Totem, verpflichtete, sein Leben zu ehren, wobei der Vater »all das zusagte, was die kindliche Fantasie vom Vater erwarten durfte, Schutz, Fürsorge und Schonung« (GW 9, S. 174). Das Tötungsverbot wurde nur bei der Opferung des Totemtieres und der Totemmahlzeit aufgehoben, weil man hier den Triumph über den Vater von Neuem erleben, sich aber auch seine Macht durch das Essen des Opferfleisches einverleiben wollte.

Sowohl der Sohnestrotz als auch das Beschwichtigen des Schuldbewusstseins durch die Solidarität aller Teilnehmer wurde bei den Opfern, die man später in Anwesenheit von Stammesgottheiten darbrachte, ein bleibendes Motiv. Denn so unbekannt der Ursprung der Gottesidee sein mag, »die psychoanalytische Erforschung des einzelnen Menschen lehrt mit einer ganz besonderen Nachdrücklichkeit, dass für jeden der Gott nach dem Vater gebildet ist, dass sein persönliches Verhältnis zu Gott von seinem Verhältnis zu seinem leiblichen Vater abhängt, mit ihm schwankt und sich verwandelt und dass Gott im Grunde nichts anderes ist als ein erhöhter Vater« (GW 9, S. 177). Der Vateranteil an der Gottesidee müsse groß sein, da die Gläubigen Gott ihren Vater nennen. So meint Freud, die Gottesidee habe das Totemtier als Vaterersatz abgelöst und sei derselben Vatersehnsucht entsprungen wie sie. Als die alte Gleichstellung aller Stammesgenossen verloren ging, belebte man das Vaterideal um so bereitwilliger in der Schöpfung von Göttern. (Den Übergang vom Totemismus zum Monotheismus versuchte Freud in seinem späteren Essay »Der Mann Moses und die monotheistische Religion« nachzuzeichnen, GW 16, S. 101–246.)

Allmählich wurde das Opfer zur Darbringung an den über den Menschen erhabenen Gott, dem sich die Söhne unterwerfen, um sich von ihrem Schuldbewusstsein zu entlasten. Allerdings blieb die Ambivalenz von Schuldbewusstsein und Sohnestrotz, Liebe und Hass erhalten – ganz deutlich im Christentum. Denn hier opfere sich Christus zwar, um die Brüderschar von der Schuld am Vatermord (der Erbsünde) zu erlösen, trete aber damit auch an die Seite des Vaters und schenke in der Eucharistie sich, und nicht den Vater, zur Einverleibung und Identifizierung. »Die Sohnesreligion löst die Vaterreligion« ab (GW 9, S. 186). So steht für Freud fest, »dass im Ödipus-Komplex die Anfänge von Religion, Sittlichkeit, Gesellschaft und Kunst zusammentreffen« (GW 9, S. 188). Auch in seiner späteren Darstellung in »Die Zukunft einer Illusion« blieb Freud dieser Sicht treu und meinte, die Religion enthalte als »bedeutsame historische Reminiszenzen« die Erfahrung, dass man schädliche Triebansprüche zunächst durch Verdrängung und Angst bändigen müsse und sie erst nach dem Durchlaufen einer

Gott als
erhöhter Vater

entsprechenden Kinder- und Zwangsneurose durch rationelle Geistesarbeit unterdrücken könne (GW 14, S. 366f.). Diese Verdrängungen, die einmal notwendig waren, haften der Kultur noch lange an. Als allgemeine Zwangsneurose enthebe die Religion auch heute noch den Frommen der Aufgabe, eine persönliche Neurose auszubilden. Doch mit zunehmendem moralischem Wachstum sei sie für die Menschheit überholt – wie die Ödipuskrise und die Tabuvorschriften des Kindes dem gesunden Erwachsenen nicht mehr entsprächen. Um den Menschen mit der Kultur zu versöhnen, dürfe man ihren Triebverzicht nicht mehr religiös, sondern nur noch rational begründen.

Religiosität als regressiver Wunsch nach dem Schutz eines allmächtigen Vaters

In seinen späteren Schriften »Die Zukunft einer Illusion« (GW 14, S. 323–380) und »Neue Folge der Vorlesungen zur Einführung in die Psychoanalyse« (GW 15, S. 170–197) hielt Freud zwar an seiner Ableitung der Religion aus dem Ödipuskonflikt fest, sah die alles bestimmende »Vatersehnsucht« aber weniger im Gleichseinwollen mit dem gehassten und bewunderten Verbieter, sondern vor allem im Behütetseinwollen vom idealisierten Beschützer.

»Infantile Hilflosigkeit«

Obwohl Freud bemüht ist, den Unterschied zu »Totem und Tabu« herunterzuspielen (GW 14, S. 344f.), betont er in »Die Zukunft einer Illusion« deutlich mehr das Schützende, um die Entstehung der Religion aus dem Vaterbild zu erklären. Freud geht nämlich nicht von der Verbieterfunktion des Vaters aus, sondern von der »Objektwahl nach dem Anlehnungstyp«. Diese besagt – im Unterschied zur narzisstischen Objektwahl –, dass jemand eine andere Person nach dem Vorbild der nährenden Mutter und des schützenden Vaters liebt, und dass die Sexual- und Liebesentwicklung von den Beziehungen des hilflosen, schutzbedürftigen Kleinkindes geprägt wird. Argumentierte Freud in seiner Zwangsneurosenhypothese noch mit der Ähnlichkeit zwischen neurotischem Zeremoniell und religiösem Ritus, so legt er seinen späteren Überlegungen die Analogie zwischen Gottesglauben und kindlicher Hilflosigkeit zugrunde – entsprechend einer Vermutung, die er schon 1910 formulierte: »Der letzte Grund der Religion ist die infantile Hilflosigkeit des Menschen« (Jones, 1960–1962, Bd. 2, S. 413).

Gemäß der Objektwahl nach dem Anlehnungstyp wird die Mutter, die den Hunger befriedigt, zum ersten Liebesobjekt und auch zum ersten Schutz vor den von außen drohenden Gefahren. In dieser Schutzfunktion wird die

Mutter aber bald von dem stärkeren Vater abgelöst, den das Kind in der erwähnten Gefühlsambivalenz ebenso fürchtet wie bewundert. Aus seinem Bild baut es die Vorstellung von einem allmächtigen Vater auf, der ihm in aller Ohnmacht hilft.

»Wenn nun der Heranwachsende merkt, dass es ihm bestimmt ist, immer ein Kind zu bleiben, dass er des Schutzes gegen fremde Übermächte nie entbehren kann, verleiht er diesem die Züge der Vatergestalt, er schafft sich die Götter, vor denen er sich fürchtet, die er zu gewinnen sucht und denen er doch seinen Schutz überträgt. So ist das Motiv der Vatersehnsucht identisch mit dem Bedürfnis nach Schutz gegen die Folgen der menschlichen Ohnmacht; die Abwehr der kindlichen Hilflosigkeit verleiht der Reaktion auf die Hilflosigkeit, die der Erwachsene anerkennen muss, eben der Religionsbildung, ihre charakteristischen Züge« (GW 14, S. 346).

Der Gottesglaube des heutigen Erwachsenen ist also für Freud eine Regression zu einer idealisierten Vatervorstellung, die sich der Heranwachsende zur Abwehr seiner Ängste vor den Gefahren des Lebens aufbaut und in der er diese Vorstellung vom schützenden (und gesetzgebenden) Vater auf die unbekannten Mächte projiziert. Sie ist auch ein Relikt aus der Zeit, als die Menschheit die Dämonenangst des ursprünglichen Animismus überwand und nach der Phase des Totemismus an vaterähnliche Götter und schließlich an einen einzigen Gott der Schöpfung, der Vorsehung und der moralischen Gebote glaubte. Denn zum religiösen Programm, zur Leistung und zum »großartigen Wesen der Religion«, wie sie heute noch vorhanden ist, gehören nach Freud drei Funktionen, die alle nach dem Bild des Vaters gedacht werden:

(1) *Belehrung über die Herkunft und Entstehung der Welt:* Um die menschliche Wissbegierde zu befriedigen, lehrt die Religion, dass die Welt von einem »idealisierten Übermenschen« geschaffen wurde. Diesen Gott-Schöpfer nennt sie Vater. »Die Psychoanalyse schließt, es ist wirklich der Vater, so großartig, wie er einmal dem kleinen Kind erschienen war. Der religiöse Mensch stellt sich die Schöpfung der Welt so vor wie seine eigene Entstehung« (GW 15, S. 175). Damit stehe die Religion in einer Rivalität und im Gegensatz zur modernen Wissenschaft.

Drei Funktionen von Religion

(2) *Tröstung und Angstbeschwichtigung:* Angesichts der Gefahren und Wechselfälle des Lebens sichert die Religion dem Menschen Schutz und einen guten Ausgang zu. Das ist die Funktion, der sie »wohl den größten Anteil ihres Einflusses« verdankt (GW 15, S. 174), weil sie dem Menschen mehr verspricht als die Wissenschaft, die nur vor Gefahren warnen und zur Unterwerfung unter das unabwendbare Leid raten kann. Hier arbeitet sie

mit der erwähnten Regression zur Vorstellung von den schützenden Eltern (besonders des Vaters), die einen als Kind beruhigt hat.

Der Erwachsene hat ja längst erkannt, dass sein Vater beschränkt ist und dem Idealbild, das er sich von ihm gemacht hatte, nicht gerecht werden kann. Er weiß aber auch, dass er selbst trotz der ihm zugewachsenen Kräfte vielen Gefahren gegenüber ohnmächtig bleibt. »Darum greift er auf das Erinnerungsbild des von ihm so überschätzten Vaters der Kinderzeit zurück, erhebt es zur Gottheit und rückt es in die Gegenwart und in die Realität. Die affektive Stärke dieses Erinnerungsbildes und die Fortdauer seiner Schutzbedürftigkeit tragen miteinander seinen Glauben an Gott« (GW 15, S. 176).

(3) *Ethische Forderung:* Die Religion erlässt moralische Vorschriften und Verbote, die sie nur mit der kindlichen Vorstellung von einer väterlichen (bzw. elterlichen) Autorität begründet. Als Kind wurde der Mensch ja durch die Liebesprämien und Strafen des Vaters (der Eltern) zur Einhaltung seiner sozialen Pflichten erzogen.

»Alle diese Verhältnisse trägt dann der Mensch unverändert in die Religion ein. Die Verbote und Forderungen der Eltern leben als sittliches Gewissen in seiner Brust weiter; mithilfe desselben Systems von Lohn und Strafe regiert Gott die Menschenwelt, von der Erfüllung der ethischen Forderungen hängt es ab, welches Maß an Schutz und Glücksbefriedigung dem Einzelnen zugewiesen wird; in der Liebe zu Gott und im Bewusstsein, von ihm geliebt zu werden, ist die Sicherheit begründet, mit der man sich gegen die Gefahren der Außenwelt wie der menschlichen Mitwelt wappnet. Endlich hat man sich im Gebet einen direkten Anteil an der göttlichen Allmacht gesichert« (GW 15, S. 176f.).

Freud ging weit über eine rein psychologische Motivanalyse hinaus und fragte kulturkritisch nach dem Wert von Religion im 20. Jahrhundert. Er sah

Religion als Illusion

sie von vornherein als Gegensatz zu einer »wissenschaftlichen Weltanschauung« und Einstellung, die für ihn nur positivistisch sein konnte. Religiöse Lehren, meinte er, geben keine Begründung, sondern verlangen blinden Glauben, ja verhängen ein »Denkverbot« (GW 15, S. 185). Sie seien nicht Ergebnisse des Denkens, sondern »Illusionen, Erfüllungen der ältesten, stärksten, dringendsten Wünsche der Menschheit; das Geheimnis ihrer Stärke ist die Stärke dieser Wünsche« (GW 14, S. 352). Illusionen – etwa die Hoffnung auf den Messias – könnten weder bewiesen noch widerlegt werden; die Kraft religiöser Illusion erkläre sich aus ihrem infantilen Ursprung und dem alles beherrschenden Motiv der Wunscherfüllung. Doch in vielem widerspreche sie der Wissenschaft und verursache eine allgemeine »Denkhemmung« (GW 15, S. 185), die der dringend zu wünschenden Herrschaft der Vernunft schade. Darum sei Religion eine Gefahr für die Zukunft der Menschheit. Der Mensch müsse sich von diesem Narkotikum und Infantilismus befreien. Er müsse sich seine Hilflosigkeit eingestehen, sich von der Vorstellung lösen, er sei das »Objekt zärtlicher Fürsorge einer gütigen Vorsehung«, und die ethischen Forderungen ohne Religion begründen. Religion müsse einer »Erziehung zur Realität« weichen (GW 14, S. 373).

Freud trug seine religionstheoretischen Überlegungen als Essays ohne ein einziges Fallbeispiel und ohne statistische Hinweise vor. Er hat zwar einschränkend geäußert, dass sie die Verehrung von Muttergottheiten nicht erklären könnten (GW 9, S. 180), dass sie sich auf die »abendländischen« Religionen beschränkten (GW 15, S. 182) und ihn selbst nicht überzeugten. An Ferenczi schrieb er: »Jetzt kommt es mir (das Buch ›Die Zukunft einer Illusion‹) bereits kindisch vor; im Grunde denke ich anders. Analytisch halte ich es für schwach und als Selbstbekenntnis unpassend« (Jones, 1960–1962, Bd. 3, S. 168). Trotzdem veröffentlichte er seine Thesen mit dem Anspruch auf Allgemeingültigkeit. Was ist von ihnen zu halten?

Zur Zwangsneurosenhypothese

Freuds Deutung macht über Pawlows und Malinowskis Überlegungen hinaus darauf aufmerksam, dass Religiosität u.U. auch mit Zwang, Gewissensängstlichkeit und Schuldgefühlen verbunden sein kann – sei es, weil sie sich wie in der Kindheit des sogenannten »Wolfsmanns«, den Freud behandelte (GW 12, S. 27–157), innerhalb einer ausgeprägten Zwangsstörung entwickelt, sei es, dass sie als strenge, tabuartige Gesetzesfrömmigkeit im Vorfeld dazu gelebt wird.

Im Übrigen ist seine Hypothese allerdings rundum unhaltbar. Schon der Versuch, die Entstehung »der« Religion zu erklären, widerspricht allem, was man über deren Vielfalt weiß. Die Gleichsetzung von Religion mit rituellen »Religionsübungen« verkennt, dass beispielsweise im Christentum nur die gemeinsamen Gottesdienste rituell festgelegt sind, ansonsten aber keine Vorschriften zu Zahl, Inhalt oder Form der privaten Gebete bestehen. Die Gleichsetzung der religiösen Riten mit »Zeremoniellhandlungen« ist in doppelter Hinsicht verfehlt: Einerseits können religiöse Riten – so wie profane auch – sehr fröhlich, ohne Gewissensängstlichkeit vollzogen werden: als Ausdruck von Dank und Vertrauen, ganz ohne Angst beschwichtigende, sühnende Absicht. Andererseits unterscheiden sie sich, selbst wenn sie u.U. penibel genau geregelt sind, grundlegend von zwangsneurotischen Ritualen dadurch, dass sie regelmäßig, öffentlich und nach objektiven Gesichtspunkten – Jahresrhythmus, Festkalender – und nicht impulsiv, nach subjektivem Zwang vollzogen werden, wie es geschieht, wenn etwa jemand täglich Dutzende Male die Hände wäscht oder ein Gebet mehrmals wiederholt, weil er zweifelt, ob er es andächtig genug verrichtet hat. Wenn einfache Gläubige, wie Freud mit Recht bemerkt, viele Vorschriften und Riten fraglos ausführen, muss das nicht bedeuten, dass sie dies zwanghaft tun: Vieles vollziehen sie vielleicht unter sozialem Erwartungsdruck oder weil sie einer Tradition vertrauen, ohne sie vollständig zu reflektieren. *Es gibt nicht nur zwanghafte, im Über-Ich verwurzelte, sondern auch erfüllungsmotivierte, im Ich verankerte Religiosität.* Dafür sprechen auch jene Beispiele, wo Klienten im Laufe einer Psychotherapie ihre zuvor zwanghafte Religiosität mit zunehmender Ich-Stärke nicht aufgaben, sondern in eine angstfreiere umgewandelt haben (Dooley, 1981; Spero, 1985).

Die Ödipus-
theorie –
ein Mythos

Die von Freud ins Feld geführte Annahme, dass es einmal einen Totemismus gab, der allen Menschen gemeinsam war und aus dem sich alle Religionen entwickelt haben, ist in der Religionswissenschaft obsolet; der Begriff Totemismus wird nur noch für das religiös-soziale System einiger Stämme, vor allem in Australien, verwendet. Freuds Annahme, alle Religion verehre Gott als Vater, ist religionswissenschaftlich unhaltbar. Seine Deutung, der Tod Christi habe zu einer Ersetzung des Vaters (»Sohnesreligion«) geführt, widerspricht biblischem Verständnis und ist willkürlich. Wie aber steht es mit Freuds ureigener Theorie, die den Ödipuskonflikt als Kernkomplex aller Neurosen und als Grundlage aller Verinnerlichung von Normen postuliert? Im Einzelfall mag eine solche Problematik vorliegen, doch ist der Ödipuskonflikt erwiesenermaßen kein universelles Phänomen, das zur normalen Entwicklung gehört (Greve & Roos, 1996); die Antworten des Jungen, mit denen Freud seine Theorie stützen wollte, verdanken sich den Suggestivfragen seines Vaters (Eschenröder, 1984). Freuds Ödipustheorie ist ein Mythos. Und er wird weder der Religiosität noch der weiblichen Sexualität gerecht.

Zur Regressions- und Wunscherfüllungshypothese

Hier können Freuds Überlegungen – ähnlich wie die von Pawlow – als Arbeitshypothese zur Untersuchung anregen, in welchem Maß die Religiosität eines Menschen von *Schutz- und Kontrollbedürfnissen* bestimmt ist und von den Vertrauensbeziehungen zu den ersten Bezugspersonen abhängt. In extremen Fällen gibt es vielleicht auch eine Glaubenseinstellung, die mit dem

Gefühl völliger Hilflosigkeit und einem passiven (»regressiven«?) Vertrauen in Gott einhergeht.

Allerdings wäre es eine unzulässige Verallgemeinerung, diese Diagnose allein deshalb zu stellen, weil jemand – nach biblischer Überlieferung – Gott als »Vater« bezeichnet und in seinen Nöten zu ihm betet. Denn das Beten zu einem väterlich oder mütterlich gedachten Gott führt selbst bei Menschen, die zunächst ein wunderbares Eingreifen erwarten, oft zu einer Gefasstheit, die zur Annahme des befürchteten Verlusts befähigt – dies ist doch das genaue Gegenteil von Verleugnung der Ohnmachtsrealität. Die Mehrzahl der Christen praktiziert keine passive, sondern eine selbstverantwortliche, kooperative Form von religiöser Belastungsbewältigung (Pargament, 1997). Für die meisten Gläubigen in modernen Kulturen ist es selbstverständlich, dass sie – bei allem Vertrauen auf Gott – Unfall-, Haftpflicht- und Feuerversicherungen abschließen und gegen Krankheit und Armut Vorsorge treffen. Anstatt also die nicht zwanghaften Anteile von Religiosität pauschal auf infantile Schutzbedürfnisse zurückzuführen, wird man anerkennen müssen, dass Religiosität auch in »progressiven« Motiven verankert sein kann: Im Verlangen nach Selbstwertbestätigung durch eine übermenschliche Instanz, in sozialem Verantwortungsbewusstsein, in der Bereitschaft zu Dank und Verehrung und im Fragen nach dem letzten Ursprung der Welt.

»Progressive«
Motive

Dieses zuletzt genannte kognitive Motiv hat Freud zwar als Belehrung über die Herkunft der Welt und als Befriedigung menschlicher »Wissbegierde« erwähnt, es aber sogleich dem Schutzbedürfnis nachgeordnet und abgewertet. Damit hat er verkannt, dass das kausale Fragen nach dem letzten, metaphysischen »Woher« ein eigenständiges Motiv ist, das auch relativ unabhängig von Wünschen und Ängsten wirken kann. Freud vernachlässigt, dass religiöse Überzeugungen nicht nur aus unbewussten »Primärvorgängen« wie Idealisierung, Wunsch- und Angstübertragungen oder Abwehr entstehen müssen und samt und sonders als Rationalisierungen von Wünschen zu betrachten sind, sondern auch Ergebnis des Denkens und damit Resultat einer »Ich-Funktion« und eines »Sekundärvorgangs« mit weltanschaulicher Realitätsprüfung sein können (s. S. 149 unten). Mangelndes Verständnis für metaphysisches Denken ließ Freud wohl auch übersehen, dass sich die monotheistischen Religionen Gott nicht als einen »erhöhten Vater« und »idealisierten Übermenschen« vorstellen, der die Welt menschlich, mithilfe einer Frau durch Zeugung, schafft, sondern als absolut übermenschlichen Urgrund, der sie durch eine »Schöpfung aus dem Nichts« ins Dasein ruft, wie sie nur ihm möglich ist.

Freuds verallgemeinernde Behauptung, die Religion habe durch eine Denkhemmung »fast allen hervorragenden Individuen vergangener Zeiten« geschadet (GW 15, S. 185), widerspricht allem, was über solche Individuen bekannt ist – von Plato bis Georg Wilhelm Friedrich Hegel, von Thomas More bis Mohanda Gandhi, von Johannes Kepler bis Albert Einstein und von Johann Sebastian Bach bis Olivier Messiaen. Sie widerspricht auch der Tatsache, dass alle alten Kulturen in einem religiösen Kontext entstanden sind. Freilich muss die Psychologie untersuchen, inwiefern fideistische, intuitionistische und dogmatische Auffassungen vom Glauben eine rationale Reflexion als Gefahr darstellen und damit wie ein »Denkverbot« wirken und eine rein emotionsbestimmte Religiosität fördern (s. S. 150 unten).

Freud hat die von mehreren Psychoanalytikern popularisierte Hypothese formuliert, die Gottesvorstellung sei nichts anderes als eine illusionäre Vaterprojektion. Manche psychoanalytischen Autoren postulierten demgegenüber, sie bilde sich aus der Projektion von Erfahrungen mit der Mutter. Letzteres erkläre die Muttergottheiten. Warum aber verehrt man dann nicht in jeder religiösen Tradition beides: Vater- und Muttergottheiten? Die Forschung hat in nicht wenigen Studien untersucht, in welchem Maß die Gottesvorstellung von Kindern, Jugendlichen und Erwachsenen noch von der wahrgenommenen Elternbeziehung bestimmt wird. Dies ist nicht abschließend zu beantworten, weil man es methodisch kaum exakt ermitteln kann (s. S. 163–172). Grundsätzlich wird die Psychologie jedoch jedem ausgeglichenen Erwachsenen die Fähigkeit zugestehen, seine Gottesvorstellung nicht nur als Projektion von Erfahrungen mit den Eltern, sondern auch aus genuin kognitiven Elementen der religiösen Unterweisung und eigenen Überlegungen aufzubauen – so wie das Bild, das wir uns vom mächtigsten oder weisesten Menschen der Welt machen, auf Informationen und nicht nur auf Vaterprojektionen beruhen kann.

IV. Religiosität – eine Frage des Selbstwertgefühls?

Der objektbeziehungstheoretische Ansatz

Psychoanalytiker der zweiten und dritten Generation haben die tiefenpsychologischen und religionstheoretischen Auffassungen von Freud modifiziert, wobei das Motiv des Selbstgefühls (Narzissmus), d.h. des Selbstwertgefühls stärker in den Vordergrund trat. Die zusammenhängendste Konzeption einer solchen zur Selbstpsychologie oder Objektbeziehungstheorie gewandelten Psychoanalyse legte Ana-Maria Rizzuto (1979) vor. Sie war zwar immer noch zu spekulativ, um empirische Studien anregen zu können, wurde aber von nicht wenigen Autoren, zumal Religionspädagogen (Thierfelder, 1998), als religionsfreundlichere Alternative zu Freud begrüßt und damit einflussreich.

Unter der Bezeichnung Objektbeziehungstheorie werden Ideen einer revidierten Psychoanalyse zusammengefasst, die von Autoren wie Sullivan, Fairbairn, Winnicott, Klein, Mahler und Kernberg vorgetragen wurden. Sie bilden keine geschlossene Theorie, sind aber durch folgende Schwerpunkte miteinander verbunden: Sie interessieren sich stärker als Freud für die Beziehungen des Individuums zu den »Objekten« (vorwiegend Partnern) seiner Liebe und seines Hasses. Sie fassen deren Psychodynamik weniger sexualbezogen und dafür stärker gefühlsorientiert auf: als Erfahrung von Selbstgefühl, Vertrauenkönnen und Liebe bzw. von Angst, Misstrauen, Ohnmacht, Wut und Hass. Dabei achten sie auch mehr als Freud auf die vorödipalen Erfahrungen in der »oralen Phase« bzw. auf die ersten Vorstellungen des Kindes von sich und seinen Bezugspersonen (Selbst- und Objektrepräsentanzen).

> Was ist Objektbeziehungstheorie?

Als Vordenker dieser Richtung betonte Erikson (1953, 1965), die orale Phase sei nicht nur wichtig für die Ernährung und ersten Lusterfahrungen des Kindes. Vielmehr entscheide die Interaktion mit der mehr oder weniger einfühlsamen Mutter auch auf einer ersten Stufe darüber, ob das Kind »Grundvertrauen« (basic trust) aufbauen könne – das Gefühl des Sich-Verlassen-Könnens auf den eigenen Organismus sowie des Selbstwertes – oder ob das »Grundmisstrauen«, d.h. das Gefühl des Verlassenwerdens und der Unsicherheit, dominiere. Grundvertrauen sei auch eine Voraussetzung für religiösen Glauben und werde gleichzeitig von diesem gestützt. Dies führte Erikson in seiner Studie über Martin Luther aus (Erikson, 1975).

Die Bedeutung des Selbstwertstrebens unterstrich auch Kohut (1966), indem er in seiner Theorie des Narzissmus lehrte, dass es neben der Libido eine von dieser weitgehend unabhängige narzisstische Energie und Motivation gebe. Diese liege einerseits dem lebenslangen Bedürfnis nach Anerkennung und Selbstachtung zugrunde und andererseits der Ausrichtung des ursprünglich erlebten Vollkommenheitsgefühls auf realistische Ziele in Ehrgeiz, Idealismus und Kreativität. Diese narzisstische Energie könne aber auch, wenn sie in der Kindheit durch Demütigungen gestört wird, zu schweren Fehlentwicklungen des Selbstgefühls führen.

Großen Einfluss hatte auch die Idee eines »intermediären Bereichs« mit »Übergangsobjekten«, die der Kinderanalytiker Winnicott (1989/1953) darlegte. Ihr zufolge erwachsen die außergewöhnlichen Erfahrungen des Erwachsenen im Bereich der Kunst, Religion und wissenschaftlichen Arbeit einem Zwischenbereich, den das Kind im ersten Lebensjahr zwischen illusionärer Kreativität und objektiver Wahrnehmung aufbaue. Dies zeige sich in der Verwendung von »Übergangsobjekten« wie Schnuller, Bettdeckenzipfel oder Teddybär. Sie ersetzten nämlich dem Kind beim Alleinsein die Mutter, die es sich dann fantasiere, verträten aber auch die äußere Realität, sodass sich eine erste Form von Wirklichkeitserkenntnis entwickle, die auf das Allmachtsgefühl an der Mutterbrust verzichte. (Genauere Angaben zum Bezug zur religiösen Entwicklung machte Winnicott nicht.)

Rizzuto hat Interviews, die sie mit vier Psychotherapie-Klienten geführt hat, sowie deren Fragebogen-Antworten und Zeichnungen von Gott ausgewertet und folgert: Jedes Kind bildet in der westlichen Kultur im Alter von zwei bis drei Jahren, also auf der oralen, analen und ödipalen Entwicklungsstufe, aus Vorstellungsmaterial (Repräsentanzen), das es im Umgang mit seinen ersten Bezugspersonen – Mutter, Vater, Großeltern, Geschwistern – erworben hat, im Bereich der Übergangsobjekte eine unbewusste Gottesvorstellung (god representation). Diese ist keine Halluzination, sondern eine Illusion. Doch bedeutet sie – auch noch in reifer Erwachsenenreligiosität – keinen Gegensatz zur Wirklichkeit, sondern eine notwendige Hilfe zur Lebensbewältigung. Sie bleibt während des ganzen Lebens verfügbar, um beim immer neuen Versuch, die Realität zu akzeptieren, eine Verbindung mit den Bildern der ersten Bezugspersonen sowie Selbstgefühl und Hoffnung zu gewährleisten. Sie kann trösten, wenn einen die Objekte des realen Lebens enttäuschen; sie kann geliebt, aber auch gehasst werden. Das Gottesverständnis (god concept), das aus dem Kausaldenken, d.h. den – psychoanalytisch gesprochen – Sekundärprozessen hervorgeht, lasse den Menschen kalt. Jedoch werde es emotional bedeutsam, mit Gefühlen und Erinnerungen gefüllt und führe bei günstiger Entwicklung zum Gott der Mystiker statt zum Gott der Theologen, wenn es mit den unbewussten vorstellungs- und gefühlsmäßigen Personschemata und Klischees – etwa des schrecklichen bzw. guten Vaters – verknüpft werde, die das Kind in seinen frühen zwischenmenschlichen Erfahrungen aufgebaut hat. Wenn die Gottesvorstellung verändert wird, geschieht dies, um das narzisstische Gleichgewicht des Selbstgefühls herzustellen.

Diskussion

Der Ansatz von Rizzuto und der Objektbeziehungstheorie allgemein thematisiert die Frage, unter welchen Bedingungen religiöse Überzeugungen (Kognitionen) von einem bloß neugierbestimmten, kalten Wissen zu »warmen«, emotional bedeutsamen Kognitionen werden können und welche Bedeutung dabei dem *Streben nach positivem Selbstwertgefühl* (psychoanalytisch: Selbstgefühl) zukommt. Dieses Motiv kam in den bisher besprochenen Konzepten nicht vor. Davon abgesehen reicht allerdings auch die objektbeziehungstheoretische Sicht mit ihren unüberprüfbaren Vorannahmen über den Status einer lockeren Kombination und Spekulation nicht hinaus. Die Kernthese Rizzutos von der Entstehung der Gottesvorstellung im Bereich der Übergangsobjekte bezieht sich auf so frühe Stadien sprachlicher und bildnerischer Ausdrucksmöglichkeiten, dass sie erfahrungswissenschaftlich, durch Mitteilungen des Kleinkindes, nicht zu belegen oder zu korrigieren ist. Auch die Säuglings- und Kleinkindforschung, die übrigens die Annahme einer ursprünglichen Einheit von Säugling und Mutter in Frage stellt (Dornes,

1993), kann eine solche Aussage nicht überprüfen, und aus den Erinnerungen von Erwachsenen lassen sich so frühe, angeblich unbewusste Gottesvorstellungen nicht zuverlässig rekonstruieren. Innerhalb der psychoanalytischen Richtung gehen denn auch die Meinungen über Herkunft und Bedeutung der Übergangsobjekte auseinander (Brody, 1980, 1982), so wie auch die Auffassungen zur »narzisstischen« Entwicklung im frühen Kindesalter erheblich voneinander abweichen (Wahl, 1985).

V. Religiosität – aus dem Bedürfnis nach Nähe und Sicherheit?

Der bindungstheoretische Ansatz

Die weiteren Ansätze, die hier besprochen werden, sehen Religiosität in zwei, drei oder mehr Motiven verwurzelt. So steht bei der Bindungstheorie (attachment theory), die Kirkpatrick (1992, 1995) auf religiöses Erleben, Denken und Verhalten übertragen hat, in ihrer ursprünglichen Form das *Bedürfnis nach Sicherheit und intimer Nähe* im Vordergrund. Sie geht auf die Entwicklungstheorie von Bowlby zurück, die die Unterschiede zwischen Verhaltensmustern von Kindern im Kontakt mit ihren primären Bezugspersonen, meistens den Eltern, erklären wollte. Bowlby (1975) nahm ein phylogenetisch begründetes Bedürfnis des Kindes nach Sicherheit, Geborgenheit und Nähe an. Dank seines angeborenen Bindungsverhaltenssystems suche das Kind durch Krabbeln, Weinen und Jammern aktiv Kontakt mit der Bindungsperson, die aufgrund ihres Pflegeverhaltenssystems auf seine Bedürfnisse eingehen könne. Aus den Erfahrungen mit den Bezugspersonen entwickelten sich »innere Arbeitsmodelle« (internal working models), d.h. Beziehungsschemata, die mit ihren Verhaltensweisen, kognitiven Repräsentanzen und Emotionen den spezifischen Bindungsstil ausmachten. Diese Stile seien bei Erwachsenen gleich wie bei Kindern, nur differenzierter und bewusster. Bartholomew und Horowitz (1991) unterscheiden bei jungen Erwachsenen vier Bindungsstile:

(1) *Sicher*, von der Bezugsperson akzeptiert zu sein.
(2) *Präokkupiert*, mit dem Wunsch nach enger Beziehung und der Angst, abgelehnt zu werden.

(3) *Ängstlich-vermeidend,* also die Nähe zur Bezugsperson wünschend und gleichzeitig ablehnend aus Furcht, von ihr verletzt oder abhängig zu werden.

(4) *Distanziert-vermeidend,* mit dem Willen, von niemand abhängig zu sein.

Gott als
Bindungsfigur

Kirkpatrick (1992, 1995) übertrug diese Konstrukte auf die Beziehungen, die Gläubige zu einer religiösen Figur – Gott, Jesus, Maria – unterhalten, weil sie bei ihr ebenso Trost, Kraft, Nähe oder auch Angst erleben. Gerade Gott könne, meint er, zur idealen Bindungsfigur werden: stets erreichbar und unbedingt verlässlich. Kirkpatrick neigte ursprünglich zu einer Kompensationshypothese, wonach die religiöse Bindungsfigur von Personen, die im Kontakt mit anderen Menschen unsicher sind oder eine emotionale Belastung erleben, als Ersatz für eine physisch nicht anwesende, fehlende menschliche Bindungsfigur aktiviert wird. Demgegenüber vertreten vor allem Anhänger der Objektbeziehungstheorie eine Korrespondenzhypothese. Nach dieser stellen sich Menschen mit positiven Beziehungen zu ihren frühen Pflegepersonen Gott eher liebend und fürsorglich vor, Menschen mit sicherem zwischenmenschlichem Beziehungsstil empfinden auch Gott eher als akzeptierend, Personen mit ängstlich-vermeidendem Beziehungsstil aber erleben Gott eher als unzugänglich und fern (Beck & McDonald, 2004).

Doch wie hängt der religiöse Bindungsstil mit den in der Kindheit und danach entstandenen Bindungsmustern zusammen: Ist er nur eine Kopie davon oder etwas Eigenständiges? Während die ursprüngliche Bindungstheorie annahm, dass jede Person *ein* zentrales und überdauerndes »inneres Arbeitsmodell« entwickelt und dieses auf alle anderen sozialen Beziehungen überträgt, gab man diese Hypothese aufgrund widersprechender späterer Untersuchungsergebnisse auf und anerkannte, dass sich die Bindungsstile zu Gleichaltrigen, Freunden und Liebespartnern auf je eigene Weise entwickeln (s. Richard, 2004). Dementsprechend vermutet Kirkpatrick (1999), dass sich religiöse Bindungen ähnlich entwickeln wie die zu Freunden und Partnern: aus relativ eigenständigen religiösen Erfahrungen in Unterweisung und Gebet. Trotzdem kann man sich fragen, wie die religiöse Bindung mit der wahrgenommenen früheren Bindung an die Eltern oder auch mit der Bindung an den Liebespartner oder an Freunde zusammenhängt: ob eher im Sinne der Kompensations- oder der Korrespondenzhypothese oder anders. Als Ergebnisse von Kompensationen lassen sich Beobachtungen deuten, wonach die Religiosität (und die Gottesvorstellung) von Personen mit unsicherer Bindung weitgehend unabhängig ist von der Religiosität ihrer Eltern (Granqvist, 1998) und stärker fluktuiert, ebenso die überproportional häufigen plötzlichen Bekehrungen (Granqvist & Hage-kull, 1999; Kirkpatrick, 1998) in dieser Gruppe. Personen mit sicherem Bindungsstil hingegen übernehmen eher die Religiosität ihrer Eltern. Dies kann man allerdings auch mit dem in diesem Fall günstigeren Lernen am Modell und durch Fremdverstärkung erklären.

Das Konstrukt Bindungsstil und inneres Arbeitsmodell ist hochkomplex und wird im Hinblick auf Erwachsene von den Forschern uneinheitlich aufgefasst. Kein Wunder, dass auch die Erarbeitung von Methoden zur Messung der religiösen Bindung noch in ihren Anfängen steckt (Beck & McDonald, 2004; Richard, 2004).

Zum bindungstheoretischen Ansatz

Was geht alles in den religiösen Bindungsstil eines Erwachsenen ein an früheren Erfahrungen mit erhörten oder nicht erhörten Bittgebeten bei kritischen Lebensereignissen, mit bewegenden Gottesdiensten oder dem Glaubenszeugnis von Eltern, Katecheten und Predigern; was an aktuellen Bedürfnissen, mittelfristigen Zielen oder ethisch-religiösen Idealen? Was erklärt sich aus dem Bedürfnis nach Sicherheit und intimer Nähe, was aus anderen Motiven – und welchen Einfluss hat die religiöse Sozialisation, wenn auch zwischen den Angehörigen verschiedener Denominationen gewisse religiöse Stilunterschiede zu beobachten sind (Beck & McDonald, 2004)? Nach einer Studie von Beck und McDonald (2004) besteht zwar eine deutliche Übereinstimmung zwischen der Angst, verlassen oder zu wenig geliebt zu werden, in Bezug auf den Liebespartner wie auch in Bezug auf Gott. Der Zusammenhang der Tendenz zur Vermeidung einer allzu großen emotionalen Intimität in Bezug auf den menschlichen Partner und in Bezug auf Gott ist jedoch schwach.

Welche Aspekte des zwischenmenschlichen Bindungsverhaltens kann man überhaupt auf die Beziehung zu Gott übertragen? Ist – von akuten Krisen abgesehen – die Mehrzahl der Gläubigen emotional ähnlich auf eine intime Nähe zu Gott angewiesen wie das Kleinkind auf die Zuwendung der Eltern und der in einer Beziehung lebende Erwachsene auf die Liebe seines Partners? Und kann man ein Zuviel an Nähe fürchten, wo eine Kommunikation mit hör- und spürbaren Liebesbeweisen bei Gott gar nicht möglich ist? Etwa im Sinne der Items: »Ich bin eifersüchtig, wie sehr Gott sich um andere mehr zu kümmern scheint als um mich« oder »Es ist mir unangenehm, in meinem Austausch mit Gott emotional zu sein« (Beck & McDonald, 2004)? Eine ausgeprägte Vermeidung gegenüber einem Gott, der von der Verkündigung überwiegend als liebend dargestellt wird, dürfte ohnehin auf gestörte Personen beschränkt sein. Und was sagt eine mittelstarke bis schwache statistische Übereinstimmung von zwischenmenschlichem und religiösem Bindungsstil über eine mögliche Kompensation oder die Ursachen einer Korrespondenz? Dies ist noch ungeklärt, und eindeutige Ergebnisse dieser Forschungsrichtung liegen noch nicht vor.

Der bindungstheoretische Ansatz ist vermutlich begrenzt auf monotheistische Religionen und auch da auf den Aspekt der emotionalen Intimität und des Vertrauens. Diesen Gesichtspunkt werden in der folgenden Sektion die Abschnitte über die Bedeutung der Selbstwertbestätigung (als Kern von »Nähe«) und des Kontrollstrebens (als Kern von »Vertrauen«) untersuchen – im Spektrum weiterer Motive.

VI. Religiosität – Bereitschaft zu neugier-, kontroll- und selbstwert- motivierten Deutungen?

Der attributionstheoretische Ansatz

Bernard Spilka und seine Mitautoren versuchten, Religiosität von Ansätzen einer kognitiven Sozialpsychologie her zu verstehen, die von Heider angeregt sind und gewöhnlich unter den Begriffen »Attributionstheorie« oder »Attributionsforschung« zusammengefasst werden, ohne ein geschlossenes System zu bilden (Spilka et al., 1985; Spilka et al., 1985). Ihr Konzept nimmt drei Motive von Religiosität an.

Die attributionstheoretische Forschung geht von folgenden Grundannahmen aus: Der Mensch ist bestrebt, Ereignisse – zumal Erfolg und Misserfolg – durch die Zuschreibung (Attribuierung) von Ursachen, Absichten und Motiven zu erklären. Damit fragt er sich, ob für ein Ereignis – beispielsweise die Erkrankung eines Verwandten – der Zufall, die eigene Person oder andere Menschen verantwortlich sind. Solche Attributionen beeinflussen sowohl das soziale Verhalten – etwa ob man anderen hilft oder nicht, ihnen vertraut oder misstraut – als auch die Zukunftserwartungen und die Selbsteinschätzung, etwa ob man sich für erfolgsfähig oder für hilflos hält.

Spilka und sein Kreis betrachten Religiosität als die Bereitschaft, beim Versuch, Ereignisse zu erklären, religiöse statt nichtreligiöse (naturalistische) Attributionen vorzunehmen. Religiöse Deutungssysteme können ihrer Ansicht nach drei Hauptmotive befriedigen, die Attributionen allgemein zugrunde liegen:

(1) Sie befriedigen *das Verlangen, die Welt als etwas Sinnvolles zu verstehen* – ein Wunsch, den Attributionstheoretiker gewöhnlich auf ein ursprüngliches Neugiermotiv zurückführen. Religionen kommen diesem entgegen, indem sie die Welt als geordnet und gerecht gelenkt darstellen und einzelne Ereignisse, auch Krisen und Tragödien, als Teile eines umfassenden Plans mit guten Zielen deuten – so wenn man sagt, ein Unglück erteile uns eine Lektion.

(2) Sie befriedigen *das Verlangen nach Kontrolle und Vorhersage von Ereignissen* und fördern damit den Zukunftsoptimismus. Denn sie bieten (a) den mehr instrumentell und extrinsisch Ausgerichteten die Möglichkeit, durch Gebet, Rituale und Befolgung ethisch-religiöser Normen positiv auf die Zukunft einzuwirken, und vermitteln (b) den mehr intrinsisch Eingestellten die Überzeugung, dass Gott alles kontrolliert und dass somit alles, was geschieht, seine Richtigkeit haben wird.

(3) Sie befriedigen auch *das Verlangen nach Aufrechterhaltung und Hebung eines positiven Selbstkonzepts*, indem sie einem den Glauben nahebringen, dass Gott den Einzelnen und alle Menschen liebt, indem sie einem Mittel zur spirituellen Entwicklung, d.h. zum persönlichen Wachstum, an die Hand geben und einen für Aktivitäten innerhalb der Glaubensgemeinschaft mit Achtung belohnen.

Was ist nun dafür maßgebend, dass ein Mensch – ein »Attributor« – in einer bestimmten Situation statt einer naturalistischen (nichtreligiösen) eine religiöse Erklärung vorzieht, wo in unserer Kultur doch beide Deutungssysteme verfügbar sind? Die Häufigkeit und Wahrscheinlichkeit des Auftretens von religiösen Attributionen hängt nach Ansicht der Autoren von vier Arten von Faktoren ab:

(1) *Charakteristika des Attributors:* Für das Naheliegen und die Plausibilität von religiösen Erklärungen ist vor allem die religiöse Erziehung und das Vorhandensein einer religiösen Sprache maßgebend. Die besonderen religiösen Attributionen – etwa ob Gott als liebend und vergebend oder als willkürlich und strafend betrachtet wird – hängen einigen Umfragen zufolge ebenfalls vom familiären Hintergrund sowie vom Selbstkonzept des Attributors ab.

Die Disposition zu religiösen Deutungen ist auch an die Überzeugung gebunden, dass Gott in das Leben eingreift, dass also eher religiöse als naturalistische Mechanismen für die Kontrolle und Vorhersage der Zukunft bestimmend sind. Wichtig ist auch, ob jemand seine Selbstachtung eher auf dem Bewusstsein aufbaut, von Gott geliebt und eine religiös achtenswerte Person zu sein, oder aber auf der Überzeugung, von anderen Menschen geliebt zu werden und erfolgreich, einflussreich sowie ethisch respektabel zu sein.

(2) *Der Kontext des Attributors:* Ob jemand religiöse oder nichtreligiöse Erklärungen bemüht, hängt auch vom Kontext ab. Die Mehrzahl der religiösen Erfahrungen wird beim Gottesdienst, Bibellesen oder Beten gemacht, während auch religiös eingestellte Menschen solche kaum von der naturalistischen Atmosphäre eines psychologischen Labors berichten. Auch ist das Ausmaß, in dem andere Menschen einen zu religiösen Attributionen ermutigen oder entmutigen, ein wichtiger Situationsfaktor, der die Plausibilität beeinflusst. Ein weiterer Faktor ist die bisherige Erfahrung bei dem Versuch, mithilfe der einen oder anderen Erklärung Ereignisse zu kontrollieren. So kann ein hochreligiöser Mensch, der bisher kaum zum Arzt ging, u.U. eine naturalistische Erklärung annehmen, wenn seine Versuche fehlschlugen, eine ernsthafte Krankheit durch Gebet und Ritual zu bewältigen. Umgekehrt nimmt ein wenig religiöser Mensch, dem die Medizin nicht helfen konnte, vielleicht Zuflucht zum Gebet. Religiöse Deutungen werden aber auch dadurch erschwert, dass der Attributor negative Ereignisse als Strafe für Schuld ansehen und sein Selbstwertgefühl mindern müsste. Umgekehrt kann eine bestimmte Attributionsstrategie durch die Aussicht begünstigt werden, dass man durch sie die Anerkennung von anderen gewinnt.

(3) *Charakteristika des Ereignisses:* Wer ein geringes medizinisches Wissen hat, wird leichter eine religiöse Attribution vornehmen; man wird aber eine naturalistische Erklärung dann vorziehen, wenn ein unglückliches Ereignis der Vorstellung von einem liebenden und mächtigen Gott widerspricht. Wenn die Deutung eines Ereignisses das Selbstkonzept – also nicht nur das Verstehen- und Kontrollierenwollen – betrifft, wird die Erklärung vorgezogen, die dieses am ehesten aufrechterhält oder wiederherstellt. So tadeln sich Unfallopfer, die sehr religiös sind, stärker als weniger religiöse, weil für sie vermutlich eine religiöse Erklärung mit dem Eingeständnis verbunden wäre, dass sie Gottes Gunst verloren haben und Sünder sind. Günstige Ereignisse Gott zuzuschreiben – das erhöht für religiöse Menschen den Selbstwert, weil sie darin Gottes Lohn und Gunsterweis sehen können. Dies ist befriedigender, als wenn sie den Erfolg ihrer unmittelbaren Anstrengung zuschreiben.

(4) *Der Kontext des Ereignisses:* Sowohl der Ort als auch die Zeit beeinflus-

sen die Plausibilität einer bestimmten Erklärung. So wird ein Herzanfall, der in einer Synagoge auftritt, eher religiös gesehen als einer auf dem Golfplatz. Wenn jemand vor einer erfolgreichen medizinischen Behandlung gebetet hat, kann das Gebet auch eher als Kontrollmittel zur Abwendung von Unheil erscheinen. Das Selbstwertgefühl wird gehoben und eine entsprechende Erklärung wahrscheinlicher, wenn jemand in einem Kreis von Kranken gebetet hat und später zu den Auserwählten gehört, die gesund wurden.

Zum attributionstheoretischen Ansatz

Der Entwurf von Spilka und seinem Kreis ermöglicht eine fruchtbare Verbindung von Religionspsychologie und Attributionsforschung und kann auf wichtige Beweggründe und Wirkungen von religiösen Deutungsmustern aufmerksam machen. Er schlägt auch eine Brücke zur Erforschung religiösen Bewältigungsverhaltens (Coping). Von den drei Motiven, die er annimmt, entspricht das Streben nach einem positiven Selbstkonzept dem objektbeziehungstheoretischen Begriff des Selbstgefühls, während sich das Motiv der Kontrolle und Vorhersage mit dem von Pawlow und Freud angenommenen Bedürfnis nach Schutz deckt. Neu gegenüber den bisher besprochenen Ansätzen ist die Annahme eines *neugiermotivierten Verstehenwollens*. Sie kann – im Unterschied zum radikalen Illusions- und Regressionsverdacht Freuds – kognitiven Überlegungen eine relative Eigendynamik in der Auseinandersetzung mit der Abwehr- und Wunschdynamik zuerkennen. Allerdings arbeiten Spilka und seine Mitautoren gerade diese kognitive Dynamik nicht deutlich heraus, sodass das Kontrollmotiv und das Selbstwertstreben wie allbeherrschend erscheinen.

Dem Entwurf haften einige Übervereinfachungen an. So hält er unbewiesen ein Lohn-Straf-Denken, das Erfolg als Gottes Gunst und Misserfolg als seine Strafe deutet, für ein allgemein verbreitetes Erklärungsmuster, das die Religiosität dominiert. Zu einfach ist auch seine »Lückenbüßer-Theologie«, der zufolge Menschen ihre Anerkennung entweder von Gott oder von den Mitmenschen sowie von dem Gott oder sich selbst zugeschriebenen Erfolg beziehen und in Krankheit entweder zur Medizin oder zum Gebet Zuflucht nehmen. In Wirklichkeit denken hier die allermeisten Gläubigen in modernen Kulturen komplementär und befassen sich sowohl mit den natürlichen Ursachen als auch mit der spirituellen Herausforderung.

Übervereinfachungen dieses Ansatzes

VII. Religiosität – verwurzelt in Wünschen, Werten und der Sinnfrage?

G. W. Allports multimotivationaler Ansatz

Gordon W. Allport, dessen Anliegen es war, das jeder Persönlichkeit Eigene zu erfassen, war überzeugt, dass sich die Vielfalt individueller und subjektiver Religiosität, die sehr wohl von den offiziellen, gemeinsamen Bekenntnissen der Glaubengemeinschaften zu unterscheiden sei, nur aus der ganzen Bandbreite von Motiven verstehen lasse, die menschliches Erleben und Handeln bestimmen. Diese teilte er – ohne strenge Systematik – in drei Kategorien ein:

(1) *Organische, körperbedingte Wünsche* wie Schutz vor Naturkatastrophen, Armut und Verachtung oder Begleitung in Schwierigkeiten, aber auch das Verlangen, einen guten Ehepartner zu finden, können – besonders in Krisen – das religiöse Empfinden und die Vorstellung vom Göttlichen beeinflussen. Manche Menschen beten nur in solchen Nöten. »Immer wieder bündelt die Religion des Individuums auf vielfältige Weise die gemischten Motive und Wünsche eines unerfüllten Lebens« (Allport, 1950, S. 11). So können sich auch die Auffassungen ein und desselben Individuums je nach dessen Bedürfnislage ändern. In der Not sieht man Gott vor allem als Quelle von Sicherheit; wenn man Zuwendung braucht, sucht man bei ihm eher Liebe, Trost und Allwissenheit, wenn man Führung benötigt, ruft man ihn als Heiligen Geist an, und wenn man gesündigt hat, als Erlöser.

(2) *Psychogene Bedürfnisse nach Werten* spielen, meint Allport, jedoch ebenfalls eine bedeutende Rolle. Sie lassen Gott vor allem als Garanten für die Unantastbarkeit der Person, für die Schönheit in der Kunst, für die Wahrheit in der Wissenschaft und Philosophie sowie für die Liebe in den mitmenschlichen Beziehungen erscheinen. So ist die Religiosität der Einzelnen und auch die der Völker und Epochen maßgeblich von den Werten bestimmt, die sie erhalten wollen, seien diese nun egoistisch oder universal. Während die beiden bisher genannten Kategorien von Motiven eher emotionaler Natur sind, ist die folgende überwiegend kognitiv.

(3) *Die Suche nach dem Sinn* kann virulent werden, wenn Menschen spüren, dass ihre Sehnsüchte auch von der Religion nicht wörtlich und direkt erfüllt werden, sondern dass sie weiterhin für ihren Unterhalt sorgen und

um Gerechtigkeit und Wahrheit ringen müssen. Da fragen sie u.U. leidenschaftlich, wozu sie diese Befriedigungen suchen. Da sie die Welt nur bruchstückhaft verstehen, fragen sie auch nach dem Sinn des Ganzen – eine Frage, die spezifisch religiös ist, da sie von den Wissenschaften nicht beantwortet wird.

Das eine Thema dieser Sinnfrage ist die Schöpfung: »Das kosmologische Staunen ist sicher einer der allgemeinsten Ursprünge religiösen Denkens« (Allport, 1950, S. 23). Doch noch drängender ist ein zweites Thema: die Beschäftigung mit dem Bösen, dem Leid und dem Tod. Religiöse Menschen können durch die Antworten, die sie individuell und situationsbestimmt aus der Lehre ihrer Religion beziehen, Sinnverständnis und Optimismus finden. Diese Antworten und Einsichten sind nur in besonderen Fällen Wunschfantasien und Rationalisierungen, weil die großen Religionen nicht nur Wunscherfüllung anbieten, sondern immer auch Selbstverleugnung, Disziplin und Hingabe verlangen.

So wird verständlich, »dass die subjektive religiöse Einstellung jedes Individuums in seinen wesentlichen und unwesentlichen Zügen verschieden ist von der jedes anderen Individuums. Die Wurzeln der Religion sind so zahlreich, das Gewicht ihres Einflusses im Leben der Einzelnen so vielfältig und die Formen gedanklicher Interpretation so endlos, dass eine Uniformität des Ergebnisses unmöglich ist... Und weil kein Bereich der Persönlichkeit einer komplexeren Entwicklung unterworfen ist als das religiöse Empfinden, müssen wir gerade hier die höchsten Unterschiede erwarten« (Allport, 1950, S. 29).

Keine Uniformität

Allports Einteilung der religiösen Motive in organische, psychogene und kognitive ist in heutiger Sicht nicht überzeugend. Einsichtig und wie eine Schlussfolgerung aus den in dieser Sektion diskutierten Hypothesen ist jedoch sein Plädoyer für eine multimotivationale, multikausale Erklärung von Religiosität. In seinem Fragbogen (Allport & Ross, 1967) hat er von den genannten drei Motivgruppen abgesehen und nur formal zwischen einer intrinsisch und einer extrinsisch motivierten religiösen Orientierung unterschieden; die folgende Sektion soll untersuchen, durch welche konkreteren Motive diese Betrachtung weitergeführt werden kann.

Sektion 2
Motive, welche die verschiedenen Ausprägungen von Religiosität bestimmen
Heuristischer Entwurf

Die Diskussion der mono- und bikausalen Erklärungsansätze in Sektion 1 dieses Kapitels hat gezeigt, dass intrinsische Religiosität nur in extremen Fällen von einem oder zwei Motiven bestimmt wird und normalerweise in mehreren Motiven verwurzelt ist. In welchen Motiven? Welche Beweggründe können möglichst viel von der potenziellen Vielfalt von Religiosität auf psychologisch plausible und bedeutsame Weise erklären? Dies soll im heuristischen Entwurf dieser Sektion 2 geprüft werden. Da man nicht von einer allgemein anerkannten, umfassenden Klassifikation von Motiven ausgehen kann, sollen einzelne Motive beleuchtet werden, die einerseits in der psychologischen Forschung untersucht wurden und andererseits auch eine befriedigende Erklärungskraft für religiöses Erleben, Denken und Verhalten aufweisen können.

Aufgrund theoretischer Überlegungen und nach Auswertung eines Großteils der religionspsychologischen Literatur ist zu vermuten, dass es vor allem sechs intrinsische Hauptmotive sind, die Religiosität ansprechen kann und die umgekehrt Religiosität zu einem sich selbst verstärkenden Verhalten machen können:

Als Gewissenhaftigkeit und Pflichtbewusstsein

Überblick

... im ausgeglichenen oder im zwangsgestörten Sinn wird sie erfahren und verinnerlicht, sofern sie aktiviert:
(I) die Bereitschaft zu moralischer Selbstkontrolle.

Als spirituelle, transsoziale Unterstützung und Erfüllung
... wird sie in dem Maß erlebt und verinnerlicht, als sie anspricht:
eher selbstbezogen, autozentrisch:
(II) das Streben nach äußerer Kontrolle bedeutsamer Lebensereignisse und nach Belastungsbewältigung (Coping) bei Angst, Frustration und Trauer;
(III) das Streben nach positivem Selbstwertgefühl;
eher auf andere bezogen, allozentrisch:
(IV) die Bereitschaft zu Dank und Verehrung;
(V) die Bereitschaft zu prosozialem Empfinden und Verhalten.

Als reflektiert und kognitionsbestimmt
... prägt sie sich aus, sofern sie außerdem auch verwurzelt ist im
(VI) Interesse an weltanschaulicher Erkenntnis und logischer Kohärenz.

Damit werden die Motive benannt, auf welche die rechte Spalte des Modells von Abbildung 1 nur summarisch hingewiesen hat. Es sind auch die Motive, die nach dem sozialisations- und lerntheoretischen Modell von Abbildung 6 (S. 266) (mit-)bestimmen, wie ein Gläubiger die sozialen Einflüsse von Vorbildern (Lernen am Modell), Unterweisung sowie Fremdverstärkung und sozialer Bestätigung verarbeitet, d.h. worauf er – selektiv – seine Aufmerksamkeit richtet, was er eher im Gedächtnis behält, reaktiviert, weiter bedenkt und praktiziert, weil es ihm einen inneren Anreiz bietet.

Diese sechs Hauptmotive können – so die Annahme – grundsätzlich alle an der Religiosität eines einzelnen Individuums beteiligt sein, wenn auch in unterschiedlichem Maß. So haben auch die Studien von Pargament et al. (1990) sowie Gorsuch et al. (1997) gezeigt, dass einzelne Gläubige oft mehrere Motive als Triebfeder ihres religiösen Engagements anerkennen. Für viele Untersuchungen könnte es aufschlussreich sein, die Eigenart der Religiosität von Gläubigen entsprechend dem Anteil zu ermitteln, den einzelne Motive an ihr haben oder nicht haben, d.h. nach ihrem Motivprofil.

Allerdings ist es nicht leicht, unterscheidbare Motivkonstrukte zu operationalisieren, auch wenn sie theoretisch durchaus sinnvoll und für eine Zusammenschau vielfältiger Forschungsansätze fruchtbar sind. Im *Münchner Motivationspsychologischen Religiositäts-Inventar* (MMRI) wurde in zwei Versionen versucht, die oben genannten sechs Motive differenzierter in zunächst sieben und dann acht Dimensionen und Skalen zu erheben (Grom et al., 1998; Zwingmann et al., 2004). In vier Untersuchungen mit einer der beiden Versionen zeigte sich, dass die Skalen einerseits überwiegend gute interne Konsistenzen aufweisen, aber andererseits teilweise hoch miteinander korrelieren. Dies könnte nicht nur an ungünstigen Itemformulierungen liegen, sondern auch an der grundliegenderen Schwierigkeit, dass die Befragten Mühe haben, zwischen einigen Motiven zu differenzieren, sodass die Ergebnisse der Selbsteinschätzungen eher den Eindruck einer Breitband-Religiosität (mit wenigen Generalfaktoren) machen.

Bei der Auswertung der Antworten von 1 058 Personen zur zweiten Version des *MMRI* ergab eine Faktorenanalyse (nur) vier Dimensionen. Eine erste umfasst als »Großfaktor« Items aus vier der ursprünglich ange-

Münchner
Motivations-
psychologisches
Religiositäts-
Inventar

nommenen Dimensionen und kann als »Beziehung zu Gott als Quelle von Kraft und Selbstvertrauen« charakterisiert werden. Eine zweite, die Items aus zwei operationalisierten Dimensionen umfasst, lässt sich als »Gerechtigkeitsorientiertes Kontrollstreben« in der Kategorie von Belohnung nach Verdiensten umschreiben; eine dritte, genau in Entsprechung zu zwei ursprünglichen Items, als »Kooperatives Kontrollstreben« im Bewusstsein der eigenen Verantwortung (»Hilf dir selbst, dann hilft dir Gott«) und die vierte, mit Items aus ursprünglich drei angenommenen Dimensionen, als »Prosoziale und religiös-intellektuelle Verantwortung«.

Die Befragten erleben vermutlich mehrere der angenommenen Motive gleichzeitig, so wie sich auch bei den aus Vorbefragungen konstruierten Fragebogen von Pargament et al. (1990) und Gorsuch et al. (1997) hohe Korrelationen zwischen den Motiv-Skalen zeigten. Außerdem ist es allgemein schwierig, mit Hilfe von Fragebogen Motive und Interessen zuverlässig zu ermitteln, da sie bei den Befragten viel Selbsteinsicht und Offenheit voraussetzen. Trotzdem ist es sinnvoll, theoretisch die genannten Motive zu unterscheiden und durch Items aus dem *MMRI* zu illustrieren; dies ermöglicht vor allem den Anschluss an die bisherige Motivforschung. Die vorgeschlagene Differenzierung überwindet die Engführung des Intrinsisch-extrinsisch-Konzepts und kann neue Hypothesen anregen.

I. Zwischen Gewissenhaftigkeit und Skrupulosität:

Die Bereitschaft zu moralischer Selbstkontrolle

Religiosität kann zwar mit einer unbekümmerten Einstellung gegenüber Pflichten einhergehen oder einfach als hilfreich erfahren werden, doch hat sie oft auch – zumal wenn sie regelmäßig und »ernsthaft« praktiziert wird – den Charakter der Gewissenhaftigkeit und des Pflichtbewusstseins. Sie kann auch – worauf Freud hingewiesen hat – ausgesprochen skrupulös (gewissensängstlich) und mit den Symptomen einer Zwangsstörung erlebt werden. Darum muss, wer diese Ausprägungsmöglichkeit und Dimension psychologisch verstehen will, auch fragen: *In welchem Maß und auf welche Weise erlebt eine Person ihre Religiosität deshalb als emotional bedeutsam, weil sie in der Bereitschaft zu moralischer Selbstkontrolle verwurzelt ist?* Dabei soll der Begriff »moralische Selbstkontrolle« nicht nur sittliche Normen umfassen wie nicht betrügen, nicht beleidigen, keine gesundheitsschädlichen Exzesse usw., sondern auch rituelle Forderungen wie Fastengebote, Speisegesetze oder die Verpflichtung zu Gebeten und Gottesdiensten.

Gewissenhaft bzw. skrupulös sind nicht nur religiöse Menschen. Das Konstrukt »Gewissenhaftigkeit« wird in der faktorenanalytischen Persönlichkeitsforschung seit langem verwendet. Es ist einer der »Big Five«-Faktoren (Borkenau & Ostendorf, 1993) und wird als Merkmal verstanden, das Eigenschaften wie Ausdauer/Sorgfalt, Ordnungsstreben, Normorientierung und Arbeitsorientierung umfasst. Hinter diesem Persönlichkeitsmerkmal ist sicher ein Streben, eine Bereitschaft, ein Motiv zu vermuten. In dieser Forschungstradition beschreibt beispielsweise Becker (2003) Gewissenhaftigkeit als Selbstkontrolle und Beachtung hoher eigener oder fremder Sollwerte. »Personen mit hoher Gewissenhaftigkeit/Kontrolliertheit zeichnen sich durch Selbstdisziplin, Willensstärke und Pflichtbewusstsein aus. Sie setzen sich hohe Ziele, streben nach Leistung, zeigen einen großen Arbeitseinsatz und viel Ausdauer, arbeiten mit großer Sorgfalt und Systematik und neigen zur Arbeitswut oder Arbeitsbesessenheit ...« (Becker, 2003, S. 23).

Als moralische (sowie rituelle) Selbstkontrolle oder als Gewissen soll hier jener Bereich von Gewissenhaftigkeit, Kontrolliertheit, Selbstdisziplin und Pflichtbewusstsein verstanden werden, der sich innerhalb der Emotions- und Verhaltensregulation (s. Abbildung 1, S. 31) nicht auf irgendwelche Leistungsnormen, sondern speziell auf verinnerlichte moralische und rituelle Sollensnormen und Ideale bezieht. Zur Funktion und Entwicklung der moralischen Selbstkontrolle, d.h. des Gewissens, wurden von verhaltensbiologischen, psychoanalytischen, behavioristischen, schichtentheoretischen, humanistischen und sozialkognitiven Ansätzen aus unterschiedliche Theorien vorgelegt (Zimmer, 1999). Um die Selbstkontrolle als Bestandteil der Selbststeuerung bzw. der Emotions- und Verhaltensregulation der Persönlichkeit verständlich zu machen (und den Anschluss des von der Stoa, Thomas von Aquin und Luther geprägten Gewissensbegriffs der philosophischen und theologischen Ethik an die zeitgenössische Psychologie zu ermöglichen), empfiehlt es sich, sie nach dem Modell von Abbildung 2 als Vorgang mit drei Teilprozessen auffassen. Ausgangspunkt ist die

Definition von Gewissen

(1) *Selbstbeobachtung*, in der eine Person antizipierend (in der Vorschau), handlungsbegleitend (Mitschau) und rückblickend (Rückschau) ihre Handlungsimpulse, Pläne, und Verhaltensweisen wahrnimmt und in einer
(2) *Bewertung* nach moralischen oder rituellen Sollensnormen und Idealen beurteilt, die sie als verbindlich verinnerlicht oder selbst erarbeitet hat. Die-

ser Schritt schließt neben einer Handlungsbewertung auch eine Selbstbewertung ein. Denn hier fragt man sich, ob das beobachtete, tatsächliche Wollen und Verhalten mit den eigenen Normen und Idealen übereinstimmt oder ob sich eine Diskrepanz zeigt und in welchem Maß man für beides – die Übereinstimmung und die Diskrepanz – verantwortlich ist.

Dabei kann man auch verschiedene Strategien der Verantwortungsentlastung und Rechtfertigung einsetzen: eine Lüge oder eine Beleidigung beschönigen, Schuld oder Verantwortung auf andere abwälzen, die Notlage eines anderen verharmlosen, Opfer abwerten u.a. Stellt man weitgehende Übereinstimmung fest, so wird das Verhalten als sich lohnend und erfüllend erlebt: als

(3) *Selbstverstärkung* und Anreiz, der zur Verwirklichung des geplanten oder zur Beibehaltung des gezeigten Verhaltens motiviert, sofern sich antagonistische Anreize nicht als stärker erweisen. Denn die Feststellung einer Übereinstimmung löst emotional Zufriedenheit mit sich selbst, Steigerung des Selbstwertgefühls und Freude aus – so wie die Feststellung einer selbstverschuldeten Diskrepanz Selbstkritik, Unzufriedenheit mit sich selbst, Selbstverachtung, Schuldgefühle und Scham auslösen kann. Diese negativen Emotionen wirken als mehr oder weniger starke Anreize zur Verwerfung bzw. Änderung des Verhaltens.

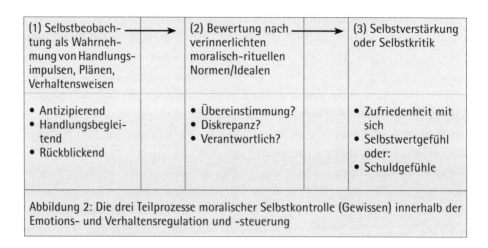

(1) Selbstbeobachtung als Wahrnehmung von Handlungsimpulsen, Plänen, Verhaltensweisen	(2) Bewertung nach verinnerlichten moralisch-rituellen Normen/Idealen	(3) Selbstverstärkung oder Selbstkritik
• Antizipierend • Handlungsbegleitend • Rückblickend	• Übereinstimmung? • Diskrepanz? • Verantwortlich?	• Zufriedenheit mit sich • Selbstwertgefühl oder: • Schuldgefühle

Abbildung 2: Die drei Teilprozesse moralischer Selbstkontrolle (Gewissen) innerhalb der Emotions- und Verhaltensregulation und -steuerung

Die moralisch-rituellen Normen, nach denen sich eine Person bewertet und steuert, können unterschiedlich verinnerlicht und emotional bedeutsam sein: als zentrale, emotional bedeutsame Selbstverpflichtung oder eher als weitgehend unverbindliche Kenntnis von Geboten und Verboten, gesellschaftlichen Konventionen und Erwartungen. Die entwicklungspsychologischen Forschungen von Nunner-Winkler (1992, 1993, 1996) zum Konzept der »moralischen Motivation« haben gezeigt, dass zwar praktisch alle Kinder ein Wissen um einfache moralische Regeln erwerben, dass sich aber die moralische Motivation ganz unterschiedlich entwickelt: bei manchen wird sie ein identitätsbedeutsames Anliegen, bei anderen eher ein eng umgrenztes und oberflächliches Engagement; bei den einen ist das soziale Verhalten nur vom Wunsch bestimmt, Sanktionen zu vermeiden, bei anderen aber in Empathie verankert, und manche bleiben dauerhaft moralisch uninteressiert. Es ist nicht im Einzelnen geklärt, welche Einflüsse gewährleisten, dass kognitive moralische Normen mit dem Selbstwertgefühl gekoppelt und damit emotional bedeutsam werden. Das gilt auch für die Entwicklung im Bereich der religiös motivierten moralischen und rituellen Normen. Es ist aber sicher aufschlussreich zu ermitteln, in welchem Maß die Bereitschaft zur Beachtung moralisch-ritueller Normen und eine entsprechende Selbstkontrolle die Religiosität einer Person bestimmen. Das *Münchner Motivationspsychologische Religiositäts-Inventar* (MMRI) versucht dies im nichtklinischen Bereich durch folgende Items:

Gewissenhaftigkeit und Religiosität

(1) Ich fühle mich von meinem religiösen Glauben her dazu verpflichtet, Gutes zu tun und Böses zu unterlassen.
(2) Aus meinem religiösen Glauben ergeben sich für mich moralische Verpflichtungen.

Darüber hinaus ist jedoch auch zu klären, unter welchen Bedingungen die Bereitschaft zu moralisch-religiöser Selbstkontrolle das psychische Wohlbefinden beeinträchtigen kann. Denn so sehr eine ausgeglichene, nichtpathologische Gewissenhaftigkeit das Gefühl der Treue zu sich selbst in einem für das Selbstkonzept zentralen Bereich (Identität) vermitteln und damit eine Quelle von Zufriedenheit, ja Stolz sein kann, enthält sie doch auch eine Komponente, die u.U. belastend wirkt: die Angst vor moralischem Versagen, Schuldgefühlen und dem Verlust von Selbstwertgefühl. Normalerweise ergänzt und unterstützt die Selbstermahnung: »Nur durch normgerechtes Verhalten werde ich einem drohenden Verlust von Selbstachtung und göttlichem Missfallen entgehen« auf ihre aversive Weise die positive Erwartung: »Das ist gerecht und geboten, und ich werde stolz sein können auf mein Verhalten.« Doch kann die negative Befürchtung, die Schuldangst, so stark sein, dass sie von der positiven Erwartung nicht mehr aufgewogen wird.

Gewissenhaftigkeit – mit welchem Anteil an Angst?

Psychologisch ist zu fragen: Wie ist die Gewissenhaftigkeit eines Gläubigen ausgeprägt; welches Maß an Angst vor dem Verlust des Selbstwertgefühls und vor dem Missfallen Gottes enthält sie, welche Faktoren fördern diese Angst, und wann beeinträchtigt sie das psychische Wohlbefinden?

Fallbeispiel 1

Das Verdichtungsprotokoll eines längeren Interviews charakterisiert die religiöse Einstellung einer evangelischen 25-jährigen Studentin mit u.a. folgenden Zügen:

Der Glaube von Angelika besteht in erster Linie aus Gefühlen, nicht aus Wissen. Religiös-ethisches Vorbild ist für sie Christus: »... der manifestierte (Gottes-)Wille in Menschengestalt. Das, was Gott von mir verlangt, wird wohl sein, dass ich zumindest in meinem kleinen Kreis das praktiziere, was Jesus im Großen praktiziert hat ...«

Das Gefühl, »gelenkt« zu werden, gibt ihr Hoffnung, auch wenn es ihr schlecht geht. Krankheit ist in Angelikas Augen eine Bestrafung für bewusst gegen den Willen Gottes vollzogene Handlungen. Der strafende und beobachtende Gott hindert sie daran, sich unchristlich zu verhalten. Er ist eine Hemmung für das Böse. Sie fühlt sich stets verantwortlich. Wenn sie nicht den Glaubensanforderungen entsprechend handelt, bekommt sie ein schlechtes Gewissen, mit dem sie sich selbst bestraft. Eine Belohnung für gutes Verhalten sieht sie darin, dass sie keine Gewissensbisse zu haben braucht: »Wenn ich etwas getan habe, was eigentlich im christlichen Sinn selbstverständlich ist, aber mich Überwindung gekostet hat oder mir Arbeit gemacht hat, dann denke ich: ›Ja, das war richtig so ..., dafür kannst du bestimmt nicht belangt werden.‹ Wenn ich jetzt so an das Gericht denke, bin ich erleichtert dabei, und das ist für mich die Belohnung.«

Angelikas Gottesbild: »Ein harter Richter, ja, der mir jedesmal auf die Finger guckt und klopft. Ich sehe ganz besonders auch den strafenden Gott. Die Vaterfigur. Im Gegensatz zur Mutterfigur nimmt sie in vielen Familien die Richterposition ein. Zu der geht man dann hin und holt sich seinen Hintern voll ab. Nach dem Motto: Vater wird es dir heute Abend schon zeigen, wenn er nach Hause kommt. So im übertragenen Sinne. Gott umfasst allerdings auch die Mutterfigur, die trösten kann. Weil ich aber nicht so große Sünden begehe, weil ich mich schon zum Beispiel durch Vorwürfe strafe ..., brauche ich ihn seltener als liebenden denn als strafenden Gott. Ich brauche ihn als Aufpasser, damit ich auf dem Weg bleibe und nicht irgendwie abkomme und dann vielleicht noch das Böse zulasse.«

Der Glaube vermindert ihre Angst vor dem Sterben, da sie daraus die Hoffnung auf ein Weiterleben nach dem Tode schöpft. Ihr Bemühen, christlich zu leben, entspringt in erster Linie der Sorge, aus »Gottes Gunst« zu fallen und nach dem Tod nicht bei Gott zu sein. Die mit dem Abendmahl verbundene Sündenvergebung möchte sie nicht in Anspruch nehmen, weil sie überzeugt ist, dass sie danach trotzdem für ihre Sünden geradestehen muss (nach: Ellerbrock, 1990, S. 97–99).

Ein strafender Gott?

Die in Fallbeispiel 1 geschilderte religiöse Einstellung ist ohne Zweifel stark von der Vorstellung eines Gottes geprägt, der das Gute streng gebietet und Fehlverhalten bestraft – mit spürbaren Schicksalsschlägen wie auch mit dem Entzug seiner Nähe und »Gnade«. Doch schreibt ihm die junge Christin neben dieser Aufpasser-, Richter- und Vaterrolle auch eine Tröster- und Mutterrolle zu. Damit ist sicher ein hohes Maß an Gewissenhaftigkeit verbunden, im Rahmen derer Wohlverhalten eher Erleichterung als Stolz und Freude auslöst. Doch enthält das Protokoll keine Zeichen von Sündenangst oder Skrupulosität, die das psychische Wohlbefinden beeinträchtigen würden.

Fördert aber Religiosität, gleich ob sie an ein Karmagesetz oder ein Endgericht glaubt, nicht generell einen moralischen Rigorismus und eine Kultur strenger Gewissenserforschung mit dem Bewusstsein, ein Sünder zu sein – Einstellungen, die in psychohygienischer Hinsicht problematisch sind? Oder werden die Belastungen, die Gewissenhaftigkeit mit sich bringt, durch psychische Gewinne ausgeglichen?

Zur Frage, ob religiöse Menschen stärker als andere durch Schuldgefühle belastet werden, liegen keine schlüssigen Resultate vor (Hood, 1992). Aufs Ganze gesehen ist nicht anzunehmen, dass Religiosität ein beeinträchtigendes Schuldbewusstsein fördert. Denn bei nichtklinischen Stichproben zeigen Personen mit intrinsischer Religiosität und häufiger Teilnahme an Schuldgefühle? religiösen Aktivitäten ihrer Gemeinde niedrigere Depressivitätswerte als extrinsische, wenig partizipierende und nichtreligiöse Personen (Koenig et al., 2001). Nach repräsentativen Umfragen in den USA nimmt der Anteil der »sehr Glücklichen« linear mit der Häufigkeit des Gottesdienstbesuchs zu (Myers, 2000). Für eine Verursachung von klinisch relevanten depressiven Störungen allein durch Religiosität gibt es keine Anhaltspunkte.

Mit einem partnerschaftlicheren und permissiveren Erziehungsstil, der sich nach etwa 1965 bei der Mehrheit der Bevölkerung westlich geprägter Gesellschaften durchsetzte, hat sich auch die moralische und religiöse Erziehung gewandelt und wurde weniger autoritäts- und angstbestimmt: Bejahten 1975 von den Westdeutschen über 18 Jahren noch 13% die Aussage: »Gott ist ein strenger und gerechter Richter. Wer nicht nach seinen Geboten lebt, wird beim Jüngsten Gericht bestraft«, so taten dies 20 Jahre später, 1995 von den 15- bis 20-Jährigen nur noch 3% (Schmidtchen, 1997). Allerdings können religiöse Einflüsse rigoristischer Milieus unter bestimmten Bedingungen Eigenschaften fördern, die mit einem problematischen Angsterleben verbunden sind: Perfektionismus, Zwangsstörungen und Skrupulosität mit religiöser Komponente.

Perfektionismus mit religiöser Komponente

Allgemeiner Perfektionismus geht dann über eine konstruktive Anstrengungs- und Leistungsbereitschaft hinaus und wirkt sich negativ aus, wenn er mit Versagensgefühlen, Schuld, Scham und niederem Selbstwertgefühl einhergeht oder sogar mit Alkoholismus, Magersucht, Depression und zwanghafter Persönlichkeitsstörung. Diese schädliche Form von Perfektionismus besteht wohl in der Tendenz zu unrealistischen Zielsetzungen, selektiver Aufmerksamkeit für Fehler, deren Übergeneralisierung und einer strengen Selbstbeurteilung, für die es nur vollen Erfolg oder völliges Versagen gibt. Es wurden verschiedene Fragebogen entwickelt, um Perfektionismus zu messen; ein Fragebogen speziell zur Erhebung von religiösem Perfektionismus von Kennedy (1999) mit vier Faktoren hat noch keine Forschungsergebnisse erbracht. Beeinträchtigender religiöser Perfektionismus ist sicher kein Massenphänomen in der religiösen Bevölkerung, sondern ein Problem von Einzelnen. Denn bei größeren Stichproben hat sich gezeigt, dass nicht die Schwachreligiösen, sondern die Religiösen, zumal die mit intrinsischer Orientierung, niedrigere Werte für die »irrationalen Einstellungen« aufweisen, zu denen Ellis Perfektionismus, Selbstüberforderung, Bereitschaft zu Selbsttadel und Problemvermeidung zählt (Joubert, 1978; Watson et al., 1994; Watson et al., 1994).

Perfektionismus und Religiosität

Wie entsteht religiöser Perfektionismus? Vermutlich verstehen Menschen mit den genannten perfektionistischen Tendenzen religiöse Appelle, das Gute zu tun und das Böse zu meiden bzw. »vollkommen« und »untadelig« zu leben, einseitig als Aufforderung, in ethisch-religiöser Hinsicht alles zu erreichen, keinerlei Fehler zu dulden und in ihrer Selbstbeurteilung keine mildernden Umstände in Betracht zu ziehen, weil sie nur die Alternative kennen: »Entweder bin ich perfekt oder ein Versager/Sünder.« Damit wird die moralische Selbstkontrolle auf das Unerreichte fixiert und das Erleben von Zufriedenheit erschwert oder unmöglich. Konsistenztheoretisch gesehen beachten und rezipieren Personen mit perfektionistischen Tendenzen in emotionaler Hinsicht wohl vor allem religiöse Aussagen, die den Gesetzesgehorsam und das Erreichen hoher Ideale einschärfen, weil dies ihre bereits vorhandenen Tendenzen kognitiv bestätigt und ihnen die mühsame Auseinandersetzung mit ihrer persönlichen Problematik erspart. Dementsprechend schenken sie hingegen Botschaften, die von der Barmherzigkeit Gottes und seiner Liebe zum Unvollkommenen sprechen, nur eine oberflächliche, kognitive Aufmerksamkeit, weil sie eine Korrektur ihres Perfektionismus erfordern würden. Darum werden sie emotional auch eher die Aussagen über den Richter-Gott als über den liebenden und vergebenden Gott beachten.

Dass eine Person, die keinerlei perfektionistische Neigungen aufweist, diese allein aufgrund der religiösen Verkündigung und Erziehung entwickelt, ist unwahrscheinlich. Religiöser Perfektionismus dürfte auf einer wechselseitigen Beeinflussung beruhen: Die perfektionistischen Tendenzen fördern eine selektive, u.U. auch verzerrte Rezeption der religiösen Botschaften, und diese bestätigen und verstärken – wenn sie von einem rigoristischen Familien- und Gruppenmilieu unterstützt werden – die perfektionistischen Tendenzen. Um religiösen Perfektionismus zu überwinden, sollte man diese Wechselwirkung rückgängig machen und zuerst die Grundtendenz zum Perfektionismus bearbeiten, um dann ein Überdenken der verinnerlichten religiösen Auffassungen anzuregen (s. Fallbeispiel 2).

Fallbeispiel 2
Eine hoch religiöse Katholikin im Alter von etwa 45 Jahren begann eine Psychotherapie, weil sie sich verwirrt und unglücklich fühlte. Sie sagte eingangs selbst, es sei immer ihr Bestreben gewesen, ein streng geordnetes Leben zu führen. Doch in der Lebensmitte angelangt, schien sie dieses Ideal nicht mehr aufrechterhalten zu können. Mit ihrem Gebetsleben war sie unzufrieden, meinte aber, sie könnte besser beten, wenn sie ihr Leben besser ordnen würde. Als ihr im Lauf der Psychotherapie bewusst wurde, wie sehr sie von ihren perfektionistischen Tendenzen und ihren Kontrollbedürfnissen beherrscht wurde, änderte sich auch ihre Beziehung zu Gott.

Mit der neu erlangten Sicherheit bezüglich ihrer weiblichen Identität, mit der Auseinandersetzung mit ihrer Beziehung zu ihrem Vater und ihrer bisherigen Unterwürfigkeit gegenüber Freunden überdachte sie auch ihre Auffassung vom Glauben und von Gott. So ging ihr auf, dass sie früher den Satz aus der Bergpredigt: »Seid vollkommen, wie euer himmlischer Vater vollkommen ist« wörtlich und im Sinne des englischen Wortes »perfect« verstanden hatte, als ob Gott von ihr eine »makellose Ausführung und unfehlbare Leistung« fordere. Nun deutete sie es als Aufforderung, so »mitfühlend« zu sein wie der himmlische Vater, von dem Jesus spricht – so mitfühlend mit anderen und mit sich selbst. Damit sah sie auch ihre »Sündhaftigkeit« in einem neuen, versöhnlicheren Licht. Sie konnte sich nun problemlos eingestehen, dass sie boshaft, neidisch, narzisstisch usw. ist, und lächelnd bemerken, vor 20 Jahren habe sie gehofft, sie tue alles aus Liebe zu Gott, während sie sich jetzt frage, ob sie je etwas nur aus Liebe zu Gott tue. So wie das Wort der Bergpredigt stellte sie auch den Satz aus der »Nachfolge Christi« des Thomas von Kempen in Frage, der sie einst so beflügelt hatte: »Wenn sich ein Mensch jedes Jahr von einem Fehler befreien würde, wäre er bald vollkommen« (Wapnick, 1985).

»Seid vollkommen«?

Zwangsstörungen mit religiöser Ausgestaltung oder Komponente?

Religiöse Inhalte sind auch bei manchen Zwangsstörungen zu beobachten, obwohl dies bei dieser Erkrankung selten der Fall ist (Greenberg, 1984). Zwangsstörungen sind (nach ICD-10 und DSM-IV) eine Form von Angststörung, bei der Zwangsgedanken und Zwangshandlungen das Befinden und die Lebensführung der Betroffenen ernsthaft beeinträchtigen (beispielsweise aufgrund stundenlangen Sich-waschen-Müssens).

Zwangsgedanken (obsessions) sind Ideen, Vorstellungen und Impulse, die der Zwangskranke zwar für unsinnig und übertrieben hält, die sich ihm aber gegen seinen Widerstand immer wieder aufdrängen und angsterregend wirken. Häufig ist es die Befürchtung, er könne sich infizieren oder beschmutzen (etwa beim Händedruck), oder der wiederkehrende Zweifel, ob er die Tür wirklich abgeschlossen oder nicht vielleicht jemanden beim Autofahren verletzt hat. Manche spüren auch den aggressiven Impuls, das eigene Kind zu verwunden oder in feiner Gesellschaft bzw. in der Kirche obszöne Worte herauszuschreien. Oder sie denken in Gebet und Gottesdienst an etwas Blasphemisches – etwa, wie Jesus nackt und mit erigiertem Penis am Kreuz hängt oder wie sie beim Empfang der Hostie auf sein Glied beißen. Auch wenn sie diese Impulse und Ideen nie ausführen, leben sie doch in der Angst, sie könnten gegen anerkannte Verhaltensnormen und Tabus verstoßen, und halten sich für böse und schuldig.

Zwangshandlungen (compulsions) sind sich wiederholende Verhaltensweisen, mit denen der Zwangskranke seine Angst und sein Unbehagen mindern will: Händewaschen, Putzen, Kontrollieren (Gashahn, Türverriegelung), Zählen (die Stufen einer Treppe, Formulare, Fenster eines Hauses), Ordnen, Horten, Beten. Beim Beten oder bei religiösen Ritualen hat man den Eindruck, dass der Zwangsgestörte diese Elemente seiner Glaubensgemeinschaft und -praxis in das Repertoire seiner Zwangshandlungen aufnimmt bzw. seine Zwanghaftigkeit darin ausgestaltet (s. Fallbeispiel 3).

Rituale als Zwangs-handlungen

Fallbeispiel 3
Ein 25-jähriger Jude strenger Observanz, der areligiös erzogen worden war, aber mit 13 Jahren religiös wurde, hatte kurze Zeit in einer Akademie für Talmudstudien gelebt und verrichtete danach eine Reihe von kurzfristigen Arbeiten. Seine Beschwerden begannen, als nach dem Frühstück ein Speiserest aus seinem Mund auf einen Talmudtext fiel, den er studierte. Da drängte sich ihm der Gedanke auf, der Text könnte bei der Pesachfeier gelesen werden und die liturgischen Geräte unrein machen. Vor diesem Fest verwendete er für die rituell vorgeschriebene Hausreinigung viermal so viel Zeit wie die meisten Juden, weil er meinte, er habe die Stellen nicht richtig gereinigt oder andere hätten sie wieder verschmutzt. Gleichzeitig fing er an zu befürchten, Fleisch- und Milchspeisen könnten – gegen die Speisegesetze – miteinander in Berührung kommen. Dies bedrückte ihn bei Tisch und in der Küche sehr, und er reinigte nun stundenlang das Abtropfbrett und wusch zwischen den Mahlzeiten oft die Hände.
Außerdem befürchtete er, er habe die Worte seiner Gebete nicht richtig gesprochen. Die wichtigsten Gebete wagte er entweder nicht mehr zu verrichten oder er wiederholte sie, wenn er sie doch gesprochen hatte, immer wieder – über zwei Stunden am Tag. Später überkam ihn die bei Zwangskranken allgemeiner verbreitete Angst, er könne sich verunreinigen, zumal durch Urin und Exkremente von Mensch und Tier. Dies führte zu langen Toilettenritualen, übertriebenem Händewaschen, ständiger Wachsamkeit auf Straßen, Vermeidung öffentlicher Waschgelegenheiten und Wiesen. Für seine Rituale benötigte er täglich sechs Stunden. Nachdem er durch eine Konfrontationstherapie gelernt hatte, symptomauslösende Reize ohne die gewohnten Reaktionen auszuhalten, wurde er wieder arbeitsfähig (Greenberg, 1984).

Zur Erklärung von Zwangsstörungen werden heute vor allem lerntheoretisch-kognitive und neurophysiologische Ansätze herangezogen. Dabei ist man sich weitgehend einig, dass ihnen nur eine multifaktorielle Sicht gerecht wird, die sowohl psychosozial-familiäre als auch intrapsychische und neurobiologische Faktoren berücksichtigt. Rachman (1997) hat die Vermutung geäußert, dass religiöse (und andere) Lehren, die bestimmte Ideen sehr hoch bewerten, für Zwangsstörungen disponieren können, was sich allerdings nicht notwendig aus seiner kognitiven Theorie zur Entstehung von Zwangsgedanken ergibt. Für Greenberg (1984) sind religiöse Zwangsgedanken und -handlungen eine Folge, nicht eine Ursache der Zwangsstörung, während Beck (2004, S. 85) nach einem kurzen Literaturüberblick resümiert: »Religiöse Faktoren spielen somit wohl keine spezifische Rolle bei der Entstehung der Erkrankung, sicherlich aber bei der inhaltlichen Ausgestaltung der Zwangsgedanken und der Zwanghandlungen.« Dienen religiöse Inhalte nur der Ausgestaltung oder sind sie Mitursache und in diesem Sinn Komponente?

Die Forschungslage ist wegen der unterschiedlichen Erhebungsmethoden und Stichproben kompliziert. Einerseits scheint in der Gruppe derer, die den Gottesdienst wöchentlich oder öfter besuchen, der (klinisch nicht relevante) Durchschnittswert für Zwangssymptome, gemessen nach dem Inventar von Sandler und Hazari (1960), etwas höher zu liegen als bei denen, die ihn seltener oder nie besuchen (Maltby, 1999). Auch berichten zwangsgestörte Patienten häufiger als Kranke mit anderen Angststörungen religiöse Konflikte (Higgins et al., 1992; Steketee et al., 1991), was sich allerdings daraus erklärt, dass die anderen Angststörungen (Phobien, Panikstörungen u.ä.) keinerlei inhaltliche Affinität zu religiösen Themen aufweisen. Ähnlich haben die Symptome bei ultrareligiösen jüdischen Zwangskranken öfter einen religiösen Inhalt als bei weniger religiösen (Greenberg & Witzum, 1994). Das sagt allerdings nicht viel über die Mitursächlichkeit. Denn andererseits wird die Ansicht, dass intensivere Religiosität mit stärkerer Symptombelastung einhergeht (Steketee et al., 1991), von der Studie von Masser Kavitzky (1992) nicht bestätigt. Ihr zufolge erleben die religiösen Patienten auch keineswegs öfter Zwangssymptome mit religiösem als mit profanem Inhalt. (Auch in Fallbeispiel 3 kam zu den religiösen Zwangssymptomen bald ein extremer Waschzwang.) Religiöse Zwangskranke berichten auch selten Angst vor Gottes Strafe u.ä. (Knölker, 1987). Alles in allem gibt es keine Hinweise, dass hoch Religiöse häufiger zwangsgestört sind als Niedrig- und nicht Religiöse. In einer Stichprobe von 52 zwangsgestörten Kindern und Jugendlichen kamen die meisten aus Familien mit religiös ausgeglichenen oder gleichgültigen Eltern, deren Erzie-

Hoch Religiöse sind nicht häufiger zwangsgestört

hungsstil jedoch durch Überbehütung vonseiten der Mütter und Rigidität vonseiten der Väter verunsichernd gewirkt haben dürfte (Knölker, 1987).

Nach heutigem Forschungsstand sind verunsichernde soziale Erfahrungen in der Familie und in anderen Beziehungen – willkürliche Strenge, Überbehütung, emotionale Kritik – der wichtigste psychosoziale Faktor in einer Zwangsentwicklung. Als weiteren, neurobiologischen Faktor, auf den auch gehirnphysiologische Beobachtungen hinweisen, nimmt man eine ausgeprägte Vulnerabilität an. Hinzu kommen u.U. aktuelle Belastungen, mangelnde Bewältigungsfähigkeit und unzureichende soziale Unterstützung, die den Ausbruch der Erkrankung bewirken. Die neurobiologisch bedingte Vulnerabilität erklärt auch, dass von Kindern, die in derselben Familie gleich erzogen wurden, manchmal eines eine Störung entwickelt, das andere aber unauffällig aufwächst – und dass Zwangssymptome sowie moralisch-religiöse Skrupulosität durch die medikamentöse Verbesserung der Serotoninverfügbarkeit wirksam gelindert werden können (Fallon et al., 1990). In dieser multifaktoriellen Sicht kann das Religiöse an Zwangsstörungen mit moralisch-religiösen Inhalten unterschiedlich erklärt werden. Es könnte einfach der Ausgestaltung eines Zwangserlebens dienen, das sich bei Areligiösen eben nur in profanen Themen (Angst vor Ansteckung u.a.) manifestiert. Religiöse Normen und Ängste könnten aber auch innerhalb des Faktors »verunsichernde Erziehung« die Zwangserkrankung von vulnerablen Heranwachsenden kausal mitbeeinflussen – ähnlich, wie oben ein wechselseitiger Einfluss von perfektionistischen Tendenzen und religiösen Einflüssen beschrieben wurde. Es ist nicht geklärt, ob Letzteres anzunehmen ist und um welche religiösen Einflüsse – strafbestimmtes Gottesbild, moralischer Rigorismus und Perfektionismus, Sexualangst und Schuld – es sich handelt (Fitz, 1990).

Der Begriff Skrupulosität (Gewissensängstlichkeit) wird in der psychologischen Literatur als Subtyp der Zwangsstörung verstanden und unterschiedlich operationalisiert (Abramowitz et al., 2002; Witzig, 2005). Man kann darunter Zwangsgedanken im Sinne von moralisch-religiösen Befürchtungen verstehen: der wiederkehrende, übertriebene Zweifel an der Richtigkeit seines moralischen Handelns oder seiner rituellen Pflichterfüllung. Der Zweifel an der eigenen Tadellosigkeit, der eine sachlich abwägende Bewertung unmöglich macht. Der Skrupulant kann sich immer wieder fragen, ob er seine Gebete mit der nötigen Sammlung verrichtet hat oder sie nicht sicherheitshalber wiederholen muss; ob er beim Zurückstoßen mit dem Auto absolut jede Gefahr, ein Kind zu überfahren, ausgeschlossen hat; ob er sexuelle oder aggressive Gedanken (»Versuchungen«) entschieden genug abwehrte. Die Gewissens- und Sündenangst, mit der er um sich selbst kreist, macht eine Unterscheidung zwischen wichtig und weniger wichtig und eine differenzierte Einschätzung seiner Verantwortlichkeit, die der jeweiligen Situation und seinen persönlichen Fähigkeiten gerecht würde, unmöglich. Die Rede von der allgemeinen Sündhaftigkeit (»Erbsünde«) des Menschen, von »Gedankensünden« und der notwendigen Entscheidung zwischen Gut und Böse müsste im Hinblick auf vulnerable Gläubige mit der Neigung zu Perfektionismus und Zwangsgedanken gegen Missdeutungen und Verzerrungen geschützt werden. Solche Aussagen wären in der Unterweisung und Verkündigung von ihrer abstrakten Absolutheit in konkrete Kontexte zu überführen und im Gesamtzusammenhang des Glaubens zu erläutern, der im Judentum, Christentum und Islam auch die Überzeugung von Gottes Langmut mit den Schwächen der Menschen einschließt.

II. Magischer Optimismus oder »Schützengrabenreligion«?

Das Streben nach äußerer Kontrolle bedeutsamer Lebensereignisse und nach Belastungsbewältigung (Coping)

Die Religiosität vieler Menschen ist ohne Zweifel – wie fast alle in Sektion 1 besprochenen Hypothesen annehmen – von der Erwartung bestimmt, dass sie bei der höheren Wirklichkeit, an die sie glauben, Hilfe und Schutz in materiellen, sozialen und emotionalen Anliegen finden. Viele Gläubige beten am ehesten spontan in Belastungssituationen. Für die von Tamminen (1993) befragten finnischen Schüler zwischen 7 und 20 Jahren sind in allen Klassenstufen, außer der ersten, Notfälle die Art von Situationen, in denen sie am häufigsten die Nähe Gottes erfahren – weil sie sie da wohl auch am häufigsten suchen. Vermutlich sind diese Erwartungen im grundlegenden *Streben nach Kontrolle bedeutsamer Lebensereignisse und -verhältnisse* verwurzelt. Die Annahme eines solchen »Kontrollstrebens« (Oesterreich, 1981) oder »Kontrollgrundbedürfnisses« (Flammer, 1990) liegt sowohl Whites (1959) Hypothese eines Kompetenzmotivs (effectance motivation), Rotters (1966) Theorie der Kontrollüberzeugung, Banduras (1986) Hypothese eines Selbstwirksamkeitsmotivs, Seligmans (1975) Konzept der erlernten Hilflosigkeit sowie verschiedenen handlungs- und attributionstheo-

Kontroll-
motivierte
Religiosität?

retischen Ansätzen zugrunde. Die Erfüllung dieses Strebens wird positiv als Sicherheit, Leistung, Kompetenz, Macht und Optimismus erlebt; das Scheitern – Kontrollverlust – hingegen negativ als Versagens- und Zukunftsangst, Stress, Frustration, Trauer und Hoffnungslosigkeit. Diese negativen Erlebnisse bzw. ihre Vorwegnahme in der Befürchtung lösen Versuche einer situationsverändernden bzw. emotionalen und kognitiven Belastungsbewältigung (Coping) im Rahmen der Emotions- und Verhaltensregulation aus (s. Abbildung 1, S. 31). Diese können auch religiös motiviert sein (Pargament, 1997). Darum ist zu fragen: In welchem Maß und auf welche Weise ist die Religiosität eines Gläubigen kontrollmotiviert?

Was ist Kontrollstreben?

Kontrollstreben ist das Verlangen, sein Handeln und Erleben frei (selbstbestimmt) und zielorientiert nach eigenen Bedürfnissen, Werten und Interessen zu gestalten, statt planlos, fremdbestimmt und hilflos unbeeinflussbaren Mächten, Verhältnissen und Zufällen ausgeliefert zu sein. Zu diesem Grundbedürfnis, das sich individuell unterschiedlich entwickelt, gehört auch das Verlangen, sich als kontrollierend und kompetent zu sehen. Kontrollstreben zeigt sich in unterschiedlichen Phänomenen:

● *Reaktanz*: Menschen setzen sich gegen die Behinderung ihrer Pläne und die Einschränkung ihrer Freiheit zur Wehr.

● *Kontrollillusionen:* Viele Menschen neigen zu irrigen Ursachenzuschreibungen, die die Attributionsforschung als »Kontrollillusionen« bezeichnet. Beispielsweise halten Personen, die bei einem Losverkauf ihr Los selber aus dem Behälter gezogen, d.h. aktiv ausgewählt haben, ihren Schein beim Weiterverkauf für wesentlich gewinnträchtiger als jene, deren Los vom Losverkäufer ausgewählt wurde, obwohl die Wahrscheinlichkeit eines Gewinns gleich hoch ist (Langer, 1975). Ähnlich meinen Würfelspieler, sie erzielten mit einem harten Wurf eine hohe, mit einem sanften aber eine niedere Punktzahl, oder sie könnten durch Konzentration das Ergebnis verbessern bzw. durch das vertrauensvolle Aussprechen der gewünschten Augenzahl das erhoffte Resultat erzielen (Henslin, 1967).

● *Positive Illusion:* Diese besteht nicht in der Annahme einer Einflussmöglichkeit, wo überhaupt keine besteht, sondern in der ermutigenden Überschätzung vorhandener, persönlicher Kontrollchancen. So meinten von Frauen, die wegen Brustkrebs behandelt und über einen Zeitraum von zwei Jahren befragt wurden, zwei Drittel, dass sie es wenigstens bis zu einem gewissen Grad in der Hand hätten, wie ihre Erkrankung verläuft und ob sie wiederkehrt, und vom restlichen Drittel nahmen etliche an, dass ihr Tumor zwar nicht von ihnen, aber vom Arzt beherrscht werden könne (Taylor, 1983). Dieser Optimismus, der bei den gesunden Ehemännern viel weniger verbreitet war, ging bei den Patientinnen mit psychischem Wohlbefinden einher. Im Unterschied zur Verleugnung und Verdrängung muss diese Einstellung die reale Situation nicht verkennen; sie bewertet sie nur in einem günstigen Licht und kann sich durch gegenteilige Erfahrungen korrigieren lassen, d.h. als positive Illusion wirken.

● *Kontrollüberzeugungen* (locus of control): Rotter (1954) sah in dem Maß, in dem sich Personen generell viel oder wenig internale Kontrolle zuschreiben, ein wichtiges Persönlichkeitsmerkmal. In einem entsprechenden Fragebogen wird beispielsweise internale Kontrollüberzeugung erhoben durch das Item »Am eigenen Missgeschick sind meistens die eigenen Fehler schuld« und externale durch »An vielen unerfreulichen Dingen, die einem im Leben zustoßen, sind unglückliche Zufälle schuld« (Piontkowski et al., 1981). Zu diesem Konstrukt sind später weitere Testinstrumente entwickelt worden, auch deutschsprachige. Untersuchungen zeigten, dass Personen mit internaler Kontrollüberzeugung mehr leisten, sich rascher von Krankheiten und Operationen erholen, weniger rauchen und trinken, Gruppendruck leichter widerstehen und sozial aktiver sind als solche mit externaler.

● *Erlernte Hilflosigkeit:* Dieser Theorie zufolge reagieren Menschen, die wiederholt erfahrene unangenehme Ereignisse als von ihnen nicht beeinflussbar betrachten, mit Hilflosigkeit (Abramson et al., 1978). Das chronische Gefühl der fehlenden Kontrolle in Bereichen, die einem wichtig sind, kann zu depressiven Störungen beitragen (Brunstein, 1990).

● *Der Glaube an eine gerechte Welt:* Nach Lerner (1980) haben die Menschen das Bedürfnis, an eine »gerechte Welt« zu glauben, in der das Gute belohnt und das Böse bestraft wird und jeder bekommt, was er verdient und was ihm zusteht. Bei der Begegnung mit Ungerechtigkeit und Unglücksfällen sind sie darum bemüht, die Ungerechtigkeit real zu beseitigen oder ihren Gerechtigkeitsglauben psychologisch aufrechtzuerhalten, indem sie beispielsweise bei einer mehrdeutigen Unfallsituation die Verantwortung des möglichen Verursachers übermäßig betonen oder – wenn es nur ein unschuldiges Opfer und keinen verantwortlichen Täter gibt – dieses Opfer abwerten, als hätte es für eine geheime frühere Schuld die angemessene Strafe erhalten. Nach Lerner hat diese Neigung den Sinn, Zufall und Unberechenbarkeit auszuschließen und den Glauben an eine möglichst umfangreiche Kontrollierbarkeit des Lebens zu erhalten, damit man sich sicherer fühlen kann. Dieses sozialpsychologische Konstrukt wurde vielfach weiterentwickelt, wobei die Bedeutung des gerechtigkeitsorientierten Kontrollbewusstseins für die Leistungsmotivation und die Bewältigung von Belastungen und damit für die Lebenszufriedenheit in den Vordergrund rückte (Dalbert, 1996; Furnham, 2003; Hafer & Bègue, 2005).

In welchem Maß und in welcher Weise werden nun die Erwartungen, die Menschen an die übermenschliche Instanz richten, an die sie glauben, von ihrem Kontrollstreben beeinflusst? Die Prägung durch das Kontrollmotiv ist vermutlich individuell verschieden:

- entsprechend den religiösen Überzeugungen, die der einzelne Gläubige im Lauf seiner Fremd- und Selbstsozialisation verinnerlicht;
- entsprechend der Bedeutung und Ausprägung, die sein Kontrollstreben entwickelt hat;
- entsprechend der Art, wie er Ziele, Ängste und Frustrationen seines Kontrollstrebens im Rückgriff auf religiöse Überzeugungen zu bewältigen versucht.

Ein grundlegender Unterschied besteht zwischen magischen und nichtmagischen Kontrollversuchen. Denn magisches Denken und Handeln schließt die Auffassung ein, dass man ein Ergebnis durch Mittel, die ihre Wirkung weitgehend automatisch entfalten, herbeiführen kann. Bei nichtmagischen Kontrollversuchen hingegen nimmt man an, dass man das Ergebnis entweder mit den normalen Mitteln erreichen muss oder – im Falle des Bittgebets – sich an eine übermenschliche Instanz wenden muss, von deren freiem Willen und Wohlwollen das Ergebnis abhängt.

Magie – Kontrolle durch weitgehend automatisch wirkende Kräfte

Der Begriff Magie wurde von der Ethnologie in die Psychologie und Soziologie übernommen, wobei sich nur wenige Autoren um eine systematische Forschung bemüht haben; eine umfassende und allgemein anerkannte Theorie dazu steht noch aus.

Für die Klinische Psychologie ist »magisches Denken« – neben Beziehungsideen, Misstrauen, umständlich-vager Sprechweise, sozialer Angst u.a. – ein Kriterium für eine *schizotypische Persönlichkeitsstörung*. Solche

Menschen können das Gefühl haben, »über die besondere Kraft zu verfügen, Dinge vorherzusehen oder die Gedanken anderer Menschen zu lesen. Sie können glauben, dass sie magische Kontrolle über andere besitzen, durch Kräfte, die sie direkt einsetzen (z.B. glauben sie, die Tatsache, dass der Ehepartner mit dem Hund ausgeht, sei unmittelbar darauf zurückzuführen, dass sie eine Stunde zuvor gedacht haben, dies solle geschehen) oder indirekt durch die Einhaltung magischer Rituale (z.B. dreimal an einem speziellen Objekt vorbeigehen, um ein bestimmtes schädigendes Ergebnis zu verhindern)« (Saß et al., 1998, S. 725).

Doch magisches Denken und Handeln ist auch *im nichtklinischen Bereich* zu beobachten. Dies soll hier im Vordergrund stehen. Freud (GW 9; 10; 12) hielt magisches Denken im Sinne einer wunschbestimmten »Allmacht der Gedanken« bei gleichzeitiger Abwehr der begrenzenden, schmerzhaften Realität für ein charakteristisches Phänomen bei Primitivvölkern und auch beim »Kinde unserer Zeit«. Er führte die Allmachtsillusion auf die narzisstische Besetzung des Ich mit Libido zurück – eine sehr spekulative Annahme. Nach Piaget (1978) beruht Magie auf einem frühen Stadium präkausalen Denkens, in dem das Kind sein Ich noch weitgehend mit anderen Ichs und mit der materiellen Welt gleichsetzt und in einer Welt der »Partizipationen« lebt: Alles partizipiert an allem, und alles kann auf alles einwirken und gehorcht dem Ich. In der Magie wende das Kind diese Vorstellungen praktisch an und versuche, auf die Dinge einzuwirken durch (1) Gedanken, (2) Gesten, (3) Substanzen und (4) Absichten/Befehle.

Damit hat Piaget einzelne Äußerungen von Kindern idealtypisch verallgemeinert. Es ist nämlich nicht erwiesen, dass Magie eine Entwicklungsphase darstellt, die alle Kinder durchlaufen müssen. Darum wäre es übertrieben zu meinen, es gebe eine dem Erwachsenen fremde, »magische« Mentalität und Welt des Kindes (Vianello & Marin, 1980). Möglicherweise wollen Kinder mit magischen Vorstellungen und Handlungen nicht vor der Realität fliehen, sondern diese nur mit der altersspezifischen Leichtigkeit bearbeiten, mit der sie zwischen Fantasie- und Realwelt wechseln, d.h. spielerisch und wahrnehmungsoffen (Deconchy, 1966). Kinder greifen nur dann zu magischen Deutungen, wenn sie Ereignissen begegnen, die ihren Erwartungen widersprechen und die sie physikalisch nicht befriedigend erklären können, wobei sie diesen Kunstgriff mit zunehmendem Alter seltener anwenden (Phelps & Woolley, 1994).

Vieles spricht also für ein Verständnis von Magie, das sich auf Kinder wie auch auf Erwachsene, in normalpsychologischen wie auch in patholo-

Magie – eine Entwicklungsphase?

gischen Zusammenhängen bzw. Ausnahmezuständen anwenden lässt, wie es beispielsweise Nemeroff und Rozin (2000, S. 5) vorschlagen: »Magie ist eine kognitive Intuition oder Überzeugung von der Existenz unbemerkbarer Kräfte oder Wesen, die die gewöhnliche Grenze zwischen geistig-symbolischen und physisch-materiellen Wirklichkeiten in einer Weise übersteigen, die (1) von der allgemeingültigen Weisheit der technokratischen Elite abweicht, (2) bedeutenden Funktionen dient und (3) den Prinzipien der Ähnlichkeit und des Kontakts folgt.« Zu den Funktionen, denen Magie dient, zählen die Autoren: Partizipation, Verbindung, Sinn und Kontrollillusion, die Resignation verhindert. Man glaubt, man könne sich besondere Kräfte verfügbar machen, wenn man nur weiß, wie sie zu mobilisieren sind: Dazu gehören Kenntnisse darüber, welche Objekte mit Kraft geladen sind und wie diese durch Berührung übertragen werden kann (Kontaktmagie: Amulette, Talismane), durch welche Nachahmungen man eine Wirkung erzielt (sympathetische, imitative, analoge Magie: etwa Wasser ausgießen, um Regen zu erzeugen, oder auf eine Puppe oder eine Fotografie einstechen, um den Feind zu töten, den sie darstellen) oder wie die richtige Beschwörungsformel lautet. Versuche, auf diese Weise Gutes zu bewirken, nennt man weiße Magie; Versuche, anderen zu schaden, schwarze Magie.

Es besteht kein Grund anzunehmen, magisches Denken und Handeln sei historisch die Grundlage gewesen, aus der sich Religion entwickelt habe, oder die heutigen Kleinkinder würden das Gebet zunächst als magische Beschwörung verstehen, bevor sie es als Dialog mit Gott begreifen können. Um etwas von der Vielfalt zu verstehen, in der magische Gedanken und Handlungen auftreten können, sind folgende Fragen zu bedenken.

Magie: unwillkürlich und unter emotionalem Druck?

Heranwachsende und Erwachsene greifen vermutlich dann unwillkürlich und vorübergehend auf magische Erklärungen und Kontrollversuche zurück, wenn ihre rationale Kontrolle unter starkem emotionalem Druck eingeschränkt ist, sei es unter dem Druck intensiver Wünsche oder starker Ängste. Menschen mit schizotypischer Persönlichkeitsstörung neigen offensichtlich besonders oft dazu. In welchem Maß Trait-Angst oder andere Formen von Ängstlichkeit zu magischem Denken disponieren, ist nicht erforscht. Eine Form von Magie, der die meisten nur halb zustimmen, ist wohl der verbreitete Brauch, immer dann, wenn man von einer möglichen Gefahr redet, »toi, toi, toi« zu sagen und mit dem Fingerknöchel auf Holz zu klopfen, um sich so zu schützen.

Gegenstände, Gesten und Gebete: magisch-instrumentell oder symbolisch-expressiv?

Verwendet man nicht einen Talisman, wenn man als Christ eine Medaille mit dem Bild des heiligen Christophorus oder als Muslim eine Metallplatte mit eingravierten Koranversen am Armaturenbrett seines Autos anbringt, oder wenn man ein geweihtes Kreuz am Hals trägt? Und vollzieht man nicht einen magischen Ritus, wenn man vor einer Prüfung oder einer Operation zu Hause oder in einer Kirche eine Kerze anzündet oder intensiv betet?

Ob eine Handlung aus sich selbst, d.h. magisch-instrumentell, besondere Kräfte mobilisieren soll oder aber symbolisch-expressiv eine Bitte an Gott und das Vertrauen auf ihn zum Ausdruck bringen will, lässt sich nicht an ihrem äußeren Verlauf ablesen, sondern nur an der Intention erkennen, mit der sie jemand vollzieht und über die nur der Betreffende Auskunft geben kann. Verdächtig ist freilich, wenn jemand behauptet, ein Gebet werde dann sicher erhört, wenn man es in einer bestimmten Zeit und Anzahl verrichte. Doch ist beispielsweise die Erwartung eines Schwerkranken, Gott werde ihm die Genesung schenken, wenn er eine bedeutende Geldsumme für wohltätige Zwecke oder den Bau einer Kirche spende, keine Magie, sondern ein Bitten und ein Versuch, Gott gnädig zu stimmen.

Judentum, Christentum und Islam lehnen in ihrer offiziellen Lehre magisches Denken und Handeln zwar ab, doch kann der Volksglaube dieser drei monotheistischen Religionen weiße Magie verhältnismäßig problemlos eingliedern. Er kann sich vorstellen, dass Gott in seiner Güte der Natur und den Menschen ein Reservoir geheimnisvoller, der Wissenschaft verborgenen Kräfte zur Verfügung stellt – so wie er in bestimmten Grenzen dämonische Mächte zulässt, mit denen man sich jedoch auf keinen Fall verbünden darf. So kann man Kreuz, Weihwasser, Reliquien, Medaillen und besondere Segnungen mit dem geglaubten Einverständnis Gottes als weiße Magie verwenden. Unter der Bedingung, dass man Allah anruft und damit seine Autorität anerkennt und Schadenzauber unterlässt, haben islamische Theologen offiziell magische Praktiken verschiedener Regionen gebilligt und integriert (Fahd, 1987). Auch die christlichen Sakramente oder die Bibel kann man umdeuten als materiell und automatisch wirkende »Gnadenmittel«, die Gott den Gläubigen zur Verfügung stellt. Allerdings haben die Untersuchungen, die Godin und Marthe (1960) sowie Milanesi (1967) bei 8- bis 15-jährigen Schülern aus katholischen Ordensschulen durchführten, ergeben, dass diese Tendenz eher schwach ist und mit zunehmendem Alter zurückgeht. Auch Bittgebete mögen unter emotionalem Druck wie Be-

Magie im Volksglauben

schwörungen klingen, doch hat Tamminen (1993) auf seine Frage nach der Wirksamkeit von Gebeten kaum Antworten erhalten, die magieverdächtig klangen.

Magie: absichtlich und aufgrund energetistischer Überzeugungen?
Zu Beginn der 1990er-Jahre glaubten 14% der Westdeutschen, »dass magische Rituale wirken«, und 13%, »dass magische Kräfte in ihnen schlummern« (Gächter, 1991). In diesen Zahlen zeigt sich wohl, dass Magie nicht nur von individuellen Dispositionen, sondern auch von kulturellen Einflüssen abhängt. Denn in den 1980er-Jahren und danach ging der universale Geltungsanspruch des modernen Rationalitätsideals in der öffentlichen Meinung zurück, und die szientistische Utopie, alle Probleme durch Wissenschaft und Technik lösen zu können, wich einer zunehmenden Skepsis. In diesem geistigen Klima konnte eine Esoterik-Renaissance entstehen, die das Interesse an Talismanen und Amuletten, das zuvor auf den Volksglauben beschränkt war, rehabilitierte und die Praktiken polynesischer, afrikanischer oder amerikanischer Stammeskulturen als Lebenshilfe empfahl. Sie ergänzte diese auch durch energetistische Vorstellungen von einer den Kosmos durchwaltenden »feinstofflichen«, »astralen« und »psychokosmischen« Energie, die man indisch-theosophisch Prana oder chinesisch Chi nannte. Diese denkt man sich einerseits geistig-seelisch, andererseits aber auch als Grundlage alles Lebendigen und Materiellen im »grobstofflichen« Bereich. Man hofft, dass man diese psychokosmische Energie durch Atem- und Meditationsübungen über die Nervenzentren des feinstofflichen Astralleibes – die Chakras bzw. die Meridiane – in sich aufnehmen und so auch die Funktionen des grobstofflichen Leibes beeinflussen kann.

Der Glaube an eine »psychokosmische« Energie

Eine andere Quelle energetistischer Vorstellungen war die »Neugeist-Bewegung« (New Thought Movement), die im 19. Jahrhundert in den USA entstand und den Glauben an eine Heilung und Selbstverwirklichung durch die Kraft eines »neuen Denkens« propagierte, das den Menschen mit seinem göttlichen Selbst verbindet. Hier wurde das Göttliche – obwohl konventionell »Gott« genannt – weithin mit der psychisch-somatischen Energie des »Universalgeistes« gleichgesetzt, von dem Ralph Waldo Emerson (1803–1882) sprach.

In beiden Strömungen glaubt man an die »Existenz unbemerkbarer Kräfte oder Wesen, die die gewöhnliche Grenze zwischen geistig-symbolischen und physisch-materiellen Wirklichkeiten in einer Weise übersteigen, die von der allgemeingültigen Weisheit der technokratischen Elite abweicht«, wie die Definition von Nemeroff und Rozin (2000) sagt. Bezweckt wird damit ein geradezu magisches Kraft- und Geborgenheitsgefühl.

Bei Karl Otto Schmidt (1904–1977), dem langjährigen Generalsekretär des deutschen Neugeist-Bundes, wird dieses Kontrollbewusstsein vor allem geistheilerisch verstanden, wenn er empfiehlt, zur Erlangung oder Sicherung der Gesundheit folgende Bejahung (Affirmation) zu wiederholen: »Meinem innersten Wesen nach bin ich frei von Schwäche, Krankheit und Not! Mein innerstes Sein wird von ihnen nicht berührt. Der Geist ist Herr der Materie, der Geist ist gesund ... Die Kraft des Geistes macht und hält mich gesund! Ich bin Kraft! Ich bin gesund!« (Schmidt, 1971, S. 121).

Der ebenfalls viel gelesene Joseph Murpy (1898–1981) fordert dazu auf, durch »positives Denken« die grenzenlosen Kräfte abzurufen, die weit mehr als die Heilung des eigenen Körpers bewirken sollen. Das Gute, das wir wünschen, liegt demnach in einer virtuellen Welt bereit; wir müssen es nur abrufen durch unerschütterliches Vertrauen, das uns über unser »Unterbewusstsein« mit dem Universalbewusstsein verbindet. Ob Drogenabhängigkeit oder Finanzprobleme, Arthritis oder Ehekonflikt – wer sich morgens, mittags und abends durch autosuggestiv gesprochene Kernsätze wie »Wunder werden heute in meinem Leben geschehen« die Kraft des Glaubens in Erinnerung ruft, kann »jede negative Angewohnheit« überwinden und gewiss sein: »Leben Sie in freudiger Erwartung des Besten, dann wird Ihnen unweigerlich das Beste zuteil werden« (Murphy, 1986, S. 193).

Positives Denken nach Murphy

Magischer Optimismus als »positive Illusion«?
Magische Kontrollillusionen überschätzen zwar die eigenen Einflussmöglichkeiten, können aber hilfreich sein, sofern sie Hilflosigkeitsgefühle verhindern, zu »Kampfgeist« ermutigen und als sich selbst erfüllende Prophezeiungen wirken. Dies ist so lange möglich, als der magische Optimist gegenteilige Informationen – beispielsweise Zeichen einer Verschlechterung seiner gesundheitlichen oder beruflichen Situation – aufzunehmen und seine Erwartungen zu korrigieren bereit ist, und solange sich die Herausforderungen durch seine normalen Kräfte bewältigen lassen. Durch Optimismus und Placebos werden aber keine schweren Krebserkrankungen geheilt, keine unvorbereiteten Prüfungen bestanden und keine unbearbeiteten Beziehungskonflikte gelöst. Die erwähnten energetistischen Strömungen können dazu verleiten, dass man die Bedeutung von Gefahrensignalen unterschätzt und zu spät ärztliche oder psychologische Hilfe in Anspruch nimmt und sich nicht auf einen unabwendbaren Verlust einstellt.

Bei Menschen mit schweren Ängsten kann das magische Denken seinen Optimismus auch schnell einbüßen und in Furcht umschlagen. Denn wer glaubt, dass Gedanken und Gesten unmittelbar etwas bewirken können, befürchtet u.U. auch, dass sich neidische und rachsüchtige Gedanken von Gegnern – der »böse« Blick oder eine Verwünschung – gegen ihn wenden und stärker sein können als die eigenen magischen Maßnahmen. Eine Frau, die beim Sitzen im Sessel öfter infolge einer hypnagogen Schlaflähmung für Augenblicke bewegungsunfähig war, deutete dies als Folge von Verwünschungen eines magischen Zirkels, dem sie früher angehört und von dem sie sich getrennt hatte. Wegen ihres Verrats würden sie die enttäuschten Freunde durch ihre Energien an ihren Sessel fesseln und terrorisieren. Darum suchte sie als Gegenmittel ein besonderes Öl, mit dem sie sich einreiben und schützen könnte.

Bittgebet – zwischen passiver Erwartung äußerer Kontrolle und Belastungsbewältigung

Wenn sich Gläubige bittend an eine übermenschliche Instanz wenden, um ein befürchtetes Ereignis abzuwenden oder ein erwünschtes herbeizuführen, tun sie dies offensichtlich mit unterschiedlichen Glaubensüberzeugungen und Erwartungen. Es ist religionspsychologisch aufschlussreich zu untersuchen, wie diese Kognitionen mit ihrem Streben zusammenhängen, bedeutsame Lebensereignisse und -verhältnisse zu kontrollieren.

Gottvertrauen – eine »eigenständige Form der Kontrollüberzeugung«

Das Vertrauen, dass Gott das Leben der Menschen nach seinem Plan und den Grundsätzen der Gerechtigkeit und Güte lenkt, steht zwar in einer Beziehung zu internaler und externaler Kontrollüberzeugung, ist aber nicht einfach mit fatalistischer, externaler Kontrollüberzeugung gleichzusetzen. Beispielsweise wird im Islam die Ergebung in den Willen Gottes, der alles bestimmt, überaus stark betont, ohne dass die praktische Lebensgestaltung der Muslime eine verminderte internale Kontrolle vermuten lässt. »Vorsehung«, Wirken und Kontrolle vonseiten Gottes wird von vielen Gläubigen, zumal von intrinsisch Religiösen, nicht als Gegensatz zu internaler Kontrolle aufgefasst – anders als die Einflüsse mächtiger Menschen, des Schicksals oder Glücks – , sondern eher als eine Hilfe eigener Art, die ein hohes Maß an Selbstverantwortung einschließt. »Gottvertrauen«, gemessen als Zustimmung zu den Aussagen: »Was in meinem Leben passiert, hängt von dem ab, was Gott mit mir vorhat« und »Von Gott gelenkte Geschehnisse bestimmten einen großen Teil meines Lebens und Alltags«, ist keine Variante von fatalistischer Externalität, sondern »eine eigenständige Form der Kontrollüberzeugung« (Dörr, 2001, S. 216). Freilich gibt es auch externale religiöse Auffassungen und Einstellungen. Darum waren die Ergebnisse von Studien zur internalen Kontrollüberzeugung von Gläubigen uneinheitlich, und Autoren wie Pargament et al. (1982) oder Welton et al. (1996) forderten für die Erfassung von religiösen Kontrollüberzeugungen eigene, differenzierte Fragebogen.

Religiöse Belastungsbewältigung: unabhängig von Gott, passiv oder kooperativ?

Solche Messinstrumente entwickelten vor allem Pargament und seine Mitarbeiter, und zwar in der Perspektive der in den 1980er-Jahren aufblühenden Copingforschung. Sie betrachteten also von vornherein insbesondere den Gesichtspunkt, welche Art religiösen Kontrollstrebens eine Stressbewältigung (Belastungsbewältigung, Coping) fördert, die sich psychohygienisch günstig auswirkt. Pargament et al. (1988) entwarfen einen Fragebogen – die *Religious Problem Solving Scale* (RPSS) –, der drei Stile der Verantwortlichkeits- und Kontrollattribution unterscheidet:

(1) *Self-directing style:* Hier fühlt sich das Individuum völlig eigenverantwortlich für die Problemlösung; Gott wird als passive Größe im Hintergrund gedacht. Beispielitem:
»Wenn ich in Schwierigkeiten bin, entscheide ich selbst, was es bedeutet – ohne Hilfe von Gott.«

(2) *Deferring style:* Wer diese Art religiöser Problembewältigung praktiziert, überlässt die Lösung ganz Gott bei minimaler Eigenaktivität. Beispielitem:
»Ich denke nicht über verschiedene Lösungen meiner Probleme nach, weil Gott mir diese Lösungen verschafft.«

(3) *Collaborative style:* Bei diesem Stil sucht der Gläubige in Kooperation mit Gott eigenverantwortlich Bewältigungsmöglichkeiten und bittet ihn um Mithilfe und Ermutigung. Beispielitem:
»Der Herr wirkt mit mir, um mir zu helfen, mehrere verschiedene Arten zu überlegen, wie ein Problem gelöst werden kann.«

Drei Arten religiösen Copings

Während der deferring style passiv ist und ein Mensch mit dieser Kontrollüberzeugung die Lösung überwiegend external von Gott erwartet, kann man sich beim self-directing style fragen, ob er nicht so deistisch bzw. säkular beschrieben wird, dass er kaum noch als religiös gelten kann. Indes ergab bereits eine erste Befragung von 197 Presbyterianern und Lutheranern, dass sie sich häufiger zum collaborative style bekannten als zum deferring style und dass Ersterer auch mit häufigerem Beten, einem stärkeren Gefühl persönlicher Kontrolle und höherem Selbstwertgefühl einherging (Pargament et al. 1988). Für Pargament stand damit auch fest, dass die Passivität des deferring style eine psychohygienisch ungünstige Art religiöser Stressbewältigung darstellt.

Pargament hat später noch mehr Varianten religiösen Problemlöseverhaltens unterschieden und kam auf die stolze Zahl von 21 Dimensionen, von denen 17 faktorenanalytisch belegt zu sein scheinen (Pargament et al., 2000). Diese Auffächerung hat zwar beispielsweise den Vorteil, dass sie zwischen »passive religious deferrel« und »active religious surrender« unterscheidet, doch mischen sich in ihr religiöse Deutungsmuster, Erlebensformen und Verhaltensweisen, und die Bedeutung, die Zentralität, die all dem zukommt, wird nicht berücksichtigt (Huber, 2003). Als hilfreich sollen sich Copingstrategien erwiesen haben, die Pargament (1997) in einem Übersichtswerk als »collaborative coping«, »spiritual support« und »congregational support« bezeichnet. Unzufriedenheit mit der Glaubensgemeinschaft und die Deutung von negativen Ereignissen als Strafe Gottes seien hingegen schädlich.

So konnten sinnvolle Zusammenhänge festgestellt werden. Dies zeigt, dass es, will man die Bedeutung von Religiosität für das psychische Wohlbefinden von Kranken, Geschiedenen, Trauernden, Arbeitslosen u.a. erforschen, nicht genügt zu erheben, ob sie sich als religiös verstehen, beten oder Gottesdienste besuchen, sondern dass der Copingstil entscheidend ist. Schon die oben beschriebene, frühe Unterscheidung Pargaments von drei religiösen Bewältigungsstrategien je nach ihrem Kontrollbewusstsein ging über Erhebungsinstrumente hinaus, die von medizinpsychologischer Seite zur Untersuchung von Krankheitsbewältigung entwickelt wurden. Diese fragten mit ihren religionsbezogenen Items nur global, ob man – so beispielsweise der *Freiburger Fragebogen zur Krankheitsverarbeitung* (Muthny, 1989) – gebetet und Halt im Glauben gesucht habe, häufiger zur Kirche gegangen oder religiöser geworden sei. Auch dem umfangreichen *Systems of Belief Inventory* (SBI) von Holland et al. (1998) kann man aufgrund von Pargaments Beobachtungen mehr Differenzierung empfehlen.

»Glaube an eine (materiell) gerechte Welt« oder spirituelle Unterstützung?
Ergänzend zum ersten Ansatz von Pargament wurden weitere Erhebungsinstrumente entwickelt. Beispielsweise suchte Dörr (2001) zwischen religiösem Coping in Alltagssituationen und bei kritischen Lebensereignissen (life events) zu unterscheiden. Das *Münchner Motivationspsychologische Religiositäts-Inventar* (MMRI) verwendet neben einer Skala zu kooperativer

und einer zu passiver Kontrolle bedeutsamer Lebensereignisse eine weitere Skala zur verdienst- und gerechtigkeitsorientierten Kontrollüberzeugung (Zwingmann et al., 2004) mit den Items:

Verdienst-
und gerechtig-
keitsorientierte
Kontrollüber-
zeugung

---

(1) Wenn ich es im Leben zu etwas bringe, ist das die verdiente Anerkennung dafür, dass ich mich nach Gott bzw. einer höheren Wirklichkeit gerichtet habe.
(2) Wäre ich plötzlich schwer krank oder behindert, so würde ich Gott bzw. eine höhere Wirklichkeit fragen: »Warum gerade ich?«

Diese Skala soll ermitteln, wie stark das Gottvertrauen von der Tendenz zum »Glauben an eine gerechte Welt« (Lerner, 1980) bestimmt ist. Bei dieser Form von religiösem Vertrauen wird die gerechte Belohnung und Bestrafung nicht in einem nachtodlichen, jenseitigen Leben erwartet, sondern als spürbarer, materieller Schutz und Erfolg in diesem Leben aufgefasst. Diese Erwartung dürfte vor allem mit einem passiven religiösen Copingstil einhergehen. Sie berührt sich mit der von Max Weber angenommenen (kalvinistischen) »protestantischen Ethik« bzw. mit dem in älteren Schichten des Alten Testaments bezeugten Glauben an einen »Tun-Ergehen-Zusammenhang« wie auch mit der Frage vieler Leidender: »Warum gerade ich?« bzw. der Theodizee-Frage, wie der gerechte und gute Gott Leid zulassen kann. Empirisch belegte allgemeine Aussagen dazu sind kaum möglich.

Die älteren Untersuchungen von Rubin und Peplau (1975) sowie Sorrentino und Hardy (1974) stellten bei christlichen und jüdischen Studierenden eine positive Beziehung zwischen Religiosität und allgemeinem Glauben an eine gerechte Welt fest, gemessen nach der eindimensionalen Skala von Rubin und Peplau (1973), die allerdings von zweifelhafter psychometrischer Qualität ist (Whatley, 1993). Zweigenhaft und Kollegen (1985) haben – mit der gleichen Skala – diese Beziehung nur bei katholischen Studierenden konstatiert. Bei Quäkern, die bekanntlich die Gleichheit aller Menschen betonen und sich für Frieden und Bürgerrechte einsetzen, wurde jedoch eine entgegengesetzte, negative Korrelation beobachtet, was für eine starke Abhängigkeit von der religiösen Unterweisung spricht. Eine Befragung von 16- bis 18-jährigen religiös mäßig interessierten Schülern in England, die verschiedene Dimensionen von Glauben an eine gerechte Welt unterschied, hat lediglich zum persönlichen Glauben an eine gerechte Welt (Beispielitem: »Wenn ich besonderes Glück habe, so gewöhnlich deshalb, weil ich es verdient habe«) eine statistisch schwache Beziehung ($r = .14$) festgestellt – nicht aber zu einem allgemeinen, soziopolitischen oder zwischenmenschlichen Gerechte-Welt-Glauben (Crozier & Joseph, 1997).

Die Religiosität eines Menschen besteht sicher dann in einer ausschließlich materiell ausgerichteten, verdienst- und gerechtigkeitsorientierten Kontrollüberzeugung, wenn sie zu einem »Enttäuschungs-Atheismus« (Antoon Vergote) führt. So berichtet ein Mädchen: »Als mein Großvater krank war (sie war damals etwa 12 Jahre alt), fürchtete ich, er werde sterben. Da ging ich zur Sonntagsmesse und betete viel. Aber er ist gestorben. So dachte ich, dass das nichts nützt. Ich habe gedacht, das ist unmöglich, dass es einen Gott gibt.« Es ist nicht bekannt, wie viele Menschen aufgrund nicht erhörter eigener Gebete areligiös wurden, doch ist die Spannung zwischen dem Glauben an einen gütigen, allmächtigen Gott und dem Leid in der Welt ein Hauptgrund für religiöse Zweifel (Altemeyer & Hunsberger, 1997).

Zur Entwicklung der Erwartungen an das Bittgebet

Bei Kindern ist eine materiell ausgerichtete, verdienst- und gerechtigkeitsorientierte Kontrollüberzeugung sicher häufiger als bei Jugendlichen und Erwachsenen. Jedoch ist nicht anzunehmen, dass sie eine notwendige, universelle Entwicklungsstufe darstellt. Vielmehr kann ein Kind von klein auf einen spirituellen, kooperativen Copingstil finden, wenn er ihm erschlossen wird. Die Erwartung eines materiellen Eingreifens Gottes geht wohl mit wachsender Einsicht in die natürlichen Gesetzmäßigkeiten der Welt, mit zunehmender Erkenntnis der Eigenverantwortung des Menschen und mit der Erfahrung, dass viele Gebete keine sichtbare Wirkung zeitigen, zurück.

Bei 12- bis 17-jährigen Schülern, die unterschiedlichen christlichen Denominationen in verschiedenen Ländern angehörten, haben Thouless und Brown (1964) sowie Brown (1966, 1967) ermittelt, dass die uneingeschränkte Überzeugung, das Bittgebet bewirke eine materielle Veränderung – es sichere etwa einer Fußballmannschaft den Erfolg, einem Heer den Sieg, einem Schüler ein gutes Prüfungsergebnis und einem, der in Lebensgefahr schwebt, die Rettung –, mit zunehmendem Alter kontinuierlich abnahm, jedoch nach Konfession und Häufigkeit des Gottesdienstbesuchs unterschiedlich stark war. Viele Jugendliche hielten ein Gebet in physischer Not für sinnvoll, ohne damit die Erwartung einer direkten materiellen Hilfe zu verbinden. So bezeichneten es 94% als angemessen, dass ein Junge, der im Meer von einem Hai bedroht wird, betet, während nur 56% ohne Einschränkung meinten, ein solches Gebet habe auch eine sichtbare Wirkung. Auf fast allen Altersstufen glaubte die Mehrzahl der Jugendlichen nicht an einen direkten materiellen Effekt des Bittgebets, aber an eine indirekte, psychisch-spirituelle Wirkung, die sie als Vertrauen, Kraft, Mut, Ruhe u.ä. bezeichneten.

Tamminen (1993) stellte bei seinen 9- bis 16-jährigen, insgesamt sehr glaubenspositiven finnischen Schülern fest, dass mit zunehmendem Alter die Meinung deutlich abnahm, Gott wirke bei der Genesung einer Großmutter, um die ihre Enkelin gebetet hat, durch direktes Eingreifen. Die Ansicht, er wirke indirekt durch die Medikamente, nahm hingegen ebenso zu wie die rein naturalistische Erklärung, die Oma sei einfach durch die medizinische Behandlung wieder gesund geworden.

Die religiöse Erziehung und Verkündigung, zumal eine fundamentalistische, kann die Entwicklung, die von überwiegend materiellen, verdienst- und gerechtigkeitsorientierten Kontrollerwartungen wegführt, vermutlich verzögern, wenn sie für moralische Anstrengungen materiellen Lohn und für moralisches Versagen materielle Strafen vonseiten Gottes oder aufgrund des Karmagesetzes in Aussicht stellt. Sie kann die Entwicklung hin zu spirituellen, kooperativen Bewältigungsversuchen aber wohl beschleunigen, wenn sie von vornherein und immer wieder zu einem Beten in dieser Einstellung ermutigt, beispielsweise im Blick auf das Buch Ijob, das Gebet Jesu am Ölberg oder befreiungstheologische Gedanken.

Bei vielen Gläubigen finden sich wahrscheinlich beide Erwartungen gleichzeitig: die eines unmittelbaren materiellen Eingreifens wie auch die einer spirituellen Ermutigung und Hilfe zur Selbsthilfe. So stimmten von den Deutschen, die an Gott glauben, 65% der Aussage zu: »Gott kennt und schützt mich persönlich«, doch meinte fast die Hälfte von diesen 65% auch: »Gott hat die Welt zwar erschaffen, aber er nimmt keinen direkten Einfluss auf das tägliche Leben« (TNS Infratest, 2005). Dieser Teil der Befragten fühlt sich wohl auch ohne direktes Eingreifen Gottes von ihm »geschützt«, weil sie seinen inneren, spirituellen Beistand erfahren.

Materielle und spirituelle Erwartungen schließen sich nicht aus

Strategien zur Aufrechterhaltung von materiellen Kontrollerwartungen
Gläubige, die von Gott materielle Hilfe erwarten und enttäuscht werden, setzen u.U. Erklärungsstrategien ein, die ihnen erlauben, ihre Erwartungen ganz oder teilweise aufrechtzuerhalten. Beispielsweise diese:

(1) Die Frage, ob es eine im materiellen Sinn »gerechte Welt« gibt und ob Bittgebete um materielle Hilfe nachweislich erhört werden, auf sich beruhen lassen, statt sie mit erfahrungswissenschaftlicher Strenge zu prüfen. Man zieht keine Bilanz, sondern behält trotz einzelner Enttäuschungen die ursprüngliche Erwartung unreflektiert bei. Dabei denkt man u.U. in zwei Welten: Im beruflichen und alltäglichen Leben rechnet man mit den bekannten natürlichen Gesetzmäßigkeiten und Zufällen – im Glauben und Beten nimmt man aber ein unmittelbares Lenken aller Ereignisse durch Gott an, das dem moralischen Prinzip von Lohn und Strafe folgt.
(2) Die Nichterfüllung seiner Erwartungen in Einzelfällen eingestehen, sie aber nicht als Entkräftung der angenommenen Regel werten. Hingegen jedes Ereignis, das die Erwartung und Regel zu bestätigen scheint, als Beweis für sie betrachten. Nach dieser volkstümlichen »Wissenschaftstheorie« kann man ein Ereignis, das auch natürlich oder durch Zufall zu erklären ist,

auf wunderbare Fügung zurückführen: Dass ein gewünschtes Ereignis eintrat, nachdem man dafür gebetet oder Gott etwas versprochen hat, oder dass es am Fest eines verehrten Heiligen geschah, ist Beweis genug für eine religiöse Ursachenzuschreibung. Dass sich ein Dieb bei einem Einbruch schwer verletzt, belegt, dass es eine Gerechtigkeit gibt – ungeachtet der Tatsache, dass den wenigsten Dieben und Wirtschaftskriminellen ein solches Missgeschick passiert.

(3) Ereignisse, die negativ, aber nicht katastrophal sind, als Teilerhörung des Gebets und damit als Bestätigung seiner Erwartung werten. So die Frau, die unmittelbar, bevor sie eine wackelige Leiter bestieg, zum Schutzengel betete, dann aber stürzte und sich Prellungen zuzog, danach aber dankbar bekannte, hier habe ihr Schutzengel Schlimmeres verhütet.

(4) Die Erwartung verschieben und im Rahmen von Reinkarnations- und Karmavorstellungen die Erfüllung seiner Wünsche und Gerechtigkeitsvorstellungen in einem neuen, besseren Erdenleben gewährleistet sehen. Beispielsweise der Psychiatriepatient, der hofft, in seinem nächsten Leben den beruflichen Erfolg zu erreichen und die Familie gründen zu können, die ihm hier versagt sind.

(5) Anerkennen, dass viele materielle Erwartungen nicht erfüllt werden, aber weiterhin um ein direktes Eingreifen Gottes bitten, im Vertrauen, dass er einem helfen wird – unter Bedingungen, die nur er kennt und die das Beste für den Menschen beabsichtigen. Dieses Vertrauen enthält freilich bereits in hohem Maß die Bereitschaft, auf materielle Hilfe zu verzichten und – kooperativ – auf spirituellen Beistand zu bauen.

»Schützengrabenreligion«

Die Religiosität eines Menschen enthält eine ausschließlich spirituell ausgerichtete Kontrollüberzeugung und Bewältigungsstrategie, wenn sie kein materielles Eingreifen Gottes erwartet, sondern nur um seinen inneren Beistand bittet, der emotionale Kontrolle ermöglicht. Es ist ein Haltfinden, das ein Überlebender des KZ Auschwitz einmal als »Schützengrabenreligion« bezeichnet hat (Adorno, 1973, S. 360). Diese Einstellung wird im Fallbeispiel 4 auf eindrucksvolle Weise bezeugt.

Fallbeispiel 4
Die Amsterdamer Jüdin Etty Hillesum wurde mit 29 Jahren in Auschwitz ermordet. In den Tagebuchnotizen, die sie hinterließ, zeigt sich eine erstaunliche Entwicklung. 1941, drei Jahre vor ihrer Deportation, klagt sie noch über »Lebensangst auf der ganzen Linie. Mangel an Selbstvertrauen«. Dann lernt sie, die praktisch areligiös aufgewachsen war, unter

dem Einfluss ihres Psychotherapeuten und Geliebten zu beten. Sie liest Rilke, Augustinus und die Bibel. Während sie immer deutlicher sieht, dass sie verschleppt und vernichtet werden wird, kämpft sie betend gegen ihre Mutlosigkeit und entwickelt eine Zuversicht, mit der sie im Konzentrationslager auch anderen jüdischen Frauen Mut machte.

Nie äußert sie dabei die Erwartung, Gott möge sie der physischen Gefahr entreißen, sondern ringt um die Vergewisserung ihrer Würde in den Augen Gottes: »Ich will dir helfen, Gott, dass du mich nicht verlässt, aber ich kann mich von vornherein für nichts verbürgen ... Es ist das Einzige, auf das es ankommt: ein Stück von dir in uns selbst zu retten, Gott, und vielleicht können wir mithelfen, dich in den gequälten Herzen der anderen Menschen auferstehen zu lassen ... Es gibt Menschen, die nur ihren Körper retten wollen, der ja doch nichts anderes mehr ist als eine Behausung für tausend Ängste und Verbitterung. Und sie sagen: Mich sollen sie (die Nazis, Anm. d. Verf.) nicht in ihre Klauen bekommen. Und sie vergessen, dass man in niemandes Klauen ist, wenn man in deinen Armen ist. Ich werde allmählich wieder ruhiger, mein Gott, durch dieses Gespräch mit dir« (Hillesum 1983, S. 160).

Wodurch wirkt religiöse Belastungsbewältigung günstig?

Religiöse Belastungsbewältigung scheint – auch wenn nicht alle Untersuchungen zu einem einheitlichen Ergebnis kommen – bei verschiedenen Arten von negativen Lebensereignissen, zumal bei starker Belastung, mit besserer Anpassung sowie geringerer Ängstlichkeit und Depressivität einherzugehen. Pargament (1997) wertete 46 Studien aus, die den Zusammenhang zwischen religiöser Aktivität und der Bewältigung von belastenden Situationen wie chronischem Leiden, unheilbarer Krankheit, Dialyse, Organtransplantation, Verlust einer nahestehenden Person und Krieg untersuchten. In 37% der Ergebnisse zeigte sich ein überzufälliger positiver Zusammenhang zwischen gemeinschaftsbezogener Religiosität (Gottesdienstbesuch, Kontakte mit der Gemeinde) und einem günstig verlaufenden Anpassungsprozess; für persönliche religiöse Aktivität konnte ein solcher Zusammenhang in 34% der Ergebnisse festgestellt werden. »Spirituelle« Bewältigungsformen, die auf Gottvertrauen, Nähe zu Gott, Annehmen von Verlust als Gottes Willen und Ermutigtwerden zur Problemlösung aufbauen, wirken am erfolgreichsten. Kooperatives religiöses Coping erweist sich meistens als günstiger als eine passiv-vertrauende Einstellung, während das psychohygienische Befinden dann vermindert erscheint, wenn negative Ereignisse als Strafe Gottes gedeutet werden. Auch speziell bei älteren Menschen haben mehrere Untersuchungen nachgewiesen, dass religiöse Bewältigungsformen – und zwar nicht nur die soziale Unterstützung durch die Glaubensgemeinschaft oder andere Gruppen, sondern auch persönliches Beten, Meditieren und Bibellesen – mit etwas geringerer Ängstlichkeit und Depressivität einhergehen (Atkinson & Malony, 1994; Koenig et al., 1992; Koenig et al., 1988).

Religiöse Bewältigung negativer Lebensereignisse

Inzwischen gilt als erwiesen, dass günstige Formen von persönlicher Religiosität (unabhängig von Kontakten mit einer Glaubensgemeinschaft oder Seelsorgern) gerade bei schweren Belastungen eine Pufferwirkung ausüben und Angst, Depressivität und Unzufriedenheit reduzieren können. Die Beziehungen zwischen solcher Religiosität und Indikatoren subjektiven Wohlbefindens sind zwar nicht stark, aber deutlich.

Beispielsweise zeigten von 33 Eltern, die in den beiden letzten Jahren vor der Befragung ein Kind verloren hatten, d.h. als hoch belastet gelten konnten, diejenigen weniger Depressivität und mehr Selbstwertgefühl, die bezeugten, dass sie »spirituelle Unterstützung« im Sinne eines Geliebtwerdens von Gott in einer nahen persönlichen Beziehung zu ihm erfahren. Die »spirituelle Unterstützung« trug – nach eigener Einschätzung – sogar mehr zur Verminderung der Depressivität und zum Erhalt des Selbstwertgefühls bei als die emotionale Unterstützung durch die Selbsthilfegruppe. Ihre statistische Beziehung zu den Depressivitätswerten lag bei $r = -.33$ und die zum Selbstwertgefühl bei $r = .42$. Ähnlich korrelierte bei Studierenden, die in den vergangenen sechs Monaten drei oder mehr negative Lebensereignisse erfahren hatten, die emotionale Anpassung höher mit »spiritueller Unterstützung« als mit Gottesdienstbesuch oder sozialer Unterstützung durch Freunde. Bei Eltern, die ihr Kind schon vor längerer Zeit verloren hatten, und Studierenden, die nur zwei oder weniger negative Ereignisse erlebt hatten, ergaben sich zwar ähnliche Zusammenhänge, aber nicht in überzufälligem Ausmaß (Maton, 1989).

Spirituelle Unterstützung innerhalb der Emotions- und Verhaltensregulation

Wie aber erzielt persönliche Religiosität bzw. »spirituelle Unterstützung« diese Pufferwirkung? Theoretisch ist nicht anzunehmen, dass sie unmittelbar – wie etwa ein Psychopharmakon – Angst, Depressivität und Unzufriedenheit reduziert, sondern *im Verbund mit anderen, säkularen Strategien der Belastungsbewältigung* innerhalb der Emotions- und Verhaltensregulation wirkt (s. Abbildung 1, S. 31). Tatsächlich hat sich bei mehreren Untersuchungen der Zusammenhang zwischen spiritueller Unterstützung und Indikatoren subjektiven Wohlbefindens als komplex erwiesen (vgl. Dörr, 2001; Znoj et al., 2004). Innerhalb dieses Zusammenhangs sind weder die allgemein menschlichen, säkularen Prozesse noch die spezifisch religiösen Einflüsse hinreichend erforscht und viele Fragen noch offen. Da das Spezifische an religiösen Emotionen in ihrer kognitiven Komponente, d.h. in ihren Überzeugungen und Bewertungen liegt (vgl. Kapitel 2/I), ist die spirituelle, transsoziale Unterstützung wohl *in emotional bedeutsamen, »warmen« Kognitionen und entsprechenden Verhaltensweisen* (Gebet, Meditation, Selbstinstruktionen/Affirmationen, u.a.) zu suchen. Deren Aktivierung und entsprechende Situationsbewertung (»kognitive Umstrukturierung«) wirken depressionsmindernd, angstreduzierend und selbstwertstützend –

im Gegensatz zu den »irrationalen Glaubenssätzen« (irrational beliefs) und Verzerrungen, die gemäß der Rational-Emotiven Therapie von Ellis (1979) und der Kognitiven Therapie von Beck (1977) Depressionen erzeugen. McIntosh (1995) hat in einer auf Piaget zurückgehenden Tradition solche emotional bedeutsamen religiösen Kognitionen als emotional-kognitive »Schemata« verstanden; Znoj et al. (2004) haben nach diesem Ansatz Fragebogen-Items zu drei Theodizee-Modellen formuliert, die ermitteln sollen, ob Eltern, die ein Kind verloren haben, dies als Strafe Gottes oder als Teil eines umfassenden göttlichen Plans erklären oder einfach bezeugen, dass Gott mit ihnen leidet.

Als religiöse Kognitionen mit Pufferwirkung kommen vielerlei Überzeugungen in Frage:

● *Der Glaube als Motivation zu aktiver Problemlösung*, solange diese noch sinnvoll erscheint: etwa als Anstoß, eine Arbeitsvermittlung, Psychotherapie oder Drogenberatung in Anspruch zu nehmen. Gegen Resignation, Suizidakzeptanz und Verantwortungsscheu werden Gefühle der Verpflichtung (Leben als Aufgabe) aktiviert. Ein Jugendlicher: »Ich habe mir schon manchmal gesagt, dass mir Gott das Leben nicht zum Wegwerfen geschenkt hat.«

Religiöse Kognitionen mit Pufferwirkung

● *Sinnerhaltende kognitive Umstrukturierung:* nicht in erster Linie als Umdeutung eines Unglücks in etwas Positives, sondern beispielsweise als Ansicht, es füge sich in einen »Plan« ein, den Gott mit einem hat – sei es, dass man aus dem Leid etwas lernen oder sonst wie daraus etwas Gutes machen kann. Sogar Menschen, die nach einer Rückenmarksverletzung an schweren Lähmungen leiden, nehmen verhältnismäßig oft einen solchen Plan an (Bulman & Wortman, 1977). Vielleicht denken sie: Gott hält weiterhin Aufgaben für mich bereit; mein Leben hat nicht allen Sinn verloren; auch wenn ich diesen Schicksalsschlag nicht verstehe, darf ich meine Enttäuschung nicht generalisieren; eine totale Sinnverneinung wäre dissonant zu meinem Glauben an einen guten Gott. Oder beim Verlust eines lieben Menschen: Trotz seines Todes behält die erlebte Beziehung zu ihm ihren Wert und kann in veränderter Form weitergeführt werden, weil der Verstorbene in Gottes Ewigkeit lebt.

● *Angstreduktion durch Relativieren von Zielen und Leistungsmaßstäben*, von denen man fürchtet, dass sie (bei Behinderung, emotionaler Labilität, Alkoholismus) unerreichbar geworden sind. Man sagt sich etwa: Für Gott gelten andere Wertmaßstäbe. Für ihn bin ich immer ein geachteter Partner. Für ihn ist materielles und soziales Scheitern keine Katastrophe. Dies kann in einer Art Entkatastrophisierung und systematischer Desensibilisierung wirksam werden.

- *Emotionale Unterstützung und Aufwertung* durch den Gedanken: Meinen Wert als Partner und Freund Gottes kann mir nichts und niemand nehmen. Beispielitems: »Ich fühle mich von Gott gestützt« (Znoj et al., 2004), »Ich fühle mich in meinem Glauben geborgen«, »Gott gibt mir Kraft, das Leben zu meistern« (Dörr, 2001). Ich werde immer diese Kraft finden und nie über meine Kräfte bedrängt werden. Dies kann eine »kompensatorische Zielanpassung« (Meier, 1992) und »akkommodative Zielanpassung« (Brandtstädter & Renner, 1990) fördern und Hadern und Hoffnungslosigkeit verhindern. Daraus wird auch klar, warum eine Einstellung, die Gott als abweisend und rachsüchtig betrachtet und negative Ereignisse als Strafe wertet, keine Pufferwirkung entfaltet, sondern mit vermindertem Wohlbefinden einhergeht: Der Glaube an einen solchen Gott vermittelt keine Geborgenheit.

Aufgrund dieser theoretischen Überlegungen ist – ohne Anspruch auf Vollständigkeit – der Bereich der »religiösen Überzeugungen«, die in Abbildung 1 verkürzt als »ermutigende oder tröstende Gedanken« innerhalb der »Strategien der Belastungsbewältigung« angedeutet wurden, zu differenzieren, wie es in Abbildung 3 vorgeschlagen wird.

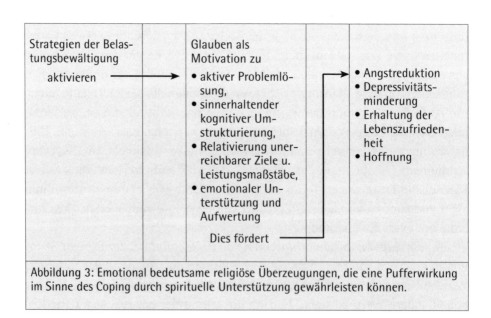

Abbildung 3: Emotional bedeutsame religiöse Überzeugungen, die eine Pufferwirkung im Sinne des Coping durch spirituelle Unterstützung gewährleisten können.

Die folgenden Abschnitte versuchen, diese Hypothesen auf drei Belastungs-situationen anzuwenden, nämlich auf (1) die Belastungsbewältigung bei schwerer körperlicher Krankheit, (2) die Bewältigung von Angst und (3) die Bewältigung von Verlust im Trauerprozess – drei Konkretisierungen, die empirisch noch genauer zu untersuchen wären.

Zur Belastungsbewältigung in schwerer körperlicher Krankheit

In schwerer körperlicher Erkrankung erfährt man – trotz der Fortschritte der Medizin – auf zwingende Weise die Grenzen situationsverändernder Kontrolle und Verarbeitung und spürt umso dringlicher die Notwendigkeit eines emotionsregulierenden Copings. Dieses umfasst in vielen Fällen auch eine religiöse Komponente, die in manchen Fragebogen zur Krankheitsverarbeitung als »Suche nach Halt in der Religion« o.ä. umschrieben wird. Sieht man einmal ab von der negativen Deutung, die Krankheit sei von einem rachsüchtigen Gott als Strafe verhängt worden, so ist gut belegt, dass zwischen Religiosität und günstiger Krankheitsbewältigung ein positiver Zusammenhang besteht – sowohl bei chronischen Krankheiten (Dein & Stygall, 1997), als auch bei Herztransplantationen (Sears et al., 1997), Tumorerkrankungen (Baider et al., 1999; Holland et al., 1999; Mehnert et al., 2003; Sherman & Simonton, 2001) und der Immunschwäche Aids (Jenkins, 1995). Morris (1982) untersuchte elf Männer und 13 Frauen, die körperlich krank waren und den bekannten katholischen Wallfahrtsort Lourdes besuchten. Zehn Monate nach der Wallfahrt fühlten sie sich körperlich nicht besser, wohl aber emotional. Alle, außer zweien, zeigten eine Verringerung von Trait- und Zustandsangst sowie von Depressivität, verglichen mit den Werten einen Monat vor der Reise nach Lourdes. Alle, mit einer Ausnahme, meinten, die Wallfahrt habe ihren religiösen Glauben gestärkt und ihnen geholfen, ihr Leid anzunehmen. Sie hatten einen vertrauensvollen, anstrengenden Versuch unternommen, geheilt zu werden. Dass es nicht dazu kam, deuteten sie wohl als Hinweis vonseiten Gottes, nichts mehr zu erzwingen, und als Auftrag, mit der Krankheit zu leben, aber auch als Zusicherung, die nötige Kraft dazu zu erhalten. Spirituelle Unterstützung verbessert das subjektive Wohlbefinden, gleich, ob man dieses als niederen Grad von Depressivität oder von Angst misst; am deutlichsten aber dürfte ihr Beitrag dann sein, wenn man das Wohlbefinden als Lebenszufriedenheit definiert. Fallbeispiel 5 mag zeigen, wie Gläubige beim Versuch, die Lebenszufriedenheit zu erhalten und nicht zu verbittern, auch auf den Glauben zurückgreifen können.

Religiosität fördert meistens günstige Krankheitsbewältigung

Fallbeispiel 5

Eine 59-jährige Baptistin mit Brustkrebs, die am Tag vor ihrer Operation noch »furchtbare Angst« geäußert hatte und schwer unter den Nebenwirkungen der Chemotherapie litt, sagte zu ihrem Seelsorger: »Ich bin gewohnt, mein Leben selbst in die Hand zu nehmen, selbst zu bestimmen, was ich tue oder lasse. Nun ist mir alles aus der Hand geschlagen, ich habe kaum noch Kontrolle über mein Leben. Es ist demütigend. Vielleicht ist es das, was Gott mir dadurch sagen will: ›Lerne demütig zu sein!‹« Am Tag nach der Operation meinte sie: »Nun muss ich auf die Ergebnisse der Gewebeuntersuchung warten. Vermutlich werde ich noch mehr Chemotherapie und Bestrahlungen bekommen müssen. Aber ich vertraue dem Herrn. Ich weiß, dass er zu mir steht in seiner Liebe und dass mir alles zum Besten dienen wird. Für mich ist die Bedeutung meines Glaubens, in jeder Situation zufrieden zu sein und ›to hope up and to adjust down‹. Um diese Zufriedenheit im Glauben will ich kämpfen, was immer kommen mag« (Wendler, 1989).

Die Patientin erlebt die Infragestellung der gewohnten Überschätzung der persönlichen Kontrollmöglichkeiten (»positive Illusion«) zwar als »demütigend«, aber nicht als vernichtend, weil sie sie als Belehrung durch Gott wertet, zu dem sie eine positive Beziehung unterhält. Angesichts der Einschränkungen, die die weitere Behandlung mit sich bringen wird, und deren ungewissen Erfolgs setzt sie ganz darauf, dass Gott zu ihr steht und dass ihr – eine biblische Wendung – alles zum Besten dienen wird. Diese Gottesbeziehung bildet für sie eine Grundlage für ihren Kampf gegen drohende Unzufriedenheit.

Meier (1992) zeigte, dass bei Tumorpatienten, zumal bei den jüngeren, Lebensziele wie materieller Wohlstand, beruflicher Erfolg, Fleiß, Pflichterfüllung, gesellschaftlicher Einfluss und Ansehen nach der Erkrankung für weniger wichtig gehalten werden als vorher. Die Ziele innere Ausgeglichenheit, Gelassenheit, Weisheit, Halt in der Religion und harmonisches Familienleben wiederum nehmen an Bedeutung zu, wobei diese Neubewertung (kognitive Umstrukturierung) mit einem Zuwachs an positiven Gefühlen einhergeht. Bei dieser »kompensatorischen Zielregulation« (Meier, 1992) werden Ziele, die vorübergehend oder dauerhaft nicht mehr erreichbar sind, heruntergestuft und Ziele, die noch zu verwirklichen sind, so aufgewertet, dass man aus ihnen eine Befriedigung schöpfen kann, die die erlittenen Einschränkungen ausgleicht und die Lebenszufriedenheit erhalten kann.

Im Rahmen der von Piaget postulierten grundlegenden Prozesse der Informationsverarbeitung, Assimilation und Akkommodation, kann man diese Kunst, sich ohne Verbitterung mit Frustrationen abzufinden, als »flexible, akkommodative Zielanpassung« auffassen – gegenläufig zum zähen, assimilativen Verfolgen von gesetzten Zielen (Brandtstädter & Renner, 1990). Der Glaube kann diesen Vorgang unterstützen, wenn der Patient die Beziehung zu einem guten, liebenden Gott aufwertet (analog zur Aufwer-

Akkommodative Zielanpassung

tung der Beziehungen zu den engsten Angehörigen und Freunden) und das Vertrauen aktiviert, dass Gott eine Welt geschaffen hat, die alles in allem gut ist. Letzteres kann der Tendenz zur Generalisierung der Unzufriedenheit entgegenwirken, weil ein totaler Pessimismus als dissonant zu diesem Glauben empfunden würde. So wird u.U. auch die Bereitschaft verstärkt, die noch verbleibenden Handlungs- und Befriedigungsmöglichkeiten offen in einer »Nutze den Tag«-Einstellung wahrzunehmen.

Zur Bewältigung von Angst

Über die Reduktion von Angst bei körperlich Kranken hat Morris (1982) in seiner Studie von Lourdes-Pilgern berichtet. Nach Hardy (1980) ist das »Gefühl der Sicherheit, des Schutzes und des Friedens« eine der am häufigsten berichteten religiösen Emotionen. Was aber geschieht, wenn ein Jude oder Christ angesichts von Zukunftsangst zu einem Vertrauen findet, das der bekannte Psalm 23 mit den Worten umschreibt: »Muss ich auch wandern in finsterer Schlucht, ich fürchte kein Unheil; denn du bist bei mir«, oder wenn sich ein Muslim mit dem Koranwort Mut macht: »O ihr, die ihr glaubt, sucht Hilfe in der Geduld und im Gebet. Gott ist mit den Geduldigen« (Sure 2, 153)? Dazu kann das Fallbeispiel 6 einige Hinweise geben.

»Gott ist mit den Geduldigen«

Fallbeispiel 6
Mit folgenden Zeilen hat die 18-jährige Schülerin einer katholischen freien Schule geschildert, wie sie ihre Ängste religiös bewältigt. Dabei hat sie – wohl nach dem Vorbild des jüdischen Religionsphilosophen Martin Buber – das Wort »Gott« durch das groß geschriebene Personalpronomen ER bzw. IHN ersetzt (Ettl, 1985, S. 46).

Und wenn du wieder einmal meinst,
es geht nicht mehr weiter,
wenn du wieder einmal meinst,
es gibt nur Kurven,
keine Straßen,
dann denk an IHN
und hör IHN reden – tief in dir.
Und wenn du dich wieder klein machst,
um der Welt möglichst
wenig Angriffsfläche zu bieten,
wenn du dich zusammenrollst
um die Angst über dich gleiten zu lassen,
damit sie nicht mit voller Kraft
auf dich prallt,
dann warte, und
lass IHN dich aufrichten
zu deiner vollen Größe und mehr.

Und wenn du vor der Welt stehst
und meinst, sie erdrückt dich
mit all ihren Aufgaben,
die auf dich warten,
wenn der Berg, den du glaubst
überwinden zu müssen,
keine Stufen hat für dich,
dann stell dich hin
vor IHN
und sag nichts mehr.
Lass sie aus dir ausstrahlen,
SEINE Kraft.
So wirst du sehen,
wie ein Berg seine Spitze verliert,
sich teilt und einen Weg frei macht
für dich!

Die 18-Jährige empfindet wohl häufig Angst vor den »Aufgaben, die auf sie warten« und denen sie nicht gewachsen sein könnte. Gegen die Versuchung, vor den beängstigenden Situationen, die mit voller Kraft auf sie prallen, einfach die Augen zu verschließen, hilft es ihr aber, wenn sie sich im Gebet »hinstellt vor IHN«. In diesem Bewältigungsversuch sind wohl ein unspezifisches und ein spezifisch religiöses Element miteinander verbunden. Einerseits stellt sich die Beterin – so wie es Areligiöse auch tun können – in ihrer Vorstellung Angst erregenden Situationen und lernt, statt sie zu verdrängen, sie bewusst zu erleben und auszuhalten, ohne mit Panik oder Hilflosigkeitsgefühlen zu reagieren. Ähnlich wie in der Systematischen Desensibilisierung wirkt die Sammlung und Entspannung antagonistisch, im Sinne einer »reziproken Hemmung« (Wolpe, 1958) auf die Angst auslösenden Reize und schwächt die gewohnten Reaktionen ab. Dies deutet der Text vermutlich an durch die Empfehlung: »Dann warte ...«, »... dann stell dich hin vor IHN und sag nichts mehr«. Andererseits wird dieses Aushalten von Angst unterstützt von religiösen Überzeugungen und Erlebnissen. Die Beterin erfährt beim Denken an Gott eine starke Ermutigung, die sie mit den Worten andeutet: »Hör IHN reden ...« und »... lass IHN dich aufrichten zu deiner vollen Größe und mehr«. Vielleicht denkt sie: »Auch wenn ich nach menschlichen Leistungsmaßstäben eine Versagerin werden sollte, für Gott bin ich immer wertvoll.« Oder: »Er wird mir immer beistehen.« So kann sie die emotionale Kontrolle erhalten, die Situation weniger verzerrt wahrnehmen und Möglichkeiten der Abhilfe suchen: Der Berg, der keine Stufen zu haben schien, macht einen Weg für sie frei.

Grundsätzlich kann Religiosität der Katastrophisierung möglichen Versagens entgegenwirken, wenn sie die Einsicht vermittelt, dass die materiellen Maßstäbe der Leistungsgesellschaft und die Erwartungen der Bezugsgruppe zu relativieren sind: dass »vor Gott« auch der ökonomisch Schwache, der geschäftlich Gescheiterte, der rückfällige Alkoholabhängige und der pflegebedürftige Kranke einen unverlierbaren Selbstwert haben. Dass eine solche Erfahrung für den Gläubigen zwar ein schmerzlicher Verlust, aber im Letzten keine Katastrophe ist. Teresa von Avila hat diese Gelassenheit in einem Text ausgesprochen, der – gesprochen und gesungen – viele Christen begleitet hat: »Nichts soll dich ängstigen, / nichts dich erschrecken. / Alles vergeht. / Gott ändert sich nicht. / Geduld erlangt alles. / Wer sich an Gott hält, dem fehlt nichts. / Gott allein genügt.« Allerdings setzt eine solche Angstbewältigung einen überdurchschnittlich lebendigen Glauben voraus.

Die »Macht, größer als wir selbst« im Programm der Anonymen Alkoholiker

Spielt solche Angstbewältigung und Entkatastrophisierung eine Rolle in den Zwölf Schritten der Selbsthilfegruppen der Anonymen Alkoholiker (AA), nach deren Vorbild auch die Emotions Anonymous (EA) für psychisch Labile arbeiten? Einerseits betonen die AA, dass sich ihr Programm auch für nichtreligiöse Personen eignet, andererseits enthält es unverkennbar eine spirituelle Komponente.

Das AA-Programm wirkt sicher in erster Linie durch seine *gruppentherapeutischen Elemente:* Die intensive soziale Unterstützung durch die demokratisch geleitete Gruppe von Gleichbetroffenen, von denen jedes Mitglied einen Sponsor (Mentor) hat, an den es sich jederzeit in Krisensituationen wenden kann. Außerdem durch die ehrliche Aussprache in der angstfreien Atmosphäre der wöchentlichen Meetings, in denen auch Mitglieder mit längerer Zugehörigkeit von ihren Erfahrungen berichten.

Gruppentherapeutische und spirituelle Elemente

Das Programm enthält aber auch spezifisch *spirituelle Elemente*, die von Mitgliedern mit entsprechender Aufgeschlossenheit religiös verstanden werden. Nachdem einer der beiden Gründer, Bill Wilson, 1934 in einem ekstatischen Geborgenheitserlebnis von tiefster Hoffnungslosigkeit befreit worden war – »Ich wurde in eine spirituelle Erfahrung katapultiert, die mir die Fähigkeit gab, die Gegenwart Gottes, seine Liebe und seine Allmacht zu spüren. Und vor allem seine persönliche Hilfe für mich« (Kurtz, 1980, S. 255) –, waren die ersten Gefährten überzeugt, dass zur Gesundung die Kraft des eigenen Willens nicht genüge. So beschreiben die ersten drei sogenannten Schritte den Einstieg in den erstrebten Entwicklungsprozess folgendermaßen: »1. Wir gaben zu, dass wir dem Alkohol gegenüber machtlos sind – und unser Leben nicht mehr meistern konnten. 2. Wir kamen zu dem Glauben, dass eine Macht, größer als wir selbst, uns unsere geistige Gesundheit wiedergeben kann. 3. Wir fassten den Entschluss, unseren Willen und unser Leben der Sorge Gottes – wie wir Ihn verstanden – anzuvertrauen« (AA, 1983).

Mit dieser Einstellung soll der Alkoholkranke keineswegs tatenlos und schicksalsergeben werden, denn er soll ja – wie die weiteren Schritte ausführen – in einer »furchtlosen Inventur« ohne Selbstmitleid sich seine Fehler eingestehen, an ihnen arbeiten und Schaden, den er anderen zugefügt hat, wiedergutmachen. Er soll auch nicht passiv von Gott Hilfe erbitten, sondern sich fragen, was Gott von ihm will. Die Grundlage für all das bildet jedoch nicht eine moralisierende Ermahnung, sondern die vertrauende

Selbstübergabe an die »Macht, größer als wir selbst«. Der Aufruf besagt, dass der Alkoholabhängige zuerst einmal seine Hilfsbedürftigkeit einsehen und sich zu entsprechenden Maßnahmen entschließen muss – dass er aber auch im Vertrauen auf einen Gott, der ihn vorbehaltlos akzeptiert, ohne Selbstverachtung seine Fehler erkennen und die Kraft zu einem neuen Leben finden kann (Hopson, 1996). Dieses Vertrauen beinhaltet vermutlich die Zuversicht, dass Gott einem in den befürchteten Krisen die nötige Kraft verleihen wird, dass er einen aber auch akzeptiert, falls man rückfällig werden sollte. Demnach enthält es auch die angstreduzierende Überzeugung, dass es vor Gott im Letzten keine Katastrophe gibt. So betet man am Ende des AA-Meetings den Gelassenheitsspruch: »Gott gebe mir die Gelassenheit, Dinge hinzunehmen, die ich nicht ändern kann, den Mut, Dinge zu ändern, die ich ändern kann, und die Weisheit, das eine vom anderen zu unterscheiden.« Dementsprechend heißt es zum zwölften Schritt: »Wir wissen, dass mit uns im Diesseits und im Jenseits alles gut gehen wird, wenn wir uns Ihm zuwenden« (AA, 1983, S.100).

Den Mitgliedern sagt man, dass sie in der »Macht, größer als wir selbst« auch die Geborgenheit in der Selbsthilfegruppe sehen können. Manche erblicken darin die rettenden Impulse, die sie wie eine gebieterische innere Stimme vom Suizid abgehalten haben oder vor einem drohenden Rückfall wie automatisch die AA anrufen ließen. Von den 303 Teilnehmern eines deutschen AA-Kongresses, die Murken (1994) befragte, verstanden 56,5% diese Macht als Kraft der Gruppe, jedoch (bei Mehrfachnennungen) 72,2% als Gott, gleich, ob man ihn christlich versteht oder nicht. Einzelzeugnisse belegen den geschilderten angstreduzierenden Einfluss, doch gibt es dafür keinen statistischen Beleg. Die breit angelegte Studie von Winzelberg und Humphreys (1999) fragte nur nach der Abstinenz und alkoholbezogenen Problemen und stellte fest, dass die Besserung von der hinreichend langen Teilnahme an den AA-Meetings abhängt, nicht aber von Gottesglauben, Gebet und Gottesdienstbesuch. Ähnlich stellte die Untersuchung von Tonigan, Miller und Schermer (2002) keine Unterschiede zwischen agnostisch-atheistischen und spirituell-religiösen AA-Mitgliedern in Bezug auf Abstinenz fest. Murken (1994) untersuchte die Beziehung der Spiritualität/ Religiosität von AA-Mitgliedern zur seelischen Gesundheit nach dem *Trierer Persönlichkeitsfragebogen* (TPF) und beobachtete bei christlichen Befragten eine stärkere Beziehung ihres Glaubens zu Selbstwertgefühl und Liebesfähigkeit, nicht aber zu Kontrollüberzeugungen. Nun sind Angaben zu Letzteren aufgrund der oben beschriebenen Vertrauens- und Demutskonzeption des AA-Programms wenig aussagekräftig. In keiner der erwähnten

Untersuchungen wurde die Beziehung zwischen Religiosität und Angst erforscht; die Frage bleibt offen.

Ekstatische Geborgenheitsgefühle

In äußerster Bedrohung, in Erwartung des Todes erleben religiöse Menschen die Angstreduktion durch den Glauben an ein ewiges Leben mitunter
als ekstatisch gesteigerte Geborgenheit. Dies illustrieren die Fallbeispiele 7
und 8.

Fallbeispiel 7 und 8
Helmuth James Graf von Moltke, Mittelpunkt des geistigen Widerstands gegen Hitler und
gläubiger Protestant, schrieb kurz vor seiner Hinrichtung in einem Brief an seine Frau
Freya Folgendes: »Ich hatte mir immer eingebildet, man fühle das nur als Schreck, dass
man sich sagt: Nun geht die Sonne das letztemal für Dich unter ... Von all dem ist keine
Rede. Ob ich wohl ein wenig überkandidelt bin? Denn ich kann nicht leugnen, dass ich
mich in geradezu erhobener Stimmung befinde. Ich bitte nur den Herrn des Himmels, dass
Er mich darin erhalten möge, denn für das Fleisch ist es sicher leichter, so zu sterben. Wie
gnädig ist der Herr mit mir gewesen! Selbst auf die Gefahr hin, dass das hysterisch klingt:
Ich bin so voll Dank, eigentlich ist für nichts anderes Platz ... Wenn ich jetzt gerettet werden würde, so muss ich sagen, dass ich erst einmal mich wieder zurechtfinden müsste, so
ungeheuer war die Demonstration von Gottes Gegenwart und Allmacht« (Moltke, 1988,
Brief vom 10.01.1945).
    Eine ähnliche Hochstimmung berichtet Jacques Fesch vor seiner Hinrichtung. Er war
wegen Raubmords zum Tod verurteilt worden, bereute während seiner Haft die Tat und
wurde vom Ungläubigen zum Katholiken, erlebte zwischenzeitlich Momente bedrückender
Verlassenheit und Trauer, schrieb aber zuletzt: »Doch in dieser Stunde des drohenden Todes
weiß ich, dass ich von allen Menschen am meisten bevorzugt bin; denn was ich empfangen werde, steht in gar keinem Verhältnis zu dem, was mir genommen wird. Selbst wenn
es möglich wäre, würde ich mit keinem Millionär oder Ölscheich tauschen. Diese Sätze
müssen dir in höchstem Maße wirr und überspannt vorkommen, als wolle ich mir selber
etwas einreden« (Fesch, 1974, S. 120).

Sind die Hochgefühle dieser beiden Todeskandidaten als manische Erregung oder Regression zu einem frühkindlichen Allmachtsgefühl (Spiegel,
1973) zu deuten? Dafür fehlen alle Anzeichen: Die Betroffenen verleugnen
ihre Situation nicht, sondern treffen rationale letzte Verfügungen. Sie haben
auch kritische Selbstdistanz genug, um sich zu fragen, ob sie »überkandidelt« oder »überspannt« sind. Wahrscheinlich verdanken diese Geborgen-
heitsgefühle ihre ekstatische Intensität der Abwehr von Angst und Depression, greifen dabei aber auf religiöse Überzeugungen von einem ewigen
Leben zurück, die die Betroffenen auch in ausgeglichener Stimmung und
uneingeschränkter weltanschaulicher Realitätsprüfung vertreten. Sie fliehen nicht in ein irrationales Wunschdenken, sondern aktivieren ihren zuvor

Abwehr von
Angst und
Depression

verinnerlichten Glauben an die Geborgenheit in Gott über den Tod hinaus. Der Jesuit Alfred Delp, der im gleichen Prozess wie von Moltke zum Tod verurteilt wurde, beschrieb diese Hochstimmung selber als Depressionsabwehr, derer er sich nicht zu schämen brauche: »Das eine oder andere Mal mag es die Notwehr des Daseins sein, das sich wehrt gegen die depressive Vergewaltigung. Aber immer ist es dies nicht« (Delp, 1984, S. 161).

Zu diesem Hochgefühl gehört auch die Entlastung, die die Annahme des eigenen Todes mit sich bringt. Wer sein irdisches Leben lassen kann, fühlt sich von allen Bindungen an Besitz und aller Rücksichtnahme auf gesellschaftliche Erwartungen befreit und nur noch auf die Übereinstimmung mit wenigen Gleichgesinnten und mit Gott angewiesen. Dabei relativieren von Moltke wie auch Fesch den Wert ihres irdischen Lebens in einem Ausmaß, das bei gewohnter Distanz zum Tod als Weltverachtung erscheinen würde. Ersterer müsste sich nach seiner Befreiung erst wieder »zurechtfinden« und Letzterer möchte »mit keinem Millionär tauschen«: In ihrer extremen Situation verbieten sie sich jeden sehnsüchtigen Blick zurück und schauen nur noch auf die erhoffte Zukunft bei Gott.

Entlastung durch die Annahme des eigenen Todes

Zur Bewältigung von Verlust im Trauerprozess

Eine Reihe von Untersuchungen belegen, dass religiöse Überzeugungen und Aktivitäten die Bewältigung des Verlusts einer geliebten Person im Trauerprozess günstig beeinflussen können, sofern es sich um intrinsische Religiosität handelt. Einerseits bekunden Trauernde, dass ihnen ihr Glaube bei der Verarbeitung und Anpassung geholfen hat (Cook & Wimberley, 1983; Frantz et al., 1996; Glick et al., 1974), andererseits zeigt sich diese spirituelle Unterstützung auch testpsychologisch in weniger Stresssymptomen, Angst, Depressivität und Kontrollverlust sowie in mehr Lebenszufriedenheit: bei Witwen, Witwern und Eltern, die ein Kind verloren haben (Bickel et al., 1998; Bohannon, 1991; Clark, 1994; Dahl, 1999; Gilbert, 1992; McIntosh et al., 1993; Znoj et al., 2004). Positive Zusammenhänge dieser Art zeigen sich sowohl mit dem Gottesdienstbesuch (Bohannon, 1991) als auch mit dem Glauben an ein Leben nach dem Tod (Smith et al., 1991–1992) und der Deutung des Verlusts als Plan Gottes, während die Wertung als Strafe Gottes mit erhöhter Depressivität einhergeht (Znoj et al., 2004).

Wie kann man sich den Einfluss der spirituellen Unterstützung im Einzelnen vorstellen? Die folgenden heuristischen Überlegungen gehen davon aus, dass die wichtigsten Aufgaben einer erfolgreichen Trauerverarbeitung darin bestehen, dass der Betroffene (1) die Realität des Todes anerkennt, (2) den Trauerschmerz zulässt, (3) sich an die Umwelt anpasst, in der der Verstorbene fehlt und (4) die emotionale Energie in andere Beziehungen investiert (Worden, 1999). Angelpunkt ist wohl der Zustand, der dem Zulassen des Trauerschmerzes folgt und den Bowlby (1983) als »Desorganisation und Verzweiflung« beschrieben hat. Da laufen die alten Muster befriedigenden Erlebens, Denkens und Handelns ins Leere, ohne dass schon neue aufgebaut worden wären. Der Trauernde weiß oft nicht, wie er mit dem Verlust weiterleben kann und hat sich auch noch nicht an den Trauerschmerz gewöhnt.

Nach den Beobachtungen von Glick et al. (1974) haben Gedanken an die Auferstehung und an ein Weiterleben den Trauerschmerz der befragten Witwen und Witwer zunächst nicht gemildert, aber ihren Lebensmut unterstützt, sobald der Schmerz nachzulassen begann. Dies erklärt sich psychologisch leicht daraus, dass *in starker Depression oder Wut positive Erinnerungen und Gedanken nicht zugänglich und verfügbar* sind. Der Schriftsteller C. S. Lewis (1982, S. 45) beschrieb diesen Zustand treffend in dem Tagebuch, das er nach dem Tod seiner Frau führte, mit den Worten: »Gerade dann, wenn nichts in unserer Seele Platz hat als ein einziger Schrei um Hilfe, kann Gott sie vielleicht nicht gewähren ... Vielleicht machen dich deine eigenen ständig wiederholten Schreie taub für die Stimme, die du zu hören hoffst.« Die gegenüber Trauerberatern oft gehegte, weitgehend unbewusste Erwartung, dass diese den Verstorbenen zurückbringen, kann sich auch auf Gott, den Herrn über Leben und Tod, richten und bittere Enttäuschung auslösen. In einer Stimmung allgemeiner Auflehnung neigen Trauernde nicht nur zu unbegründeten Beschuldigungen gegen Ärzte oder Pflegepersonen, sondern klagen auch nicht selten Gott an, dass er sie ungerecht behandle. Der »Glaube an eine (materiell) gerechte Welt« und an die Weltregierung Gottes ist erschüttert. Von den Eltern, denen ein Kind starb und die von Cook und Wimberley (1983) befragt wurden, hatte ein Drittel gegen den Verlust des Glaubens zu kämpfen, und von den Witwen und Witwern, mit denen Glick et al. (1974) sprachen, waren ein Achtel gegen Gott bzw. das Schicksal aufgebracht.

Wut und
Auflehnung

Auf den Tiefpunkten des Trauerschmerzes wirkt religiöser Glaube wohl nur dann unterstützend, wenn er die *Klage und Anklage zulässt und zu ihrem Ausdruck ermutigt*, sie also nicht durch vorschnelle theologische Rechtfertigung, Vertröstung oder Ermahnung zur Tapferkeit unterdrückt. Juden und

Christen haben in den Klagepsalmen, in der Gestalt Ijobs und im Beispiel des leidenden Jesus Vorbilder solcher Klage gefunden, und andere religiöse Traditionen kennen zahlreiche Trauer- und Klageriten. Gesprächspsychotherapeutisch betrachtet, hilft die religiöse Klage dem Trauernden, das beunruhigende *Chaos seiner aggressiven und depressiven Gefühle bewusster zu erleben* und sich mit ihm auseinanderzusetzen.

Je mehr der Trauernde lernt, den Schmerz zu ertragen, desto eher kann er dabei auch – eine lebendige Gottesbeziehung und aktive Bewältigung vorausgesetzt – *Gott als einen Gesprächspartner erleben, dem er alles anvertrauen kann und der ihn unbedingt akzeptiert*, auch als Ankläger. Er braucht sich nicht mehr verlassen zu fühlen. Nun können auch bestimmte Deutungen ins Spiel kommen, die über die Beziehung zu Gott und über ihre emotionale Unterstützungsfunktion entscheiden. Sowohl der Gedanke, dass der Tod des geliebten Menschen einem zwar unbegreiflichen, aber letztlich wohlwollenden »Plan« Gottes entspricht, als auch die Ansicht, dass *Gott mit dem Trauernden mitleidet* (wie immer seine Allmacht aufzufassen sei), versöhnt mit dem erlittenen Schlag, verhindert eine bleibende Verbitterung und erhält die Gottesbeziehung als mögliche Quelle der Selbstwertbestätigung. Die Interpretation, dass der erlittene Verlust eine »Strafe« Gottes sei, zerstört hingegen diese Beziehung und macht eine emotionale Unterstützung unmöglich. Manche Gläubige erklären, *die »Ergebung in Gottes Willen«* habe ihnen geholfen, den Verlust zu bewältigen (Bulman & Wortman, 1977; Cook & Wimberley, 1983). Was das bedeutet, kann das Fallbeispiel 9 beleuchten.

Fallbeispiel 9

Ingrid Schlesiger, die Mutter eines an einer tödlichen Hirnkrankheit (spongiöse Leukodystrophie) leidenden Kindes, schildert die Überwindung ihrer Rebellion, die sie zunächst gegen Gott und alles Religiöse empfand, folgendermaßen: »Ich hatte mich jetzt total vom Glauben gelöst, verachtete Gott und verachtete Menschen, die an ihn glauben. Aber ich war nicht froh dabei, ich war todunglücklich, denn ich hatte nichts mehr, woran ich glauben, woran ich mich halten und aufrichten konnte … Ich rannte mit dem Kopf gegen die Wand, war wie ein Kind, das seinen Willen nicht bekommt, ich wand mich innerlich vor Verzweiflung. Es half alles nichts. Ganz allmählich, ganz langsam, fast unmerklich auch für mich selbst, wurde ich ruhiger, gab den Kampf gegen Gott auf. Ich begriff, dass allein sein Wille zählt und nicht ein bisschen der meine. Der einseitige Kampf war damit entschieden. Gott hatte gewonnen. Ich gab auf, resignierte, wurde ruhig. Ganz schüchtern brachte ich wieder die Worte über die Lippen, die mir zu sagen so schwer gefallen war: ›Dein Wille geschehe, wie im Himmel so auf Erden.‹ Ich fühlte keine Bitterkeit mehr, keinen Zorn, keinen Hass. Überraschenderweise war ich erfüllt von Freude: Ich hatte zurückgefunden, ich gehörte wieder ihm. Längst sage ich voller Vertrauen, voller Freude: ›Dein Wille geschehe!‹ Meine Beziehung zum Glauben wurde gelöster und freier. Jetzt, da ich dieses Buch schreibe, denke ich an ein paar, wie ich weiß, wahre Worte, die ich einmal in einer Predigt gehört hatte: Gott nimmt nicht die Last, er stärkt die Schultern« (Schlesiger, 1987, S. 44f.).

Im Fallbeispiel 9 erfolgt der Wandel von der Auflehnung zur Ergebung keineswegs plötzlich aufgrund einer bestimmten kognitiven Einsicht, sondern »ganz allmählich«. Die Frau fand vermutlich erst mit dem Abklingen ihrer Frustration und zunehmender Gewöhnung an den Verlust wieder Zugang zu positiven Erinnerungen und Überlegungen. Dabei entwickelte sie kein ausgefeiltes Theodizee-Konzept, sondern ging von der Erfahrung aus, dass sie mit der Rebellion gegen Gott eine Beziehung verlor, die sie früher als sehr positiv erlebt hat (»ich war todunglücklich«). Wie konnte sie »zurückfinden«? Nur dadurch, dass sie die Beziehungszufriedenheit wiederherstellte. Dies war aber allein dadurch möglich, dass sie die Forderung, Gott müsse ihr das tote Kind zurückbringen, aufgab. Sie musste die Ansprüche an ein materielles, sichtbares Eingreifen Gottes reduzieren bzw. auf sie verzichten (»ich gab auf, resignierte«). Nun stimmten Anspruch und Wirklichkeit wieder überein, und ein weiteres Unzufriedensein und Hadern konnten vermieden werden (»ich wurde ruhig«). Besteht eine solche Ergebung – »ich begriff, dass allein sein Wille zählt« – in der bedingungslosen Unterwerfung unter eine willkürliche höhere Macht? Das ist unwahrscheinlich, denn sonst würde daraus Hass gegen Gott und nicht eine Beziehung »voller Vertrauen, voller Freude« resultieren. Die Ergebung schließt wohl die Überlegung ein, dass der Verlust unbegreiflich ist, dass Gott aber trotzdem gut und dem Leidenden positiv zugewandt ist. Es ist die Einstellung, die das biblische Buch Ijob (1, 21) so umschreibt: »Der Herr hat's gegeben, der Herr hat's genommen; der Name des Herrn sei gelobt.« Der Trauerschmerz führt nun nicht zu einer generalisierten Verbitterung und einem »Enttäuschungs-Atheismus«, sondern zu einer Art »Schützengrabenreligion«, in der die trauernde Mutter in der wiedergefundenen Gottesbeziehung Zugehörigkeit (»ich gehörte wieder ihm«) und transsoziale Unterstützung (»Gott stärkt die Schultern«) erfährt.

Transsoziale Unterstützung

Der Glaube an ein ewiges Leben kann auch die Annahme des Todes und die Anpassung an die Umwelt, in der der Verstorbene fehlt, erleichtern: Die Hoffnung auf ein Leben nach dem Tod kann dem Hinterbliebenen die Befürchtung nehmen, der Verstorbene sei vernichtet oder leide Qualen. Außerdem kann sie eine neue, spirituelle Verbundenheit mit ihm grundlegen und eine Wiedervereinigung mit ihm nach dem Tod in Aussicht stellen. Christentum und Islam ermutigen zu solcher Verbundenheit und lehnen spiritistische Jenseitskontakte (durch Glasrücken, Tischrücken, Pendeln, automatisches Schreiben oder Tonbandeinspielungen) ab, die zu einer Verleugnung der physischen Trennung tendieren. Bei einer spirituellen Verbundenheit behält die erlebte Beziehung zum Verstorbenen ihren Wert und wird in veränderter Form weitergeführt, weil man den Verstorbenen in Gottes Ewigkeit glaubt.

Spirituelle Verbundenheit mit dem Verstorbenen

III. Eine transsoziale Quelle von positiver emotionaler Zuwendung?

Das Streben nach positivem Selbstwertgefühl

Für die Sozialpsychologie wie auch für die Klinische und die Persönlichkeitspsychologie gilt es als erwiesen, dass das Streben nach positivem Selbstwertgefühl kulturübergreifend ein zentrales Motiv menschlichen Handelns und eine Grundbedingung subjektiven Wohlbefindens ist (Deneke & Hilgenstock, 1989; Kernis, 2006). Darum ist zu vermuten, dass auch religiöses Erleben, Denken und Verhalten in diesem Streben wurzeln, dass dieses aber auch – umgekehrt – der Religiosität u.U. ein bestimmtes Gepräge gibt. *In welchem Maß und auf welche Weise hat der Glaube eines Menschen eine selbstwertstützende Funktion?*

Die Frage: »Wie bin ich (zu bewerten)?« ist sicher grundlegend für unsere Emotions- und Verhaltensregulation. Bei diesem Motiv geht es einerseits um den Erhalt eines hinreichend positiven Selbstwertgefühls gegen externe und interne Infragestellungen. Religiöse Einflüsse auf diesen Erhalt sind – innerhalb der Emotions- und Verhaltensregulation nach Abbildung 1, S. 31 – den »Strategien der Belastungsbewältigung« zuzuordnen. Andererseits aber schließt das Streben nach positivem Selbstwertgefühl auch den Versuch ein, dieses u.U. noch zu steigern. Religiöse Einflüsse auf solche Bemühungen kann man – nach Abbildung 1 – als »Befriedigungsstrategien« verstehen, ähnlich wie die religiösen Einflüsse auf die Bereitschaft zu Dank und Verehrung und die Bereitschaft zu prosozialem Empfinden und Verhalten, so sehr diese auch in der Bereitschaft zu moralischer Selbstkontrolle verwurzelt sein dürften.

Was bedeutet Streben nach positivem Selbstwertgefühl?

Selbstwertgefühl (self-esteem) kann als die wertende Komponente des Selbstkonzepts aufgefasst werden. Während das Selbstkonzept als solches nur das neutrale Wissen um die Eigenschaften umfasst, die sich eine Person zuschreibt – etwa in Bezug auf Intelligenz, berufliche Leistung oder Beliebtheit –, besteht das Selbstwertgefühl aus den positiven und negativen Gefühlen der Zufriedenheit, der Freude, des Stolzes bzw. der Unzufriedenheit, der Ablehnung und der Scham, die die Wahrnehmung und Bewertung bestimmter Eigenschaften auslösen. Das Selbstwertgefühl hängt also auch

Selbstkonzept und Selbstwertgefühl

von den verinnerlichten Bewertungsmaßstäben ab. Wir bewerten uns *in Bezug auf Einzelbereiche* wie intellektuelle Begabung, Aussehen, ethisches Verhalten u.a., und die Bedeutung (Zentralität), die wir diesen Bereichen zumessen, kann sich mit dem Alter und unter dem Einfluss von Bezugspersonen und -gruppen bzw. »signifikanten anderen« stark wandeln. Wir bewerten uns aber auch – obwohl dies von manchen Autoren infrage gestellt wurde – *als Person im Ganzen*. Dieses globale Selbstwertgefühl kommt wahrscheinlich durch eine Bilanzierung zustande, in der Selbstbewertungen in Einzelbereichen generalisiert und Schwächen durch Stärken ausgeglichen werden. Jemand sagt sich vielleicht: »Gesundheitlich bin ich schwach und auch als Unterhalter nicht sehr erfolgreich, aber ich leiste etwas in meinem Beruf und bin in meiner Familie beliebt, und darauf kommt es mir am meisten an.« Positives globales Selbstwertgefühl empfindet man, wenn die Zufriedenheit mit sich selbst die Unzufriedenheit überwiegt; von einem niederen oder negativen Selbstwertgefühl spricht man hingegen, wenn Unzufriedenheit, Minderwertigkeitsgefühle und Selbstunsicherheit vorherrschen. Einerseits verursachen überwiegend negative Selbstbewertungen depressive Verstimmungen, wie es das kognitive Depressionsmodell von Beck (1977) annimmt; andererseits beeinflusst die emotionale Befindlichkeit das Selbstkonzept und Selbstwertgefühl; Letzteres sinkt bei Ermüdung und depressiver Stimmung fast automatisch. Zur Messung des globalen Selbstwertgefühls stehen Fragebogen mit unterschiedlichen Konzepten zur Verfügung.

Globales Selbstwert-gefühl

Die Sozialpsychologen Cooley und Mead meinten, das Selbstwertgefühl hänge weitestgehend von dem Selbstbild ab, das wir zunächst als »Spiegelbild-Selbst« von Bezugspersonen und -gruppen bzw. »signifikanten anderen« übernehmen, die wir für maßgeblich halten. Demgegenüber machte Filipp (1979) geltend, dass wir die Wertungen der »signifikanten anderen« nicht ungefiltert und passiv, sondern selektiv und konstruktiv übernehmen. Am Aufbau und Erhalt unseres Selbstkonzepts sind ihrer Ansicht nach vier Teilprozesse beteiligt:

(1) *Die Auseinandersetzung mit Fremdbewertungen*, die andere in Bezug auf uns äußern – direkt in ihren Worten oder Gesten oder indirekt in der Art, wie sie uns behandeln.
(2) *Der soziale Vergleich*, in dem wir unsere Eigenschaften neben die von Gleichaltrigen, Familienmitgliedern, Kollegen u.a. stellen.
(3) *Die Selbstbeobachtung*, in der wir unser Verhalten und seine Folgen selber betrachten, mit früheren Erfahrungen verbinden und daraus Schlüsse bezüglich unserer Stärken und Schwächen ziehen.
(4) *Das Messen unseres tatsächlichen Verhaltens an den Erwartungen*, die wir an uns selbst richten, seien es bestimmte Leistungsnormen, ethisch-religiöse Ideale o.a.

Im Bemühen um Erhalt oder Steigerung des globalen Selbstwertgefühls kann sich vermutlich innerhalb der Teilprozesse (1) und (4), d.h. bei der Auseinandersetzung mit Fremdbewertungen und bei der Selbstbewertung, die Frage nach einem übermenschlichen, transsozialen »signifikanten anderen« stellen. Ist dem so, und wenn ja: welche religiösen Überzeugungen üben dann unter welchen Bedingungen welchen Einfluss aus?

Wann wirkt Religiosität als selbstwertstützende Ressource und wann nicht?

Das *Münchner Motivationspsychologische Religiositäts-Inventar* (MMRI) (Zwingmann et al., 2004) erhebt mit folgenden Aussagen, in welchem Maß Gläubige ihre Religiosität als selbstwertbedeutsam einschätzen:

---

(1) Mein religiöser Glaube gibt mir Selbstvertrauen.

(2) Wenn ich mich einmal klein und wertlos fühle, ermutigt mich mein religiöser Glaube, wieder an meine guten Eigenschaften und Fähigkeiten zu denken.

(3) Auch wenn ich Fehler gemacht habe, vertraue ich darauf, dass ich von Gott bzw. einer höheren Wirklichkeit bedingungslos angenommen werde.

Schwache bis moderate Korrelationen

Diese Items fanden – zusammen mit anderen, die die Bereitschaft zu Dank und Verehrung sowie das mit Gott kooperierende Streben nach Kontrolle bedeutsamer Lebensereignisse thematisierten – breite Zustimmung. Was aber wissen wir über die Beziehung zwischen (anders gemessener) Religiosität und Selbstwertgefühl?

Die Studien, die zu dieser Frage vorliegen, haben sowohl Religiosität als auch Selbstwertgefühl unterschiedlich gemessen, sodass die Ergebnisse nicht immer genau vergleichbar sind. Doch berichten von den 29 Untersuchungen, die Koenig et al. (2001) gesichtet haben, 16 positive, 10 keine, 2 uneinheitliche Korrelationen und nur eine einzige eine negative Beziehung zwischen (intrinsischer) Religiosität und Selbstwertgefühl. Auch Studien, die nach diesem Überblick veröffentlicht wurden, zeigen bei 12- bis 19-jährigen Schwarzamerikanerinnen (Ball et al., 2003), Highschool-Schülerinnen (Adams, 2003), College-Studierenden (Hammermeister et al., 2001) und älteren Menschen (Krause, 2005) eine positive Beziehung. Diese ist meistens schwach bis moderat.

Mehrere Untersuchungen belegen übereinstimmend, dass die Beziehung zwischen Religiosität und positivem Selbstgefühl nur bei den Personen positiv ist, die an einen *liebenden, akzeptierenden und fürsorglichen Gott* glauben, während die Vorstellung, Gott sei abweisend, strafend und nachtragend, mit einem geringeren Selbstwertgefühl einhergeht (Bassett & Williams, 2003; Benson & Spilka, 1973; Chartier & Goehner, 1976; Leslie et al., 2001; Ronco et al., 1993; Ronco et al., 1995; Spilka et al., 1975). Beispielsweise zeigten sich in der klassischen Studie von Benson und Spilka (1973) bei den 128 katholischen Highschool-Schülern, die sie erfasste, positive Korrelationen zwischen Selbstwertgefühl und dem Glauben an einen liebenden Gott (.51) und gütigen Vater (.31), während die Korrelationen in Bezug auf den Glauben an einen kontrollierenden (–.35) und nachtragenden Gott (–.49) in fast gleicher Höhe negativ waren. Ähnlich hatte in der Untersuchung von Ronco et al. (1995) an 533 11- bis 14-jährigen Schülerinnen und Schülern in Neapel das (anders gemessene) Selbstwertgefühl positive Beziehungen zum Glauben an einen Gott, der wohlwollend (.25) und ein Freund (.18) ist, aber negative zur Vorstellung von Gott, der streng (–.11) und ein Richter (–.22) ist (s. Tabelle 4).

Tabelle 4: Korrelationen zwischen Gottesvorstellungen und Selbstwertgefühl nach Benson und Spilka (1973) sowie Ronco et al. (1995)

	Gott als: liebend	gütiger Vater	kontrollierend	nachtragend
Selbstwertgefühl (Benson/Spilka)	.51	.31	–.35	–.49
	wohlwollend	Freund	streng	Richter
Selbstwertgefühl (Ronco et al.)	.25	.18	–.11	–.22

Zwei Fragen sind demnach zu klären: (1) Warum sind die statistischen Beziehungen zwischen positiven wie negativen Gottesvorstellung zum Selbstwertgefühl nur schwach bis mittelstark, und – wenn man sie als kausalen Zusammenhang deutet – wodurch und unter welchen Bedingungen wirkt Religiosität selbstwertstützend oder -steigernd? (2) Gibt es nur einen Einfluss von den Gottesvorstellungen auf das Selbstwertgefühl, verläuft er eher in umgekehrter Richtung oder ist er wechselseitig?

Als religiöse Kognitionen mit selbstwertstützender oder -steigernder Wirkung kommen Überzeugungen wie die folgenden in Frage:

● Prestige: Das Bewusstsein, einer Glaubensgemeinschaft mit u.U. hohem gesellschaftlichen Ansehen anzugehören.

● Der Glaube, von Gott, d.h. einer übermenschlichen, höchsten Instanz, als Geschöpf, Partner, »Kind« oder Freund bejaht und anerkannt zu sein und damit einen von menschlicher Anerkennung unabhängigen Wert und eine eigene Würde zu besitzen. Der jüdisch-christliche Schöpfungsglaube bekennt, der Mensch sei als »Bild Gottes« geschaffen (Genesis 1, 27), der christliche und islamische Glaube sieht in ihm auch einen Adressaten göttlicher Offenbarung und einen Mitarbeiter im göttlichen Heilswerk. Ein Gläubiger kann also in den Erfolgen, die ihm zuteil werden, wie auch in den Befriedigungen, die er sich verschafft, Zeichen der Zuwendung des Schöpfers sehen. Er kann in der Gewissensverantwortung, die er für die Erhaltung des eigenen Wohles und der eigenen Würde wahrnimmt, auch den bestärkenden Ruf Gottes erkennen, an seinen eigenen Wert zu glauben, und er vermag in der Verantwortung, die er für das Recht und Wohl von Mitmenschen spürt, eine Berufung und Sendung zum Mitwirken an Gottes Gerechtigkeit und Zuwendung zu erblicken. So vermittelt ihm der Glaube in Bezug auf seine Person, sein Handeln und sein Genießen einen Mehrwert.

Durch solche Möglichkeiten können religiöse Überzeugungen das Streben nach positivem Selbstwertgefühl ansprechen und sich mit ihm koppeln – sei es als Zusatz zur Bestätigung, die der Gläubige vonseiten menschlicher »signifikanter anderer« erfährt, sei es als Ersatz und Ausgleich, wenn er diese vermisst. Letzteres, eine kompensatorische transsoziale Unterstützung, deutete eine 16-Jährige, die sich von ihren Eltern seit langem abgelehnt und in Heime abgeschoben fühlte, einmal so an: »Ich kann nur noch an zwei Stellen Zuflucht finden: bei meiner Rockergruppe; da sind prima Typen, die mir helfen – und außerdem im Gebet. Wenn ich abends traurig und allein bin, bete ich. Das habe ich bei einem Pastor im Konfirmandenunterricht gelernt.« Warum aber ist die selbstwertstützende Wirkung religiöser Überzeugungen verhältnismäßig schwach; wovon hängt sie ab, wodurch wird sie begrenzt? Dafür kommen mehrere Gründe in Betracht, die allerdings im Einzelnen noch wenig untersucht sind.

Religiöse Sozialisation: Selbstwertstützend oder mit Schuld belastend?
Eine Ursache kann darin liegen, dass die Botschaft »Erkenne deine Würde!« in der religiösen Erziehung und Verkündigung zu wenig herausgestellt und vom Hinweis »Alle Menschen sind Sünder« übertönt wird. Die Erinnerung an das prinzipielle Sündersein ist fester Bestandteil vieler jüdischer und christlicher Gottesdienste; allerdings ist dies grundsätzlich mit der Zusage der Vergebung verbunden. Dadurch kann die Rede vom Sündersein auch entlastend, ja rehabilitierend wirken, weil sie Menschen, die sich eines Vergehens anklagen, versichert, dass sie nicht dem Schuldspruch ihres Gewissens oder ihrer Mitmenschen ausgeliefert, sondern trotz ihrer Schuld von Gott angenommen sind. In diesem Sinn sagte ein jugendlicher Straftäter einmal: »Meine eigentliche Sühne ist das dauernde Bewusstsein: Du hast einen Menschen getötet! Ungeschehen machen – das wäre alles! Aber das kann ich nicht. Ich muss damit fertig werden. Es geht leichter, denn ich weiß, Er hat mir verziehen. Und auf Ihn kommt es wohl an« (Wiesnet & Gareis, 1976, S. 219). Es wäre also zu untersuchen, ob das in einem religiösen Milieu vorherrschende Schuld- und Vergebungsverständnis das Selbstwertgefühl von Gläubigen eher wiederherstellt oder es mit Schuldgefühlen belastet. Eine Untersuchung bei 400 Studierenden ergab, dass zwischen Religiosität und Neurotizismus insgesamt keine überzufällige Beziehung bestand, dass aber die Neurotizismus-Komponente »Schuldgefühle« signifikant positiv mit Religiosität zusammenhing, dass andererseits Religiosität aber auch signifikant negativ mit »Unglücklichsein« korrelierte (Francis & Jackson, 2003): Offensichtlich kann der Glaube gleichzeitig als Quelle von Schuldbewusstsein und von Glücklichsein fungieren. Auch bei fundamentalistischen Christen, die die Themen Schuld und Vergebung stark betonen, ist zu fragen, was traditionelle Rhetorik und was emotionale Wirkung bzw. ausgleichender psychischer Gewinn ist. Es gibt keinen Beleg, dass fundamentalistische Ansichten mit einem negativen Selbstkonzept und geringerem Selbstwertgefühl einhergehen (Hood, 1992).

Welches Verständnis von Schuld und Vergebung wird vermittelt?

Der Glaube: Keine direkte Aussage über Einzelbereiche
Das globale Selbstwertgefühl wird wahrscheinlich – wie oben dargelegt – aufgrund von generalisierten Selbstbewertungen in Einzelbereichen gebildet. Religiöse Überzeugungen sind also von vornherein nur eine von mehreren Quellen von Selbstwertgefühl. Sie enthalten auch keine direkten Aussagen über Eigenschaften und Leistungen in Einzelbereichen, die einem

Gläubigen u.U. sehr wichtig sind, sondern nur über den ethisch-personalen Kern der Person: über seine Würde in den Augen Gottes. Einseitige Ansätze bei Einzelbewertungen können sie also wohl nur indirekt beeinflussen, indem sie den Wert von schmerzlich entbehrten Eigenschaften relativieren und den von vorhandenen aufwerten. Beispielsweise nach dem Muster: »Ich konnte zwar mein Geschäft nicht halten und habe Wohlstand und wirtschaftliche Unabhängigkeit verloren, aber das ist mir nicht das Wichtigste ...« Dies setzt allerdings voraus, dass sich ein Gläubiger intensiv mit seinen Selbstwertproblemen auseinandersetzt und seine bisherigen, sozial plausibilisierten Bewertungen mit den Wertmaßstäben seines Glaubens konfrontiert – ein anspruchsvoller Prozess.

Selbstwertgefühl: Stabiler als die Gottesvorstellung
Das globale Selbstwertgefühl wird wohl größtenteils unabhängig von religiösen Überzeugungen gebildet, verankert sich im Laufe der Zeit in weitgehend unbewussten, automatischen Selbstbewertungsdispositionen und ist verhältnismäßig stabil. (Darum ist es auch durch eine Psychotherapie nur schwer zu modifizieren.) Religiöse Überzeugungen können es nur verändern, wenn sie als Anstoß zu seiner Bearbeitung bewusst werden, sei es in ausgeglichener Gestimmtheit, sei es in einer Selbstwertkrise. Die gewöhnliche religiöse Unterweisung und Verkündigung verändert eher die Gottesvorstellung als das Selbstkonzept und Selbstwertgefühl. Dies belegt folgendes Experiment.

Bei einem Jugendlager mit Bibelkurs teilte Flakoll (1975) die 84 12- bis 14-jährigen Teilnehmerinnen und Teilnehmer, die alle der Christian Church angehörten, in drei Gruppen auf, die nach Geschlecht und durchschnittlicher Höhe des Selbstwertgefühls gleichmäßig zusammengesetzt waren. Der »Positiv-Gruppe« wurden dreimal 45 Minuten lang über Videorekorder Vorträge vorgespielt, in denen ein Sprecher lauter positive Aussagen über Gottes Liebe, den Wert des Menschen und die Annahme seiner selbst vortrug. Die »Negativ-Gruppe« hörte und sah ebenso lang Vorträge, in denen die biblischen Aussagen über Gottes Gericht, die Bosheit des Menschen und die Wichtigkeit der Selbstverleugnung hervorgehoben wurden. In beiden Gruppen notierten die Teilnehmer die wichtigsten Gedanken und formulierten sie danach im Gespräch nochmals neu, wobei die Erzieher sie weiter verstärkten. Ein Quiz über Richtig und Falsch beschloss jede Arbeitseinheit. Die dritte Gruppe wurde – als Kontrollgruppe – diesen Einflüssen nicht ausgesetzt. Vor und nach dem Bibelkurs maß man sowohl das Selbstwertgefühl (nach der *Tennessee Self Concept Scale* und dem *Rosenberg Self Esteem Inventory*) als auch die Ausprägung der Gottesvorstellung (mit einem Polaritätsprofil und einer Q-Sortierung von positiven und negativen Gefühlsäußerungen).

Ergebnis: Weder die religiöse Positiv- noch die Negativ-Beeinflussung hat die Testwerte für das Selbstwertgefühl überzufällig heben oder senken können, hingegen zeigten die Teilnehmer der Positiv-Gruppe nach dem Experiment eine ausgeprägtere Vorstellung von einem liebenden Gott als die der Negativ-Gruppe und der Kontrollgruppe, während die Teilnehmer der Negativ-Gruppe Gott mehr als die anderen als beherrschend, richtend und unpersönlich beschrieben. Die Beeinflussung war zwar nur kurz, bietet aber einen Hinweis darauf, dass das Selbstkonzept eines Menschen stabiler und durch religiöse Unterweisung weniger leicht zu verändern ist als die Gottesvorstellung.

Die religiöse Unterweisung kann also nur dann selbstwertstützend wirken, wenn sie über ein rein kognitives Verstehen hinaus auch zu einem Überdenken der gewohnten Selbstbewertungsprozesse anregt.

Religiös-kognitive Verhaltens-modifikation?

Dies müsste doch in hohem Maß dann gelingen, wenn religiöse Überzeugungen in eine Psychotherapie einbezogen werden, denn Klienten setzen sich wahrscheinlich stärker mit ihrer Selbstbewertung auseinander als die Mehrheit der Teilnehmer an Religionsunterricht und Gottesdiensten. Wirken sie da also selbstwertstützend? Einen Hinweis auf eine Antwort kann man dem folgenden, exemplarischen Experiment entnehmen.

Pecheur und Edwards (1984) prüften, ob sich eine von Becks (1977) Depressionsverständnis ausgehende kognitive Verhaltensmodifikation wirksamer gestalten lässt, wenn man in der Behandlung auf die Glaubensüberzeugungen der Klienten zurückgreift. Sie teilten 21 Collegestudentinnen und -studenten, bei denen mehrere Tests eine milde Depressivität ohne Suizidgefährdung feststellten und die keine Antidepressiva einnahmen, in drei Gruppen ein.

In der ersten Gruppe wurde der Versuch einer *religiösen kognitiven Verhaltensmodifikation* unternommen. Hier regte der klinische Psychologe in acht Einzelsitzungen zuerst eine Aufdeckung der automatischen negativen Kognitionen an, damit sie dann durch realitätsgerechtere Deutungen und Grundüberzeugungen ersetzt würden. Dabei stützte er sich auch auf biblische Aussagen, beispielsweise den Satz: »Gott aber hat seine Liebe zu uns darin erwiesen, dass Christus für uns gestorben ist, als wir noch Sünder waren« (Römerbrief 5,8). Dieses Zitat sollte daran erinnern, dass Gott den Menschen so akzeptiert, wie er ist.

In der Gruppe mit der *säkularen Standardtherapie* ging der Therapeut in gleicher Weise vor, stützte aber die positiven Grundüberzeugungen auf Prinzipien, die nicht biblisch formuliert waren – etwa: »Unsere Selbstannahme und unser Selbstwert gehen nicht verloren oder werden nicht gemindert, wenn wir scheitern.« Den Teilnehmern einer *Kontrollgruppe* teilte man mit, sie würden wegen Überlastung des Psychologen erst in vier Wochen behandelt.

Ergebnis: Die Teilnehmer beider Behandlungsgruppen zeigten unmittelbar nach dem Abschluss der Behandlung und einen Monat später in signifikantem Ausmaß ein positiveres Selbstkonzept sowie weniger Depressivität und Hoffnungslosigkeit, was bei der Kontrollgruppe nicht der Fall war. Bei den Mitgliedern der religiösen Behandlungsgruppe stellte man im Vergleich zu denen der säkularen einen stärkeren Trend zur Besserung fest, allerdings nicht in signifikantem Ausmaß. Methodisch ist einzuwenden, dass die Experimentiergruppe sehr klein war, dass man die Bedeutung (Zentralität), die ihre Mitglieder religiösen Überzeugungen und Verhaltensweisen zuerkennen, nicht ermittelt hat und dass die bei ihnen verwendeten Bibelzitate schwerer verständlich sind als die unmittelbar plausiblen Grundsätze, die bei der säkularen Therapievariante angewandt wurden. Doch haben sich bei ähnlichen Versuchen ebenfalls Ergebnisse gezeigt – auch wenn dort vor allem die Depressivität gemessen wurde –, die vermuten lassen, dass religiöse Varianten von kognitiven Psychotherapien bei Klienten mit milder oder schwerer Depression zwar die Verbesserung des Befindens beschleunigen können, dass aber nach einiger Zeit kaum noch ein Unterschied zur Wirkung der säkularen Standardtherapie festzustellen ist (zusammenfassend: Koenig et al., 2001, S. 132–135).

Zusammen mit dem oben geschilderten Bibelcamp-Experiment von Flakoll (1975) kann man dem Bericht von Pecheur und Edwards (1984) den Hinweis entnehmen, dass religiöse Überzeugungen das Selbstkonzept und Selbstwertgefühl – in Grenzen – beeinflussen, wenn sie innerhalb einer Auseinandersetzung mit automatischen Selbstbewertungsdispositionen als *dissonant zur Selbstabwertung* und als *Motiv zu positiverer Selbsteinschätzung* bewusst werden.

Selbstwertgefühl und Gottesvorstellung beeinflussen sich wechselseitig

Wie ist die Beobachtung zu deuten, dass Personen mit positivem Selbstwertgefühl auch Gott tendenziell als wohlwollend und fürsorglich empfinden, Personen mit niederem Selbstwertgefühl ihn aber eher als abweisend, richterlich und unnachsichtig auffassen? Benson und Spilka (1973) sowie andere Autoren interpretieren diese Tatsache konsistenztheoretisch. Demnach neigen Gläubige dazu, Aussagen der religiösen Verkündigung entsprechend (konsistent mit) ihren Selbstbewertungsdispositionen selektiv zu rezipieren (s. Tabelle 4, S. 107). Die 128 Highschool-Schüler, die Benson und Spilka untersucht haben, lebten ja religiös weitgehend im gleichen Milieu, doch erzielten auf der »Liebender Gott«-Skala von denen mit hohem Selbstwertgefühl 79% Werte über dem Durchschnitt von 25 Punkten; von denen mit niederem Selbstwertgefühl aber nur 30%. Und umgekehrt zeigten von denen mit niederem Selbstwertgefühl 28% auf der »Liebender Gott«-Skala Werte unter 20 Punkten, von denen mit hohem Selbstwertgefühl aber kein einziger. Die Autoren schließen daraus: »Der Glaube rechtfertigt gute oder

Konsistenz-
theorie

schlechte Selbstbilder, indem er einen vom Kampf um sinnvolle Erklärungen für die eigene Identität entlastet. Das Selbstwertgefühl-Niveau beeinflusst, was man als Glaubensaussage annehmen kann und was nicht. Kirchenmitglieder mit hohem Selbstwertgefühl können einen liebenden, akzeptierenden Gott verstehen und schätzen – und mögen eben Grundsätze der Liebe und Akzeptanz auf verschiedene soziale Bereiche anwenden. Indes empfinden Personen mit niederem Selbstwertgefühl Gott und eine Ethik, die auf Liebe und Akzeptanz aufbaut, auf unbehagliche Weise als Widerspruch. Dementsprechend führen ihre Bedürfnisse dazu, dass sie diese Bilder durch einen mehr zurückweisenden Gott ersetzen, der keine liebende Ausrichtung auf die Welt gebietet« (Benson & Spilka, 1973).

Diese Tendenz kann man im Hinblick auf Menschen mit überwiegend positivem Selbstwertgefühl so umschreiben: »Weil ich liebenswert bin, ist auch Gott lieb« und für Menschen mit eher negativem Selbstwertgefühl: »Weil ich nicht liebenswert bin, ist auch Gott nicht lieb.« Ähnlich, wie es im Zusammenhang mit perfektionistischen Tendenzen ausgeführt wurde (s. Fallbeispiel 2, S. 69), kann dann die einseitig negativ rezipierte Gottesvorstellung das vorhandene negative Selbstkonzept bestätigen, sodass es zu einer wechselseitigen Beeinflussung kommt. Unwahrscheinlich ist, wie auch die Untersuchung von Benson und Spilka (1973) belegt, dass Menschen mit positivem Selbstwertgefühl allein aufgrund der Verkündigung, die ja in der jüdischen, christlichen und muslimischen Glaubensüberlieferung neben dem richtenden immer auch den barmherzigen und gütigen Gott bezeugt, ein negatives Selbstbild entwickeln.

Eine wechselseitige Beeinflussung

Dort, wo innerhalb einer Psychotherapie Selbstwertgefühl und emotionale Gestimmtheit gehoben wurden, geschah dies ja auch nicht durch eine Verkündigung, sondern durch die Bearbeitung von ungünstigen Selbstbewertungsdispositionen, die ein neues Verständnis für die Verkündigung ermöglichte. Und wenn bei den Highschool-Schülern, die Benson und Spilka (1973) untersuchten, selbst von denen mit niedrigem Selbstwertgefühl 30% überdurchschnittliche Werte auf der »Liebender Gott«-Skala erreichten, so ist dies wohl darauf zurückzuführen, dass die Verkündigung die Gottesvorstellung leichter verändert als das Selbstkonzept – wie schon das erwähnte Experiment von Flakoll (1975) gezeigt hat.

Die beschriebenen Zusammenhänge sollen, ausgehend vom umfassenden Modell in Abbildung 1, in Abbildung 4 vereinfacht dargestellt werden: Die Strategien der Belastungsbewältigung – wie auch der Befriedigung – können selbstwertstützende und -steigernde religiöse Überzeugungen aktivieren. Deren Qualität und Einfluss hängen sowohl von der Art der religiösen Erziehung und Unterweisung als auch von den positiven bzw. negativen Tendenzen der Selbstbewertungsdispositionen des einzelnen Gläubigen ab. Ihr Einfluss auf das globale Selbstkonzept und Selbstwertgefühl wird durch eine unterbrochene Pfeillinie nach rechts als eher schwach gekennzeichnet. Der Einfluss des globalen Selbstwertgefühls auf die religiösen Überzeugungen, zumal auf die Gottesvorstellungen, wird hingegen mit einer durchgehenden Pfeillinie als stärker symbolisiert. Denn die Unterweisung beeinflusst die religiösen Überzeugungen stärker als das Selbstwertgefühl, weil dieses in der Selbstbewertung in Einzelbereichen und in weitgehend automatischen Selbstbewertungsdispositionen verankert ist, die die Rezeption religiöser Aussagen filtern. Selbstbewertungsdispositionen, die sehr negativ ausgeprägt sind, verändern sich aber nur, wenn sie bearbeitet werden und dabei gegebenenfalls auch von den Bewertungsmaßstäben des Glaubens her Motivimpulse erhalten.

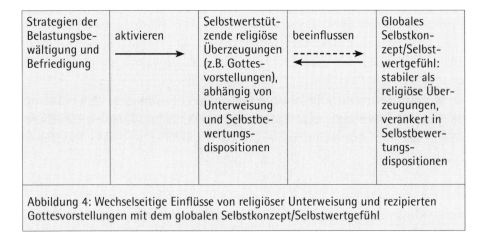

Strategien der Belastungsbewältigung und Befriedigung	aktivieren →	Selbstwertstützende religiöse Überzeugungen (z.B. Gottesvorstellungen), abhängig von Unterweisung und Selbstbewertungsdispositionen	beeinflussen ⇄	Globales Selbstkonzept/Selbstwertgefühl: stabiler als religiöse Überzeugungen, verankert in Selbstbewertungsdispositionen

Abbildung 4: Wechselseitige Einflüsse von religiöser Unterweisung und rezipierten Gottesvorstellungen mit dem globalen Selbstkonzept/Selbstwertgefühl

Wie kann ein problematisches Selbstwertstreben Religiosität beeinflussen?

Dass ein extrem negatives Selbstwertgefühl das religiöse Denken und Erleben beeinflussen kann, zeigt sich daran, dass betroffene Gläubige fast unfähig sind, an einen gütigen Gott zu glauben, auch wenn sie ihn verbal in Übereinstimmung mit ihrer Glaubensgemeinschaft als gütig bekennen (s. Fallbeispiel 23, S. 207 f.). Dieser Zusammenhang ergibt sich gleichfalls – umgekehrt – aus der Beobachtung, dass eine Psychotherapie, die religiöse

Glaubensüberzeugungen integriert, bei schwer depressiven Patienten mit dem Selbstkonzept und den »Objektbeziehungen« auch die Wahrnehmung Gottes als nah, liebend und akzeptierend verbessern kann, wenn auch nur geringfügig (Tisdale et al., 1997).

Manche Erweckungsbewegungen sprechen gezielt Menschen an, die in ihrer Kindheit wenig Zuwendung und soziale Unterstützung erfahren haben und labil, alkoholabhängig, drogensüchtig oder straffällig wurden und von sozialer Resignation bedroht sind. Ihre Botschaft »Jesus liebt dich« scheint bei manchen einen Wandel zu fördern, den die Betroffenen so schildern, als hätten sie bei Jesus oder Gott endlich die Zuwendung gefunden, die sie früher entbehren mussten und die sie nun zur Selbstannahme, zum inneren Frieden, zur Befreiung vom Hass gegen andere, zu partnerschaftlichen Liebesbeziehungen und zu regelmäßiger Arbeit befähigt (Allison, 1969). Ein solches Ergebnis verdankt sich wohl auch einer Bearbeitung der eigenen Selbstwertproblematik, auch wenn sie nicht durch eine formelle Psychotherapie angeregt wurde, und ist oft auch an eine milieutherapeutisch wirkende Beziehung zu einem engagierten Prediger oder einer Gruppe, d.h. an eine »Evangelisierung durch Beziehung« (relational evangelization) gebunden – wie auch die Arbeit der AA-Gruppen.

Evangelisierung durch Beziehung

Problematische Formen von Selbstwertstreben beeinflussen religiöse Überzeugungen und Erlebensweisen vor allem in zwei Richtungen: durch das exzessive Bedürfnis nach (1) *emotionaler Zuwendung* und nach (2) *Anerkennung und Geltung* vonseiten Gottes bzw. der Glaubensgemeinschaft.

Exzessiver Wunsch nach Zuwendung – ekstatische Gottesliebe

Der exzessive Wunsch nach emotional warmer Zuwendung kann – im Vorfeld zu einer Störung – eine fast manische, ekstatische Gottesliebe begünstigen. Dies soll das Fallbeispiel 10 illustrieren.

Fallbeispiel 10
Eine verheiratete Frau und Mutter, Mitglied eines charismatischen Gebetskreises, berichtet eine Reihe von intensiven Geborgenheitserfahrungen, die sie nach einem Einkehrtag über biblische Aussagen zum Wirken des Heiligen Geistes erlebte. Ausgangspunkt war der Eindruck, Gott sage ihr: »Ich habe dich in meine Hand geschrieben.« Das ist der Anfang eines in diesen Kreisen bekannten Liedes nach Jesaja 49,16. »Die Worte: ›Ich habe dich in meine Hand geschrieben‹ waren der Augenblick tiefsten Empfindens eines Geborgenseins – aber ›Ich (Gott) lege mich in deine Hand‹ war erschreckend – unfassbar – und beängstigend. Wie kann das möglich sein – ich, zu nichts fähig? Und immer wieder Feuer – Feuer – Feuer. Ich sah kein Feuer – ich spürte die Wirkung.«

Diese Ergriffenheit hält auch nach Wochen noch an. »Ein nicht enden wollendes Dankgebet strömt seitdem aus meinem Herzen.« Mitten in der Tagesarbeit kann sie die Hände ausbreiten und danken oder auch nachts, wenn sie erwacht. Einsame Spaziergänge durch die Winterlandschaft werden zu Stunden der Anbetung. »Es war ein einziges Lobsingen und Danken zu Ihm hin. Manchmal glaube ich, in solchen Stunden am Rande des Daseins zu stehen, am Rande des Menschenmöglichen zu stehen. Ich ertappe mich bei dem Gedanken: ›Ja, Herr, nimm mich von dieser Erde ganz zu Dir hin.‹ Aber das will Er nicht, denn an dem Sonntag, der mein Leben verwandelt hat, sagte Er: ›Ich lege mich in deine Hände.‹«

Eines Nachts träumt sie, dass sie von ihrem Gebetskreis zu einem Beitrag aufgefordert wird, erwacht, hat einen ersten Einfall dazu, den sie aber verwirft. Sie wird traurig, weint und fragt »den Herrn«, was sie sagen soll. »Da höre ich Sein Wort: ›Selig bist du, weil ich dich liebe!‹ Mich überkommt ein Schauer, eine Wärme – Seligkeit! ... Es ist wie ein bodenloses Fallen – endlos. Doch in diese Leere hinein höre ich wieder das Wort: ›Selig bist du, weil Ich dich liebe! ... Dein Bemühen, dein Streben, deine Erfolge und Misserfolge, deine Traurigkeiten schmelzen in meiner Liebe dahin. Meine Liebe lebt in dir – und das ist deine Seligkeit.‹«

Sie erkennt, dass sie ihre Sinnerfüllung in der Verbindung von ekstatischer Gottesliebe und praktischer Nächstenliebe finden muss, und drückt dies in folgendem Zwiegespräch aus: »Er spricht: ›Ich sehne mich nach dir, / wie ein Bräutigam nach der Braut, wie eine Braut nach dem Bräutigam ... Komm mich suchen. / Du wirst mich finden, / denn ich bin ganz nah. / Du findest mich in deiner Familie, / in jedem von ihnen bin ich. / Deine Liebe zu deinem Mann und den Kindern ist Liebe zu mir. / Deine Liebe zu allen Menschen, die dir von mir gegeben sind, ist Liebe zu mir‹« (Baumert, 1982).

Es werden zwar keine Umstände berichtet, die auf eine Störung schließen lassen, doch sind die Stimmungen der Frau auffallend labil, sodass sie schon aus geringfügigem Anlass in Traurigkeit und Weinen übergehen. Offensichtlich sucht sie ein Einssein mit Gott, das weit über das gewöhnliche Maß hinausgeht – bis hin zum Wunsch, mit ihm im Tod völlig vereint zu sein (»Nimm mich von dieser Erde ganz zu Dir hin«). Das ekstatische Ergriffen- und Entzücktsein erschüttert sie bis an die Grenzen des Erträglichen (»am Rande des Menschenmöglichen«), und vielleicht will sie mit ihren Tagebuchnotizen und ihrem Briefverkehr mit einem Geistlichen einer drohenden Desintegration entgegenwirken. Die Wendungen »ich, zu nichts fähig« und »deine Erfolge und Misserfolge, deine Traurigkeiten schmelzen in meiner Liebe dahin« werfen die Frage auf, ob ihre Verzücktheit nicht der antidepressiven Abwehr und Kompensation von Verlassenheits- und Minderwertigkeitsgefühlen entspringt.

Kompensation von Minderwertigkeitsgefühlen

Solche Gottesliebe kann sich zu einer »Gottessüchtigkeit« entwickeln, die ganz vom Wunsch nach passiver und exklusiver Zuwendung beherrscht wird und Gedanken an eine aktive Verantwortung für sich und andere als uninteressant und störend von sich weist. Die Frau ist sich dieser Gefahr bewusst und versucht, sie dadurch abzuwehren, dass sie sich die biblische Überzeugung in Erinnerung ruft, dass sich Gott auch im Mitmenschen und in der praktischen Nächstenliebe finden lassen will. So könnte ihre Gottesliebe auch eine mehr oder weniger therapeutische Wirkung zeitigen und sie zu einer positiveren Selbstbewertung und zu uneigennützigen sozialen Beziehungen motivieren. Sie drückt dies in der Metaphorik der Brautmystik aus, die in einer etablierten Sprachtradition christlicher Spiritualität verankert ist.

Anerkennungsbedürfnis als narzisstisches Erwählungsbewusstsein

Auch Anerkennungs- und Geltungsbedürfnisse können das religiöse Denken und Erleben eines Gläubigen beeinflussen – sei es im Vorfeld, sei es im Kern einer narzisstischen Persönlichkeitsstörung. Diese kann sich in folgenden Verhaltensweisen und Einstellungen ausdrücken: Der Betreffende hat ein grandioses Gefühl der eigenen Wichtigkeit und Einzigartigkeit. Er pflegt Fantasien von grenzenlosem Erfolg, Macht, Glanz, Schönheit oder idealer Liebe, verlangt nach übermäßiger Bewunderung, erwartet von anderen eine bevorzugte Behandlung, ist ihnen gegenüber aber uneinfühlsam, ausbeuterisch, arrogant und u.U. neidisch (nach DSM-IV: Saß et al., 1998). Gläubige, die zu dieser Störung neigen, tendieren in ihrer Religiosität vermutlich dazu, die geglaubte übermenschliche Instanz einseitig als eine Quelle zu sehen, die ihnen Größe und Geltung gewährt, ohne sie – gegennarzisstisch – auch zu Selbstkritik sowie zu Empathie und gleichberechtigter Wertschätzung der Mitmenschen anzuhalten.

Wann ist Religiosität narzisstisch geprägt?

Ist jeder Glaube an eine übermenschliche Wirklichkeit narzisstisch motiviert? Diese Ansicht vertritt Henseler (1995) und begründet sie in narzissmustheoretischer Sicht damit, dass religiöse Menschen die Ideale ihres Gewissens zur Stimme Gottes und ihre Glaubensgemeinschaft zu etwas Besonderem erhöhen. Sie feierten nur das Machtvolle und verleugneten das Einschränkende oder projizierten es in die Welt des Bösen. Die unlösbaren Rätsel des Woher – Wohin – Wozu empfänden sie als Bedrohung ihres seelischen Gleichgewichts. Darum nähmen sie Zuflucht zu einer Fiktion, in der sie die primärnarzisstischen Beziehungsbedürfnisse nach Teilhabe an etwas uneingeschränkt Vollkommenem reaktivierten.

Dieses späte Beispiel eines psychoanalytischen Essays geht von einem unhinterfragten radikalen Agnostizismus aus und reduziert Religiosität ohne Ausnahme auf narzisstische Bedürfnisse. Henseler analysiert kein einziges Fallbeispiel und sichtet keine einzige testpsychologische Studie zum Narzissmus. Er untersucht nicht einmal verschiedene Formen narzisstisch geprägter Religiosität, sondern sieht in allem Religiösen nur Narzissmus. Dabei verkennt er die zu Solidarität und realistischer Geduld motivierenden, antinarzisstischen Elemente in der Religion und lässt andere Motive sowie kognitive Prozesse in ihr völlig außer Acht: eine Übervereinfachung, die dem Grundkonsens der empirischen Religionspsychologie, der von der Vielfalt des Religiösen ausgeht, widerspricht und eher forschungshemmend wirkt.

Narzisstische Bedürfnisse bzw. eine ausgeprägte narzisstische Störung können religiöse Überzeugungen im Sinne eines bezeichnenden Erwählungsbewusstseins prägen. Es ist nicht das dankbare Bekenntnis, ohne Verdienste zu den Auserwählten, d.h. den Freunden Gottes, gehören zu dürfen, sondern das Bestreben, von ihm als etwas Besonderes bestätigt zu werden: über den Durchschnitt erhoben und jeder Kritik entzogen (s. Fallbeispiel 11).

Fallbeispiel 11
Beispielsweise war ein 30-jähriger Klient mit allen Symptomen einer narzisstischen Störung überzeugt, dass ihn Gott als etwas Besonderes betrachtete, ihm einzigartige Gaben verlieh und seine Gebete stets erhörte. Andererseits fragte er sich, wie lange Gott ihm seine Erfolge noch lassen werde. Um es herauszufinden, erlegte er sich extreme physische Belastungen auf oder strebte in einem Gesellschaftsspiel besondere Leistungen an. Der Erfolg sollte der Beweis dafür sein, dass er unverletzlich sei und ihm nichts passieren werde. Als sich seine Angst vor einem Gnadenentzug und gesundheitlicher Schädigung nicht beruhigte, wandte sich seine Vorstellung, einzigartig zu sein, ins Negative. Er glaubte nun, dass ihn Gott auf besondere Weise umkommen lassen werde, vertiefte sich in die Kreuzwegstationen seiner Heimatkirche und identifizierte sich mit dem durchbohrten Jesus in den Armen Marias, wie ihn eine Pietà zeigte. Im Bett und in der Badewanne streckte er sich oft als Gekreuzigter aus. Vermutlich wollte er mit dem Jesus verschmelzen, der in seinem Tod von Gott anerkannt ist und von Millionen von Gläubigen beklagt und verehrt wird. Auch auf den Psychotherapeuten übertrug er grandiose Verschmelzungs- und Spiegelungswünsche: »Ich wollte Sie in die göttliche Sphäre versetzen« (Randell, 1977).

Eher auf die Anerkennung vonseiten der Glaubensgemeinschaft zielt die Rollenvorstellung, man sei zum Empfänger und Künder höherer Offenbarungen auserwählt. *Offenbarungserlebnisse* können von verschiedenen Motiven getragen sein und es gab immer auch Visionäre, die bescheiden auftraten, sich einer Sache verpflichtet fühlten und in einer Art Supervision ihre Eingebungen mit anderen besprachen. Doch ist das Rollenverständnis eines Offenbarungsempfängers wohl in dem Maß anerkennungsmotiviert, als er seine Kundgaben dazu einsetzt, sich eine herausragende Bedeutung zuzuschreiben, Minderwertigkeitsgefühle zu kompensieren, sich anderen überlegen zu fühlen und sich mit dem Anspruch, über höhere Erkenntnis zu verfügen, gegen fremde Kritik zu immunisieren. Ein schlichtes Exempel ohne ernsthafte Störungssymptomatik bietet Fallbeispiel 12.

Fallbeispiel 12
Eine katholische Frau, die insgesamt durchaus lebenstüchtig und in anderen Bereichen unauffällig war, fing mit etwa 50 Jahren an, nach dem Vorbild von Jakob Lorber (1800–1864), der zahlreiche ergänzende Offenbarungen zur Bibel empfangen haben will, auf das »innere Wort« zu hören. Dabei sprachen auch manchmal Gott-Vater, Jesus Christus und Maria zu ihr. Bald lernte sie, solche Offenbarungen auch in Anwesenheit ihres Mannes zu empfangen, auszusprechen und niederzuschreiben. Er zeigte sich davon sehr beeindruckt, und so hatte sie einen Weg gefunden, um aus ihrer untergeordneten, unterbewerteten

Rolle als Hausfrau und Mutter an der Seite eines besser ausgebildeten Mannes, der im Beruf erfolgreich war und in der Familie alle Gespräche beherrschte, herauszutreten. Bald schloss sie sich einem Bibelkreis an und wollte dort zum Abschluss des gemeinsamen Austauschs jeweils »meditieren«, d.h. ihre Offenbarungen empfangen und kundtun. Dem Pfarrer brachte sie Mitteilungen der himmlischen Personen, die sie niedergeschrieben hatte und die er an den Bischof und den Papst weiterleiten sollte.

Ihre Botschaften waren mit bombastischer Umständlichkeit und Feierlichkeit formuliert und kreisten gewöhnlich um Themen, die auch in den Zeitungen und Gesprächen im Mittelpunkt standen: Katastrophen und Skandale. Sie empfahlen Mittel und Wege, die altbekannt waren: mehr beten, die Gebote beachten, einander lieben. Einem engeren Kreis von Vertrauten deutete sie auch an, dass sie in der Karwoche viel mit Jesus werde leiden müssen. Es klang so, als erwarte sie, dass sie wie der bekannte italienische Kapuziner Padre Pio oder andere Stigmatisierte die Wundmale Jesu empfangen werde. Sie legte sich zwei Tage kränklich ins Bett, ohne jedoch stigmatisiert zu werden.

Die Offenbarungen waren wenig originell, halfen aber der Frau, sich als eine Person zu fühlen, die eine herausragende Sendung und eine unangreifbare Botschaft hat. Endlich konnte sie ihrem Mann gegenüber zu Wort kommen und hatte auch einer Gruppe, ja der gesamten Weltkirche etwas zu sagen.

Anerkennungsbedürfnis als Leistungs- und Tugendstolz

Ebenfalls im Vorfeld einer ausgeprägten narzisstischen Persönlichkeitsstörung können sich Anerkennungsbedürfnisse im Leistungs- und Tugendstolz auswirken, mit dem manche Idealisten ihr Selbstwertgefühl und ihre Identität stützen. Das Narzisstische daran: Diese Einstellung lebt nicht aus dem frohen Bewusstsein, etwas zu tun, das die Mitmenschen und auch Gott erfreut, sondern sucht das befriedigende Gefühl, etwas vor Gott und der Welt Großes zu leisten und ein hervorragender Mensch zu sein. Sie vernachlässigt die soziale Sensibilität und kultiviert einseitig den Willen, weil sie damit eigene Schwächen zu überwinden und etwas Bedeutendes aus sich zu machen hofft: Es ist Voluntarismus und Perfektionismus, der vor allem an der eigenen Vervollkommnung interessiert ist. Darum bedeutet einem Menschen mit dieser Haltung das perfekte Erfüllen und quantitative Steigern (zu einem Übersoll) von traditionellen ethisch-religiösen Pflichten und Leistungen (Gottesdienstbesuche, Gebete, Fasten usw.) oft mehr als das einfühlsame und kreative Eingehen auf die Bedürfnisse anderer. Weil er Kritik an der eigenen Person unerträglich findet, deutet er sie gern um als Ausdruck des Unverständnisses, das die Konsequenten und Fortgeschrittenen von den Schwachen und Selbstsüchtigen erdulden müssen. Ein junger Christ, der eine Zeitlang dazu neigte, bemerkte rückblickend: »Es ist ein schönes und behagliches Gefühl, ›frömmer‹ zu sein als der ›Durchschnitt‹, der die traditionellen Formen der Frömmigkeit vernachlässigt.« Aber auch: »So ging es mir in der Begegnung mit einem anderen Menschen im Grunde

Frömmer sein wollen als der Durchschnitt

darum, dass ich meine Pflicht ihm gegenüber gut erfüllte, weil mir dabei meine Tugendhaftigkeit über die Frage ging, ob beispielsweise die von mir geforderte Pflicht notwendig war« (Hürten, 1988).

Fanatismus und »überwertige Idee« als Selbstwertbestätigung?

Auch der religiös-weltanschauliche Fanatismus wurzelt nach Ansicht mehrerer Autoren in starken Bedürfnissen nach Selbstwertbestätigung. Der ausgeglichene Gläubige fühlt sich beim Einsatz für seinen Glauben und dessen Ideale von deren Wert bereichert und zu einfühlsamer Rücksichtnahme auf die Bedürfnisse und Rechte der Mitmenschen motiviert. Der Fanatiker hingegen empfindet sich offensichtlich als grandioser, kämpfender Held und zu uneinfühlsamem, rücksichtslosem, intolerantem Vorgehen gegen die Gegner der Wahrheit und heiligen Sache berechtigt. In der öffentlichen Wahrnehmung werden besonders militante, gewaltbereite Führer und Anhänger von bestimmten Sekten und revolutionären Bewegungen beachtet, doch kann man eine Vielzahl von Fanatismustypen unterscheiden, darunter auch den des »stillen, introvertierten Überzeugungs-Fanatikers« (Hole, 2004), wie er in etwa durch Fallbeispiel 13 repräsentiert wird.

Fallbeispiel 13
Eine jüngere Frau, traditionell religiös erzogen, wird durch den Kontakt mit einem Kreis der Pfingstbewegung religiös neu angeregt und beginnt in ihrer nächsten Umgebung recht aufdringlich zu missionieren. Sie »nimmt an vielen religiösen Veranstaltungen teil, stellt ihr Leben auf mehr Bedürfnislosigkeit und auf völlige ›Reinheit‹ um und liest nur noch religiöse Schriften. Im Gespräch zeigt sie sich deutlich dialogunfähig, nur auf dogmatische Formeln festgelegt, in der Gewissheit, jetzt den wahren Glauben erlangt zu haben. Sie errichtet nun eine Andachtsecke im Wohnzimmer, hält dort laut und demonstrativ-missionarisch betend mehrmals täglich eine längere Andacht ab und versucht auch intensiv und nachhaltig, die Angehörigen dazu zu bewegen. Außer dem Religiösen hat sie keine weiteren Interessen mehr, pflegt auch nur noch wenige Kontakte, ausgenommen mit Angehörigen ihrer religiösen Gruppe. Sonst ist jedoch nichts weiter Auffälliges an ihrem Verhalten auszumachen« (Hole, 2004, S. 215).

Hole (2004) sieht im Fallbeispiel 13 einen »weichen« Fanatismus, der eine »abnorme religiöse Entwicklung« darstellt, aber weder mit Wahnideen noch
Definition von
Fanatismus einer psychischen Krankheit verbunden ist.

Leider ist das Phänomen Fanatismus wenig geklärt. Der Begriff, der aus der Umgangssprache und Publizistik nicht mehr wegzudenken ist, wird praktisch nur von deutschsprachigen Psychiatern und Tiefenpsychologen verwendet, nicht aber von der internationalen Klinischen Psychologie oder Sozialpsychologie. Die Abgrenzung zu Fundamentalismus und Dogmatismus ist nicht leicht, und die Autoren betonen unterschiedliche Wesenszüge und Erklärungsansätze.

Hole (2004, S. 44), der die bestehende Literatur kritisch gesichtet hat, sieht einen »gewissen Basiskonsens« darin, wenn man Fanatismus bestimmt als

Überwertige Ideen

- eine durch die Persönlichkeitsstruktur mitbedingte, *auf eingeengte Werte und Inhalte bezogene persönliche Überzeugung* von hohem Identifizierungsgrad;
- die *Durchsetzung dieser Überzeugung* mit großer Intensität, Nachhaltigkeit und Konsequenz, unter hohem Energieaufwand (»fanatische Energie«), wobei Dialog- und Kompromissunfähigkeit besteht;
- die *Bekämpfung von Außenfeinden* mit allen, auch rigorosen, aggressiven, vernichtenden Mitteln unter gleichzeitiger positiver Gewissenskonformität (»gutes Gewissen«).

Holes Ansicht nach spielen in den meisten Ausprägungen von Fanatismus »überwertige Ideen« eine Rolle: Einstellungen von abnormer Intensität und Bedeutung mit starker emotionaler Übergewichtigkeit und Einseitigkeit. Es sind nach einer ähnlichen Definition: »Wahnähnliche Überzeugungen, die nicht allen Wahnkriterien entsprechen, bei denen ein realer wahrer Kern existiert, die aber Leben und Handeln des Betroffenen übermäßig bestimmen und denen eine nicht mehr nachvollziehbare Bedeutung beigemessen wird« (Ebert, 1997, S. 31). Warum aber werden politische, rechtliche, moralische, gesundheitsbezogene und eben auch religiöse Überzeugungen zu »überwertigen Ideen«, mit denen sich jemand überidentifiziert und darum eine »fanatische Energie« entwickelt? Wahrscheinlich beruht eine solche Entwicklung auf mehreren Faktoren, die noch unbekannt sind, doch dürfte ein Motiv sehr wohl im abnormen Bedürfnis nach Selbstwertbestätigung bestehen – im Drang, quälende Wertlosigkeits- und Minderwertigkeitsgefühle zu kompensieren. Dies ist wohl eine Wurzel des »originären« wie auch des (bei Anhängern) »induzierten« Fanatismus (Bolterauer, 1989).

IV. Lobpreis über Pflicht und Berechnung hinaus?

Die Bereitschaft zu Dank und Verehrung

Judentum, Christentum und Islam sind einer Religiosität verpflichtet, die nicht nur das Bittgebet und die Selbstwertbestätigung kennt, sondern auch die Danksagung und Verehrung – einerseits als Gott geschuldete Pflicht, andererseits aber auch darüber hinaus als uneigennützige, freudige Antwort. Der Dank für die Schöpfung und Führung Gottes in den Psalmen Israels, die Eucharistie (wörtlich: Danksagung) im Neuen Testament, das in seinem letzten Buch, der Offenbarung des Johannes, die ewige Seligkeit als unaufhörliches Danken und Lobpreisen schildert, aber auch das täglich fünfmal zu verrichtende Pflichtgebet der Muslime und die Feste und Lieder dieser Religionen enthalten als zentrales Motiv eine Kultur der Danksagung und der Verehrung. Der Muslim spricht im Pflichtgebet nach der einleitenden Absichtserklärung: »Gott ist groß« (Allahu akbar) und bittet in der folgenden Sure 1 zwar um Hilfe, jedoch erst nach dem Lobpreis: »Im Namen des barmherzigen und gütigen Gottes. Lob sei Gott dem Herrn der Menschen in aller Welt, dem Barmherzigsten und Gütigen ...« und drückt seine Verehrung in Verbeugungen und Prosternationen aus.

Mag im nicht ritualisierten, spontanen Beten vieler Gläubiger die Bitte um Schutz, Hilfe und Mut im Vordergrund stehen, so beinhaltet das Gebet bei nicht wenigen auch die Bereitschaft, Gott ihren Dank und ihre Verehrung zu bekunden. Von den amerikanischen Teenagern erklärten 78%, von den Erwachsenen 89%, dass sie »immer« oder »manchmal« Gott oder dem Schöpfer gegenüber ihre Dankbarkeit ausdrücken (Gallup, 1998). Die von Tamminen (1993) befragten volkskirchlich geprägten finnischen Schüler zwischen 9 und 16 Jahren erwähnten zwar in ihren Antworten auf die offen formulierte Frage, wo sie die Nähe Gottes erführen, am häufigsten Situationen der Angst und der Einsamkeit, nannten jedoch auf die mit vier Antwortvorgaben gestellte Frage: »Was ist beim Beten am wichtigsten?« als das Wichtigste: den »Dialog mit Gott und den Dank an ihn« und praktisch als gleich bedeutsam das »Erlangen eines Gefühls von Sicherheit«, aber erst an dritter Stelle das »Richten von Bitten und Wünschen an Gott«. Darum könnte es religionspsychologisch aufschlussreich sein, auch zu fragen, *in welchem Maß und auf welche Weise die Religiosität eines Gläubigen von der Bereitschaft zu Dank und Verehrung (Lobpreis, Anbetung) motiviert ist* bzw. ob ihr diese Komponente

Gebet ist
nicht nur
Bitte

fremd ist, und von welchen Bedingungen dies abhängt. Gibt es überhaupt eine als durch und durch positiv und nicht nur als Pflichterfüllung empfundene Bereitschaft dieser Art, sodass Religiosität auch deshalb als emotional bedeutsam erlebt werden kann, weil sie diese anspricht?

Sowohl Dankbarkeit als auch Verehrung gehören zu den positiven Emotionen, für die sich die neuere ressourcenorientierte Psychologie interessiert. Allerdings hat das Phänomen Verehrung, Bewundern, Staunen bisher noch wenig Aufmerksamkeit gefunden, während das Thema Dankbarkeit seit Ende der 1990er-Jahre als zwischenmenschliches Erleben und entsprechende Disposition empirisch untersucht wurde (Emmons & McCullough, 2004). Eine religionspsychologische Untersuchung steht noch aus; darum können auch die folgenden Überlegungen nur eine Skizze bieten.

Dankbarkeit

Dankbarkeit kann man als Gefühl freudiger bzw. als gerecht und gesollt empfundener Anerkennung verstehen, das dadurch ausgelöst wird, dass man eine Befriedigung (als Gabe) dem Wohlwollen eines anderen zuschreibt (attribuiert). Sie wird in einzelnen Emotionen und Stimmungen erlebt, ist aber meistens in einer verhältnismäßig stabilen, situationsübergreifenden Persönlichkeitsdisposition (trait gratitude) verankert: Es gibt dankbare und undankbare Menschen. Der Ausdruck von Dankbarkeit kann von Konvention, Pflichtbewusstsein und Berechnung bestimmt sein, aber auch von spontaner, uneigennütziger Freude. Die genannten Motive schließen sich nicht aus und dürften oft gleichzeitig wirksam sein. Die Bereitschaft zu Dankbarkeit geht statistisch mit Lebenszufriedenheit und Glücklichsein (Park, Peterson & Seligman, 2004) einher, aber auch mit positivem Affekt, prosozialen Einstellungen und intrinsischer Religiosität (McCullough et al., 2002; McCullough et al., 2004; Watkins et al., 2003). Religiöse Einstellungen können wohl die Bereitschaft zu allgemeiner Dankbarkeit fördern, doch kann umgekehrt auch die Bereitschaft zu allgemeiner Dankbarkeit die Entwicklung religiöser Dankbarkeit begünstigen.

Wie kann man sich die Kopplung dieser »grateful disposition« (McCullough et al., 2002) mit religiösen Überzeugungen und Verhaltensweisen denken? Welche Beobachtungen, die bisher nur zur Dankbarkeit gegenüber Mitmenschen bzw. dem »Leben« gesammelt wurden, lassen sich auf die Beziehung zu Gott übertragen, den die monotheistischen Religionen zwar als Du, aber als Du übermenschlicher Art auffassen?

> Formen der
> Dankbarkeit

Judentum, Christentum und Islam sind überzeugt, dass sich das Universum und darin der Mensch – gleich, wie man zur modernen Evolutionstheorie steht – letztlich dem Schöpfungswillen Gottes verdanken, dass dieser Gott den Gläubigen beisteht, dass er sich durch Propheten bzw. durch seinen Sohn und Logos offenbart hat und die Menschen zu ewiger Gemeinschaft mit sich führen will. Diese Grundüberzeugungen sind Gegenstand einer Kultur der Danksagung im privaten Gebet wie auch in gemeinsamen Gottesdiensten. Die Glaubensüberzeugungen und die Praxis des Dankens können auf vielfältige Weise die Bereitschaft zum Danken ansprechen und zu einer Befriedigungsstrategie werden (s. Abbildung 1, S. 31), die – auch aufgrund religiöser Attributionen – die Lebenszufriedenheit erhöht. Gleichzeitig erhält das religiöse Denken, Erleben und Verhalten dadurch eine deutliche Dankbarkeitsorientierung. Eine religiöse Kultur des Dankens

Mögliche
Wirkungen
religiöser
Dankbarkeit

- *verleiht den einzelnen Positiverfahrungen und dem Leben im Ganzen einen Mehrwert*, indem sie sie über die Banalität bloß menschlichen Produzierens und Konsumierens hinaus als Gabe und Geschenk einer göttlichen Güte an den Menschen deutet;
- *kann damit das Selbstwertgefühl des Gläubigen steigern.* Denn im Licht des Glaubens sieht er sich und den Kosmos nicht – atheistisch – als Produkt des Zufalls und auch nicht nur – agnostisch – durch »die Gunst des Seins« (Martin Heidegger) geworden oder – gedankenlos – als bloßes Faktum, sondern als Adressat und Partner einer göttlichen Zuwendung. Ein Gläubiger kann sich nicht nur bei besonderen Glücksfällen, sondern einfach aufgrund der Tatsache, dass er lebt, als beschenkt und geliebt betrachten. So sagte das Mitglied einer christlichen Laienbewegung einmal: »Gott umarmt uns durch die (sichtbare) Wirklichkeit.« Dies festigt auch – analog zur Dankbarkeit zwischen Menschen – die Beziehung zu Gott;
- *lenkt die Aufmerksamkeit systematisch auf das Positive und Gelingende im Leben* (u.U. mit der Gefahr der Leidvergessenheit), denn für den Schöpfungsglauben kann die Welt als Werk eines guten Gottes ja nicht überwiegend schlecht sein. Dies kann die Bereitschaft fördern, auch außerhalb von Gebet und Gottesdienst, in der Bewertung und Bilanzierung von Erfahrungen das Positive stärker zu beachten und Unzufriedenheit zu vermeiden.

Tatsächlich scheinen viele Gläubige zu bestätigen, dass die Bereitschaft zu Dank und Verehrung für ihre Religiosität sehr wichtig ist. Die entsprechenden Antwortvorgaben des *Münchner Motivationspsychologischen Religiositäts-Inventars* (MMRI) (Zwingmann et al., 2004) fanden in einer deutschen Stichprobe starke Zustimmung. Sie lauten:

(1) Ich empfinde alles in meinem Leben als Geschenk Gottes bzw. einer höheren Wirklichkeit.

(2) Es macht mich froh, Gott bzw. einer höheren Wirklichkeit zu danken.

(3) Ich glaube nicht nur, sondern empfinde Gott bzw. einer höheren Wirklichkeit gegenüber Verehrung.

(4) Es ist für mich immer eine Freude, an die Größe Gottes bzw. einer höheren Wirklichkeit zu denken.

Indes ist die Bereitschaft, aus religiöser Danksagung Gewinn zu ziehen, sicher nicht so drängend wie etwa das Streben nach äußerer Kontrolle und nach Angstreduktion im Bittgebet, sondern eher wie eine zusätzliche Bereicherung des Lebens. Man kann das Danken unterlassen, ohne deswegen an einem drückenden Mangel zu leiden. Freudige, erfüllungsbestimmte und uneigennützige religiöse Dankbarkeit ist vermutlich auch an anspruchsvolle Bedingungen gebunden, die erklären, dass sie u.U. unterentwickelt bleibt:

Bedingungen für religiöse Dankbarkeit

• Für eine emotional bedeutsame religiöse Dankbarkeit genügt es nicht, nur allgemeine Aussagen über Gottes Schöpfung und Führung zu kennen – der Gläubige muss diese auch als Attributionen verinnerlicht haben, die seine konkreten Befriedigungen betreffen. Der Schöpfungsglaube beantwortet wohl für viele Christen nur die Frage nach der Weltentstehung, ohne ihre Wertschätzung der Natur, der Chancen der Technik und der eigenen Genuss- und Wirkmöglichkeiten zu berühren und zu inspirieren.

• Religiöse Dankbarkeit setzt die Bereitschaft voraus, sich das nicht Selbstverständliche des Alltäglichen und Normalen bewusst zu machen und das letzte Woher der eigenen Kräfte und des Potenzials der Welt zu bedenken – ein metaphysisches Denken, das in säkularen Kulturen nur in religiösen Kreisen geübt wird.

• Religiöse Dankbarkeit erfordert Demut im Sinne der Bereitschaft, seine Abhängigkeit von einem Größeren anzuerkennen. Menschen mit narzisstischen Tendenzen fällt dies schwer, doch kann auch eine religiöse Unterweisung eine autoritäre Gottesvorstellung vermitteln, die Unterdrückungsängste und damit Widerstand, Reaktanz auslöst.

• Religiöse Dankbarkeit hängt vielleicht auch vom generalisierten Optimismus bzw. Pessimismus des Gläubigen ab. Wer dazu neigt, die Grenzen menschlicher Positiverfahrungen zu betonen und eigenes sowie fremdes Leid stark zu beachten, wird – wenn überhaupt – eher ein Danken für den Halt in Not entwickeln (»Schützengrabenreligion«), während jemand, der vor allem die Zuwendung Gottes in allen Ereignissen hervorhebt, eher zu einem »Lobt-den-Herrn«-Überschwang tendiert, der Leid als Ausnahmefall bagatellisiert und einfache Erfolge als wunderbare Fügungen und Liebeserweise Gottes verklärt.

Verehrung

Was von der religiösen Dankbarkeit gesagt wurde, gilt wohl weitgehend auch für die Verehrung von Göttern, Gott oder dem Absoluten. (Der Einfachheit halber wird hier von der Verehrung heiliger Menschen, Handlungen, Gegenstände und Orte abgesehen.) Religiöse Verehrung kann man als das Gefühl freudiger und meist auch als gerecht und gesollt empfundener Anerkennung und des Staunens verstehen, das dadurch ausgelöst wird, *dass man einer übermenschlichen Instanz eine überragende Größe und Bedeutung zuschreibt* (attribuiert). In der Verehrung achtet der Gläubige nicht nur auf das Wohlwollen, die Güte und die Gnade Gottes, sondern auch auf seine Bedeutung, seinen Wert, seine Größe. Er beachtet ihn nicht nur als Quelle von Gaben und letztlich von Zuwendung, sondern – noch stärker andernbezogen – als Eigenwert und Adressat seiner Anerkennung.

Bereitschaft zu »awe experience«?

Für Keltner und Haidt (2003) umfasst das Gefühl der Ehrfurcht (awe experience) einerseits wahrgenommene Weite – sei es als Macht oder als Größe – und andererseits das Bedürfnis nach Akkommodation, d.h. die Unfähigkeit, eine Erfahrung an die gängigen mentalen Strukturen zu assimilieren. Gibt es nun eine Bereitschaft, ein Motiv, solche Erfahrungen aufzusuchen, wie es der Gläubige tut, wenn er sich die Größe Gottes bewusst macht? Die Psychologie hat die Emotion der Ehrfurcht und die entsprechende Disposition kaum untersucht. In ihrer Sorge um die Gewährleistung größtmöglicher Autonomie scheinen viele Psychologen diesem Phänomen zu misstrauen. Das Motiv der »deference« (Unterwürfigkeit), das Murray (1938) in seinem umfangreichen Katalog der psychogenen Bedürfnisse anführt, ist hier nicht gemeint, obgleich eine religiöse Unterweisung mit autoritärer Gottesvorstellung Gottesverehrung sehr wohl als geschuldete Unterwerfung darstellen kann. Es dürfte aber auch eine emotionale Bereitschaft geben, über das Selbstwertstreben hinaus den Wert anderer Wesen, Dinge und Handlungen freudig als anerkennenswert zu empfinden. Sie macht verständlich, dass ein Gläubiger die Verehrung und Anbetung Gottes als positive, erstrebenswerte Ich-Erweiterung und Bereicherung erleben kann: als staunende, bewundernde Verbundenheit mit einem überragend Wertvollen und Großen – ohne dass er diesen Großen fanatisch oder narzisstisch idealisieren müsste, ohne mit ihm verschmelzen zu wollen und ohne um seine Autonomie zu fürchten. Ähnlich, wie ein junges Kind religiöse Verehrung u.U. als Möglichkeit erlebt, mit jemandem in Verbindung zu treten, der noch verehrungswürdiger ist als die bewunderten Eltern oder eine faszinierende Naturerscheinung. Dies illustriert das folgende Fallbeispiel.

Fallbeispiel 14
Eine Frau schreibt im Rückblick auf die Zeit, als sie vier oder fünf Jahre alt war: »Ich erinnere mich noch genau der Sommernacht, in welcher mich mein Vater in den Garten führte, um mir die Milchstraße und einige Sternbilder zu zeigen. (Er sagte:) ›Alle diese Sterne hat Gott geschaffen, sie sind Werke Gottes wie die Sonne, der Mond und die Erde mit allem, was du siehst.‹ Auf diese Weise trat Gott erstmals in mein Kinderleben auf eine meinem Verstand zugängliche Art ... Mein Vater hatte mir den allmächtigen Schöpfer-Gott gezeigt, den unendlich großen Geist, der die Kraft und die Macht hat, aus dem Nichts ein Weltall hervorzubringen. Der Einbruch dieser Erkenntnis Gottes in mein Leben machte auf mich einen gewaltigen Eindruck ... Nach dieser Sommernacht ging ich tagelang wie benommen durch meine kleine Kinderwelt, die mir nun so groß erschien, und ich schaute alles an mit dem Gedanken: ›Gott hat all das erdacht, Gott hat all das erschaffen.‹ Welch neue Freude. All das war für mich den Händen Gottes entsprungen« (Steinmann, 1952).

Die Schilderung in Fallbeispiel 14 ist sicher von der Ausdruckweise und Sicht der erwachsenen Frau geprägt, doch die Erinnerung, die sie als »neue Freude« beschreibt, dürfte echt sein. Die emotionale Bereitschaft zum Staunen und Verehren kann sich so zu bewusster Gottesverehrung entwickeln, vorausgesetzt, sie wird in einer regelmäßigen religiösen Praxis gepflegt und nicht von anderen Bedürfnissen überlagert.

V. Macht Glaube mitfühlend und Mitgefühl gläubig?
Die Bereitschaft zu prosozialem Empfinden und Verhalten

Alle Weltreligionen verlangen von ihren Gläubigen grundsätzlich Wohlwollen und Hilfsbereitschaft gegenüber den Mitmenschen, auch wenn sich die sozialethischen Normen, die Praxistraditionen und die religiösen Begründungen unterscheiden. Allerdings verwirklichen die einzelnen Gläubigen die sozialen Weisungen und Ideale ihrer Glaubensgemeinschaft und

-überlieferung auf je eigene Weise. Wenn in christlichen Gemeinden zum Abbau von Vorurteilen gegen Ausländer, zu Spenden für die Katastrophenhilfe oder zur Unterstützung von Entwicklungshilfe-Initiativen aufgerufen wird, ist die Resonanz bei den einzelnen Mitgliedern – unabhängig von ihren finanziellen, zeitlichen und fachlichen Möglichkeiten – unterschiedlich. Ähnlich, wenn Muslime die jährlich geforderte Sozialsteuer (zakat) zugunsten von Mittellosen entrichten sollen oder zu einer besonderen Spendenaktion aufgerufen werden. Auch das soziale Verhalten in Familie, Nachbarschaft und am Arbeitsplatz ist individuell verschieden. Die Religiosität von Gläubigen kann in hohem Maß gewissenhaft, kontrollmotiviert, selbstwertbedeutsam, dankbar und verehrungsbereit sein, sich aber egozentrisch auf das Wohl der eigenen Person und ihre Beziehung zum Göttlichen beschränken; sie kann aber auch wesentlich mit der Bereitschaft zu gerechtem und hilfsbereitem Empfinden und Verhalten verbunden sein. Man kann auf soziale wie auch auf unsoziale Weise religiös sein, so wie man auf religiöse wie auch auf areligiöse Weise sozial sein kann. Denn soziales Verhalten kann in vielerlei Motiven – areligiösen und religiösen – wurzeln. Wenn die Religionspsychologie die individuelle Ausprägung einer Glaubenseinstellung verstehen will, sollte sie also auch fragen, *in welchem Maß und auf welche Weise die Religiosität eines Menschen zu prosozialem Empfinden, Denken und Verhalten motiviert* bzw. inwiefern sie auch deshalb als bedeutsam erlebt wird, weil sie prosozialem Empfinden, Denken und Verhalten einen höheren Sinn zuerkennt, der über ein bloß spontanes Mitgefühl und eine rein ethisch-humanistische Verpflichtung hinausgeht.

Egozentrische oder soziale Religiosität

Prosoziales Verhalten

Sei es als geplante, organisierte Hilfe – etwa in einem Ehrenamt – oder spontan und informell, sei es in schwerwiegender Notlage – etwa durch eine Organspende – oder in kleinen Alltagsschwierigkeiten, sei es durch aktives Tun oder durch Spenden: Prosoziales Verhalten ist in vielen Formen möglich und kann einen hohen Stellenwert im Erleben des Einzelnen und im Zusammenleben von Individuen einnehmen. Seit den 1960er-Jahren entwickelte sich eine umfassende Forschung, die sowohl die Bedingungen unterlassener als auch geleisteter Hilfe untersuchte, wobei die Begriffe prosozial, hilfreich und altruistisch oft synonym verwendet wurden. Nach Bierhoff (2002) sollen hier jene Interaktionen als prosoziales Verhalten bezeichnet werden, die mit der Absicht erfolgen, das *Wohlergehen konkreter anderer*

Personen zu fördern und zwar freiwillig, nicht als bezahltes »hilfreiches«
Verhalten im Rahmen beruflicher oder anderer Verpflichtungen.

Prosoziale Handlungen und Absichten können von mehreren Motiven
bestimmt sein, die sich gegenseitig nicht ausschließen. Als extrinsisch und
eigennützig können Motive gelten, die überwiegend eigene Gewinne anzielen: die Erwartung von materieller Belohnung und sozialer Anerkennung;
Angst vor Strafe und Ansehensverlust bei unterlassener Hilfeleistung (Kon-
formitätsdruck); Befriedigung von Kontaktbedürfnissen; Erweiterung der
sozialen Kompetenz; Erleben eigener Wirksamkeit; Suche nach Abwechs-
lung (sensation seeking); Befreiung von persönlicher Pein bei starken Mit-
leidsgefühlen (negative state relief). Intrinsische Motive, die prosoziales Verhalten altruistisch, d.h. uneigennützig machen, sind solche, die hauptsächlich
das Wohlergehen der anderen Personen anzielen, während persönliche Gewinne Nebenwirkungen sind, die nicht direkt intendiert werden: Besorgtsein
um das Wohl Bedürftiger, das sich vom bloßen Vermeiden peinigender Mit-   Intrinsische
leidsgefühle unterscheidet (Batson, 1991; Borkenau, 1991); Empathie bzw.   Motive
Perspektiven-Übernahme, die beim Beobachter Hilfeimpulse auslöst (zumal
bei großer Ähnlichkeit); stellvertretende Erleichterung und Freude; Sinnerfüllung und Selbstwertsteigerung aufgrund der Befolgung einer ins persönliche Wertesystem verinnerlichten Norm und Verpflichtung, Menschen in
Not zu helfen (Verantwortung, Humanität, Nächstenliebe).

Die Experimente, mit denen Batson et al. (1989) nachgewiesen haben wollen, dass
die Hilfsbereitschaft von intrinsisch Religiösen eigennützig an Selbstbelohnung
und günstigem Schein ausgerichtet ist, die von Personen mit sogenannter Quest-
Orientierung sich aber echt altruistisch an den Bedürfnissen anderer orientiert, sind
umstritten. Die kleinen Stichproben von Studierenden, die speziellen Kontexte des
Helfens, die psychometrischen Schwächen der Quest-Skala, die Uneinheitlichkeit
mancher Ergebnisse machen eine Verallgemeinerung ihrer Schlussfolgerungen
fragwürdig (zusammenfassend: Spilka et al., 2003). Auch der angenommene Gegensatz zwischen Altruismus und Selbstbelohnung wirkt konstruiert.

Der Blick auf das prosoziale Empfinden und Verhalten ist auch von allgemeinem moralpsychologischen Interesse. Denn er erhellt nicht nur das Hilfeverhalten, sondern auch die Einstellung zu Normen eines gerechten Zu-
sammenlebens diesseits von Hilfsbereitschaft. Er macht nämlich verständlich,   Altruistische
wie diese Normen prosozial, d.h. aus innerer Einsicht, die von Einfühlung   Persönlichkeit
und Mitgefühl bestimmt ist (autonom), beachtet werden können – und nicht
nur eigennützig, in Erwartung von Vergeltung oder in Anpassung an sozialen
Zwang (heteronom). Als altruistische Persönlichkeit bezeichnet man die

verhältnismäßig überdauernde Bereitschaft zu prosozialem Empfinden und Verhalten, d.h. die Tendenz, über das Wohlergehen anderer Menschen nachzudenken, Mitgefühl mit ihnen zu empfinden und sich für ihr Wohl einzusetzen (Penner & Finkelstein, 1998). Sie zeichnet sich aus durch Befolgung der Norm sozialer Verantwortung, hohe Bereitschaft zu Empathie, starkes internales Kontrollbewusstsein, geringe Neigung zu skrupelloser Verfolgung von Eigeninteressen (Macchiavellismus) und einen ausgeprägten »Glauben an eine gerechte Welt«.

Die Bedingungen, unter denen eine altruistische Einstellung (ontogenetisch) entsteht und prosoziales Verhalten in verschiedenen Situationen (aktualgenetisch) vorhergesagt werden kann, sind nur bruchstückhaft erforscht. Erst recht ist eine theoretische Erklärung des Zusammenhangs zwischen Prosozialität und Religiosität nur in Ansätzen möglich.

Fördert Religiosität prosoziales Empfinden und Verhalten?

Gläubige sind durchaus überzeugt, dass ihre Religiosität ihr prosoziales Empfinden und Verhalten positiv bestimmt. Das *Münchner Motivationspsychologische Religiositäts-Inventar* (MMRI) (Zwingmann et al., 2004) ermittelt dies mit folgenden Aussagen, die von vielen der 1 058 (überwiegend christlichen) Befragten bejaht wurden, zusammen mit Items zur Bereitschaft zu moralischer Selbstkontrolle:

---

(1) Mein religiöser Glaube bestärkt mich darin, anderen gegenüber hilfsbereit zu sein.

(2) Mein religiöser Glaube ermutigt mich, Notleidende zu unterstützen.

(3) Mein religiöser Glaube ist für mich ein wichtiger Grund, die Rechte anderer Menschen zu respektieren.

(4) Hilfsbereit zu sein, gehört ganz wesentlich zu meinem Glauben.

In welchem Maß beeinflusst Religiosität tatsächlich prosoziales Empfinden und Verhalten? Weil sowohl Religiosität als auch prosoziales Verhalten unterschiedlich gemessen wurden, sind nicht alle Untersuchungsergebnisse einheitlich. Doch kann folgendes Ergebnis als gesichert gelten: Intrinsische Religiosität steht mit der ideellen Wertschätzung von Hilfsbereitschaft, die ja eine Voraussetzung für prinzipiengeleitetes prosoziales Verhalten ist, sowie mit dem (selbstberichteten) tatsächlichen Hilfehandeln in einem posi-

Ideelle Wertschätzung von Hilfsbereitschaft

tiven statistischen Zusammenhang, der allerdings nicht sehr stark ist (zu-sammenfassend: Batson, Schoenrade & Ventis, 1993; Spilka et al., 2003). Diese Ergebnisse sind zweifellos auch von der Tendenz bestimmt, im Sinne sozialer Erwünschtheit zu antworten und sich als Verwirklicher des proso-zialen religiösen Selbstideals darzustellen, doch erklärt dieser Einfluss nicht alles, da die positive Beziehung auch besteht, wenn man den Lügenscore berücksichtigt (z.B. Hunsberger & Platonow, 1986).

In den USA haben 1987 zwei repräsentative Umfragen ermittelt, dass die Mitglieder von Kirchen- und Synagogengemeinden mit 80% deutlich häufiger als die Nichtmitglieder mit ihren 55% erklärten, dass sie für wohl-tätige Zwecke Geld spenden und (Gemeindemitglieder: 51%, Nichtmit-glieder: 33%) ehrenamtliche Aufgaben übernehmen (Hodgkinson et al., 1990). Sowohl der jährlich gespendete Geldbetrag als auch die wöchentlich für ehrenamtliches Engagement verwendete Zeit waren bei ihnen höher und nahmen mit der Häufigkeit des Gottesdienstbesuchs zu, obwohl die wö-chentlichen Gottesdienstbesucher im Durchschnitt ein geringeres Einkom-men hatten als die anderen. Die Denominationsangehörigen engagierten sich durchaus auch außerhalb ihrer eigenen Hilfswerke, ja das Spendenauf-kommen der nichtreligiösen Wohltätigkeitsvereinigungen kam zu zwei Dritteln von ihnen, doch entsprachen ihre Präferenzen weitgehend den so-zialen Aktivitäten ihrer Denomination. Die meisten ihrer Ehrenamtlichen wurden auch durch eine karitative Vereinigung ihrer Denomination zum er-sten konkreten Einsatz angeregt. Zu einem ähnlichen Ergebnis kam eine 1996 durchgeführte Befragung (Regnerus et al., 1998).

Empirische Beobachtungen

In einer ebenfalls für die USA repräsentativen Untersuchung stellte Wuthnow (1991, S. 125) bei Personen mit religiöser Einstellung eine starke grundsätzliche Hochschätzung des Helfens fest: »Von den Individuen, die sagen, tiefer religiöser Glaube sei absolut wesentlich für sie, geben 89% an, die Unterstützung von Notleidenden sei sehr wichtig. Diese Zahl sinkt auf 52% bei Leuten, die erklären, tiefer religiöser Glaube sei nicht sehr bedeut-sam für sie.« Allerdings scheint persönliche Frömmigkeit für den Schritt in die Praxis nicht zu genügen, vielmehr bedarf es dazu auch der Verbunden-heit mit einer Kirchen- oder Synagogengemeinde, die zu bestimmten sozi-alkaritativen Handlungen ermuntert: Die beiden spirituellen Merkmale »Gefühl der Geborgenheit in Gott« und »Wertschätzung eines tiefen Glau-bens« gingen nur bei den Personen mit sozialem Engagement einher, die durch regelmäßigen Gottesdienstbesuch aktiv mit ihrer Glaubensgemein-schaft verbunden sind. Deren Einfluss kanalisiert auch die Aufmerksamkeit, d.h.: »Was jemand als Bedürftigkeit betrachtet und wann er Hilfe für angemessen hält, wird von der Organisation geprägt, der er angehört« (Wuthnow, 1991, S. 127).

Von den repräsentativ befragten 12- bis 17-jährigen US-Amerikanern nannten 32% der gesamten Stichprobe, aber 42% von den wöchentlichen Gottesdienstbesuchern das Motiv: »Meine religiösen bzw. spirituellen Anliegen veranlassten mich zum ehrenamtlichen Engagement« als sehr wichtigen Grund (Wuthnow, 1995).

Auch bei einer repräsentativen Befragung von 16- bis 29-jährigen Deutschen im Jahr 2006 zeigten von denjenigen, die sich als religiös verstehen, eindeutig mehr soziale Einstellungen als von den Nichtreligiösen, wie aus Tabelle 5 zu ersehen ist.

Tabelle 5: Was 16- bis 29-jährigen Deutschen wichtig ist (Quelle: Institut für Demoskopie Allensbach, 2006)

	Nichtreligiöse	Religiöse
Soziale Gerechtigkeit	52%	69%
Menschen in Not helfen	46%	69%
Verantwortung für andere übernehmen	26%	43%
Aktive Teilnahme am politischen Leben	7%	14%
Hohes Einkommen	49%	37%

Eine kleinere Untersuchung bei 99 ehrenamtlichen Helfern in Deutschland ergab, dass die Wichtigkeit, die sie der Religion beimessen, mit r = .43 positiv korrelierte mit der aufgewendeten Zeit (Küpper & Bierhoff, 1999).

Wie Religiosität Prosozialität fördern kann

Verglichen mit Menschen, die wenig oder nicht religiös sind, weisen die Gläubigen also ohne Zweifel eine höhere prosoziale Motivation auf; gemessen an ihren eigenen Normen und Leitzielen (zumal dem biblischen: »Liebe deinen Nächsten wie dich selbst«) bleiben sie jedoch hinter ihrem Ideal zurück. Religiosität fällt nicht einfach mit hundertprozentiger Prosozialität zusammen. Wie ist der prosozialitätsfördernde Einfluss von Religiosität im Einzelnen zu erklären, und was begrenzt dessen Wirkung?

Eine Theorie, die alle Faktoren prosozialen Verhaltens berücksichtigt, steht zwar noch aus, doch vermag das vierphasige aktualgenetische Prozessmodell von Schwartz und Howard (1981, 1982) viele Beobachtungen zu erklären und ist nicht nur ergänzungsbedürftig (Eisenberg, 1986; Schmitt et al., 1986), sondern auch ergänzungsfähig durch sozialisations- und lerntheoretische Gesichtspunkte. Dieses Modell soll den folgenden Überlegungen zugrunde gelegt werden. Nach Schwartz und Howard kommt prosoziales Verhalten – sei es eine Spende, erste Hilfe bei einem Verkehrsunfall oder die Übernahme einer ehrenamtlichen Tätigkeit – dann zustande, wenn folgende Bedingungen erfüllt sind, bzw. folgender Prozess günstig verläuft.

I. *Aktivierungsschritte (Aufmerksamkeitsphase)*
Beim potenziellen Helfer oder Benefaktor müssen folgende Teilprozesse aktiviert werden:

Das Prozessmodell von Schwartz & Howard

(1) Wahrnehmen, dass sich eine andere Person in einer Notlage befindet.
(2) Erkennen, dass es Möglichkeiten gibt, die Notlage zu beseitigen.
(3) Erfassen, dass er selbst Abhilfe schaffen kann, d.h. kompetent ist.
(4) Erkennen, dass er dafür eine gewisse Verantwortung hat, weil der andere gerade auf ihn angewiesen ist usw.
Sind diese Aufmerksamkeitsprozesse positiv verlaufen, so ist eine zweite Phase möglich:

II. *Verpflichtungsschritt (Motivationsphase)*
(5) Aktivieren von persönlichen Normen und Gefühlen der moralischen Verpflichtung.

Beim genuin uneigennützigen Handeln folgt der potenzielle Benefaktor nicht nur (1. Motiv) sozialen Normen, d.h. den Erwartungen und Sanktionen der sozialen Umwelt, sondern wendet auch persönliche Normen auf die Situation an. In ihnen konkretisiert er allgemeinere Normen, die den übergreifenden Werten und Idealen (Gleichheit, Humanität) entsprechen, die er verinnerlicht hat. Persönliche Normen sind Erwartungen an sich selbst, nach denen man sich vor und nach der Entscheidung bewertet und dementsprechend (2. Motiv) Gewinn oder Verlust von Selbstwertgefühl, innere Zufriedenheit oder Scham und Schuld erlebt. Als weiteren Beweggrund (3. Motiv) nennen die Autoren die emotionale empathische Erregung (Mitleid), ohne sie jedoch voll in ihren Ansatz integrieren zu können. – Fühlt man sich zum Handeln verpflichtet, so prüft man jedoch vor Bildung und Ausführung der Absicht noch verschiedene Möglichkeiten:

III. *Abwehrschritte*

(6) Berechnen der antizipierten Kosten und des Nutzens von Hilfe und deren Unterlassung.

Werden die Kosten (physischer, sozialer und moralischer Art) als zu hoch bzw. die subjektive Verpflichtung und die zu erwartende Genugtuung als zu wenig zentral erlebt, so neigt der potenzielle Helfer zur Neutralisierung der erlebten Verpflichtung. Diese Verantwortlichkeitsabwehr ist auch ein Schutz, um ungerechtfertigte Hilfsappelle abzuweisen und die eigenen Bedürfnisse nicht über Gebühr zu vernachlässigen.

(7) Neubewerten der Entscheidungssituation.

Etwa durch Leugnen der Notlage oder ihrer Dringlichkeit, der eigenen Zuständigkeit oder der Angemessenheit der aktivierten Normen.

(8) Wiederholen der früheren Schritte (1–5) in einer Neubewertung.

IV. *Reaktionsschritt*

(9) Handeln oder Nichthandeln.

Im Hinblick auf die beteiligten Motivationsprozesse, d.h. abgesehen von Situationsfaktoren, sind nach diesem Modell zwei Bedingungen entscheidend für die Ausführung von prosozialem Handeln in einzelnen Situationen wie auch für dessen Wiederholung in ähnlichen Lagen (»altruistische Persönlichkeit«): (1) Die Bereitschaft zu empathischer Erregung (Mitgefühl, Mitleid) sowie (2) die Zentralität, mit der der Wert altruistischen Handelns verinnerlicht und zu persönlichen Normen konkretisiert wurde. Wie können nun prosoziale religiöse Überzeugungen und Verhaltensweisen/Aktionen – seien sie gemeinschaftlich oder individuell – prosoziales Verhalten günstig beeinflussen?

(1) Schon in der Aufmerksamkeitsphase können Glaubensgemeinschaften die Wahrnehmung fremder Not dadurch fördern (Aktivierungsschritt 1), dass sie durch bestimmte Traditionen (z.B. die »leiblichen und geistigen Werke der Barmherzigkeit« im Christentum, die täglich zu verrichtende »gute Tat« der Pfadfinder) oder aktuelle Aufrufe zur Unterstützung von Hilfswerken und Initiativen auf bedrückende Notlagen hinweisen. Im Sinne der Aktivierungsschritte 2 bis 4 bzw. von Schritt 6 können solche Appelle mit praktischen Hilfsmöglichkeiten vertraut machen und dadurch Hemmschwellen zum Handeln abbauen und dem Gefühl entgegenwirken, der Einzelne sei den vielfältigen Nöten der Welt gegenüber machtlos und inkompetent. Daraus dürfte sich ein Teil des oben belegten Zusammenhangs zwischen Prosozialität und Teilnahme am religiösen Leben einer Gemeinde erklären.

Wahrnehmung
fremder Not

(2) Den stärksten Einfluss übt Religiosität indes vermutlich innerhalb der Motivationsphase beim Schritt 6 aus, indem sie die Voraussetzungen zum Aktivieren von persönlichen Normen und Gefühlen der moralischen Verpflichtung und Erfüllung verstärkt. So ist für den christlichen Glauben gerechtes und hilfsbereites Handeln nicht nur ein anonymes Sollen des Gewissens oder der öffentlichen Meinung, sondern einerseits unbedingte Verpflichtung vonseiten Gottes und andererseits höchste Sinnerfüllung: unvergleichlich wertvoll, eine Einladung, an Gottes Gerechtigkeit und Zuwendung mitzuwirken. »Kommt her ..., was ihr für einen meiner geringsten Brüder getan habt, das habt ihr mir getan« (Matthäus 25,40).

Moralische
Verpflichtung

Religiöse Motivation kann vermutlich in zwei Hauptformen aufgebaut werden und ins Spiel kommen, wobei man nicht weiß, wie verbreitet diese sind. (1) Auf eine mehr instrumentelle und extrinsische Weise kann ein Gläubiger prosoziales Verhalten deshalb als bedeutsam betrachten, weil er damit einem (heteronom aufgefassten) Gebot Gottes folgt, dessen Missachtung diesseitige und jenseitige Strafe und dessen Befolgung Lohn nach sich zieht. Tendenziell wird bei dieser Einstellung das Wohl des Nächsten nicht um seiner selbst willen angestrebt, sondern um des eigenen Nutzens willen. (2) Auf eine intrinsische Weise kann ein Gläubiger aber prosoziales Verhalten deshalb als bedeutsam erachten, weil er sozusagen mit den Augen Gottes, der Gerechtigkeit und Liebe in Person, das Wohl des Mitmenschen um seiner selbst willen als hohen Wert und die Verweigerung von Hilfe in wichtigen Fällen als (Selbst-) Ausschluss aus der Gemeinschaft mit diesem Gott betrachtet, während die Hilfeleistung einem Mitwirken und Mitlieben mit ihm gleichkommt.

Religiöse Überzeugungen können also – wenn die notwendigen Sozialisationsbedingungen erfüllt sind, nämlich ein solidaritätsförderliches Lernen am Modell, Lernen durch Unterweisung sowie Lernen durch Fremdverstärkung und soziale Bestätigung – dazu beitragen, dass prosoziales Empfinden und Handeln zu einem zentralen Anliegen, zum »persönlichen Ziel« (Staub, 1982) und Bestandteil des idealen Selbstkonzepts wird. Die Übereinstimmung mit den entsprechenden persönlichen Normen gewährleistet dann nach dem Modell von Schwartz und Howard innere Zufriedenheit und eine Steigerung des Selbstwertgefühls. Wenn das Erleben stellvertretender Erleichterung oder »altruistischer Freude« (Justin Aronfreed) jedem, auch dem Areligiösen, eine innere Belohnung und damit Selbstverstärkung vermitteln kann, so verleiht die religiöse Deutung dieser noch einen Mehrwert. Dies kann zur Entwicklung konkreter persönlicher Normen für hilfeheischende Situationen animieren, kann dem Zweifel am Wert von

Hilfsbereitschaft (»Lohnt es sich, dem spontanen Mitgefühl zu folgen? Wie viel ist soziales Engagement im Vergleich zu anderen, selbstbezogenen Tätigkeiten und Befriedigungen wert?«) entgegenwirken und dem Ideal der »Nächstenliebe«, das der Wertepluralismus offener Gesellschaften relativiert, einen hohen Rang und (durch die Glaubensgemeinschaft) Plausibilität verleihen. Der gesellschaftspolitisch engagierte Lutheraner Helmut Gollwitzer drückte dies einmal so aus: Auf die Bemühungen um das Wohl der Menschen in der Gesellschaft lege sich immer wieder »der Staub einer letzten Sinnlosigkeit. Der Zusammenhang mit Jesu großem Werk gibt (jedoch) auch dem Unscheinbarsten eine ewige Bedeutung; es wird nichts verloren sein. Ein freudiger Sinn kommt in alles Tun« (Spaemann, 1973, S. 22).

Was den Einfluss von Religiosität begrenzt oder verhindert

Das beachtliche prosoziale Motivationspotenzial, das religiösen Überzeugungen innewohnt, ist allerdings an anspruchsvolle Bedingungen gebunden und darum oft begrenzt.

(1) Die Glaubensgemeinschaft, in der ein Gläubiger beheimatet ist, oder er selbst pflegen u.U. eine einseitig individualistische Spiritualität, die die Verpflichtung zu sozialer Verantwortung und den Wert von Solidarität wenig bewusst macht. Doch selbst, wenn dies nicht der Fall ist, sind die Kontakte zur Glaubensgemeinschaft bei vielen so sporadisch und auf wenige Gottesdienste im Jahr beschränkt, dass all die Einflüsse, die an die Unterweisung, das Beispiel (Modell), die Ermutigung (Fremdverstärkung) und die konkreten Aufforderungen zum Spenden und Tun gebunden sind, wegfallen.

Individualistische Spiritualität

(2) Aber auch, wenn ein Gläubiger die nötigen Anregungen vonseiten der Glaubensgemeinschaft erhält, kann ein Mangel an sozialer Sensibilität, d.h. an Bereitschaft zu empathischer Erregung, deren Wirksamkeit in der Aufmerksamkeits- wie auch in der Motivationsphase erheblich abschwächen. Bei starker Ausprägung kann dieser Mangel als Unfähigkeit zur Empathie und als eine Form von antisozialer Persönlichkeitsstörung (früher: Soziopathie) interpretiert werden, die (nach DSM-IV) durch die Neigung zu durchgängiger Verantwortungslosigkeit, Aggressivität, Impulsivität und fehlender Reue nach Misshandlung, Diebstahl und Beleidigung anderer charakterisiert ist. In vielen Fällen beruht er jedoch vermutlich eher auf einer defizitären Sozialerziehung, die zu wenig auf die Bedürfnisse und Rechte von Mitmenschen aufmerksam gemacht hat. So oder so ist zu beachten, dass die prosoziale

Mangel an sozialer Sensibilität

Unterweisung und Handlungsanweisung der Glaubensgemeinschaft ein hinreichendes Maß an Bereitschaft zu empathischer Erregung voraussetzt. Die prosozialen Überzeugungen und Werte der Religion sind als solche zunächst nur ein kognitiver Einfluss. Sie können empathische Sensibilität sowie stellvertretende Erleichterung und Freude nur dann bestätigen und steigern, wenn die emotionalen Voraussetzungen dazu in der Primärsozialisation der Familie grundgelegt wurden. Ist dies nicht der Fall, nimmt der Gläubige soziale Appelle nur kognitiv wahr und bleibt auf sozial gleichgültige oder – wenn ihn egoistische Motive wie Machtstreben, Geltungssucht, Habsucht oder Angst vor Benachteiligung beherrschen – auf antisoziale Weise religiös.

(3) Neben dem eben beschriebenen emotionalen Defizit können auch kognitive Schwierigkeiten die Entfaltung des prosozialen Ethos' behindern, zumal die Unübersichtlichkeit des modernen Lebens. Das Gebot und Ideal der Nächstenliebe kann leicht eine allgemeine Absicht des Gutmenschentums bleiben, die nur unzulänglich in situationsgemäße »persönliche Normen« (Schwartz/Howard) umgesetzt wird und darum zu wenig Einsichten in konkrete Möglichkeiten, Zuständigkeiten und Verpflichtungen des Helfens vermittelt (Verantwortungsdiffusion bei den Schritten 2–5). Denn in modernen Gesellschaften sind die Notlagen mit ihren Prioritäten und Abhilfemöglichkeiten hochkomplex. Die Frage, ob und wie man einen alkoholkranken Wohnsitzlosen unterstützen soll, wie man jemanden, der sich verschuldet hat, vor dem Ruin bewahrt, wie man Armut, Hunger und Krankheit in Entwicklungsländern bekämpfen oder Menschenrechtsverletzungen in Diktaturen entgegenwirken kann, wie man nicht nur Symptome, sondern Ursachen von Not beseitigt oder allgemeiner: wer im unüberschaubaren modernen Staat oder in anderen Ländern für wen was tun soll, verlangt Kenntnisse und sozialethische Analysen, die den durchschnittlichen Gläubigen intellektuell und zeitlich überfordern. Darum kann es leicht geschehen, dass er sich auf traditionelle Hilfsmaßnahmen und -werke zurückzieht, sofern er sich nicht schlichtweg ohnmächtig fühlt.

Komplexität des modernen Lebens

»Religiöse« Vorurteile und Gewalt: Fördert Religiosität antisoziales Verhalten?

Religiosität wirkt gegenüber Kriminalität und Delinquenz tendenziell präventiv (Bainbridge, 1992; Koenig et al., 2001) und motiviert, so hat sich gezeigt, zu Hilfeverhalten. Sie fördert auch die Bereitschaft zum Vergeben in zwischenmenschlichen und in Gruppenbeziehungen (Wuthnow, 2000).

Auch gingen nicht wenige Friedensinitiativen von religiösen Gruppen aus. Beim Parlament der Weltreligionen, das 1993 in Chicago zusammentrat, verpflichteten sich die Repräsentanten der fast 250 Glaubensgemeinschaften, die dort vertreten waren, in einer Erklärung zum Weltethos »auf eine Kultur der Gewaltlosigkeit, des Respekts, der Gerechtigkeit und des Friedens« (Küng & Kuschel, 1993). Andererseits wird immer wieder von »religiösen« Konflikten und Gewaltakten berichtet. Was ist daran religiös und unter welchen Bedingungen kann Religiosität auch Formen antisozialen Verhaltens fördern?

Betrachtet man Religion einfach als Sinnsystem, so kann man unter diesem recht allgemeinen Begriff vielerlei Beobachtungen zu friedens- bzw. gewaltfördernden religiösen Legitimationen einordnen (Silberman, 2005). Eine eingehendere systematische religionspsychologische Forschung gibt Forschungs-
lage es dazu allerdings nur in Ansätzen. Viele Beiträge zu diesem Thema stammen von Sozialpsychologen und Politologen. Der Religionspsychologe fragt, was die Sozialpsychologie zu den Themen Vorurteilsneigung, Ethnozentrismus und Gewaltbereitschaft ermittelt hat und welchen Einfluss – hemmend, duldend, fördernd – Religiosität dabei ausüben kann.

Fremdenfeindlichkeit – Ethnische und rassistische Vorurteile?

Am eingehendsten wurde bisher die Beziehung zwischen Religiosität und ethnisch-rassistischen Vorurteilen untersucht, allerdings mit wenig eindeutigen Ergebnissen (zusammenfassend: Spilka et al., 2003). Ethnisch-rassistische Vorurteile bedeuten als solche noch keine Gewaltbereitschaft, bilden aber die Grundlage für eine fremdenfeindliche Einstellung und eine negative Behandlung (Diskriminierung) anderer allein aufgrund ihrer Zugehörigkeit zu einer bestimmten Gruppe, die man als minderbegabt, betrügerisch, faul, habgierig usw. abwertet. (Zu fremdenfeindlichem Verhalten und seiner Beziehung zu Religiosität liegen keine Untersuchungen vor.)

Zunächst zeigte die Mehrheit der Studien, die mit Blick auf die Rassenprobleme der USA durchgeführt wurden, dass Religion mit Vorurteilsneigung und Ethnozentrismus, d.h. der Überbewertung der Normen und Gewohnheiten der eigenen ethnischen Gruppe bei gleichzeitiger Abwertung anderer ethnischer Gruppen, einherging, zwar nicht stark ($r = .17$ bis $.32$), aber doch mehr, als man angenommen hatte. Ausgangspunkt dieser Forschung war nicht die Vermutung, die Glaubensgemeinschaften würden durch Hasspredigten Vorurteile und Feindseligkeit verbreiten, vielmehr fragte man sich, warum ihre Lehre von der gleichen Würde aller Menschen vor Gott Vorurteile nicht wirksamer verhindere.

Dann meinte man feststellen zu können, dass nur extrinsische, aber nicht intrinsische Religiosität eine Tendenz zu negativen Vorurteilen aufweise. Klarere Ergebnisse als diese Unterscheidung erbrachten schließlich mehrere Untersuchungen, die belegten, dass nur bei fundamentalistischen Gläubigen nennenswerte Vorurteile gegenüber anderen Rassen und Homosexuellen nachzuweisen sind (Altemeyer, 2003; Altemeyer & Hunsberger, 1992). Dabei definierten Altemeyer und Hunsberger (1992) Fundamentalismus als weitgehend inhaltsunabhängigen Glaubensstil, nämlich als die Überzeugung, dass es eine Reihe von religiösen Lehren gibt, die klar die wesentliche und irrtumsfreie Wahrheit über Mensch und Gott enthalten, dass dieser Wahrheit Kräfte des Bösen entgegenstehen, die man energisch bekämpfen muss, und dass man dieser Wahrheit nach den unveränderlichen Verhaltensnormen der Tradition folgen soll.

Fundamentalismus

Was aber fördert den fundamentalistischen Glaubensstil, der für Vorurteile anfällig macht? Neuere Studien, die die Neigung zu rechtsgerichtetem Autoritarismus einbezogen, haben festgestellt: Personen, die gemäß Altemeyers (1996) *Right-Wing Authoritarianism Scale* in hohem Maß zu (1) rigidem Anhängen an hergebrachten Normen der Mittelklasse (Konventionalismus) neigen, zu (2) unkritischer Gefolgschaft gegenüber Autoritäten der eigenen Bezugsgruppe (Unterwürfigkeit) und (3) Verurteilung und Bestrafung von Menschen, die von den tradierten Werten abweichen (autoritäre Aggression), sind auch in religiöser Hinsicht oft Fundamentalisten und tendieren zu Vorurteilen unterschiedlicher Art. Sie meinen etwa, bestimmte Rassen seien unfähig, anspruchsvolle Berufe zu erlernen, oder wenn viele Homosexuelle der Immunschwäche Aids zum Opfer fallen, hätten sie dies durchaus verdient. Personen ohne Autoritarismus-Neigung tendieren hingegen auch weniger zu Fundamentalismus und Vorurteilen. Das bestätigte beispielsweise eine Befragung von 1 190 Niederländern. Ihr zufolge scheint der christliche Glaube im Allgemeinen keinen Einfluss auf ethnische Vorurteile zu haben. Doch bei Kernmitgliedern der Kirchen, die nicht zu Autoritarismus und Lokalismus (Bevorzugung des Einheimischen) neigen, geht der Glaube mit weniger Vorurteilen gegenüber den neuen Minderheiten der Marokkaner, Türken und Molukker einher (Eisinga et al., 1990).

Autoritarismus

Ist also Autoritarismus entscheidend für die Entwicklung eines fundamentalistischen Glaubensstils wie auch von Vorurteilen, und wenn dies zutrifft: Wie beeinflussen Religiosität und Autoritarismus einander? Dies ist nicht befriedigend geklärt. Die weitere Forschung wird u.a. berücksichtigen müssen, dass die Zentralität bestimmter sozial bedeutsamer religiöser Überzeugungen – der Rang der Menschenrechte in der Sicht des Glaubens, Appelle religiöser Führer gegen Fremdenfeindlichkeit u.ä. –, von großer Bedeutung ist. Darauf weisen die beiden folgenden Beobachtungen hin. Nach einer Erhebung bei 320 Christen geht Autoritarismus mit mehr, die Zustimmung zu christlichen Kernüberzeugungen (Orthodoxie) aber mit weniger ethnischen Vorurteilen einher. Zwischen religiösem Fundamentalismus (im Sinne von Altemeyer und Hunsberger, 1992) für sich genommen und Vorurteilen besteht jedoch keine signifikante statistische Beziehung (Laythe et al., 2002). In einer anderen Untersuchung, die in elf europäischen Ländern jeweils repräsentativ insgesamt 11 904 Personen erfasste und Vorurteile gegenüber ethnischen Minderheiten maß, zeigte sich: Einerseits äußerten Katholiken und Protestanten etwas häufiger Vorurteile als Nichtreligiöse – zumal jene Christen, die die exklusive Ansicht vertraten, es gebe nur eine (ihre) wahre Religion, also nichts Gemeinsames mit anderen Glaubensgemeinschaften sahen (r = .14). Andererseits zeigten jene Christen weniger Vorurteile gegenüber ethnischen Minderheiten, die an die gottmenschliche Natur Jesu glaubten (r = –.13), ihren Glauben als bedeutsam empfanden (r = –.02) und ihrer Einschätzung nach ein spirituelles Leben führten (r = –.04). Die Autoren meinen: »Dieses Ergebnis impliziert, dass Forscher nicht länger nach plausiblen theoretischen oder historischen Argumenten suchen müssen, weshalb Glaubensüberzeugungen ethnische Vorurteile verstärken – denn sie tun es nicht, wenigstens nicht in europäischen Ländern« (Scheepers, Gijsberts & Hello, 2002). Eine Studie, die Orthodoxie mit anderen Items maß, kann man so deuten, dass der Gottesglaube der Neigung zu Vorurteilen gegenüber Juden, Muslimen und ethnischen Minderheiten nur dann entgegenwirkt, wenn er sozial sensibel ist (Van der Slik & Konig, 2006).

Orthodoxie

Vielleicht sind außer den Persönlichkeitsdispositionen Fundamentalismus und Autoritarismus noch andere Faktoren zu berücksichtigen, zumal in nicht europäischen Ländern und bei Minoritäten in Europa. Gemäß der Theorie der sozialen Identität führt die Aufwertung der Binnengruppe und die Abwertung anderer Gruppen, die das Selbstwertgefühl stabilisieren soll, zu Stereotypen und Vorurteilen (Tajfel & Turner, 1986). Dies ist auch auf religiösem Gebiet denkbar – etwa nach dem Muster: »Wir sind die guten Frommen und die anderen verachtenswerte Gottlose.« Dies könnte in Ländern und bei ethnischen Minoritäten eine Rolle spielen, für die ihre Religion zentral zur nationalen oder ethnischen Identität gehört und hohes öffentliches Ansehen genießt, beispielsweise in manchen Staaten mit islamischer Mehrheit.

Theorie der sozialen Identität

Zu berücksichtigen wäre auch, welchen ethnischen oder rassistischen Vorurteilen die Gläubigen in ihrem kulturellen und sozialen Milieu ausgesetzt sind, und welche anspruchsvollen Bedingungen erfüllt sein müssen, damit sie diese kritisch mit den sozialen Grundsätzen ihrer Religion konfrontieren und als Widerspruch (dissonant) zu ihnen erkennen können. Nicht jeder Gläubige ist ein Mahatma Gandhi oder Martin Luther King. Was muss die Glaubensgemeinschaft zur Schaffung eines Problembewusstseins bei Diskriminierungen beitragen? Wie deutlich muss sie Unterdrückung und Krieg ächten und wie Erfolg versprechend ist dies in Schichten und Volksgruppen mit Traditionen, die die Herrschaft über andere und den Krieg verherrlichen? Was erschwert, konsistenztheoretisch betrachtet, die Rezeption solcher Botschaften? Was neutralisiert die gerechtigkeits- und versöhnungsfördernden Botschaften der Religion? Bevor 1994 in Ruanda die verfeindeten Stämme der Hutu und Tutsi einen Bürgerkrieg führten, bei dem ein Viertel der Bevölkerung umkam oder fliehen musste, hatten – infolge einer langen Unterdrückungsgeschichte – die ethnischen Vorurteile und die Feindseligkeit in der öffentlichen Meinung beider Volksgruppen wohl seit langem eine solche Übermacht erlangt, dass sie auch das Denken der meisten Christen, gleich ob autoritär oder nicht autoritär, beherrschten und keinen wirksamen prophetischen Widerspruch mehr aufkommen ließen.

Kulturelles und soziales Milieu

»Religiöse« Gewalt – Heiliger Krieg?

Seit den bürgerkriegsähnlichen Auseinandersetzungen zwischen »Katholiken« und »Protestanten« im Nordirland-Konflikt (1969) mehrten sich Nachrichten von »religiösen« Gewaltakten; besonders schockierten die Flugzeugattentate, die am 11. September 2001 in den USA etwa 3 000 Menschen das Leben kosteten, aber auch die terroristischen Selbstmordanschläge in Israel, Pakistan, Kenia, Großbritannien, Irak und Indonesien. Zwar ist festzuhalten, dass sich die Anhänger der Weltreligionen – auch des Islam, dem weltweit 1,3 Milliarden Menschen angehören – in ihrer Mehrheit friedlich verhalten und die spektakulären Terroraktionen von kleinen Minderheiten ausgehen, doch spielen sowohl bei diesen Gruppen als auch bei denen, die ihnen Sympathien entgegenbringen, religiöse Überzeugungen und Motive eine Rolle, die einer Klärung bedarf.

Zuerst ist zu fragen: Wie religiös sind religiöse Gewaltakte? Da ist sicher zu unterscheiden: Bei den christlichen militanten Abtreibungsgegnern in den USA und Anhängern der radikal-zionistischen Gush-Emunim-Bewegung in Israel mag es eine fast »rein religiös« motivierte Bereitschaft zu rücksichtsloser, aggressiver Durchsetzung von geglaubten Geboten oder Zusagen Gottes geben, doch dürfte es sich in den meisten anderen Fällen um politische Macht- und Interessenkonflikte mit religiösem Hintergrund und religiöser Mitmotivation handeln.

Im Vorder-
grund:
Machtkonflikte

Im Nordirland-Konflikt beschränkt sich die religiöse Komponente praktisch ganz auf die Konfessionszugehörigkeit der Sieger und Besiegten einer langen Kolonial- und Unterdrückungsgeschichte; der Übertritt der Katholiken zum Protestantismus ihrer Gegner würde ihre soziale Benachteiligung nicht aufheben, so wenig wie in Israel und den Palästinensergebieten die Landkonflikte gelöst wären, wenn alle Bewohner den gleichen Glauben annähmen.

In Afghanistan haben vor der Errichtung der Taliban-Herrschaft nicht Muslime gegen Ungläubige, sondern ethnische Gruppen, die größtenteils muslimisch waren, gegeneinander gekämpft. Ebenso betrieb die Regierung im Sudan nach 1980 eine »Islamisierung« des Südens, die in Wirklichkeit in einer Arabisierung und machtpolitischen Unterwerfung bestand und sich mehrmals auch gegen schwarzafrikanische Stämme richtete, die muslimisch sind. Auch würde die Terror-Organisation Al Kaida ihren Kampf gegen den »Satan Amerika« und seine Verbündeten kaum aufgeben, wenn eines Tages alle US-Bürger Muslime würden, aber in den Köpfen das diffuse Feindbild eines »Westens« wirksam bliebe, der die arabisch-muslimische Welt durch seine ökonomisch-kulturelle Übermacht provoziert. Al Kaida hat nie einer Religionsgemeinschaft als solcher den Krieg erklärt und weder den Vatikan, den Weltkirchenrat noch den Dalai Lama bedroht.

Der angebliche »Religionskonflikt« des Hindu-Nationalismus führte 1992 zur Zerstörung der Babri-Moschee in Ayodhya (Indien) und nach einem Brandanschlag auf einen Pilgerzug von Hindus 2002 zur Ermordung von etwa 2 000 Muslimen. Dieser Konflikt wurzelt großenteils in der Angst der höheren Kasten, denen viele Funktionäre der Bharatiya Janata Party angehören, sie würden ihre Macht verlieren, wenn der säkular-demokratische indische Staat den Niedrigkastigen – zu denen viele Muslime und Christen gehören – die gleichen Rechte einräumt. Die Bewegung verlangt von den Muslimen und Christen im Land keinen Übertritt zum Hinduismus, sondern nur, dass sie sich zu ihrer ehemaligen Kaste bekennen und die »unhinduistische« Lehre von der Gleichheit aller Menschen aufgeben, die Christentum und Islam ins Land gebracht haben.

Religiöse
Mitmotivation

Worin aber besteht die religiöse Mitmotivation? Der Ägyptologe Assmann (1993, 2003) hat dazu folgende Global-Hypothese formuliert: Jede Art von Monotheismus betrachte ihre Wahrheit als universal gültig und sei darum unweigerlich mit Herabsetzung oder gewalttätiger Unterdrückung Andersdenkender verbunden. Ein Polytheismus bzw. ein Pluralismus, der auf die Unterscheidung zwischen wahr und falsch in Sachen Religion und Lebensführung verzichtet, sei friedlicher als der Glaube an den einen Gott, der keine anderen Götter neben sich duldet. Dagegen wenden allerdings Historiker und Politologen ein, dass zwischen Gottesauffassung und Friedens-willen bzw. politischer Herrschaftsform kein zwingender Zusammenhang besteht. Das römische Imperium war polytheistisch und kriegerisch, und in der Gegenwart haben weder der militante Hindu-Nationalismus Indiens noch die singhalesisch-buddhistische Herrschaftsideologie in Sri Lanka einen monotheistischen kulturellen Hintergrund.

Die Gewaltakzeptanz und -bereitschaft in religiösen Gruppen lässt sich auch nicht befriedigend mit antisozialer Persönlichkeitsstörung, d.h. der Neigung zu durchgängiger Verantwortungslosigkeit und Aggressivität er-klären, da die wenigsten religiös motivierten Terroristen früher durch diese Eigenschaft aufgefallen sind oder Kriminelle waren. Eher haben extremis-tische Einstellungen etwas gemein mit den »überwertigen Ideen«, die Le-ben und Handeln des Fanatikers übermäßig bestimmen. Vermutlich fühlen sich Personen mit dieser Neigung von extremistischen Gruppen stark ange-zogen, doch sollte man die sozialen Faktoren nicht unterschätzen: Propa-ganda und Indoktrination können in einer angespannten Atmosphäre in breiten Schichten verhältnismäßig leicht Verschwörungs- und Verfolgungs-ängste erzeugen.

Gewaltakzeptanz und -bereitschaft sind – entsprechend den verschie-denen Ansätzen von Aggressionstheorien (Bierhoff & Wagner, 1998; Krahé & Greve, 2002) – vermutlich multifaktoriell aus einer Vielfalt von Bedin-gungen und Ursachen zu erklären: aus politischer Unzufriedenheit (Frustra-tion, wahrgenommene Ungerechtigkeit), Lernen am Modell (Vorbilder), Lernen durch Verstärkung (versprochene Belohnung, Anerkennung, Erwar-tungsdruck der Bezugsgruppe) sowie sozialer Bestätigung und Legitimati-on. Wie können religiöse Überzeugungen und Prozesse dieses Wirkungsge-füge beeinflussen?

Bedingungen für Gewalt-bereitschaft

(1) Wahrscheinlich wirken auf ökonomisch-politisch frustrierte Menschen Vorbilder militanten Handelns, die ihnen in Medien oder Schulungen nahe-gebracht werden, aggressionsfördernd – sei es, dass sie von ihnen das tech-nische Know-how (z.B. Umgang mit Sprengstoff) lernen, sei es, dass sie stellvertretend deren innere Genugtuung und revolutionäre Begeisterung erleben: etwa Osama bin Laden, der Milliardär, der auf ein Leben im Luxus verzichtet hat und sich für den weltweiten Dschihad einsetzt.

Vorbilder

(2) Eine – lerntheoretisch betrachtet – religiöse Verstärkung bieten Isla-misten, wenn sie Selbstmordattentäter der palästinensischen Hamas oder der Al Kaida als »Glaubenskämpfer« und »Märtyrer« heroisieren. Den Al Kaida-Attentätern vom 11. September 2001 wurde in der mitgegebenen

Verstärkung

Anleitung versichert, dass sie den Kampf von Propheten führen und ihres Lohnes im Jenseits gewiss sein dürfen.

Soziale
Legitimation

(3) Auch die religiös gestützte soziale Bestätigung und Legitimation von aggressiver Durchsetzung und Gewalt können als Bestandteil einer Indoktrination Gewaltbereitschaft und Terroristenkarrieren fördern – zumal wenn Erfolg versprechende gewaltlose Durchsetzungsstrategien unbekannt sind. So lässt sich Religion politisch instrumentalisieren.

Der Protest gegen eine forcierte Modernisierung, die gewachsene soziale und kulturelle Strukturen zerstört, oder gegen eine echte oder vermeintliche Benachteiligung im nationalen und globalen Streben nach Wohlstand oder auch gegen autoritäre Regime kann sozialrevolutionär an das religiöse Ideal der Gleichheit aller vor Gott erinnern – damit werden politische Ziele in den Rang von etwas Unbedingtem erhoben. Die Oppositionsgruppen in den autoritär regierten arabischen Staaten, aus denen bin Laden so viele Aktivisten für sein Terrornetz gewinnen konnte, aber auch die Aufstandsbewegungen der Palästinenser und Tschetschenen, haben größtenteils säkular begonnen; der Islamismus wurde erst später, mit zunehmender Erfolglosigkeit, als Legitimation mit neuer Motivationskraft aktiviert.

Über den bloßen Protest hinaus kann man auch totalitär die Utopie einer theokratisch geführten und von allem Unrecht befreiten »reinen« Gemeinschaft – etwa im Sinne der frühislamischen Gemeinde in Medina oder auf der Grundlage der Scharia – als gottgewollte Aufgabe propagieren. Ein solches Ziel (etwa einen »islamischen« Staat) kann man zwar auch gewaltfrei anstreben, doch kann man das theokratische Ideal ebenso gut militant verstehen und den Kampf um eine gerechtere Gesellschaft als »heiligen Krieg« der Freunde Gottes gegen die »Anhänger Satans«, wie die Al Kaida die Amerikaner nannte, werten. Damit setzt man die humanitären, Frieden fordernden Ideale der Religionen außer Kraft, dämonisiert das Feindbild und dehumanisiert die Gegner, was die Einfühlung in sie als Menschen mit Schmerzempfinden und Rechten erschwert, Schuldgefühle beschwichtigt und Gewaltanwendung u.U. zu einer heiligen Pflicht verklärt.

Der Islam ist für eine solche Legitimation besonders anfällig, weil er großenteils in Ländern mit explosiven sozialen Spannungen und schwacher demokratischer Kultur beheimatet ist und weil sich bestimmte Aussagen des Koran als Aufforderung zum »heiligen Krieg« (Dschihad) im Sinne eines Verteidigungs- und eines Eroberungskrieges deuten lassen. (Bezeichnenderweise hat sich unter den christlichen Palästinensern keine Bereitschaft zu Selbstmordattentaten entwickelt.)

Der Koran spricht vom Krieg gegen die Ungläubigen (etwa Sure 2/154.190–194.216f; 8/15–17.39; 9/3–5.36; 47/4; 48/29; 66/9) und meint damit die Ausweitung des islamischen Herrschaftsbereichs. Die Heiden sollen sich entweder bekehren oder unterwerfen und eine Steuer bezahlen. Diejenigen, die im Glaubenskrieg fallen, werden unmittelbar ins Paradies eingehen (Sure 2/154; 3/169; 22/58). Während nun die meisten muslimischen Gottesgelehrten der Gegenwart, die sich dazu äußern, den Krieg gegen die Ungläubigen nur als Verteidigungskrieg im Falle einer Bedrohung des Islam für erlaubt halten, haben in den letzten Jahrzehnten extreme Islamisten die Idee eines militärischen Angriffs-Dschihad gegen Ungläubige außerhalb des muslimisch regierten Territoriums wiederbelebt (Wielandt, 2002). Dies trug dazu bei, dass sich Widerstandsbewegungen, die ursprünglich rein politisch waren, zunehmend islamisierten.

Nach dem Ägypter Sayyid Qutb (1906–1966), einem der wichtigsten ideologischen Wegbereiter, lassen sich Unterdrückung und Ausbeutung nur dadurch beseitigen, dass alle Erdbewohner der Scharia und damit der ausschließlichen Herrschaft Gottes unterstellt werden. Dem Inder Abu l-Ala Mawdudi (1903–1979) zufolge, der in Pakistan die Dschma'at al-Islami Partei gründete, führt eine Verwestlichung des gesellschaftlichen und kulturellen Lebens in den islamischen Ländern zu einem neuen Heidentum, das die Führung Gottes missachte, weshalb auch ein Dschihad gegen schein-islamische Regime geboten sein könne. Auf dieser Linie verkündete Osama bin Laden 1998: »Alle Verbrechen und Sünden, die von den Amerikanern begangen wurden, sind eine offene Kriegserklärung an Gott, seinen Propheten und alle Muslime. Es wird festgestellt, dass es die individuelle Pflicht eines jeden Muslim ist, in jedem Land der Welt und wo immer möglich die Amerikaner und deren Verbündete zu töten« (zit. nach Heine, 2001, S. 152f.).

Religiöse Überzeugungen können auch zur Rechtfertigung des Gewinns und Erhalts von Machtansprüchen und Privilegien herangezogen werden. So halten es militante Zionisten, die den Prophezeiungen des Rabbi Abraham Isaac Kook (1865–1935) glauben, für ein Gebot der Tora, das Land Israel in Besitz zu nehmen, und meinen, es wäre Ungehorsam gegen Gott, wenn sich Israel, gemäß dem Friedensabkommen von Oslo (1993), aus den besetzten Palästinensergebieten zurückziehen würde. Der militante Hindu-Nationalismus will seine Privilegien in der heiligen Kastenhierarchie des Hindu-Glaubens verankern. Auch die mit Staats- und Mobterror verbundene Unterdrückung der hinduistisch-tamilischen Minderheit in Sri Lanka stützte sich auf die von buddhistischen Mönchen seit Jahrhunderten vertretene Gleichsetzung von singhalesischer Rasse, sri-lankischer Nation und buddhistischer Religion, der zufolge ganz Sri Lanka ein rein singhalesisch-buddhistisches Land sein soll.

VI. Nur emotions- oder auch kognitionsbestimmt?

Das Interesse an weltanschaulicher Erkenntnis und logischer Kohärenz

Fallbeispiel 15

Gerda, Mutter eines dreijährigen Sohnes, schildert ihre religiöse Entwicklung als Wechsel von einer zunächst äußerlichen zu einer hochemotionalen, aber naiven und schließlich suchenden Beziehung zum Glauben. Obwohl die Eltern religiös waren und das Tisch- und Abendgebet pflegten, fand Gerda keinen persönlichen Zugang zu ihrem Glauben. Die Gebete, die sie mit ihren Eltern zu sprechen hatte, »rasselte« sie nur herunter. Wenn sie allein war, betete sie jedoch nicht, und die Konfirmation erlebte sie eher als gesellschaftliche Pflicht.

Das änderte sich, als sie sich mit 14 Jahren einer Bewegung für engagiertes Christentum anschloss, die »sehr radikal war« und sie »unheimlich beeindruckte«. Nun las sie jeden Tag in der Bibel, betete persönlich, warf in ihrem Eifer den Eltern sogar mangelnde Religiosität vor und erlebte das gemeinsame Gebet, das sie jeden Abend mit der Gruppe in der Kirche vor dem Altar verrichtete, als sehr »stimmungsvoll«. Das »ganz starke Gruppengefühl«, das sie in der Gemeinschaft empfand, befriedigte ihren Wunsch nach Liebe und Nähe.

Als sie jedoch ihren späteren Mann kennenlernte und bei ihm mehr Geborgenheit als in der Gruppe erfuhr, nahm ihr Interesse am Gruppenleben ab. Als er sie darauf hinwies, wie »falsch und heuchlerisch« es dort hinter den Kulissen zugehe, begann Gerda, ihr Engagement in der Gruppe zu überdenken und sich auch zu fragen, ob das »Gefühl von Gottesnähe«, das sie dort erfahren hatte, echt oder nur suggeriert war. Ihre Zweifel verstärkten sich dermaßen, dass sie aufhörte zu beten, weil sie es als »einseitig« empfand: »Das bin nur ich, die etwas sagt; da kommt nichts wieder.«

Als sie zu dieser Zeit im Religionsunterricht lernte, dass die Bibel nicht wörtlich zu verstehen, sondern historisch-kritisch auszulegen sei, verstärkte sich ihr Eindruck, in ihrer frommen Phase »völlig naiv« gewesen zu sein. Mit ihrem bisherigen »Kinderglauben« konnte sie nichts mehr anfangen, glaubte aber weiterhin an Gott. Nach dem Wechsel vom »extremen, fanatischen Glauben hin zu dieser Gleichgültigkeit auch Gott gegenüber« will sie sich neu orientieren und studiert an einer Universität Religion. So kann sie sich mit ihrer Religiosität auseinandersetzen (nach Ellerbrock, 1990, S. 109–111).

Wie Fallbeispiel 15 zeigt, können Menschen auch einen Glauben, der sie einmal emotional sehr angesprochen hat und in dem sie auch weiterhin den einzigen befriedigenden Lebenssinn sehen, kritisch auf den Prüfstand stellen, ihn suspendieren und abwarten, ob sie ihn kognitiv besser abstützen können oder aber aufgeben. Gerade in einer erfahrungswissenschaftlich geprägten und stark säkularisierten modernen Kultur ist es keineswegs selbstverständlich, dass jemand über das Kindesalter hinaus den Glauben beibehält, in dem er erzogen wurde: Er kann ihn – im Sinne einer internen und externen Religionskritik – hinterfragen, ihn verändern, ihn durch andere, plausiblere Glaubensauffassungen ersetzen oder auf ihn verzichten. Sigmund Freud hielt religiöse Überzeugungen ausschließlich für unbewusste Übertragungen, Idealisierungen und Kompensationen aufgrund von Gewissensängsten und Schutzwünschen, und ähnlich meinen auch heute Intellektuelle, die nur eine eindimensionale, naturalistische und positivistische Form von Erkennen gelten lassen und metaphysischen Überlegungen jeden Erkenntniswert absprechen, Religiosität beruhe ausschließlich auf emotionalen Bedürfnissen und einem entsprechenden Wunschdenken. Diese Auffassung ist allerdings eine unzulässige Verallgemeinerung und Reduktion.

Vernunftfeindliche oder vernunftoffene Religiosität?

Zwar gibt es in allen Weltreligionen rationalitätsfeindliche, dogmatische Strömungen und emotionale Verkündigungsformen, doch gab und gibt es daneben auch Richtungen, die an einer argumentativen Begründung des Geglaubten, einer Auseinandersetzung mit kritischen Einwänden und – innerhalb des Christentums – der vernunftgemäßen Rechtfertigung des Offenbarungsanspruchs in einer »Fundamentaltheologie« interessiert sind. Zwar mögen viele Menschen ihren Glauben ausschließlich um des emotionalen Gewinns willen beibehalten, Zweifel unterdrücken und – wie einmal eine Frau sagte – sich »lieber zu Tode hoffen, als Gott aufzugeben«. Doch legen andere großen Wert auf intellektuelle Redlichkeit, wollen sich nicht selbst betrügen und halten es mit dem russischen Schriftsteller Andrej Sinjawski alias Abram Terz: »Man soll nicht aus Überlieferung glauben, nicht aus Angst vor dem Tod noch um sich für alle Fälle vorzusehen ... Man muss glauben aus dem einfachen Grund, weil es Gott gibt« (Terz, 1968, S. 71).

Es ist also anzunehmen, dass Religiosität auch in kognitiven Prozessen und in einem genuinen Interesse an weltanschaulicher Erkenntnis und logischer Kohärenz (Widerspruchsfreiheit) verwurzelt sein kann, das eine mehr oder weniger starke Eigendynamik entwickelt. Dies ist auch die Auffassung von Allport (1950) und den Attributionstheoretikern, die in der Sektion 1 dieses Kapitels dargestellt wurde (Spilka et al., 1985; Spilka et al., 1985). Schließlich spricht vieles für die Annahme, dass Emotion (Affekt) und Kognition bei aller Verbundenheit relativ eigenständige Subsysteme der Persönlichkeit sind, zwischen denen Übereinstimmung, Gegensatz oder Neutralität bestehen kann (Izard, 1994). Und weil sich emotionsbestimmte und kognitionsbestimmte Anteile nicht ausschließen, sondern wechselseitig beeinflussen, könnten sich wichtige weitere Ausprägungsmöglichkeiten von Religiosität erschließen, wenn man untersucht, in welchem Maß und auf welche Weise die Religiosität eines Gläubigen nicht nur emotions-, sondern auch kognitionsbestimmt ist.

Weltanschauliche Erkenntnis als Neugier und problemorientiertes Denken

Wenn ein Heranwachsender oder Erwachsener die religiösen Aussagen seiner sozialen Umwelt nicht nur verbalistisch als Leerformeln nachspricht, sondern verstehend rekonstruiert, entwickelt und aktiviert er eine Fähigkeit zu und ein Interesse an weltanschaulichem Denken. Dieses kann man als eine Form von erkundendem Verhalten, Wissbegier und problemorientiertem Denken deuten, die über den praktischen, instrumentellen Bereich hinaus auch ethische und metaphysische Fragen einschließt. Es entspricht dem ursprünglichen Interesse an Kausalerklärungen und Sinndeutungen, das Attributionstheoretiker und andere Vertreter kognitiver Theorien annehmen (Heider, 1958; Kelley, 1971; Krieger, 1981; Spilka et al., 1985; Spilka et al., 1985).

Weltanschauliches Denken und Interesse kann auch als der ethisch-metaphysische Bereich von epistemischem Verhalten (Berlyne, 1960) aufgefasst werden sowie als Teil der Disposition zu need for cognition, d.h. zu Engagement und Freude bei Denkaufgaben (Bless, Wänke, Bohner, Fellhauer & Schwarz, 1994; Cacioppo, Petty, Feinstein & Jarvis, 1996). Diese Disposition ist individuell verschieden und hängt mit »Offenheit für Erfahrungen« und »Gewissenhaftigkeit« im Sinne der Big Five-Faktoren (Borkenau & Ostendorf, 1993) sowie mit wissenschaftlichem Interesse, Problemlösefähigkeit und anderen Merkmalen zusammen. Das Nachdenken über ethisch-metaphysische Fragen, das Deuten von Erfahrungen in einem religiösen Sinnzusammenhang, der Einsatz spiritueller Ressourcen zur Lösung von Problemen u.ä. kann als eine Form von – unterschiedlich entwickelter – spiritueller Intelligenz verstanden werden (Emmons, 2000). Die weltanschauliche Wissbegier kann – am Ende von physikalischen und menschlichen Kausalketten – nach einem überphysikalischen und übermenschlichen Woher fragen (schon in der Kinderfrage, ob sich die ersten Menschen und die Welt »selbst gemacht« haben) oder überlegen, ob das ethisch Gesollte auf eine transsoziale Instanz hinweist, durch die es einen unbedingten Wert erhält. Logisch zwingende Beweise sind auf diesem Gebiet zwar nicht möglich, wohl aber Argumente, die eine unterschiedliche Plausibilität begründen.

Das Verlangen nach logischer Kohärenz: Weltanschauliche Realitätsprüfung

Nach Piaget ist die Suche eines Gleichgewichts zwischen Assimilation und Akkommodation der Hauptantrieb von Denkoperationen und der Entwicklung von angemessenen Denkmustern (Piaget, 1974; Piaget & Inhelder, 1972). Auch Festingers (1954) Theorie der kognitiven Dissonanz geht von der Annahme aus, dass Widersprüche ein Unbehagen auslösen, das der Betroffene reduzieren will.

Das Bedürfnis nach logischer Widerspruchsfreiheit zeigt sich im weltanschaulichen Denken darin, dass ein Gläubiger die Deutungen und Begriffe, die er aufbaut, in einen inneren Zusammenhang zu bringen und Widersprüche zur formalen Logik, zur eigenen Beobachtung und zu den anerkannten Wissenschaften vermeiden möchte. Auf sachlogischer Ebene können schon Kinder solche Widersprüche entdecken. So wenn ein 5-Jähriger gegen die – von ihm durchaus geschätzte – Vorstellung vom Geschenke bringenden Christkind einwendet, es wäre doch besser, wenn dieses – umgekehrt wie in der von ihm beobachteten Praxis – den armen Kindern große und den reichern Kindern kleine Geschenke austeilen würde. Oder ein 7-Jähriger kann seinen naiven Glauben an eine (materiell) gerechte Welt als unangemessen erkennen und fragen, warum Gott das Nachbarkind von einem Auto hat überfahren lassen oder warum er Kriege und Erdbeben zulässt. Mit der Entwicklung des hypothetisch-deduktiven (formalen) Denkens ab etwa 11 bis 12 Jahren kann der Heranwachsende aber Gedankengänge nicht nur sachlogisch, sondern auch formallogisch nach bestimmten Regeln prüfen. Er kann nun genauer unterscheiden, ob seine Auffassungen (oder die seiner Umgebung) beobachtungsbegründet, denknotwendig oder nur plausibel sind. Die kindliche Fantasiegebundenheit und Autoritätsgläubigkeit sowie die Unempfindlichkeit gegenüber logischen Widersprüchen kann einem radikalen Bezweifeln und Überdenken des früher Geglaubten weichen.

Damit ist prinzipiell eine weltanschauliche Realitätsprüfung und Korrektur möglich. Nicht dass ethisch-metaphysische Auffassungen so wie natur- oder humanwissenschaftliche Hypothesen durch sinnliche Beobachtungen verifizierbar oder falsifizierbar wären, aber sie sind auch nicht völlig beliebig. Ein Gläubiger kann prüfen:

Möglichkeiten einer kritischen Reflexion

- Ob seine Auffassungen nur dogmatisch behauptet und anerzogen sind und bloß in bestimmten Ängsten und Wünschen wurzeln, oder ob sie sich auch durch kognitive Überlegungen begründen lassen.

● Ob sie plausible Antworten auf die erwähnten Fragen nach einem letzten Woher der Welt und der Geltung des Guten und Gesollten geben oder nur auf Wünschen nach Kontrolle und Zuwendung beruhen. Ob sein Glaube an eine historische Offenbarung auf Argumenten für die Glaubwürdigkeit eines Verkünders mit Offenbarungsanspruch (Jesus, Muhammad, Visionäre) beruht oder nicht.

● Ob seine religiösen Auffassungen stimmig sind oder Widersprüche enthalten – sowohl in sich als auch in ihrer Anwendung auf die Erfahrung, die sie deuten wollen. Beispielsweise wäre die Vorstellung von einer Gottheit, die Menschenopfer fordert und die Unterdrückung von sozial Schwachen oder von Angehörigen einer bestimmten Rasse gutheißt, nicht als die Instanz gedacht, die im Sinne der Goldenen Regel die Gleichachtung des Lebensrechts eines jeden zur heiligen Pflicht macht.

Wie kognitionsbestimmt sind religiöse Überzeugungen?

Emotionale Einflüsse

Die Bereitschaft zu weltanschaulicher Realitätsprüfung und Korrektur ist sicher individuell verschieden ausgeprägt. Besonders deutlich ist der Unterschied zwischen gestörtem und ausgeglichenem religiösen Erleben und Denken, und dies macht die Abhängigkeit von intrapsychischen emotionalen Einflüssen deutlich. Wenn ein Zwangskranker Gott für einen erbarmungslosen Richter und sich selbst für abgrundböse hält, der narzisstisch Gestörte sich aber von Gott zu einer grandiosen Rolle erwählt fühlt, ist beider Denken offensichtlich einseitig von ihren emotionalen Fixierungen bestimmt und einer weltanschaulichen Realitätsprüfung und Korrektur so lange unzugänglich, bis (therapeutisches) Bewusstmachen und Umlernen den störenden emotionalen Einfluss abbauen. Leicht verständlich ist auch, dass eine manische Hochstimmung eine selektive Sicht der eigenen Person und Lage begünstigt, indem sie jene Erinnerungen, Vorstellungen und Schlussfolgerungen erleichtert, die ein Unterstütztsein von Gott beinhalten, und gegenteilige Kognitionen, die Selbstkritik, Einsicht in beschränkte Kontrollmöglichkeiten oder Schuldgefühle freisetzen könnten, schwer verfügbar machen. Eine depressive Stimmung hingegen wirkt genau umgekehrt. Der emotionale Einfluss auf Kognitionen – säkularen wie auch religiösen Inhalts – ist freilich bei Wahnideen am stärksten. Denn diese sind gerade – wenigstens während der akuten Phase einer Psychose – durch ihre Unbezweifelbarkeit und Unkorrigierbarkeit gekennzeichnet, also einer Realitätsprüfung entzogen (s. Kapitel 2/V). Weil Emotion und Kognition zwar relativ eigenständige Orientierungssysteme sind, aber u.U. stark miteinander interagieren, können bei emotionalen Störungen Gefühle und Bedürfnisse auch den Inhalt der kognitiven Tätigkeit beeinflussen (Izard & Buechler, 1984; Kruse, 1985). So gibt es nicht nur kognitionsbestimmte Emotionen, sondern auch emotionsbestimmte Kognitionen.

Doch auch unter Gläubigen, deren religiöses Erleben und Denken von emotionalen Störungen frei ist, bestehen wahrscheinlich große Unterschiede in der Bereitschaft zu einer weltanschaulichen Realitätsprüfung. Diese Bereitschaft könnte den entscheidenden Maßstab abgeben, um festzustellen, in welchem Maß die Religiosität eines Menschen nicht nur emotions-, sondern auch kognitionsbestimmt ist.

Dabei ist zu berücksichtigen, dass die Verwurzelung in starken emotionalen Motiven keineswegs eine Störung bedeuten muss und ein ausgeprägtes kognitives Interesse am Religiösen nicht (bipolar) ausschließt, solange ein Mensch nicht auf emotionale Bedürfnisse fixiert ist. Auch ist Kognitionsbestimmtheit wahrscheinlich in verschiedenen Graden möglich. Sie sollte nicht an irgendwelchen Glaubensinhalten gemessen werden – etwa daran, ob jemand polytheistisch, pantheistisch, monotheistisch oder agnostisch denkt. Es wäre auch einseitig, sie mit der Wertschätzung von Zweifeln gleichzusetzen, wozu die *Quest Scale* tendiert (Batson et al., 1993; Batson & Ventis, 1982; deutsch: Hellmeister & Ochsmann, 1996). Quest (= Suche) steht für die selbstkritische Bereitschaft, endgültige Antworten immer wieder zu hinterfragen, offen zu sein für Komplexität und gegebenenfalls seine Meinung zu ändern – eine Einstellung, die die intrinsische und extrinsische Orientierung nach Allport und Ross (1967) ergänzen soll. Tatsächlich betont die Skala aber einseitig die Wertschätzung einer skeptischen Einstellung, die auch für Ratlosigkeit und Entscheidungsunfähigkeit stehen kann, wenn u.a. als Antwortvorschlag formuliert wird: »Fragen stehen weit mehr im Mittelpunkt meiner religiösen Erfahrung als Antworten« oder »Man könnte behaupten, dass ich meine religiösen Zweifel und Unsicherheiten für wertvoll erachte«. Die Messung von Kognitionsbestimmtheit sollte auch den unterschiedlichen intellektuellen und weltanschaulichen Bildungsstand berücksichtigen und nicht das Problembewusstsein und die Argumentationsfähigkeit eines Professors für Fundamentaltheologie zum Maßstab erheben. Kognitionsbestimmtheit könnte man auffassen:

- als Interesse an einer dem intellektuellen Niveau des Befragten entsprechenden argumentativen Begründung des Glaubens (»Es ist mir wichtig, meinen Glauben auch vernünftig zu begründen.«);
- als Verlangen, in Gebet und Meditation von reflektierten Überzeugungen auszugehen und nicht nur wohltuende Vorstellungen zu aktivieren;
- als Bestreben, seine religiösen Überzeugungen begrifflich zu klären und auf Widerspruchsfreiheit zu überprüfen;
- als Bereitschaft, Einwände und Zweifel, die einem selbst bewusst werden oder durch das Gespräch mit Andersdenkenden bzw. die Medien ausgelöst werden, als Infragestellung der eigenen Überzeugungen ernst zu nehmen und gegebenenfalls seine Ansichten zu revidieren.

Autoritäre, emotionalistische und intuitionistische Glaubensauffassungen

Religiöse
Sozialisation

Sieht man einmal von intrapsychisch bedingten Fixierungen auf emotionale Bedürfnisse ab, so wird der Grad der Kognitionsbestimmtheit wohl in hohem Maß von der Art der religiösen Sozialisation und des kulturellen Milieus bestimmt. Wie verstehen die Familie, die Gemeinde oder die Gruppe, die einen Gläubigen prägen, den Glauben, und wie vermitteln sie ihn?

- Begründet man den Glauben vernunftgemäß und ermutigt man zu Rückfragen oder unterdrückt man diese? Meint man etwa im Sinne autoritärer und traditionalistischer Richtungen, die Wahrheit über Gott sei der individuellen Vernunft nicht zugänglich, sondern müsse von einer (nicht weiter begründungspflichtigen) Offenbarung und der Glaubensgemeinschaft blind übernommen werden? Und dass eigenes Verstehenwollen oder Zweifeln gefährlicher Ungehorsam vonseiten der erkenntnisunfähigen, verderbten menschlichen Vernunft sei?
- Vernachlässigt man kognitive Überlegungen und Begründungen deshalb, weil man nur – pragmatisch – am emotionalen Wert von religiösen Vorstellungen und Ritualen interessiert ist und etwas einfach glaubt, weil es einem guttut?
- Wird eine weltanschauliche Realitätsprüfung dadurch abgewertet und entmutigt, dass man auf der Linie eines emotionalistischen und intuitionistischen Glaubensverständnisses die subjektive Betroffenheit und die ungeprüfte Intuition, d.h. eine unbewusste Informationsverarbeitung, die als Offenbarungserlebnis erfahren wird (s. Kapitel 3/I), zum entscheidenden Evidenzkriterium erhebt?

So kann beispielsweise ein Bibelkreisleiter oder Katechet alle kritischen Fragen mit dem Hinweis abwehren, dass der kleine menschliche »Verstand« den Glauben nicht begreife, dass man ihm nur mit der Offenheit des Herzens richtig begegne und in ihn hineinspringen müsse. Oder der Leiter einer Meditationsgruppe kann Fragen zu dem stillschweigend vorausgesetzten Menschen- und Weltbild als Rückfall in fruchtloses Grübeln brandmarken – als ob nicht vor und nach der meditativen Versenkung eine Reflexion möglich und nötig wäre, da man in jener die weltanschauliche Realitätsprüfung vorübergehend einschränkt, um sich intensiver einem Gedanken, Gefühl oder Bild hingeben zu können. Solche Reflexion wird auch abgewertet, wenn Vertreter esoterischer Richtungen lehren, exoterische Überlegungen im »gewöhnlichen Bewusstsein« (Rudolf Steiner) könnten die esoterische »übersinnliche Erkenntnis« nur vorbereiten; diese sei jedoch ausschließlich dem »hellsichtigen Bewusstsein« möglich, und man müsse sich auf die überragende Einsicht eines erleuchteten Sehers meditierend einlassen; das Evidenzerlebnis stelle sich dann von selbst ein. Dass es sich dabei um ein rein subjektives Realitätsgefühl handelt, soll im folgenden Abschnitt über akute Gewissheitserlebnisse gezeigt werden.

Wie man Reflexion abwerten kann

Akute Gewissheitserlebnisse – reflektiert oder unreflektiert?

Religiöse Intensiverfahrungen sind oft mit akuten Gewissheitserlebnissen verbunden, die das gewöhnliche religiöse Erleben nicht kennt (s. Fallbeispiel 16). Die Betroffenen können sie unterschiedlich einschätzen – je nachdem, ob sie ihnen mehr kognitionsbestimmt oder emotionsbestimmt begegnen.

Fallbeispiel 16
Der indische Visionär und Mystiker Sri Ramakrishna (1836–1886) betrachtete offensichtlich solche Erlebnisse als Grundlage seiner Glaubensgewissheit. Ihn hatte lange und bis zu Suizidwünschen die Frage gequält, ob die »göttliche Mutter Kali«, die er verehrte, wirklich existiere oder ob sie nur in seiner Fantasie lebe. »Wahnsinnig vor Sehnsucht« betete er, sie möge sich ihm offenbaren – und erlangte durch eine Reihe von ekstatischen Visionen absolute Sicherheit. Als ihn der religiös zweifelnde Vivekananda fragte, ob Gott wirklich existiere, soll Ramakrishna geantwortet haben: »Ja, ich habe Gott gesehen, so wie ich dich vor mir sehe, nur viel wirklicher.«

Ein Gewissheits- und Realitätsgefühl, das momentan unbezweifelbar ist, wird in verschiedenartigen Intensiverfahrungen erlebt:

- in Ekstasen: seien es spontane Ekstasen, seien es selbstinduzierte Ekstasen, die durch Halluzinogene oder meditative Versenkung herbeigeführt werden;

- im schizophrenen Verfolgungswahn und in Besessenheitserlebnissen;
- in Visionen und mystischen Einheitserlebnissen, in denen die Aufmerksamkeit völlig absorbiert ist.

Die Psychologie hat nicht die Kriterien zu bestimmen, nach denen religiösen Erlebnissen objektiver Erkenntniswert zu- oder abzusprechen ist. Sie kann auch nicht absolut ausschließen, dass solche Erlebnisse auf außerordentliche, wunderbare Weise von einer übermenschlichen Ursache bewirkt werden. Sie muss aber darauf hinweisen, dass die akute Gewissheit in den genannten Erfahrungen gewöhnlich sparsamer als höchst subjektive Erfahrung erklärt werden kann. In der Regel dürfte sie nämlich darauf beruhen, dass in ihnen die weltanschauliche Realitätsprüfung großenteils oder vollständig eingeschränkt ist. Der Betroffene hat zwar während der Intensiverfahrung und unmittelbar danach den unabweisbaren Eindruck, er habe eine geistige Wirklichkeit so sinnfällig wahrgenommen, wie man etwas Sinnliches wahrnimmt und habe damit etwas, das er früher nur durch eigenes Denken schlussfolgerte oder auf Autorität hin glaubte, unmittelbar erfahren. Doch dürften akute Gewissheitserlebnisse gewöhnlich auf einer emotions- und bewusstseinszustandsbedingten, vorübergehenden Blockierung der Fähigkeit beruhen, das Erlebte und Gedachte der richtigen Quelle zuzuschreiben und es einer weltanschaulichen Realitätsprüfung zu unterziehen.

Einschränkung der Realitätsprüfung

Die Einschätzung, ob ein Erlebnis der eigenen Psyche oder einer ich-fremden Quelle entspringt, erfordert nämlich eine anspruchsvolle metakognitive Überlegung. Diese ist während einer starken emotionalen Erregung oder eines veränderten Bewusstseinszustands kaum möglich, sondern kann erst im Rückblick geleistet werden, wenn die Aufmerksamkeit im normalen Wachbewusstsein wieder uneingeschränkt verfügbar ist. Eine solche Reflexion kann durch neurophysiologische Faktoren (etwas Drogeneinfluss) oder durch psychische Konflikte und massive Abwehrvorgänge blockiert werden. Sie kann aber auch auf nichtpathologische Weise – absichtlich – eingeschränkt werden: Man kann die diskursiv denkende, willentlich steuernde, sich beobachtende und kritisch prüfende Ich-Aktivität bewusst zurücknehmen und auf reversible Dissoziation bzw. unbewusste, »parallele Informationsverarbeitung« (Hilgard, 1986) umschalten, um sich stärker von Einfällen inspirieren zu lassen. Man kann seine Aufmerksamkeit so auf einen bestimmten Inhalt konzentrieren, dass sie darauf eingeengt und davon absorbiert ist.

Gläubige, die in einem nichtpathologischen Kontext Intensiverfahrungen erleben, können die mit ihnen verbundenen akuten Gewissheitserlebnisse im Nachhinein grundsätzlich in Frage stellen und reflektieren –

oder dies eben unterlassen und ablehnen. Sie können ihre Intensiverfahrungen ungeprüft zum Inhalt ihrer Überzeugungen und die erlebte Gewissheit zur Grundlage ihres Erleuchtungsanspruchs gegenüber anderen machen. Im vielfältigen Angebot der Botschaften von Visionären steht dann nicht selten Erfahrung gegen Erfahrung. Solche Offenbarungsempfänger verweigern einen argumentativen Diskurs und immunisieren sich gegen Kritik. Andere Visionäre legen hingegen Wert darauf, ihre Intensiverfahrungen trotz der akuten Gewissheitserlebnisse nach den Maßstäben ihrer normalbewussten Reflexion (und denjenigen ihrer Glaubensgemeinschaft) zu prüfen. Sie nehmen ihren Intensiverfahrungen gegenüber eine kognitionsbestimmte, selbstkritische und kommunikative Haltung ein.

So verlangen viele Zen-Meister von ihren Schülern, dass sie ihr Satori-Erlebnis mit ihnen besprechen und es erst für echt halten, wenn es der Meister durch Rückfragen geprüft und anerkannt hat.

Die spanische Mystikerin Teresa von Avila (1515–1582) schätzte Visionen, Auditionen und mystische Einheitserlebnisse hoch, betonte aber – und dies nicht nur aus Gründen kirchenpolitischer Opportunität –, dass man sie kritisch unterscheiden müsse. Obwohl sie während dieser Erfahrungen absolut sicher war, dass sie von Gott kämen, »stellten sich Zweifel bei ihr ein, ob nicht etwa der böse Feind oder ihre eigene Einbildungskraft sie getäuscht habe« (Seelenburg VI, 3, 7; ähnlich: Leben 25). Darum nannte sie mehrere Merkmale, durch die sich »echte« religiöse Erfahrungen von Täuschungen unterscheiden lassen. Gottgewirkte Erlebnisse, meinte sie, bewirken emotional, was sie verbal beinhalten; sie schenken Frieden und Ruhe und prägen sich dem Gedächtnis tief ein. Sie verlangte aber auch die Prüfung des kognitiven Inhalts im Wachbewusstsein und im Gespräch mit einem theologisch gebildeten Begleiter. Visionen, die der Bibel und dem Glauben der Kirche widersprechen, lehnte sie ab (Seelenburg VI, 3, 4).

Selbstkritische Mystik

Dogmatismus – Fundamentalismus

Eine Form von eingeschränkter Bereitschaft zu kognitionsbestimmter Religiosität kann man in jenem geschlossenen Denken (closed mind) sehen, das seit 1960 zunächst als Dogmatismus (Rokeach, 1960) und danach parallel oder alternativ dazu als Fundamentalismus beschrieben und untersucht wurde. Das Konstrukt Dogmatismus oder closed mind wurde und wird fast nur in der Sozialpsychologie verwendet, während der Begriff Fundamentalismus sowohl in der Sozialpsychologie als auch in der Soziologie, Politologie und Theologie angewandt wird, aber längst auch außerhalb der wissenschaftlichen Forschung in der intellektuellen Publizistik zum Schlagwort für unterschiedliche moralisch-religiöse sowie politische Überzeugungen und Bestrebungen avancierte, die man für konservativ, antimodern und potenziell intolerant hält. Eine umfassende Sichtung und Bilanz der Dogmatismus- wie auch der Fundamentalismusforschung steht noch aus.

Dogmatismus

Nachdem Adorno und Kollegen (1950) die sogenannte F-Skala entwickelt hatten, die eine »autoritäre Einstellung« (Autoritarismus) im Sinne eines Anhängens an Normen und Werte der Mittelklasse (Konventionalismus), Unterwerfung unter Autoritäten (Autoritarismus), aggressive Verurteilung Andersdenkender, stereotypes Denken und ablehnende Einstellung zu Juden und Angehörigen anderer Rassen (Ethnozentrismus) messen sollte, wurde kritisiert, dass sie damit nur den politischen Rechtsautoritarismus (Faschismus), nicht aber den strukturell gleichgearteten Linksautoritarismus etwa von kommunistischen Gruppen berücksichtigt hätten. Demgegenüber wollte Rokeach (1960, s. Roghmann, 1966) mit seiner Dogmatismustheorie und -Skala ein Überzeugungs- und Orientierungssystem beschreiben und erfassen, das für unterschiedliche politische, rassische, wissenschaftliche und religiöse Richtungen gilt und sowohl Autoritarismus als auch Ethnozentrismus und Intoleranz umfasst.

Für Rokeach bilden zusammenhängende Überzeugungen zu einem bestimmten Bereich ein Überzeugungssystem. Werden sie subjektiv für zutreffend gehalten, so ist es ein positives, werden sie für falsch erachtet, ein negatives Überzeugungssystem. Eine dogmatische Einstellung hat, wer sich an geschlossenen statt an offenen Überzeugungssystemen orientiert (closed-mindedness versus open-mindedness). Personen mit hohem Dogmatismus vereinfachen und verzerren Überzeugungssysteme, die sie ablehnen. Sie unterscheiden schlechter zwischen Merkmalen, die für eine Überzeugung zentral bzw. bedeutungslos sind. Sie übersehen das Gemeinsame, das zwischen ihren Auffassungen und denen, die sie ablehnen, bestehen könnte. Sie verharren entweder in der Vergangenheit, Gegenwart oder Zukunft, ohne zwischen den Zeiten zu wechseln. Sie bewerten Überzeugungen, die sie für falsch halten, emotional negativ, verachten Andersdenkende und sind intolerant. Sie beharren in Diskussionen hartnäckig auf ihrer Meinung und richten sich nach der Ansicht von Autoritäten, die sie absolut setzen, und neigen zur Überbewertung der eigenen ethnischen Gruppe bei gleichzeitiger Abwertung anderer ethnischer Gruppen.

Geschlossene und offene Überzeugungssysteme

Das Akzentuieren der Unterschiede und intolerante Abwerten anderer Ansichten soll in Items wie diesen erfasst werden:

Dogmatismus-Skala (Auszug)

- Wenn es zu religiösen Meinungsverschiedenheiten kommt, müssen wir uns davor hüten, Kompromisse zu schließen mit denen, die anders glauben als wir.
- Es gibt zwei Arten von Menschen: solche, die für und solche, die gegen die Wahrheit sind.
- Es gibt Leute, die ich hasse wegen der Dinge, die sie vertreten.

Das Sich-Abschließen vor verunsichernden Ideen und Personen und das Sich-Stützen auf Gleichgesinnte und auf Autoritäten wollen Testfragen wie die folgenden erheben:

- In einer hitzigen Debatte bin ich im Allgemeinen so mit dem beschäftigt, was ich sagen will, dass ich vergesse, auf das zu hören, was andere sagen.
- Auf lange Sicht ist es am besten, sich Freunde und Kameraden auszusuchen, die den gleichen Geschmack und die gleichen Ansichten haben wie man selbst.
- In unserer komplizierten Welt kann man nur erfahren, wie es weitergeht, wenn man sich auf Führer und Fachleute verlässt, die vertrauenswürdig sind.

Die *D-Skala* von Rokeach will eine generalisierte Einstellung gegenüber anderen Überzeugungen und ihren Vertretern erfassen. Rokeach beschreibt diese zwar betont kognitiv, doch wurzelt sie seiner Meinung nach – über das Bedürfnis nach einem kognitiven Orientierungsrahmen hinaus – in der Abwehr von bedrohlichen Aspekten der Wirklichkeit: in einem »umfassenden Geflecht von psychoanalytischen Abwehrmechanismen« (Rokeach, 1960, S. 70). In ihnen wolle sich der dogmatisch Denkende durch Verdrängung, Verleugnung, Projektion, Reaktionsbildung und Überidentifizierung gegen Isolationsangst, Zukunftsangst, Unsicherheit (aufgrund von Ambiguitätsintoleranz) und Minderwertigkeitsgefühle schützen und auch seine Selbstgerechtigkeit sowie die moralische Verurteilung anderer rechtfertigen, rationalisieren. Rokeach sieht einen Beleg dafür u.a. darin, dass zwischen Dogmatismus, gemessen nach seiner *D-Skala*, und Angst im Sinne des *Minnesota Multiphasic Personality Inventory* (MMPI) eine starke Beziehung besteht. (Was sich z.T. jedoch auch daraus erklären könnte, dass die *D-Skala* Angst-Items enthält.) Was hat die weitere Forschung ergeben?

Wie »dogmatisch« sind religiöse Menschen? Rokeach meinte, kirchliche Religiosität sei – ähnlich wie auch die Zugehörigkeit zur kommunistischen Partei – wesentlich mit Dogmatismus verbunden. Dabei erlag er dem bei Nichttheologen verbreiteten Missverständnis, der Glaube der Kirchen – zumal der katholischen – sei bis in alle Einzelheiten in Dogmen ausformuliert und diese dienten der gleichen Unsicherheitsbewältigung wie das von ihm beschriebene geschlossene Überzeugungssystem. Demgegenüber ergab eine Untersuchung von Paloutzian und Kollegen (1978), dass Dogmatismus mit intrinsischer Religiosität nicht signifikant und mit extrinsischer nur schwach verbunden ist. Bei einer kleinen Stichprobe von Pfingstlern, die als engagiert religiös gelten können, zeigte sich, dass unter ihnen sowohl solche mit hohen als auch solche mit niederen Dogmatismus-Werten waren, wobei Letztere ein höheres Maß an Ausgeglichenheit und sozialer Kompetenz aufzuweisen scheinen (Gilmore, 1969). Auch bei deutschsprachigen katholischen Priestern wurden sowohl offene als auch geschlossene Einstellungen im Sinne der *D-Skala* festgestellt (Guntern, 1978). Evangelische Theologiestudierende in Deutschland neigen mehrheitlich nicht zu Dogmatismus, und bei der Minderheit, die es tut, nimmt diese Einstellung zur Mitte des Studiums hin leicht ab (Lukatis, 1985). Also können auch kirchenverbundene Gläubige sowohl in einem – im Sinne der *D-Skala* – undogmatisch-offenen als auch in einem dogmatisch-geschlossenen Denkstil religiöse Überzeugungen vertreten. Die Zustimmung zu Überzeugungen einer Glaubensgemeinschaft und -überlieferung (Orthodoxie) ist nicht mit Dogmatismus gleichzusetzen.

Mit welchen Persönlichkeitsmerkmalen hängt Dogmatismus zusammen? Nach McCrae und Costa (1995) könnte Dogmatismus negativ mit dem Big-Five-Faktor »Offenheit für Erfahrung« korrelieren, d.h. mit der Neigung, neue Ideen und Erfahrungen zu meiden. Er hängt negativ mit Empathie zusammen, die ihrerseits mit Kreativität einhergeht (Carozzi et al., 1995). Der Zusammenhang mit Angst, den Guntern (1978) festgestellt hat, war nicht linear, wie nach Rokeach zu erwarten gewesen wäre, sondern kurvilinear: Personen mit sehr niederen Dogmatismuswerten zeigten auch die niedrigsten Angstwerte, doch hatten die mit den höchsten Dogmatismuswerten keineswegs die höchsten Angstwerte, vielmehr zeigten sich diese bei Personen mit mittleren Dogmatismuswerten. Guntern interpretiert dies so, dass zunehmende Angst zunächst stärkeren Dogmatismus bewirkt, dass dann aber die Angst wieder abnimmt, weil und wenn es einem stark

Dogmatismus
als feste Burg?

geschlossenen Überzeugungssystem gelingt, Angst und Verunsicherung zu überwinden. Ausgeprägter Dogmatismus also als feste Burg?

So anregend Rokeachs Dogmatismus-Konstrukt ist – es ist nicht befriedigend geklärt, auf welcher Art von Unsicherheit und Angst das »geschlossene« Denken vor allem beruht: Ist es die Angst vor Isolation und vor einer allgemein als feindlich empfundenen Welt, vor der man in einer Gruppe mit homogenen Ansichten Zuflucht sucht? Oder ist es die Angst vor Identitätsverlust angesichts von Neuem und Mehrdeutigem (Ambiguitätsintoleranz) – eine Angst, die einen unfähig macht, Urteile in der Schwebe zu halten und zu differenzieren, und die einen zu vorschnellen Festlegungen, zum Festhalten am Vertrauten, zu Vorurteilen, Stereotypen und vereinfachenden Schwarz-Weiß-Urteilen drängt? Oder ist Dogmatismus auf die unterentwickelte Fähigkeit zu kognitiver Komplexität zurückzuführen? Und welche sozialen Einflüsse fördern ihn: das Aufwachsen und Leben in einem traditionalistischen Milieu oder einer Kultur mit buchstäblichem Verständnis der heiligen Schriften (Bibel, Koran) oder intoleranter Einstellung? Welche Art der religiösen Unterweisung? Rokeach hat in Anlehnung an psychoanalytische Vorstellungen Dogmatismus einseitig »klinisch« als Disposition aufgefasst, ohne diese Konzeption sozialisationstheoretisch zu ergänzen. Und er hat ihn vielleicht auch als Syndrom und Superkonstrukt mit allzu vielen Dimensionen beschrieben, die man besser einzeln misst.

Ein Konstrukt mit offenen Fragen

Fundamentalismus

Als Fundamentalismus bezeichnete man ursprünglich eine protestantische Bewegung in den USA, die sich – im Sinne der Schriftenreihe »The Fundamentals: A Testimony to the Truth« (1910–1915) – gegen das Vordringen der historisch-kritischen Bibelauslegung der »liberalen Theologie« wandte, weil sie diese für den Glaubensverfall gegen Ende des 19. Jahrhunderts verantwortlich machte. Sie betonte, dass die Bibel wörtlich von Gott inspiriert (Verbalinspiration) und darum selbst in allen biologischen, geographischen und geschichtlichen Einzelheiten irrtumsfrei sei, weshalb sie buchstäblich (»literal«), nicht symbolisch ausgelegt werden müsse. (Etwa die Aussagen über die Erschaffung der Welt, die jungfräuliche Geburt Jesu aus der Jungfrau Maria, die leibliche Auferstehung u.a.) Darüber hinaus erwarb sich die Bewegung den Ruf einer auch im kulturell-politischen Sinn antimodernen Strömung, als sie in den 1920er-Jahren das Verbot der Verbreitung von Darwins Evolutionslehre in den öffentlichen Schulen durchsetzte. Ihre Begründung: Gemäß der Bibel sei der Mensch als Ebenbild Gottes erschaffen und stamme nicht vom Affen ab. Der USA-Fundamentalismus hat sich im Laufe der Zeit mit verschiedenen politischen Zielen verbunden (Papenthin, 1989; Riesebrodt, 1990). Seit den 1990er-Jahren wurde vor allem seine politische Komponente beachtet und – ein typisch nordamerikanisches Phänomen – als rechtsgerichteter Autoritarismus untersucht (beispielsweise: Hunsberger, 1996). Als sich die Bewegung in den USA im Kampf gegen den Kommunismus und gegen die Legalisierung von Abtreibung, homosexuellen Partnerschaften u.a. zunehmend politisierte, interessierte sich die Forschung mehr und mehr für deren militante, intolerante Einstellung, während die Frage der buchstäblichen Schriftauslegung in den Hintergrund trat.

Mit dem Entstehen von ultrakonservativen Bewegungen innerhalb der Großkirchen, ethnischen Konflikten in westlichen Ländern und mit dem wachsenden Einfluss von politischen Bewegungen, die ihre Ziele und Interessen mit der notwendigen Rückkehr zum ursprünglichen Judentum, Christentum, Islam oder Buddhismus begründeten, wandte man den Begriff Fundamentalismus auf immer mehr Strömungen an – mit dem Ergebnis, dass er zunehmend diffus wurde. Die Historiker Appleby und Sivan sowie der Soziologe Almond versuchten in einer breit angelegten Studie (The Fundamentalism Project) induktiv, durch Analyse von zahlreichen Bewegungen – von den Ulster Protestanten über die militant zionistische Gush Emunim bis zur islamistischen Hamas und dem buddhistischen Sinhala-Nationalismus in Sri Lanka –, ideologische und organisatorische Charakteristika zu beschreiben, die in ihren unterschiedlichen Ausprägungen verschiedene Typen von Fundamentalismus kennzeichnen (Almond, Sivan & Appleby, 1995). Ideologische Charakteristika sind für sie:

(1) Reaktivität: Fundamentalistische Bewegungen kämpfen gegen die Erosion der Religion und ihrer (oft ethnoreligiösen) Rolle in der modernen Gesellschaft mit ihren Säkularisierungs- und Relativierungstendenzen.
(2) Selektivität: Sie verteidigen nur bestimmte Aspekte der Tradition (etwa apokalyptische) und kritisieren auch nur einzelne Erscheinungen der modernen Wirklichkeit (z.B. Evolutionstheorie, »Land für Frieden« in Israel oder die religiös-kulturelle Überfremdung in islamischen Ländern), während sie sich u.U. unbefangen moderner Medien und Technik bedienen.
(3) Moralischer Dualismus (Manichäismus): Der verdorbenen, bösen Welt draußen setzen sie die reine, gute eigene Gemeinschaft gegenüber.
(4) Absolutismus und Irrtumsfreiheit: Die eigenen heiligen Schriften gelten als von Gott eingegeben und in allen Einzelheiten wahr; ihre Aussagen dürfen nicht mit den Methoden moderner historisch-kritischer Auslegung »verfälscht« werden.
(5) Millenarismus und Messianismus: Das Gute wird über das Böse siegen, und am Ende wird uns ein Messias, ein Erlöser oder der Verborgene Imam befreien.

Merkmale verschiedener Typen von Fundamentalismus

Damit wird Fundamentalismus als idealtypisches Syndrom von mehreren Merkmalen beschrieben. Doch welche sind psychologisch bedeutsam, und empfiehlt es sich, ein so komplexes Konstrukt zu bilden und zu untersuchen?

In der Sozialpsychologie wurden unter dem Begriff Fundamentalismus so unterschiedliche Merkmale wie buchstäbliche Bibelauslegung (literalism), Orthodoxie, Traditionalismus, rechtsgerichteter Autoritarismus, Ethnozentrismus und Intoleranz verstanden und mit Fragebogen gemessen, die sich auf verschiedene Merkmale konzentrierten (Altemeyer & Hunsberger, 2004; Ethridge & Feagin, 1979; Hood et al., 2005; Hunt, 1972; Kellstedt & Smidt, 1991; Kirkpatrick et al., 1991). Unter dem Vorbehalt, dass die Vergleichbarkeit der Ergebnisse nicht immer gewährleistet ist und dass viele Untersuchungen nur bei Studierenden durchgeführt wurden, kann man der Forschung Hinweise zu folgenden Fragen entnehmen.

Mit welchen kognitiven und emotionalen Persönlichkeitsmerkmalen hängt Fundamentalismus zusammen? Je stärker der Fundamentalismus (und die Orthodoxie) bei christlichen Seminarstudenten ausgeprägt ist, desto geringer ist die kognitive Komplexität in deren Denken (Eddington & Hutchinson, 1990). Allerdings zeigt sich diese Neigung zu einer vereinfachenden Informationsverarbeitung nicht in allen Bereichen, sondern nur bei existenziellen Themen (Hunsberger, Pratt & Pancer, 1994). Lehrt die religiöse Sozialisation, über existenziell wichtige Fragen anders zu denken als über nicht existenzielle, oder beruht diese Tendenz auf mangelnder Bereitschaft, wichtige persönliche Fragen offen zu lassen, d.h. auf geringer Ambiguitätstoleranz und dem Bedürfnis nach Gewissheit um jeden Preis? Für Letzteres könnte die Tatsache sprechen, dass sich Fundamentalismus und suchend-zweifelnde Quest-Orientierung nahezu ausschließen (Altemeyer & Hunsberger, 1992). Letztlich ist diese Frage nicht befriedigend geklärt. Ein Vergleich von liberalen und fundamentalistischen Protestanten ergab, dass sich die beiden Gruppen – gemessen mit dem *NEO Five-Factor Inventory* – weder nach Neurotizismus, Verträglichkeit, Gewissenhaftigkeit und Extraversion unterschieden, dass die Fundamentalisten aber eine geringere »Offenheit für Erfahrung« aufwiesen, d.h. neue Ideen und Erfahrungen eher meiden (Streyffeler & McNally, 1998). Warum ist dies so?

Mit welchen sozialen Einstellungen geht religiöser Fundamentalismus einher? Dazu wurden bereits oben im Zusammenhang mit Fremdenfeindlichkeit (s. S. 138–141) einschlägige Untersuchungsergebnisse angeführt.

Forschungs-
ergebnisse

Ist Fundamentalismus psychohygienisch belastend? Hartz und Everett (1989) berichten aufgrund ihrer Erfahrungen mit Selbsthilfegruppen für fundamentalistische Gläubige, die ihre Gruppe verlassen haben (»Fundamentalists Anonymous«), von Personen, die innerhalb eines extremen Fundamentalismus an Angst vor der Strafe Gottes, Depressionen, schweren Schuldgefühlen, vermindertem Selbstwertgefühl und sexueller Gehemmtheit litten. Besonders problematisch ist ihrer Meinung nach der Autoritarismus sowie der moralische Perfektionismus, der eine Selbstannahme trotz Fehler verhindert. Allerdings erklären die Autoren diese Belastungen innerhalb eines multifaktoriellen Verständnisses psychischer Störungen: Fundamentalismus als solcher sei noch nicht pathologisch, trage aber zur Entwicklung einer Störung bei, wenn auch genetische und andere Faktoren dazu disponieren. Denn religiöse Sinnsysteme, Rituale und starke Gruppenkohäsion könnten manchen Gläubigen auch emotionale Gewinne ermöglichen. Tatsächlich scheinen fundamentalistische Gläubige optimistischer zu sein als liberale (Sethi & Seligman, 1993). Ein fundamentalistischer Glaubensstil geht auch im Allgemeinen nicht mit Skrupulosität oder Zwangssymptomen einher (Witzig, 2005), so wenig wie mit verminderter Anpassungsfähigkeit oder Ich-Entwicklung (im Sinne von Loevingers *Sentence Completion Test of Ego Development*), vielmehr unterscheiden sich unter dieser Rücksicht fundamentalistische Protestanten von nicht fundamentalistischen nur nach ihren Glaubensüberzeugungen (Weaver et al., 1994).

Eine multifaktorielle Sicht

Das Phänomen, das das Konstrukt Fundamentalismus erhellen soll, ist nicht befriedigend erforscht. Was gehört einerseits alles zur individuellen Disposition, zur Anfälligkeit für Fundamentalismus: Angst vor Identitätsverlust und Verunsicherung (Ambiguitätsintoleranz), geringe Offenheit für Erfahrung, unterentwickelte kognitive Komplexität? Und welchen Anteil haben soziale Einflüsse, da Fundamentalismus in hohem Maß induziert sein kann? Wenn beispielsweise der religiöse Fundamentalismus und rechtsgerichtete Autoritarismus in den USA unvergleichlich virulenter ist als in Westeuropa, sind die Ursachen wohl auch in entsprechenden kulturellen Traditionen und Sozialisationsfaktoren zu suchen.

Exkurs 1:
Gottesvorstellungen – God concepts
Spiegelbilder der Vielfalt
religiösen Denkens und Erlebens

Bei Menschen mit monotheistischen oder polytheistischen Glaubensüberzeugungen scheint die Auffassung von Gott fast ihr gesamtes religiöses Denken und Erleben widerzuspiegeln. Darum wurden wiederholt Untersuchungen dazu durchgeführt, wobei die deutschsprachigen Autoren die Begriffe Gottesvorstellung, Gottesbild, Gottesverständnis, Gottesrepräsentanz oder Gottesbeziehung weitgehend synonym verwendet haben und die meisten englischsprachigen Forscher wahlweise von god concept oder (seltener) von god image sprachen. Entsprechend dem Konstrukt self concept soll hier der Begriff god concept/Gottesvorstellung als Ensemble der Eigenschaften aufgefasst werden, die ein Gläubiger Gott zuschreibt (die kognitive Dimension) und die bei ihm mit verschiedenartigen und unterschiedlich starken Gefühlen verbunden sind (die emotionale Dimension).

Definition von Gottesvorstellung

    Trotz zahlreicher Studien ist das Thema Gottesvorstellung nicht kontinuierlich erforscht worden; dazu gingen die vorliegenden Untersuchungen von allzu unterschiedlichen Fragestellungen und theoretischen Annahmen aus. Sie setzten neben Cluster-Analysen von Satzergänzungen, Einzelitems, standardisierten Fragebogen und Semantischen Differenzialen auch Methoden mit unterschiedlicher Fragerichtung und Aussagekraft ein. Beispielsweise:

(1) *Loving and Controlling God Scales* (Benson & Spilka, 1973): Sie erheben durch ein Semantisches Differenzial mit jeweils fünf gegensätzlichen Adjektiv-Paaren, ob der Befragte an einen liebenden (d.h. akzeptierenden vs. ablehnenden; liebenden vs. hassenden; vergebenden vs. nicht vergebenden usw.) oder einen kontrollierenden (d.h. fordernden vs. nicht fordernden; einschränkenden vs. befreienden; strengen vs. nachsichtigen usw.) Gott glaubt.

(2) *Religious Experience Questionnaire* (Edwards, 1976): Dieser Fragebogen will erfassen, in welchem Maß jemand Gott als nah und liebend erlebt.

(3) *God Image Scales* (Lawrence, 1997): Im Rahmen von objektbeziehungstheoretischen Überlegungen sollen die Dimensionen Presence (Bei-

pielitem: »Ich kann Gott tief in mir fühlen«), Benevolence (»Ich denke, Gott ist eher mitfühlend als fordernd«), Challenge (»Gott ermutigt mich, auf dem Lebensweg voranzuschreiten«), Acceptance (»Gottes Liebe zu mir ist bedingungslos«), Influence (»Ich bekomme, worum ich bete«) und Providence (»Ich spüre oft, dass ich in Gottes Hand bin«) erhoben werden.

(4) *Attachment to God Inventory* (Beck & McDonald, 2004): Auf bindungstheoretischer Grundlage sollen diese Items einerseits die Vermeidung von Intimität (Beispielitem: »Ich möchte lieber nicht zu sehr von Gott abhängig sein«) und andererseits die Angst, verlassen zu werden (»Ich sorge mich oft, ob Gott an mir Freude hat«), in der Beziehung zu Gott erfassen.

Die Ergebnisse sind oft uneinheitlich, die Korrelationen häufig schwach. Im Folgenden sollen einige Resultate zusammengefasst werden.

Einflüsse der religiösen Kultur und Unterweisung

Bedeutung der Denominationszugehörigkeit

Die Gottesvorstellung von (theistischen) Gläubigen wird sicher von ihrer religiösen Kultur und Unterweisung beeinflusst. Fragt man amerikanische Gottesdienstbesucher verschiedener christlicher Denominationen nach ihrer Zustimmung zu sechs vorgelegten Charakterisierungen Gottes, so zeigen sich keine Unterschiede nach Altersstufen, wohl aber nach Denominationen (Noffke & McFadden, 2001). Ähnlich ergab eine Studie in den Niederlanden, dass psychologischer Distress und Denominationszugehörigkeit (nicht aber der Bindungsstil) negative Gefühle gegenüber Gott vorhersagen lassen: Die Angehörigen der Orthodoxen Reformierten Kirche hatten eine negativere Vorstellung von Gott als Angehörige einer Pfingstkirche, vor allem empfanden sie ihn eher als strafenden Richter (Eurelings-Bontekoe, Van Steeg, & Verschuur, 2005).

Beide Beobachtungen lassen vermuten, dass Gottesvorstellungen verhältnismäßig stabile kognitive Konstrukte sind, die weitgehend durch religiöse Unterweisung, Verkündigung und Gebetstexte vermittelt und bestätigt werden. Wie sehr sich die Gottesvorstellung mit der Art der Unterweisung und dem »Zeitgeist« ändern kann, mag aus folgendem Befund hervorgehen. Bei einer Befragung von katholisch erzogenen Deutschen sagten von denen, die zwischen 1950 und 1960 geboren waren und ihre Prägung durch die Erstkommunionvorbereitung und den Religionsunterricht vor dem Jahr 1969 erhalten hatten, 32%, sie hätten ihre Gottesbeziehung als überwiegend negativ empfunden. Von denen, die zwischen 1969 und 1976 geboren waren und wohl zu einem weniger autoritären, mehr partnerschaftlichen Gottesverständnis hingeführt wurden, behauptete dies kein einziger (Stein, 1994).

Familiäre und intrapsychische Einflüsse

Die Gottesvorstellung kann sich aber trotz gleicher religiöser Kultur und Unterweisung in mancher Hinsicht individuell entwickeln. Dies mögen Beispiele aus einer Gruppe von 15 katholischen Priestern eines Missionsordens illustrieren, deren religiöse Bildung kaum homogener hätte sein können. 14 von ihnen waren ab dem 14. Lebensjahr im selben Internat und Gymnasium und alle 15 erhielten die gleiche spirituelle und theologische Ausbildung, doch waren der familiäre Hintergrund, die Tätigkeit in verschiedenen Ländern und die individuelle Rezeption der vermittelten Einflüsse verschieden. Die Aussagen, die sie in einem zwei- bis dreistündigen halbdirektiven Interview über ihren Werdegang und ihren Glauben machten, zeigten in einer Cluster-Analyse trotz ihrer Beheimatung im Glauben der gleichen Denomination und im spirituellen Ideal des gleichen Ordens beachtliche unterschiedliche Akzente, wie sie die Fallbeispiele 17–19 deutlich machen (Guntern, 1981).

Individuelle Rezeption kultureller und familiärer Einflüsse

Fallbeispiel 17, 18, 19
Proband 023 beschreibt Gott vor allem als Schöpfer und Herrn, der ihm autoritativ Aufgaben zuteilt: »Gott ist eher eine Autoritätsperson, mehr als dass ich ihn als Vater ... Vaterbild habe ich an sich nicht von Gott ... er ist mehr ein autoritärer Vater ... (der) also den Kindern nicht so nahe steht.« »Aber nicht liebkosen und das, das gehört bei mir nicht dazu.« »Er ist mein Oberer.« Gebet ist für ihn Pflichterfüllung, und es ist ihm wichtig zu überlegen, was Gott jeweils von ihm erwartet. Gott ist für ihn die wahre Autorität und das gibt ihm Sicherheit. Der hohe Wert, den er auf der Dogmatismus-Skala (Rokeach, 1960) erreicht, könnte auf eine ausgeprägte Autoritätsorientierung hinweisen, doch ist insgesamt auch Gewissenhaftigkeit ein beherrschendes Merkmal seiner Persönlichkeit.
    Proband 020 hingegen schildert seine Gottesvorstellung im Rahmen einer partnerschaftlichen, emotionalen Beziehung: » ... im Grunde genommen, er (Gott) ist mein Lebenspartner, und zwar der weitaus stärkere und mächtigere und vollkommenere und liebevollere Lebenspartner als ich. Also das Bild vom Ehepartner nun aber auf Gott angewandt. Es ist aber die Wirklichkeit, mit der ich in meinem Leben rechne, auf die ich abstelle, um die ich werbe, ringe oder auch von der ich beglückt werde ... das Ding vom Liebespartner, dünkt mich, dieses Motiv das trefflichste zu sein.«
    Wieder ein anderer spricht apersonal und abstrakt von Gott, indem er von der Schönheit und Gutheit der Schöpfung redet, durch die das Göttliche transparent werde (Guntern, 1981).

Welche Faktoren erklären die individuelle Rezeption und Verarbeitung der religiösen Unterweisung innerhalb und außerhalb der Familie?

Gottesvorstellung und Elternwahrnehmung

Ausgehend von Freuds Behauptung, die Gottesvorstellung sei eine im Ödipuskonflikt gebildete und durch lebenslange Hilflosigkeit verlängerte Idealisierung der geliebten und gehassten, schützenden und unterdrückenden Vaterimago, d.h. »im Grunde nichts anderes als ein erhöhter Vater« (GW 9, 177), untersuchte man zunächst den Zusammenhang zwischen Vater- oder auch Mutterwahrnehmung einerseits und der Gottesvorstellung andererseits. Manche Autoren verwendeten dazu ein Semantisches Differenzial (Polaritätsprofil) und ließen die Probanden sowohl »Gott« als auch den »Vater« (oder die »Mutter«) nach polaren Adjektiv-Paaren und Konnotationen wie: gut – schlecht, angenehm – unangenehm, grausam – lieb, schön – hässlich charakterisieren. Andere benützten zum selben Zweck eine Q-Sortierung, bei der man Gott und den Eltern 20 Gefühle, wie Angenommensein, Liebe, Achtung u.a., zuordnen konnte.

Keine Bestätigung für Ödipustheorie

Ergebnis: Die Gottesvorstellung von Juden und Christen zeigt bei mehreren Studien – im Gegensatz zu Freuds Hypothese – nicht nur mit der Vaterbeziehung, sondern auch mit der Mutterbeziehung ein gewisses Maß an Ähnlichkeit (Adam, 1976; Godin & Hallez, 1964; Nelson, 1971; Nelson & Jones, 1957; Strunk, 1959). Allerdings sind die ermittelten Korrelationen von Person zu Person verschieden und können bei einzelnen Befragten gleich null sein. Bei einer Untersuchung von 200 Personen ergab sich nur zwischen der Vaterwahrnehmung, nicht aber zwischen der Mutterwahrnehmung und der aktuellen Gottesvorstellung eine positive Korrelation (Justice & Lambert, 1986). Religiös aktive Erwachsene, die einen Elternteil vorziehen, charakterisieren Gott häufiger in Ähnlichkeit mit dem bevorzugten Elternteil als mit dem abgelehnten (Godin & Hallez, 1964).

Bei Heranwachsenden ist die Ähnlichkeit zwischen Elternwahrnehmung bzw. Erziehungsstil einerseits und der Gottesvorstellung andererseits vielleich noch deutlicher als bei Erwachsenen, doch wurden auch bei ihnen nur schwache Korrelationen ermittelt. So beschreiben Kinder, die ihren Vater als emotional nah einschätzen (Adam, 1976) und Jugendliche, deren Mütter den Vater als »guten« Vater (vor allem als einen ohne Alkoholprobleme) bewerten, Gott vaterähnlicher als andere (Król, 1982). 4- bis 11-Jährige (Dickie et al., 1997), aber auch 18- bis 22-Jährige (Dickie, Ajega, Kobylak & Nixon, 2006), die ihre Eltern als fürsorglich und mächtig wahrnehmen, schildern auch Gott eher als fürsorglich und mächtig. 11- bis 15-Jährige, die sie als liebevoll charakterisieren (und deren Eltern zudem auch Gott als liebevoll beschreiben), halten auch Gott eher für liebevoll, während jene, die den Erziehungsstil der Mutter als autoritär empfinden (und deren Mutter auch Gott als autoritär beschreibt), zu einer autoritären Gottesvorstellung neigen (Hertel & Donahue, 1995).

Bei Studierenden, die sich als religiös einstufen, scheint die Korrelation zwischen Gottesvorstellung und Vaterwahrnehmung geringer zu sein als bei den religiös weniger aktiven (Siegman, 1961); auch bei religiös engagierten Erwachsenen nimmt sie mit steigendem Alter ab (Godin & Hallez, 1964).

Im Unterschied zu den bisher angeführten Autoren gingen Vergote und Tamayo (1981) von der Annahme aus, dass der Inhalt der Gottesvorstellung und des auf Gott angewandten Vatersymbols weniger von den Erinnerungsbildern von den eigenen, realen Eltern als vielmehr von den kulturell geprägten Symbolfiguren des »wahren« Vaters und der »wahren« Mutter bestimmt wird. Diese gehören – im Sinne des Kulturanthropologen Clifford Geertz – zur Familienstruktur und zum Symbolsystem einer Kultur und beeinflussen sowohl die Persönlichkeit der in ihr lebenden Menschen als auch deren Gottesvorstellung. So untersuchten Vergote und Tamayo aufgrund einer eigenen *Semantic Differential Parental Scale*, in welchem Maß Christen verschiedener Länder und Gruppen sowie Hindus, Schizophrene und Strafgefangene die in ihr enthaltenen 18 »mütterlichen« (etwa: Wärme, Zärtlichkeit) und 18 »väterlichen« Items (beispielsweise: Der die Richtung weist, Autorität) dem Vater, der Mutter und Gott zuschreiben. Es zeigte sich, dass der Vater auch mütterliche und die Mutter väterliche Züge aufweisen und dass diese Komplementarität auch für die Gottesvorstellung gilt. Gott sei, obwohl er im Christentum als Vater angesprochen werde, ebenso gut eine mütterliche Figur dank seiner unmittelbaren, zugänglichen und freundlichen Präsenz.

Birky und Ball (1988) berücksichtigten die Beobachtungen des Vergote-Kreises, ließen sich aber auch von der Objektbeziehungstheorie Rizzutos (1979) leiten. Sie verglichen die Gottesvorstellung mit dem Bild von Vater und Mutter, mit den idealisierten Eltern und der zusammengesetzten Einheit von Vater und Mutter (»parental composite«), die die Probanden charakterisieren sollten. Dabei ergab sich die größte Übereinstimmung zwischen Gottesvorstellung und dem vereinigten Elternbild. Darin sehen sie einen Hinweis, dass sich die Gottesvorstellung aus mehreren Beziehungserfahrungen zusammensetzt.

Manches an den berichteten Ergebnissen ist methodenbedingt, und man sollte die Ähnlichkeit zwischen Elternwahrnehmung und Gottesvorstellung, solange sie nicht stark ausgeprägt ist, nicht überbewerten: Positive Konnotationen wie gut, angenehm, lieb oder freundlich kann man im Semantischen Differenzial dem bevorzugten Elternteil, dem besten Freund, einem Fernsehmoderator, seinem Lieblingstier und Gott zuweisen, weil man sie innerhalb des Messverfahrens nicht anders charakterisieren kann. Doch besteht deswegen kein Grund, eine Übertragung der Elternbilder auf diese Subjekte anzunehmen (s. Kirkpatrick, 1986). Vor allem erlauben es die angeführten

Messverfahren den Befragten nicht zu äußern, ob sie die in Frage stehenden Eigenschaften Gott in einem anderen – analogen, transzendenten – Sinn als den Eltern oder Bekannten zuschreiben – etwa: nicht nur lieb, sondern alle Menschen liebend, nicht nur stark, sondern die Welt erschaffend. Probanden von Godin und Hallez (1964) bemängelten, dass deren Q-Sortierung keine Möglichkeit bot, das Spezifische ihrer Gottesbeziehung auszudrücken, und Tucker (2005) beobachtete in ihren Tiefeninterviews mit acht religiös aktiven Christen, dass deren »Gottesbild« im Lauf ihrer Entwicklung abgelöst wurde von der Erfahrung einer göttlicher Gegenwart: »Der überraschende Befund, der sich aus diesen Interviews ergab, ist vielleicht, wie wenig diese Menschen von den verinnerlichten Objektbeziehungen auf ihr Gottesbild projiziert haben.«

Gottesvorstellung und Bindungsstil

Seit die Bindungstheorie (attachment theory) auf die Gottesbeziehung angewandt wurde (Kirkpatrick, 1992, 1995, 1999), hat man in mehreren Studien deren Ähnlichkeit mit dem Beziehungsstil im Verhältnis zu den Eltern oder Freunden und Partnern untersucht (s. S. 51–54). Während Kirkpatrick ursprünglich vermutete, dass Gläubige die Beziehung zu Gott als Ersatz für eine fehlende oder unbefriedigende menschliche Bindungsfigur gestalten (Kompensationshypothese), meinten Vertreter der Objektbeziehungstheorie, sie entwickelten zu Gott eine ähnliche Beziehung wie zu den Mitmenschen (Korrespondenzhypothese), sodass Personen mit sicherem zwischenmenschlichen Beziehungsstil auch Gott eher als akzeptierend, Menschen mit ängstlich-vermeidendem Beziehungsstil aber eher als unzugänglich und fern empfinden.

Gleiche oder kompensatorische Bindungsstile?

Bei Untergraduierten fand Oler (2000) insofern Hinweise auf die Gültigkeit der religiösen Bindungstheorie, als die Befragten Gott ähnlich warm bzw. kalt schilderten wie die Fürsorge ihrer Eltern, während von ihren Beziehungsstilen als Erwachsene nur der sichere dem Gottesbild entsprach. Umgekehrt stellten Beck und McDonald (2004) lediglich zwischen der Angst, vom Liebespartner verlassen und zu wenig geliebt zu werden, und derselben Angst in Bezug auf Gott eine deutliche Korrelation fest. Bei College-Schülern fanden McDonald und Kollegen (2005) Hinweise auf eine Korrespondenz der »inneren Arbeitsmodelle«: Befragte, die ihr Zuhause als emotional kalt und unspirituell schilderten, wiesen auch höhere Werte für eine vermeidende Gottesbeziehung auf, und die Wahrnehmung eines überbehütenden, rigiden oder autoritären Familienklimas ging mit einer stärker vermeidenden und Ablehnung befürchtenden Gottesbeziehung einher. Manock (2004) hat bei einer Stichprobe von überwiegend protestantischen Christen eine Übereinstimmung zwischen den Bindungsstilen der Erwachsenen und ihren Gottesvorstellungen festgestellt, Letztere allerdings z.T. mit eigenen Skalen gemessen. Eine Studie von Rowatt und Kirkpatrick (2002) bringt andere Persönlichkeitsmerkmale ins Spiel, indem sie feststellt, dass ein Ablehnung befürchtender Beziehungsstil gegenüber Gott mit emotionaler Labilität (Neurotizismus) sowie negativem Affekt einhergeht und eine vermeidende Gottesbeziehung geringere Verträglichkeit vorhersagt.

In den erwähnten Studien wurden sowohl die Bindungsstile als auch die Gottesvorstellungen unterschiedlich gemessen. Dies und die schwachen Korrelationen erlauben noch keine eindeutigen Aussagen und Deutungen. Werden – im Fall der Korrespondenz – gleiche »innere Arbeitsmodelle« von Eltern bzw. Freunden und Partnern auf Gott übertragen? Dies ist in Einzelfällen von schweren Störungen und Fixierungen auf Kindheitserfahrungen sicher anzunehmen. In nichtklinischen Stichproben ist es aber wenig wahrscheinlich, weil sonst die Korrelationen stärker sein müssten. Erklären sich die beobachteten Ähnlichkeiten nun aus bestimmten Motiven bzw. Merkmalen wie emotionale Labilität und Unverträglichkeit, die sowohl den früheren Beziehungen zu den Eltern als auch den aktuellen Beziehungen zu Freunden, Partner und Gott zugrunde liegen?

Gottesvorstellung und Geschlechtsrolle (gender)

Zeigen sich in der Gottesvorstellung geschlechtsrollenspezifische Akzente? Die Beobachtungen dazu sind uneinheitlich. In einer für die USA repräsentativen Untersuchung fragte man die 1 599 Teilnehmer, ob die zwölf Bildworte, die man ihnen vorgab, Gott sehr, etwas oder überhaupt nicht ähnlich seien (Roof & Roof, 1984): Schöpfer, Heiler, Freund, Erlöser, Vater, Meister, König, Richter, Liebender, Befreier, Mutter, Gattin/Gatte. Dabei war die Zustimmung zwar nach Denominationen verschieden stark, doch zeigten sich keine bezeichnenden Unterschiede zwischen Männern und Frauen, vielmehr war die Zustimmung der Frauen zu allen Symbolbegriffen – außer Gattin/Gatte (spouse) – höher als die der Männer. Auch Petersen (1993) hat in seiner deutschen Stichprobe keine nennenswerten Unterschiede festgestellt und Krejci (1998) fand mit seinem ganz anders gearteten Verfahren lediglich den, dass die Männer Gott stärker als kontrollierend charakterisieren als die Frauen. Roberts (1989) fand bei einer Zufallsauswahl von 185 Personen, dass die Frauen Gott eher als fürsorglich einschätzen als die Männer.

Keine nennenswerten Unterschiede

Gottesbild, Selbstkonzept und andere Persönlichkeitsmerkmale

Eine Untersuchung bei College-Studierenden ergab, dass deren Aussagen über Fürsorglichkeit und Autoritarismus der Eltern zwar ihren Gottesvorstellungen ähnlich waren, dass jedoch die Variable Selbstwertgefühl deren Varianz ungleich besser erklären konnte (Buri & Mueller, 1993). Allgemeiner gesagt: Gottesvorstellungen sind nicht nur den Elternwahrnehmungen und Elternschemata ähnlich, sondern auch dem Selbstkonzept und anderen Persönlichkeitsmerkmalen. Im klinischen Bereich wird dies besonders deutlich, wenn etwa Psychiatriepatienten mit Borderline-Störungen, vermeidend-selbstunsicheren, schizotypischen, schizoiden und paranoiden Zügen eher als andere negative Gefühle gegenüber Gott äußern (Haneke Schaap-Jonker, Eurelings-Bontekoe & Zock, 2002). Das Selbstkonzept ist stabiler als Gottesvorstellungen, die durch religiöse Unterweisung und persönliche Refexion leichter zu verändern sind (s. S. 110f. und Abbildung 4, S. 114). In konsistenztheoretischer Sicht ist plausibel – was auch empirisch gut belegt ist –, dass ein positives Selbstkonzept und Selbstwertgefühl den Aufbau und Erhalt der Vorstellung von einem liebenden Gott und ein negatives Selbstkonzept und Selbstwertgefühl das Bild von einem abweisend-strafendenden Gott begünstigen. Also dürfte das Selbstkonzept auf die Gottesvorstellung einen entscheidenden Einfluss ausüben und mehrere Zusammenhänge erklären:

- Weil positives Selbstwertgefühl mit positiver Elternwahrnehmung einhergeht (vgl. z.B. Ronco et al., 1995), beruht die festgestellte (moderate bis schwache) Ähnlichkeit zwischen Elternwahrnehmung und Gottesvorstellung wohl nicht nur auf einer unmittelbaren Assimilation der Aussagen der religiösen Unterweisung zu Gott an kognitive Elternschemata (Elternwahrnehmungen). Vielmehr rührt dieser Zusammenhang auch von dem Einfluss her, den die Eltern-Kind-Beziehung auf das Selbstwertgefühl des Heranwachsenden ausübt, das wiederum die Rezeption bzw. Nichtbeachtung von Aussagen der religiösen Unterweisung über Gott beeinflusst. Und zwar nach dem plausiblen Denkmuster: »Weil ich liebenswert bin, ist auch Gott lieb«, bzw. »Weil ich nicht liebenswert bin, ist auch Gott nicht lieb.«
- Weil positives Selbstwertgefühl durch Depressivität beeinträchtigt wird, geht Depressivität tendenziell mit negativen Gottesvorstellungen und -beziehungen einher. In einer nichtklinischen Stichprobe von 201 Gottesdienstbesuchern lehnten die Männer mit höheren Depressivitätswerten und geringerer Selbstwertschätzung die Aussage, dass Gott sich um uns kümmert,

Einflüsse des Selbstwertgefühls

eher ab und charakterisierten Gott negativ (Greenway et al., 2003). Bei den 465 Psychosomatikpatienten, die Murken (1998) befragte und die zu 43% an Depressionen litten, äußerten Personen mit negativem Selbstwertgefühl auch signifikant mehr negative Gefühle gegenüber Gott.

● Wenn auch emotionale Labilität (Neurotizismus) und negativer Affekt – wie zu vermuten ist – mit einem unsicheren Selbstwertgefühl und dem Wunsch, es zu stabilisieren, einhergehen, wird verständlich, weshalb diese beiden Persönlichkeitsvariablen mit einem Ablehnung befürchtenden Beziehungsstil gegenüber Gott zusammenhängen (Rowatt & Kirkpatrick, 2002).

Deutungsversuch

Die erwähnten Beobachtungen erklären sich vielleicht aus folgenden Vorgängen und Einflüssen, die in Abbildung 5 modellartig veranschaulicht werden sollen:

(1) Das Reden von »Gott« und von »Gott, dem Vater« wird – gerade vom jungen Kind – teilweise spontan an die kognitiven Elternschemata assimiliert (im Sinne von Piaget). Die so entstandenen Gottesvorstellungen werden erst mit zunehmender kognitiver Kompetenz, intensiver religiöser Unterweisung, Gebet und Reflexion überdacht und akkommodiert. Die Elternwahrnehmungen werden u.U. auch mit der Ablösung von den Eltern, deren Tod und der nachträglichen Harmonisierung zunehmend weniger differenziert, was die Ähnlichkeit der Gottesvorstellung mit beiden Elternbildern im Alter erklären könnte.

Assimilation – Akkommodation

(2) Wahrscheinlich sprechen fürsorgliche Eltern in der religiösen Unterweisung innerhalb der Familie auch eher vom liebenden und autoritäre Eltern eher vom fordernden und richtenden Gott. Dabei bewirkt das Lernen am Modell, dass Heranwachsende von ihren Eltern die Gottesvorstellung übernehmen, die sie in ihren gelegentlichen Bemerkungen oder Gebeten bekunden.

Unterweisung

(3) Die Anregungen der religiösen Unterweisung innerhalb und außerhalb der Familie werden – wie die Konsistenztheorie nahelegt – selektiv rezipiert und verarbeitet, d.h. Jugendliche und Erwachsene neigen dazu, Dissonanzen zu vermeiden und Aussagen der religiösen Verkündigung entsprechend ihren individuellen Dispositionen zu beachten, wie es oben in Abbildung 4 (S. 114) in Bezug auf Selbstbewertungsdispositionen dargestellt wird. Sie beachten aufgrund ihrer bevorzugten Werte oder Bedürfnisse, d.h. Motive sowohl in der familiären wie in der außerfamilialen Unterweisung und auch beim persönlichen Nachdenken über Gott bestimmte Aussagen und Eigen-

Selektive Rezeption

schaften und lassen andere außer Acht. So bilden sie – entsprechend ihrem Selbstkonzept und Selbstwertgefühl – ein eher negatives oder positives god concept.

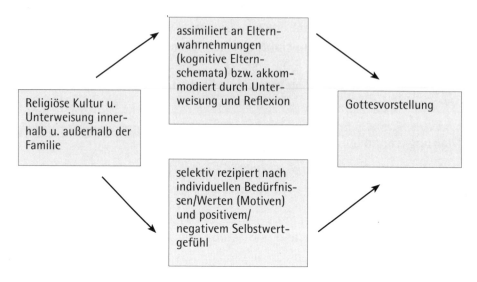

Abbildung 5: Kulturelle, familiäre und intrapsychische Einflüsse auf die Gottesvorstellung

Trotz zahlreicher Studien konnte die God-concept-Forschung bisher nur ein recht lückenhaftes und unscharfes Bild vom Gottesbild zeichnen. Das Konstrukt Gottesvorstellung ist fast so komplex wie der Begriff Religiosität. In den Gottesvorstellungen der Gläubigen spiegelt sich – wenn man einmal über die enge Perspektive der Elternähnlichkeit und Dichotomien wie liebender oder richtender Gott hinausschaut – nahezu die ganze Vielfalt religiösen Denkens und Erlebens wider. Vielleicht sollte man Gottesvorstellungen nicht als unabhängige Variable und eigenes Thema erforschen, sondern als Bestandteil der religiösen Überzeugungen, die zur Emotions- und Verhaltensregulation motivieren (s. Abbildung 1, S. 31), d.h. ermitteln, welche Gottesvorstellungen den verschiedenen Ausprägungen von religiöser Bereitschaft zu moralischer Selbstkontrolle, dem Streben nach Kontrolle bedeutsamer Lebensereignisse (Coping), dem Selbstwertstreben und dem prosozialen Empfinden entsprechen.

Exkurs 2:
Wie entwickelt sich Religiosität?

Die Abschnitte dieses Kapitels über verschiedene Motive religiösen Denkens, Erlebens und Verhaltens untersuchten, welche Beweggründe und Prozesse bestimmte Ausprägungen von Religiosität erklären, äußerten sich aber kaum zu deren Entwicklung über die gesamte Lebensspanne. Die Frage, ob sich Religiosität insgesamt in einer lebensgeschichtlichen Logik mit einem bestimmten Zuvor und Danach verändert, an der Entwicklungspsychologen und Religionspädagogen interessiert sind, war praktisch kein Thema der Religionspsychologie des letzten halben Jahrhunderts. Dafür gibt es mehrere Gründe: Es liegen nur wenige Längsschnittuntersuchungen vor, und die vorhandenen Altersquerschnittstudien beschränken sich großenteils auf einzelne Aspekte wie Gottesvorstellung, Auffassung vom Bittgebet oder Verständnis biblischer Texte, wobei entwicklungsbedingte Voraussetzungen und Einflüsse der Sozialisation schwer voneinander zu unterscheiden sind. Die Studien erfassen auch in vielen Fällen nur die Spanne zwischen dem sechsten und dem 18. Lebensjahr. Außerdem verbinden sich mit entwicklungspsychologischen Fragestellungen leicht normative, pädagogische Zielvorstellungen, die Aufgabe einer Religionspädagogischen Psychologie der einzelnen Glaubensgemeinschaften, aber nicht Sache der Religionspsychologie sind. Und zu alldem wird jeder, der überzeugt ist, dass »so viele Variationen religiöser Erfahrung (existieren), wie religiös eingestellte Menschen auf der Erde leben« (Allport, 1950, S. 30), dem Vorhaben, die religiöse Entwicklung über die gesamte Lebensspanne zu erforschen, mit Skepsis begegnen: Wenn Religiosität so vielfältig ist wie die Gläubigen, dann entwickelt sie sich wohl auch auf so vielfältige Weise, dass nur Grundbedingungen erforscht werden können. Auf diese beschränkt sich denn auch dieser Exkurs.

Gründe für das Forschungsdefizit

Was weiß man über die religiöse Entwicklung?

Zur religiösen Entwicklung von 6- bis 18-Jährigen, die jüdisch oder christlich erzogen wurden, liegen Beobachtungen vor, die man folgendermaßen deuten kann:

(1) Die Tendenz zu buchstäblich anthropomorphen und artifizialistischen Gottesvorstellungen, denen zufolge Gott die Welt wie ein Mensch erschafft und wie ein Mensch aussieht, sowie die Neigung zu einem buchstäblichen,

unsymbolischen Verständnis von metaphorischen Aussagen über ihn (»Hand Gottes«, »König«, »Herr«) geht in dieser Altersspanne weitgehend kontinuierlich zurück und weicht transzendenzbewussteren Auffassungen. Dies ist – trotz unterschiedlicher Erhebungsmethoden und mancher Deutungsprobleme – durch eine Reihe von quantitativen Untersuchungen gut belegt (Clavier, 1926; Deconchy, 1967; Goldman, 1964; Hanisch, 1996; Hyde, 1965; Ladd et al., 1998; McDowell, 1952; Nye & Carlson, 1984; Tamminen, 1993; Vianello, 1976). Beispielsweise hat Hanisch (1996) bei der Auswertung der Zeichnungen von 1 471 christlich erzogenen 7- bis 16-Jährigen ermittelt, dass Darstellungen Gottes mit menschlichen Zügen bei den über 9-Jährigen zurückgehen und dass dementsprechend die nichtanthropomorphen, symbolisch gemeinten Gottesdarstellungen zunehmen – mit einem quantitativen Sprung zwischen 9/10 und 11/12 Jahren (s. Tabelle 6). Dabei stellen die Mädchen – vermutlich weil sie religiös interessierter sind – Gott öfter symbolisch dar als die Jungen.

Tabelle 6: Anteil von nicht anthropomorphen Gottesdarstellungen in Zeichnungen von christlich erzogenen Schülerinnen und Schülern nach Hanisch (1996)

Alter der Schüler in Jahren	7/8	9/10	11/12	13/14	15/16
Nicht anthropomorphe Gottesdarstellungen	11,5%	20%	40,1%	56%	76%

(2) Die Neigung zu materiell ausgerichteten, verdienst- und gerechtigkeitsorientierten Kontrollüberzeugungen, d.h. die Erwartung, dass Gott spürbar in unser Leben eingreift und Gutes tun belohnt und Unrecht bestraft, nimmt mit den Jahren ab. Dies wurde bereits oben im Zusammenhang mit dem »Glauben an eine gerechte Welt« dargelegt (s. 86f. sowie Brown, 1966, 1967; Tamminen 1993; Touless & Brown, 1964).

(3) Pädagogische Alltagsbeobachtungen legen die Annahme nahe, dass Kinder unmittelbarer und unreflektierter als Jugendliche und Erwachsene das Verhalten ihrer Bezugspersonen nachahmen und ihre Glaubensüberzeugungen übernehmen. Dies schließt nicht aus, dass sie ansatzweise schon früh zu eigenem weltanschaulichen Denken und Verstehen fähig sind. Doch hat diese Gottesauffassung den Charakter einer Rekonstruktion und passiven Assimilation des Gehörten, nicht einer eigenständigen Entdeckung. Sie bleibt etwa bis zum Alter von 7/8 Jahren in der Schwebe zwischen Fan-

tasie- und Realwelt und kann erst mit zunehmender kognitiver Kompetenz mit Einwänden und alternativen Auffassungen konfrontiert und nach formallogischen Regeln kritisch überprüft werden. Dabei erarbeiten sich auch Jugendliche und Erwachsene in sehr unterschiedlichem Maß einen reflektierten Glauben. Über spätere Phasen der Lebensspanne liegen keine verallgemeinerungsfähigen Beobachtungen zur kognitiven religiösen Entwicklung vor.

(4) Sprechen die hier erwähnten Beobachtungen für einen möglichen Fortschritt religiösen Denkens von der Kindheit zum Erwachsenenalter, so verläuft die religiöse Entwicklung in emotionaler Hinsicht eher gegenläufig. Die volkskirchlich geprägten finnischen Schüler, die Tamminen (1993) die Frage beantworten ließ: »Hast du jemals das Gefühl gehabt, dass dir Gott besonders nahe ist?«, bezeugten in einer Querschnittuntersuchung mit zunehmendem Alter eine deutliche Abnahme der Erfahrungen von Gottes Nähe (s. Tabelle 7).

Tabelle 7: Antworten finnischer Schüler auf die Frage: »Hast du jemals das Gefühl gehabt, dass dir Gott besonders nahe ist?« (Tamminen, 1993)

Alter/Jahre	9/10	11/12	13/14	15/16	17–20
Sehr oft	42%	17%	10%	10%	8%
Einige Male	30%	40%	33%	31%	27%
Vielleicht einmal	18%	12%	15%	14%	13%
Nicht	10%	31%	43%	44%	53%

Auch in der Langzeitstudie von Tamminen (1993) zeigte sich – in Bezug auf die gleiche Frage – bei der Hälfte der Schüler ein Rückgang der Erfahrungen von Gottes Nähe und nur bei wenigen eine Zunahme. Dies widerlegt die Ansicht, der Gottesglaube werde erst im Jugendalter emotional bedeutsam.

Doch wie entwickelt sich die emotionale Dimension von Religiosität in späteren Lebensphasen? Qualitative Untersuchungen lassen erkennen, dass Menschen im Rückblick auf ihr Leben unterschiedliche Verlaufsformen ihrer Glaubensentwicklung berichten (Ingersoll-Dayton et al., 2002). Eine quantitative Langzeitstudie bei US-Amerikanern, die in ihrer Kindheit als intellektuell begabt eingestuft wurden und zu Beginn der Untersuchung (1940) 27 Jahre alt und zu 45% Protestanten und zu 45% denominationslos waren, hat bis zum Untersuchungsende (1991) in Bezug auf die Frage, wie bedeutsam für sie Religion gewesen sei, drei verschiedene Entwicklungsverlaufsformen ergeben (McCullough et al., 2005):

(1) Für 40% von ihnen war die Bedeutung von Religion zunächst niedrig, nahm jedoch bis zur Lebensmitte hin zu und ging nach dem 58. Lebensjahr zurück.

(2) Für 41% hatte Religion im frühen Erwachsenenalter wenig Bedeutung und verlor im Alter noch mehr an Gewicht.

(3) Für 19% hatte Religion schon im frühen Erwachsenenalter eine große Bedeutung, und diese steigerte sich noch mit zunehmendem Alter.

Die absoluten Zahlen dieser Untersuchung sind nicht repräsentativ für die USA, da die Stichprobe unterdurchschnittlich religiös war. Aber sie dürften folgende allgemeingültige Erkenntnisse belegen, die die Autoren im Rahmen einer Rational-Choice-Theorie für die Nutzung des Kulturguts Religion interpretieren, die man aber auch auf der Grundlage der Sozialkognitiven Lerntheorie deuten kann (s. Kapitel 5): In emotionaler Hinsicht kann sich Religiosität im Erwachsenenalter sehr unterschiedlich entwickeln. Fest steht nur, dass Gläubige, die im Vergleich zu ihren Gleichaltrigen im jungen Erwachsenenalter hoch religiös sind, verglichen mit den Gleichaltrigen auch weiterhin relativ religiöser sind, dass aber die Stärke der Religiosität bei allen Personen zunehmen, abnehmen oder nach einer Zunahme wieder abnehmen kann.

Welche Faktoren erklären diese Entwicklungsverlaufsformen? Von den Persönlichkeitsmerkmalen Neurotizismus, Extraversion, Verträglichkeit und Gewissenhaftigkeit zeigte nur Verträglichkeit eine positive Beziehung zur Bedeutung von Religion: Je verträglicher jemand mit 27 Jahren ist, desto wahrscheinlicher ist er auch in späteren Jahren religiös. Die Autoren erklären dies – im amerikanischen Kontext plausibler als im europäischen – damit, dass verträgliche Menschen eher bereit sind, auf die Forderungen einzugehen, die religiöse Gemeinschaften an sie stellen in Bezug auf Spenden, ehrenamtliches Engagement u.ä. Auch können sie ihre Beziehungen zu ihren Gemeinschaften so gestalten, dass sie mehr von ihnen profitieren. Darüber hinaus scheinen weitere soziale Einflüsse maßgebend zu sein: Je stärker eine Person in ihrer Kindheit religiös sozialisiert wurde, desto eher bleibt sie religiös oder wird noch religiöser. Da Mädchen stärker religiös

Verträglichkeit

sozialisiert werden, zeigen die Frauen auch höhere Religiositätswerte als Männer. Religiös erzogene Menschen lernen auch eher am »Modell« ihrer Eltern. Bei Individuen der Gruppe (1), bei denen die Bedeutung von Religion zunächst niedrig war, dann aber zunahm, zeigte sich, dass sie auch eher verheiratet waren und Kinder hatten. Wahrscheinlich wollten sie ihnen in der aktiven Familienphase zwischen 30 und 50 Werte der christlichen Tradition vermitteln, sie in Kindergärten und Schulen einer Glaubensgemeinschaft schicken und ihnen ein gutes Beispiel geben – Motive, die nach dem 58. Lebensjahr hinfällig wurden.

Soziale Einflüsse

Erklärungsansätze

(1) Die erwähnten Veränderungen kann man sicher nicht – wie es der Grundüberzeugung *endogenistischer* Theorien entspricht – als Reifungsphasen verstehen, die genetisch programmiert sind und in allen Kulturen und Milieus gleich verlaufen, denn dazu sind sie zu verschieden und hängen zu stark von der jeweiligen religiösen Sozialisation ab.

(2) Doch auch die entgegengesetzte Position der *exogenistischen* Theorien, der zufolge alle Veränderungen auf Einflüsse der sozialen Umwelt zurückzuführen sind, ist zu einseitig, denn sie berücksichtigt zu wenig, dass Veränderungen religiösen Denkens, Erlebens und Verhaltens immer auch an die individuelle Bereitschaft und Eigenaktivität gebunden sind.

(3) Wenn nun wenigstens Veränderungen der Gottesvorstellung in der Kindheit und Jugendzeit zugleich alters- und sozialisationsabhängig sind und wenn das Kind von dem, was es hört und beobachtet, vieles unverstanden übernimmt, es aber dann mehr und mehr durch eigene Denkbemühungen begreifen kann, ist zu fragen, ob dies innerhalb des Paradigmas der *konstruktivistischen* Theorien zu erklären ist. Es besagt – zumal in seiner einflussreichsten Variante, der kognitiv-strukturgenetischen Theorie von Piaget (Piaget, 1974, 1978; Piaget & Inhelder, 1972) –, dass (kognitive) Entwicklung das Ergebnis eines Konstruktionsprozesses ist, in dem der Heranwachsende in immer komplexeren Stufen aktiv die Muster aufbaut, nach denen er die Umwelt deutet (assimiliert) und auf sie einwirkt, und dass er diese auch selbst korrigiert (akkommodiert). Die soziale Umwelt – Familie und Schule – wird hier weitgehend passiv gesehen als etwas, das dem problemlösenden Denken des Heranwachsenden nur anregendes Material und Widerstände anzubieten hat, die er dann je nach seinem Entwicklungsstadium verarbeitet. Die beiden bekanntesten Versuche, religiöse Entwicklung struk-

Strukturgenetische Theorie

turgenetisch als strikte Stufenfolge zu deuten, sind die Genetische Pisteologie (pistis, griechisch: Glaube) von Fowler (1991) und die Stufentheorie des religiösen Urteils von Oser und Gmünder (1996).

Fowler (1991) postulierte bereits 1981 eine Stufenlehre des Glaubens, mit der er jede Stufe nach sieben Aspekten beschrieb, mit denen er Gesichtspunkte von Piagets Theorie der Denkentwicklung, von Kohlbergs (1981) Stufenlehre der moralischen Urteilskompetenz, von Jungs Auffassung vom Individuationsprozess, Kegans Entwicklungstheorie des Selbst, Selmans Theorie der Rollenübernahme und Eriksons sowie Levinsons Lebensphasen-Theorien berücksichtigen wollte. Folgende Stufen sollen eine invariante Abfolge bilden, wobei er offen ließ, ob sie über den christlichen Glauben hinaus universal gelten:

Stufe 1: Intuitiv-projektiver Glaube (3 bis 6/7 Jahre)
Stufe 2: Mythisch-wörtlicher Glaube (ab 7 Jahren)
Stufe 3: Synthetisch-konventioneller Glaube (ab Pubertät)
Stufe 4: Individuierend-reflektierender Glaube (ab etwa 20 Jahren, wenn überhaupt)
Stufe 5: Verbindender Glaube (ab etwa 40 Jahren, wenn überhaupt)
Stufe 6: Universalisierender Glaube (in seltenen Fällen)

In deutlicher Abgrenzung von Fowler haben Oser und Gmünder (1996) »Stufen des religiösen Urteils« formuliert, die für sie universal sind, während (nur) die Inhalte von den einzelnen Kulturen und Religionen abhängen. (So könne man z.B. die biblische Rede vom »Vater« oder »Reich Gottes« auf unterschiedlichen Stufen verstehen.) Die Stufen sollen beschreiben, wie sich die Beziehung des Menschen zum Letztgültigen« (Ultimaten) entwickelt, sei dies theistisch als Gott oder pantheistisch als Göttliches gedacht. Dieses religiöse Beziehungsverständnis sei eine eigene »Mutter-Struktur« (wie Piaget die drei allgemeinsten Strukturen mathematischen Denkens nannte), die nicht mehr auf andere Strukturen zurückzuführen sei. Andererseits wollen die Autoren das religiöse Urteil als ganzheitliche und emotional bedeutsame »Tiefenstruktur« verstanden wissen. Das moralische Urteil hänge zwar mit der kognitiven und moralischen Entwicklung zusammen, doch seien ihr Denkmuster mit eigener Logik und eigenen Transformationsgesetzen eigen. Das religiöse Denken suche in einer unumkehrbaren Abfolge von aufsteigenden Stufen, also ohne Sprünge und Rückschritte, ein Gleichgewicht zwischen den Polen von acht Dimensionen (etwa: Heiliges vs. Profanes, Transzendenz vs. Immanenz, Freiheit vs. Abhängigkeit, Geschenkhaftes vs. Selbst-Erarbeitetes), die überall in der Religionsgeschichte anzutreffen seien. Die Autoren charakterisieren sie in enger Anlehnung an Kohlbergs (1981) Stufen des moralischen Urteils so:

Stufe 1: Orientierung an absoluter Heteronomie (Deus ex machina)
Stufe 2: Orientierung an »do ut des«
Stufe 3: Orientierung an absoluter Autonomie (Deismus)
Stufe 4: Orientierung an vermittelter Autonomie und Heilsplan
Stufe 5: Orientierung an religiöser Autonomie durch unbedingte
        Intersubjektivität
Stufe 6: Orientierung an universaler Kommunikation und Solidarität

---

Die Theorien von Fowler wie auch von Oser und Gmünder wurden ohne Berücksichtigung der Beobachtungen und Ansätze der empirischen religionspsychologischen Forschung der letzten Jahrzehnte entwickelt und fast nur innerhalb der Praktischen Theologie (Fowler) bzw. der Pädagogischen Psychologie und Entwicklungspsychologie (Oser und Gmünder) diskutiert. Sie sind in theoretischer und empirischer Hinsicht mit zahlreichen Problemen behaftet (Bucher & Reich, 1989; Grom, 2000a; Hofmann, 1991; Nipkow et al., 1988). Sie mögen auf stark vereinfachende Weise Veränderungen der Gottesvorstellungen von christlich erzogenen Heranwachsenden plausibel beschreiben. Doch bestehen ernsthafte Zweifel, ob einzelne Stufen religiösen Denkens und Erlebens nachzuweisen sind, die jeweils ein zusammenhängendes Ganzes (Struktur) bilden, das die Befragten homogen auf verschiedene Inhalte und Situationen anwenden und ob diese Stufen einander so folgen, dass die höhere jeweils die niederen voraussetzt, integriert und differenziert.

     Eine solche Stufensystematik steht in deutlichem Gegensatz zur Bruchstückhaftigkeit und Zusammenhangslosigkeit von Äußerungen, die man von Heranwachsenden erhält, wenn man sie in offener angelegten Untersuchungen zum Begriff »Gott« frei assoziieren (Deconchy, 1967) oder Satzanfänge vollenden lässt (Hutsebaut, 1995; Janssen et al., 1994). Sie ist auch weit entfernt von den uneinheitlichen Ergebnissen der in Exkurs 1 zusammengefassten God-concept-Forschung und vermutlich weitgehend der (bei

Diskussion

Oser und Gmünder) verwendeten Dilemma-Methode geschuldet. Den im ersten Teil dieses Exkurses erwähnten Beobachtungen wird ein Entwicklungsmodell, das nur das Weiterschreiten oder Stehenbleiben in einer idealen Stufenfolge kennt, kaum gerecht. Vielmehr ist ein Entwicklungsverständnis nötig, das den vielfältigen Veränderungsrichtungen (Multidirektionaliät), Sozialisationseinflüssen und emotionalen Herausforderungen Rechnung trägt, die in Frage kommen (s. etwa Baltes, 1990).

(4) So dürfte religiöse Entwicklung am plausibelsten auf der Linie *interaktionistischer* Theorien erklärt werden, die sowohl die Einflüsse von Kultur und Sozialisation als auch die individuellen Lernvorgänge und ihre entwicklungspsychologischen Zusammenhänge berücksichtigen. Ein Modell dafür soll in Kapitel 5 dieses Buches im Rahmen der Sozialkognitiven Lerntheorie von Bandura (1979, 1986) dargestellt werden. In dieser Sicht ist Folgendes anzunehmen:

● Die religiöse Entwicklung eines Gläubigen hängt in kognitiver Hinsicht vom Stand seiner allgemeinen kognitiven Kompetenz ab. Denn zwischen der erwähnten Entwicklung der Gottesvorstellungen und der kognitiven Entwicklung, wie sie Piaget beschrieb, besteht in groben Zügen eine unverkennbare Parallelität. Allerdings sind die genauen Beziehungen zwischen religiösem Verstehen und formalem Denkniveau nicht geklärt. Die von Piaget überwiegend im mathematisch-naturwissenschaftlichen und logischen Bereich erforschten Stufen der allgemeinen kognitiven Kompetenz können – wenn man sie als »weiche« Strukturen auffasst – als die notwendige, aber nicht hinreichende Voraussetzung für weltanschauliches Erkennen und reflektiertes religiöses Verstehen mit den entsprechenden Assimilationen und Akkommodationen aufgefasst werden. Wie sich Menschen jedoch in Kindheit und Erwachsenenalter ihre »Weisheit« und »Expertise« in religiösen Dingen verschaffen, kann nur allgemein nach sozialen und individuellen Lernprozessen erklärt werden (s. Kapitel 5).

● In kognitiver wie in emotionaler Hinsicht hängt die religiöse Entwicklung auch von Einflüssen der religiösen Sozialisation ab: Dies ergibt sich aus der Tatsache, dass die oben genannten Veränderungen durch religiöse Erziehung beschleunigt oder verzögert und in eine bestimmte inhaltliche Richtung gelenkt werden. Ohne die Lösungsangebote, Denkanstöße, Symbole, Vorbildimpulse, Bestätigungs- und Verstärkungsvorgänge der sozialen Umwelt bleibt weltanschauliches Denken rudimentär und religiöses Erleben u.U. wenig konstant. Die Möglichkeiten der formal-operatorischen In-

Grund-
bedingungen
religiöser
Entwicklung

telligenzstufe werden von vielen Erwachsenen nur im Hinblick auf berufs-
spezifische Aufgaben ausgeschöpft. Die Chance sowie der Druck, religiöse
Deutungen aufzusuchen, aufzubauen und zu korrigieren – zu »äquilibrie-
ren« sensu Piaget –, ist bei weltanschaulichen Überzeugungen ungleich geringer als etwa beim Sprachgebrauch, den Grundrechnungsarten oder den
beruflichen Fertigkeiten. Man kann fachlich hochqualifiziert und religiös
auf Grundschulniveau stehengeblieben sein, sodass der strenge Verdacht
Allports (1950, S. 60) zutrifft: »Vermutlich finden wir in keinem Bereich
der Persönlichkeit so viele Kindheitsreste wie bei den religiösen Einstellungen Erwachsener.«

● Die emotionale Komponente von Religiosität entwickelt sich wohl
hauptsächlich entsprechend ihrer Verwurzelung in den für ein Individuum
bedeutsamen nichtkognitiven Motiv-Schwerpunkten. Dies macht verständlich, warum die emotionale Bedeutung des Glaubens im Laufe der Jahre
zunehmen und abnehmen kann und warum sich Religiosität sowohl allmählich als auch plötzlich (in einer Bekehrung oder Entbekehrung) wandeln
kann. Dies erklärt auch, dass die religiöse Entwicklung mit der Bedeutung
des Glaubens für Strategien der Belastungsbewältigung bei kritischen Lebensereignissen oder Dauerbelastungen sowie mit Befriedigungsstrategien
zusammenhängt, wie es in diesem Kapitel untersucht wurde. Deren Varia-
bilität erlaubt sicher keine Einordnung in ein Phasenschema über die Lebensspanne hinweg.

RELIGIOSITÄT IN DER VIELFÖRMIGKEIT AUSGEGLICHENER UND GESTÖRTER EMOTIONEN

Die Vielfalt, in der sich Religiosität ausprägen kann, erklärt sich nicht nur aus den intrinsischen Motiven, in denen sie verwurzelt ist, sondern auch aus der Vielförmigkeit der ausgeglichenen oder gestörten Emotionen, die in ihr erlebt werden. Diese konnten – trotz des engen Zusammenhangs zwischen Motiven und Emotionen – in Kapitel 1 nicht eingehend genug behandelt werden. Darum untersucht dieses zweite Kapitel unter Berücksichtigung emotionspsychologischer Erkenntnisse folgende Fragen:

(1) Was ist das Spezifische an religiösen Gefühlen?

(2) Kann man sie mit Hilfe bestimmter Psychotechniken fördern, wie es verschiedene spirituelle Richtungen versuchen?

(3) Wie prägt sich Religiosität in ekstatischen Ausnahmezuständen bzw. in schwer gestörtem Erleben (am Beispiel von Depression und Schizophrenie) aus?

Aus der Forschungsgeschichte: W. James – R. Otto – tR. Stark – A. Greeley

Gefühle (Emotionen) sind schwer zu erforschen, und die wenigen Arbeiten, die speziell zum religiösen Erleben veröffentlicht wurden, gingen von höchst unterschiedlichen theoretischen und methodischen Ansätzen aus (Beit-Hallahmi & Argyle, 1997; Hood, 1995).

William James (1902/1997), der mit seiner beschreibenden Vorgehensweise als Vorläufer eines phänomenologischen Ansatzes gelten kann, hielt Feierlichkeit, Ernsthaftigkeit und gefühlsstarkes Erleben für die Charakteristika der »religiösen Erfahrung«. Wie sich in plötzlichen Bekehrungen und mystischen Erfahrungen zeige, komme echte religiöse Erfahrung – so wie Leidenschaften und Träume – aus einer unterbewussten (subliminalen) Sphäre; sie sei eine Wirkung »transmundaner Energien«, und religiöse Lehren und Überzeugungen seien ihr gegenüber nur sekundär und interpretierend (s. Machoń, 2005).

Rudolf Otto (1917) versuchte in seiner phänomenologischen und philosophischen Abhandlung »Das Heilige« zu zeigen, dass religiöses Erleben in seinem ursprünglichen Kern das begrifflich nicht fassbare, unaussprechliche (»irrationale«) Ergriffensein vom Heiligen und Numinosen sei. (Er bildete diesen Ausdruck eigens nach dem lateinischen Wort Numen: Gottheit bzw. deren Willens- und Machtäußerung.) Numinoses Erleben umfasse in einer »Kontrastharmonie« sowohl ein Erschrecktwerden als auch ein Angezogenwerden und erfahre dementsprechend das göttliche Mysterium als »tremendum« wie auch als »fascinosum«, als übermächtig Schauder erregend und gleichzeitig als anziehend. Dieses Erleben liege sowohl der primitiven »dämonischen Scheu« als auch der biblischen Gottesfurcht zugrunde. Es stelle sich zwar anlässlich von einzelnen Sinneswahrnehmungen ein, breche aber als »Kategorie a priori« (I. Kant) allein aus dem Seelengrund auf. Die Religionspsychologie habe nur die Entfaltung dieses spezifisch religiösen (numinosen) Vermögens von primitiven zu höheren Zuständen zu beschreiben.

Gegen Ottos Numinositätsthese lässt sich Folgendes einwenden: Religiöses Erleben kann, muss aber nicht numinos sein. Ein gleichzeitiges Angezogen- und Erschrecktwerden – eine »Kontrastharmonie« – wird zwar im Zusammenhang mit außergewöhnlichen Erfahrungen wie Offenbarungserlebnissen und Ekstasen berichtet, ist aber insgesamt so speziell und selten, dass es nicht als Kennzeichen für religiöses Erleben gelten kann. Otto selbst kann nur wenige Beispiele dafür anführen; die meisten Texte, die er zitiert, berichten jedoch entweder Schauder oder Faszination. Von mehreren tausend Zuschriften, die Hardy (1980) auf die Frage nach der Erfahrung einer höheren »Macht, gleich ob Sie sie die Macht Gottes nennen oder nicht«, in England erhielt, erwähnten nur 2% ein Schockiert- und Betroffensein, 4% Furcht und Entsetzen und 7% Scheu, Ehrfurcht und Verwunderung, während 25% von einem Gefühl der Geborgenheit und des Friedens und 21% von Freude und Glück sprachen. Schließlich gilt auch das Umgekehrte: Numinoses Erleben kann, muss aber nicht religiös, d.h. auf eine übermenschliche Wirklichkeit ausgerichtet, sein.

Aus soziologischer Sicht und ausgehend von frei formulierten Beschreibungen religiöser Erfahrung hat Rodney Stark (1965) eine Taxonomie der religiösen Erfahrung entwickelt, von der allerdings später (Stark & Glock,

Numinoses
Erleben

1968) nur drei Erfahrungsformen operationalisiert und erhoben wurden (s. Tabelle 3). Sie sind zu heterogen und zu christentumsspezifisch, um in eine emotionspsychologische Analyse einbezogen werden zu können.

Der Soziologe Andrew Greeley (1975) hat Items zu verschiedenen religiösen Erfahrungen formuliert und die Zustimmung bei einer Stichprobe von 1 467 US-Amerikanern ermittelt. Bei Mehrfachnennungen fand die Formulierung »ein Gefühl tiefen, vollständigen Friedens« mit 55% die breiteste und das Item »ein Gefühl der Trostlosigkeit« mit 8% die geringste Zustimmung. Allerdings sind in der Liste von Greeley Gefühle (etwa: »ein Gefühl der Freude und des Lachens«) mit gefühlten Überzeugungen (wie: »ein Gefühl, dass ich selbst für andere etwas tun muss«) sowie Angaben zur Gefühlsstärke (»eine Erfahrung von großer emotionaler Intensität«) vermischt.

Die folgenden Überlegungen gehen von einem Emotionsverständnis aus, in dem viele Emotionstheorien konvergieren (Scherer, 1990). Demnach sind Emotionen komplexe Reaktionsmuster auf äußere oder innere Reize, die auf subkortikalen wie auch auf kortikalen Prozessen beruhen und fünf Komponenten umfassen:

(1) *Kognitive Komponente:* Zu ihr zählen die Wahrnehmungen, Erinnerungen, Vorhersagen und Bewertungen, die das Subsystem Informationsverarbeitung in Bezug auf Situationen, Ereignisse und Handlungen liefert und die im religiösen Bereich Gefühle wie Dankbarkeit oder Vertrauen auslösen.

5 Komponenten von Gefühlen

(2) *Neurophysiologische Komponente:* Zu ihr gehören bestimmte Veränderungen von Herzschlag, Atem, Blutdruck, Enzephalogramm sowie des Neurotransmitter- und Hormonhaushalts. Das limbische System versieht alle Bewusstseinsinhalte mit einer emotionalen Tönung, ist von kognitiven Prozessen des Neokortex begrenzt beeinflussbar und ermöglicht über seine anatomischen Verbindungen mit den Regulationszentren des autonomen Nervensystems im Hypothalamus Wechselwirkungen mit vegetativen Prozessen (Psychosomatik).

(3) *Motivationale Komponente:* Viele Emotionen tendieren zu bestimmten Verhaltensweisen, enthalten also eine Handlungsbereitschaft, eine »action readiness« (Frijda, 1986): Sie wurzeln in verhältnismäßig konstanten Erlebensdispositionen, die auch Verhaltens- und Denkdispositionen sein können – eben in Motiven.

(4) *Ausdruckskomponente:* Dazu rechnet man das Ausdrucksverhalten in Mimik, Stimme, Gestik sowie die Ausführung willentlicher Handlungen wie Flucht, Angriff u.a.

(5) *Gefühlskomponente:* Dies ist die wahrgenommene subjektive Befindlichkeit, das eigentliche Erleben, das qualitativ mit Begriffen wie Angst, Trauer, Freude usw. differenziert und quantitativ in unterschiedlicher Intensität erfahren wird.

Das Erleben eines Menschen wird durch Sozialisationseinflüsse (Konditionierung, Vorbilder, Unterweisung, kulturelle Gefühlsschablonen), Lernen und bestimmte Dispositionen (Wertbindungen, verinnerlichte Regeln) bestimmt (Ulich et al., 1999). Über die Beziehung der kognitiven zu den anderen Komponenten wurde viel diskutiert. Es gibt sicher Emotionen, die einfach körperlich, etwa durch Übermüdung oder Drogen, ausgelöst werden oder bei denen die Bewertung unvermittelt erfolgt und unbewusst bleibt. Andere entstehen durch bewusste Bewertung und Erwägung, etwa durch Lektüre, Predigt und Gebet, d.h. postkognitiv. Erinnerte religiöse Gefühle und Stimmungen entstehen wohl ebenfalls unvermittelt, wenn ein Gläubiger mit einem ihm vertrauten Symbol (etwa einem Kreuz oder Gottesdienstraum) oder geistlicher Musik konfrontiert wird; doch sind willentlich gesuchte, differenzierte Gebets- und Gottesdiensterlebnisse postkognitive Emotionen: Sie entstehen nicht wie Körpergefühle, sondern aufgrund von Erwägungen, die durch Psychotechniken unterstützt werden können. Die kognitive und die anderen Komponenten sind bei aller Verbundenheit miteinander relativ eigenständige Sub- und Orientierungssysteme der Persönlichkeit. Zwischen ihnen kann Übereinstimmung, Gegensatz und auch Neutralität bestehen; die fünf Komponenten wirken anregend oder abschwächend aufeinander ein (Izard & Buechler, 1984; Kruse, 1985). Beispielsweise sind in depressiver oder euphorischer Stimmung entgegengesetzte Erinnerungen und Überzeugungen schwer verfügbar. Im Zusammenhang mit der Frage einer weltanschaulichen Realitätsprüfung wurde bereits (s. S. 150f.) darauf hingewiesen, dass bei emotionalen Störungen Gefühle und Bedürfnisse den Inhalt der kognitiven Tätigkeit beeinflussen können: Es gibt nicht nur kognitionsbestimmte Emotionen, sondern auch emotionsbestimmte Kognitionen.

Postkognitive Emotionen

I. Wodurch sind religiöse Gefühle religiös?

Wodurch sind religiöse Gefühle anders als beispielsweise zwischenmenschliche oder ästhetische, nämlich religiös?

Sehr verbreitet, wenn auch selten zusammenhängend reflektiert, ist die James (1902/1997) nahestehende Ansicht, religiöse Gefühle würden sich von nichtreligiösen durch ihre besondere Intensität und Feierlichkeit unterscheiden. Daraus schließt man oft, dass alle Begeisterung, die besonders stark erlebt wird, »religiös« bzw. »quasireligiös«, »parareligiös« oder »analoge Religion« ist – gleich, ob ihr Gegenstand politisch, moralisch, ästhetisch oder sportbezogen ist. Etwa das Pathos und Zeremoniell, mit dem Pierre de Coubertin die wiederbelebten Olympischen Spiele umgab, oder der frenetische Jubel, mit dem Jugendliche ein Musik-Idol feiern. Großen Anklang fand lange Zeit auch die These von Otto (1917), religiöses Erleben sei in seinem Kern das numinose Angezogen- und Erschrecktwerden vom »Heiligen«. Diese Ansicht übernahm u.a. Carl Gustav Jung und verband sie mit seiner Auffassung von übermächtig und numinos wirkenden »archetypischen« Einflüssen eines »kollektiven Unbewussten« (s. Anhang). Doch kann religiöses Erleben auch nichtnuminos sein und umgekehrt können auch innerweltliche Gegenstände numinos erfahren werden.

Der Gefühlskomponente nach sind religiöse Gefühle kaum von profanen zwischenmenschlichen Emotionen zu unterscheiden. Dies zeigt sich u.a. in der Tatsache, dass (monotheistische) Gläubige Gott gegenüber nahezu die gleiche Vielfalt von Emotionen erleben können wie gegenüber Mitmenschen, mag auch die Häufigkeit verschieden sein. So zeigte sich bei einer Befragung, in der Samuels und Lester (1985) die durchschnittliche Häufigkeit von Emotionen ermittelten, die 12 katholische Ordensschwestern und 10 Priester gegenüber Gott berichteten, dass sie von den 50 vorgegebenen Emotionen manche zwar selten, aber nur »Verachtung« nie erlebten (s. Tabelle 8).

Tabelle 8: Durchschnittliche Häufigkeit der Emotionen, die katholische Ordensschwestern und Priester gegenüber Gott berichten (Samuels & Lester, 1985)					
Liebe	4.00	Überraschung	3.36	Ärger	2.09
Dankbarkeit	3.86	Fröhlichkeit	3.35	Furcht	2.05
Hoffnung	3.82	Bewunderung	3.23	Bedauern	2.05
Freundschaft	3.77	Entschiedenheit	3.00	Scham	1.95
Glück	3.77	Vergnügen	2.95	Nervosität	1.91
Ehrfurcht	3.77	Unterstützung	2.90	Niedergeschlagenheit	1.86
Zuneigung	3.73	Stolz	2.75	Verwirrung	1.82
Entzücken	3.68	Leidenschaft	2.70	Argwohn	1.64
Freude	3.68	Feierlichkeit	2.63	Apathie	1.55
Begeisterung	3.67	Ungeduld	2.55	Bestürzung	1.55
Gelassenheit	3.59	Reue	2.38	Groll	1.52
Heiterkeit	3.55	Kummer	2.35	Langeweile	1.50
Vertrauen	3.55	Schuld	2.35	Widerwillen	1.41
Zustimmung	3.55	Erbitterung	2.24	Abneigung	1.36
Erregung	3.50	Angst	2.18	Hass	1.27
Euphorie	3.41	Enttäuschung	2.14	Verachtung	1.09
Scheu	3.36	Trauer	2.14		

Anmerkungen: N = 22 (12 katholische Ordensschwestern und 10 Priester). 4 Punkte = häufig , 3 Punkte = manchmal, 2 Punkte = selten, 1 Punkt = nie erlebt.

Die Ähnlichkeit zwischen religiösen und zwischenmenschlichen Gefühlen wird auch aus dem Umstand ersichtlich, dass man Emotionen gegenüber Gott nur in Analogie zu zwischenmenschlichem Erleben beschreiben kann. Besonders deutlich und differenziert spricht dies die hinduistische Bhakti-Frömmigkeit aus. Auf der Stufe der intensiven Bhava-Liebe, die der Eingangsstufe der Verehrung (Bhakti) folgt und den Stufen der Prema und Mahabhava, die nur wenige erreichen, vorausgeht, unterscheidet die Bhakti-Frömmigkeit fünf Arten der Verbindung mit dem Göttlichen (Vivekananda, 1970, Bd. 3, S. 93–100):

Emotionen in der Bhakti-Frömmigkeit

(1) Shanta: Sich gelassen und ruhig in Gottes Nähe wissen.
(2) Dasya: Sich im Verhältnis zu Gott wie ein Diener gegenüber seinem Herrn fühlen oder wie ein Kind gegenüber seinen Eltern.
(3) Sakhya: Sich ihm anvertrauen wie ein Freund dem Freund.
(4) Vatsalya: Gott ohne irgendetwas Furcht- oder Ehrfurchtgebietendes betrachten und lieben wie Eltern ihr Kind (Krishna als Kind).
(5) Madhura: Sich mit Gott wie mit einem Ehegatten oder Geliebten vereinigen, sodass man darüber alle anderen Freuden und Sorgen vergisst und für nichtig erachtet. Wie ein Mädchen, das verliebt ist. Wie die Hirtinnen, die sich Krishna hingegeben haben. Der Fromme soll die Liebe, die er spontan den Menschen und Dingen entgegenbringt, auf Gott richten, sie von der Erscheinungswelt (Maya) auf deren Urgrund lenken.

Gläubige Menschen werden meistens betonen, dass sich ihr religiöses Erleben von den Gefühlen gegenüber Menschen und Dingen unterscheidet, weil es sich auf etwas Übermenschliches, Transzendentes richtet. Diesem Selbstverständnis wird man psychologisch wohl am besten durch folgende Auffassung gerecht: Religiöse Gefühle sind dem subjektiven Gefühlszustand (der Gefühlskomponente) nach von nichtreligiösen kaum zu unterscheiden, sondern werden als Liebe, Dankbarkeit, Verpflichtung, Angst, Schuld u.ä. erfahren, ähnlich wie zwischenmenschliche Gefühle auch. Sogar Ehrfurcht kann man ohne religiöse Überzeugung empfinden – etwa einem bewunderten Menschen oder einer altehrwürdigen Tradition gegenüber. Religiöse Gefühle sind auch der motivationalen und Ausdruckskomponente nach nichts, was es im profanen Bereich nicht auch gäbe: beispielsweise sich sammeln, die Hände falten, einen feierlichen Gesichtsausdruck annehmen, Mitmenschen helfen. Und die neurophysiologische Komponente? Wenn man religiöse Meditation als Entspannungstechnik (hypoarousal) untersucht, kann man sowohl für die Transzendentale Meditation, das Zazen, Kundalini-Yoga und andere Meditationsrichtungen eine Senkung der Herzschlagfrequenz und des arteriellen Blutdrucks sowie eine Abnahme der Frequenz und eine Zunahme der Amplitude der Alphaströme im EEG gegenüber dem normalen Wachbewusstsein feststellen (zusammenfassend: Engel, 1999; Murphy & Donovan, 1988). Dies weist auf einen Zustand entspannter Ruhe hin, der ebenso gut mit religiöser Versenkung wie bloßer Entspannung verbunden sein kann.

Die neurophysiologische Komponente ist also bei religiösen Gefühlen nicht anders als bei profanen – wohl aber die kognitive. So hat van der Lans (1985) beobachtet, dass bei einem Zen-Kurs nur die Teilnehmer, die zuvor religiös aktiv waren und denen gesagt wurde, die Übungen könnten auch ihren Glauben vertiefen, religiöse Erfahrungen berichteten, während diejenigen, die zuvor nicht religiös eingestellt waren und denen man lediglich therapeutische Wirkungen in Aussicht gestellt hatte, die gleiche Art der Versenkung nur therapeutisch-entspannend erlebten. Er sah darin einen Beleg für die Auffassung von Sundén (1966), dass religiöse Erfahrungen ohne entsprechendes »Referenzsystem«, d.h. ohne religiöse Tradition, Mythos und Ritual undenkbar sind.

Religiöse Gefühle unterscheiden sich einzig in ihrer kognitiven Komponente, d.h. durch ihre Bewertungen, Überzeugungen und Inhalte, von anderen Gefühlen. Sie sind dadurch als religiös gekennzeichnet, dass sie sich als Liebe, Dankbarkeit, Verpflichtung, Angst und dergleichen auf das Übermenschliche richten. Dadurch, dass der Gläubige eine Situation oder ein Ereignis religiös deutet und von dieser Deutung – »beim Gedanken an ...« oder »von der Tatsache, dass ...« – beeindruckt oder angetrieben wird.

Darum ist religiöses Erleben nicht als etwas Eigenes zu betrachten, das sich von den übrigen Emotionen und Motiven gänzlich unterscheidet und in einer besonderen »Begabung«, einer speziellen »Anlage« oder einem eigenen »Vermögen« wurzelt. Nein, die Erfahrungen, die in den verschiedenen Religionen und spirituellen Richtungen angestrebt werden, unterscheiden sich nach dem dargelegten Konzept in erster Linie durch ihre kognitive, weltanschauliche Komponente – und im Zusammenhang damit in ihren Emotionen.

Religiöse Überzeugungen – bloße »over-beliefs«?

Bedeutet dies, dass religiöse Überzeugungen und »Lehren«, d.h. die kognitive Komponente, für das Erleben nebensächlich, sekundär sind? Als Erster vertrat James (1902/1997) auf dem Hintergrund seiner heute überholten Emotionstheorie diese Ansicht. Er betrachtete theologische Aussagen und Glaubensüberzeugungen als bloße »over-beliefs«, welche die aus dem Unterbewussten aufsteigende »religiöse Erfahrung« bestenfalls interpretieren können. Denn Letztere entstehe ohne religiöse Überzeugungen und sei von ihnen unabhängig. Maslow (1964) schloss sich dieser Auffassung an mit der Begründung, die von ihm untersuchten Gipfelerfahrungen (peak experiences) könnten sowohl religiös als auch areligiös erlebt werden. Im Kern seien alle ekstatischen und mystischen Erlebnisse gleich. Ausformulierte Glaubensüberzeugungen seien nur nachträgliche Deutungen und der vergebliche Versuch, die ursprüngliche und unaussprechliche peak experience anderen verständlich zu machen, die sie nicht erlebt haben.

Sowohl James als auch Maslow haben sich nur mit religiösen Intensiverfahrungen befasst und übersahen, dass Kognitionen Emotionen auslösen können. Die meisten religiösen Gefühle sind keine unspezifischen ekstatischen Erregungen, die nachträglich als religiös gedeutet werden, sondern verdanken ihr Entstehen einer bewussten Aktivierung von religiösen Überzeugungen, die darum unlösbar mit ihnen verbunden sind. Nur Hochgefühle, die in einem profanen Kontext entstehen – etwa bei einer ästhetischen, sportlichen, sexuellen oder einer Drogenerfahrung –, werden nachträglich, sozusagen postemotional, gedeutet. Sie können entweder areligiös als angenehmes Kraftgefühl oder religiös als gnadenhafte Zuwendung Gottes bzw. Teilhabe an einer grenzenlosen göttlichen Energie verstanden werden. Mystiker haben religiöse Kognitionen keineswegs für sekundär gehalten. Zen-Meister wie Dogen und Hakuin hätten es sicher als Irrweg erachtet, sich – wie Sri Ramakrishna – das Absolute in Gestalt der Göttin Kali zu vergegenwärtigen; und christliche Mystiker wie Hildegard von Bingen oder Jan van Ruysbroek hätten das Absolute nie losgelöst vom biblischen Schöpfungs- und Christusglauben meditiert. Und dies hätten wiederum Dogen und Hakuin als Widerspruch zum mahayana-buddhistischen Monismus empfunden.

II. Welche Psychotechniken fördern religiöses Erleben?

Offensichtlich kann man religiöse Überzeugungen kennen und ihnen intellektuell zustimmen, ohne sie intensiv zu erleben. Von den katholischen Mitgliedern charismatischer Gebetsgruppen, die Mawn (1975) befragte, bejahten zwar 96% schon vor ihrer Hinwendung zu einer erlebnisstärkeren, »pfingstlerischen« Frömmigkeit gedanklich den Glauben ihrer Kirche, doch meinten zwei Drittel, dass sie dies ohne gefühlsmäßige Resonanz taten. Ähnlich beurteilen viele Christen, die sich einer spirituellen Gruppe oder Meditationsrichtung anschlossen, ihr früheres religiöses Leben als »tiefgekühlt« und als bloße Ansammlung von Katechismuswissen, überkommenen Bräuchen und freudlosen Pflichten. Auf welche Weise kann nun Religion zum Erlebnis werden, welche Vorgänge fördern religiöses Erleben? (In diesem Abschnitt sowie im folgenden Kapitel 3 werden verschiedene Aspekte behandelt, die auch dem Container-Begriff »Meditation« zugeordnet werden können.)

Psychologisch geht es hier wohl großenteils um das Problem, wie religiöse Überzeugungen, die leichter zu vermitteln und zu verändern sind als religiöses Erleben, von »kalten« zu »warmen«, emotional bedeutsamen Kognitionen werden können. Wenn die kognitive und die nichtkognitiven Komponenten der Emotion nebeneinander neutral koexistieren oder einander verstärken bzw. abschwächen können, ist zu vermuten, dass das religiöse Erleben sowohl von der kognitiven Komponente (Kognition) als auch von den anderen Komponenten her angeregt werden kann. Anders ausgedrückt: Was lässt eine verhältnismäßig starke emotionale Reaktionsbereitschaft auf religiöse Überzeugungen, Bewertungen und Deutungen vorhersagen, eine »Kopplung von Emotionen und (religiösen) Objekten durch Kognition«?

Sensibilisierung durch Kognition

Dabei soll Kopplung nicht als klassische Konditionierung, sondern als Sensibilisierung durch Kognition verstanden werden – in Anlehnung an Izards (1994) Differenzielle Emotionstheorie: »Das Emotionssystem ist frei in Bezug auf das Objekt. Obwohl Emotionen, die durch Triebe und spezielle Auslöser hervorgerufen werden, in der Auswahl ihrer Objekte begrenzt sind, erweitert die Kopplung von Emotionen und Objekten durch Kognition die Auswahl an Objekten für positive und negative Emotionen außerordentlich ... Emotionen genießen außerordentliche Freiheit in Bezug auf die Ersetzbarkeit der Objekte für eine Bindung. Es ist die Transformierbarkeit der Emotionen, nicht der Triebe, die das Freud'sche Konzept der Sublimierung begründet« (Izard, 1994, S. 72).

Von der kognitiven Komponente her: Wie können religiöse Überzeugungen und Symbole Erleben anregen?

Vonseiten der kognitiven Komponente (und der entsprechenden Unterweisung) wird religiöses Erleben wohl dadurch gefördert, dass die religiösen Überzeugungen (1) vorhandene nichtkognitive Motive ansprechen, (2) emotionale Erwartungen aufbauen und (3) gegebenenfalls Symbolerleben ermöglichen. Bei diesen Vorgängen geht es durchgehend darum, einen hinreichenden Grad an Aufmerksamkeit für die eigenen Gedanken und Gefühle zu erreichen und aufrechtzuerhalten. Deren Bedeutung belegt auch die Beobachtung, dass spirituelle Intensiverfahrungen stark mit Werten der *Absorption Scale* (Tellegen & Atkinson, 1974) korrelieren (Spanos & Moretti, 1988).

(1) Nichtkognitive Motive ansprechen
Religiöse Überzeugungen – so ergibt sich aus Kapitel 1 – können dadurch erlebensbedeutsam werden, dass man sie nicht nur als autoritative Tradition und als Gegenstand weltanschaulichen Erkenntnisinteresses vermittelt, sondern auch in ihrer Bedeutung für nichtkognitive Motive verdeutlicht. Solche Motive sind die Bereitschaft zu moralischer Selbstkontrolle, das Streben nach äußerer Kontrolle bedeutsamer Lebensereignisse und nach Belastungsbewältigung, das Streben nach positivem Selbstwertgefühl, die Bereitschaft zu Dank und Verehrung sowie die Bereitschaft zu prosozialem Empfinden und Verhalten. – Die Bedeutung religiöser Überzeugungen für diese Motive sollte dabei möglichst individuell und situationsgerecht vermittelt werden, nicht nur in Großgruppen und allgemein.

(2) Emotionale Erwartungen aufbauen
Um das Erleben aktivieren und motivieren zu können, müssen im Zusammenhang mit religiösen Überzeugungen auch emotionale Erwartungen aufgebaut werden. Religiöse Intensiverfahrungen (die nicht auf Krisenbewältigung ausgerichtet sind) treten ohne entsprechende Erwartung kaum auf (Spilka et al., 1996). In unseren positiven Erwartungen nehmen wir nicht nur erstrebte äußere Ereignisse, sondern auch erwünschtes Erleben vorstellungsmäßig vorweg. Dies dürfte die emotionale Reaktionsbereitschaft steigern, indem sie ihr mögliche Ziele zeigt, auf die sie sich konzentrieren kann – nämlich einerseits die inhaltliche Richtung und andererseits den gewünschten Intensitätsgrad.

Inhaltliche Richtung

Eine Erwartung zeigt die inhaltliche Richtung – sie macht bewusst, welche Gefühle bestimmte Überzeugungen verdienen und auslösen sollten: etwa Reue bei einer Bußfeier oder Dank und Freude bei einem Jahresrückblick. Die Erwartung kann auch unwillkommene Einfälle und Regungen zurückdrängen und die Aufmerksamkeit auf den erstrebten Inhalt und Gefühlszustand konzentrieren. Die Assoziationen und Erlebnisse, die sich einstellen, wenn sich jemand in die Stille zurückzieht, meditiert oder besinnliche Musik hört, mögen großenteils unspezifisch und nicht vorhersagbar sein: durch die Erwartung können sie in eine bestimmte Richtung gelenkt und mit einem kognitiven Inhalt gekoppelt werden.

Die Teilnehmer an christlichen charismatischen Gebetstreffen werden von deren Leitern nicht zur »Umschaltung« auf irgendwelche inneren Regungen angeleitet, sondern auf die Erwartung des Geistes Jesu und seiner Impulse ausgerichtet. Dies schließt ein, dass sie aufsteigende Rachegedanken, Erinnerungen an Kränkungen, Machtfantasien oder erotische Wünsche abweisen sollen. Ähnlich soll der Buddhist in der Zen-Meditation nur die Einheit mit dem Absoluten suchen und sich nicht – dualistisch – mit einzelnen Inhalten, also auch nicht mit Konflikten oder Visionen, die sich ihm aufdrängen möchten, befassen. Häufig wird die Erwartung und das Sich-empfänglich-Machen als Bitte um Erleuchtung und Erkenntnis formuliert – in östlicher wie auch in westlicher Meditation. Ein Beten und Meditieren mit überzogener und hyperreflexer Erwartung kann allerdings durch die Versagensangst, die sie aufbaut, auch verhindern, dass der erstrebte Zustand eintritt.

Außer der inhaltlichen Richtung zeigt die Erwartung auch den Intensitätsgrad des erstrebten Erlebens. Dieser ist etwa im Bhakti-Yoga höher als im nüchterneren Zen und bei pietistischen Gottesdiensten stärker als bei kalvinistischen.

Intensitätsgrad des Erlebens

(3) Symbolerleben ermöglichen

Religiöse Überzeugungen können vermutlich auch dadurch intensiver erfahren werden, dass man sie bildhaft-symbolisch erlebt:

● *Eine betont metaphorische Sprache,* die den Bezug zum Göttlichen durch Bildworte wie Licht, Himmel, Sonne, Vater/Mutter oder Quelle ausdrückt, dürfte – ceteris paribus – das Erleben stärker anregen als eine bildlose Begriffssprache. Allerdings kann die metaphorische Rede auch leicht klischeehaft und emotional wirkungslos bleiben.

● *Sinnlich wahrgenommene Bilder und Symbole* – etwa ein Andachtsbild, eine Ikone oder ein symbolisches Diagramm, ein Yantra, das im Tantrismus dem Meditierenden zu einer inneren Visualisierung und Symbolisierung verhelfen soll, durch die er sich Aspekte und Kräfte des Göttlichen vergegenwärtigt. Oder ein Mandala, das in der Tradition des Tibetischen Buddhismus den Meditierenden von der zerstreuenden, chaotischen Vielheit weg zur Einheit führen soll. Ausgehend von tiefenpsychologischen Theorien hat man gelegentlich von »selbstmächtigen Symbolen« mit einem besonderen Zugang zu »Tiefenschichten« gesprochen; doch sollte man nicht übersehen, dass ein intensives religiöses Symbolerleben eine religiöse Überzeugung (Deutung), eine starke Erwartung und die Fähigkeit zu konzentrierter Betrachtung voraussetzt.

● *Meditativ imaginierte Symbole,* die zwar sprachlich vermittelt, dann aber in der Fantasie vergegenwärtigt werden – ähnlich wie die Visualisierungen, die man in manchen kognitiven Psychotherapien einsetzt. Solche Visualisierungen sind keine Imaginationen, die – wie in der Aktiven Imagination nach C. G. Jung oder im Katathymen Bilderleben nach H. Leuner – völlig spontan bzw. angeregt durch halbstrukturierte Situationen (Wiese, Haus, Fluss) als freie Assoziation kommen sollen, damit Konflikte und Widerstände bearbeitet oder verdrängte Affekte abreagiert werden können. Vielmehr wollen sie ein inhaltlich vorgegebenes Symbolerleben ermöglichen.

Beispiele für Visualisierungen

Manche Psychotherapeuten haben religiöse Klienten angeleitet, die Gottesvorstellung als Bild, als Farbe oder als kraftspendendes Licht zu symbolisieren und dieses innere Bild in hypnotischer Sammlung auf sich wirken zu lassen, um depressive Stimmungen aufzuhellen (Ritzman, 1982; Thomas, 1967).

Im tibetischen und chinesischen Buddhismus wird die Meditation des »Mantra der höchsten Weisheit« von detaillierten Visualisierungen unterstützt. Um sich in die strahlende Leere jenseits aller Besonderheiten und Leidenschaften zu vertiefen, stellt sich der Übende beispielsweise das Nichts (Absolute) als Ozean vor, über dessen weiß gekrönten Wellen der Mond in einem Licht aufgeht, wobei man sich zunehmend ruhig und glücklich fühlen soll. Dann lässt man in seiner Vorstellung den Mond zu einer Perle zusammenschmelzen und sich schließlich zu einem Strahlenkranz ausweiten, in dessen Mitte eine wunderschöne Frau auf einem Lotus steht, der auf den Wellen schwimmt. Ihr Lächeln und Strahlen sollen dem Schauenden die Freude offenbaren, die sie – bzw. der zuvor angerufene Bodhisattva – über die empfindet, die sie anrufen, um die Macht des Mitgefühls heranzuziehen. Diese Gestalt soll man schauen, bis sie zusammen mit dem Himmel und dem Meer verschwindet. Abschließend soll sich der Meditierende völlig selbstvergessen mit einem grenzenlosen, strahlenden Raum eins fühlen (Blofeld, 1991).

Auf Imaginationen bzw. Visualisierungen stützen sich auch – in einem ganz anderen, christlichen Kontext – die »Geistlichen Übungen« (Exerzitien) des Ignatius von Loyola. Sie empfehlen dem Übenden, bei seinen Meditationen von einem »Aufbau des Schauplatzes« auszugehen (Nr. 47, 91, 112, 138, 143, 192, 202, 220, 232). Er kann diesen imaginativen Raum dadurch schaffen, dass er einen unsichtbaren Zustand symbolisiert – etwa die eigene Sündhaftigkeit als Verbanntsein unter Tieren oder den Heilswillen Jesu als Aufruf eines Feldherrn, sich von Besitzgier und Geltungssucht zu

Psychotherapie

Mantra der höchsten Weisheit

lösen und mit ihm für das Gute zu kämpfen – oder bei Betrachtungen zum Leben Jesu den »körperlichen Ort«, an dem sich Jesus befindet, »mit der Sicht der Vorstellungskraft sieht« (Nr. 47). Bei Letzterem ist keine historisierende Rekonstruktion gemeint, vielmehr soll der Übende wohl sein eigenes inneres Bild aufbauen, das die Stimmung ausdrückt, die er – ähnlich wie in den Symbolisierungen – mit dem Betrachtungsinhalt verbindet.

Ignatianische Exerzitien

Imaginative Hilfen wie die eben erwähnten sind weit verbreitet, werden aber von manchen spirituellen Richtungen auch abgelehnt: Johannes vom Kreuz gesteht sie nur dem Anfänger zu; die Zen-Tradition verwehrt sie auch diesem.

Wodurch vermag eine einübende Symbolbetrachtung das Erleben zu aktivieren – wenigstens bei »visuellen Typen«? Eine halbwegs gesicherte psychologische Theorie gibt es dazu nicht, weshalb die folgenden Überlegungen nur heuristischen Charakter haben.

Beim Erleben von Angst ist erwiesen, dass die bildhafte Vergegenwärtigung von unangenehmen Szenen stärker wirkt als die sprachliche Vermittlung; doch gilt das auch für andere Emotionen (Holmes & Mathews, 2005)? Vielleicht aktivieren Imaginationen die emotionale Reaktionsbereitschaft deshalb, weil die imaginative Aktivität beide Hemisphären des frontalen Kortex und auch Verbindungen mit dem limbischen System und dem Hippocampus und damit zum emotionalen und motorischen Bereich umfasst. Oder sie bewirken dies durch Ähnlichkeiten mit visuellen Schlüsselreizen – Farbeindrücken, Elementen von Situationen –, die Ereignisse und Erlebnisse der eigenen Erfahrung unmittelbarer repräsentieren und einem »vor Augen stellen« als die Sprache, die stärker distanziert. Wahrscheinlich wirken Symbole aber auch dadurch, dass sie – ähnlich wie Mantras – der Aufmerksamkeit und emotionalen Reaktionsbereitschaft die Möglichkeit bieten, länger bei einem Inhalt zu verweilen und ihn konzentriert auf sich wirken zu lassen – u.U. bis zur hypnotischen Versenkung. Eine Imagination prägt sich vielleicht auch dem Gedächtnis besser ein und macht das Erlebte über die meditative Übung hinaus für den Gedanken- und Vorstellungsstrom des Gläubigen leichter verfügbar, sodass es sein Erleben und Verhalten nachhaltiger beeinflussen kann (s. Meichenbaum, 1986).

Mögliche Erklärungen

Wie wird religiöses Erleben von seiner Gefühls-, Ausdrucks- und neurophysiologischen Komponente her aktiviert?

Von nichtkognitiver Seite wird religiöses Erleben vermutlich dadurch sensibilisiert und eine Kopplung mit religiösen Überzeugungen angeregt, dass entweder (1) die generelle emotionale Reaktionsbereitschaft (Gefühlskomponente) oder (2) die expressiv-behaviorale Aktivität (Ausdrucks- oder Verhaltenskomponente) oder (3) die neurophysiologische Komponente aktiviert werden.

Einstimmung, Stille, Mantra: Der Ansatz bei der Gefühlskomponente
Intensives religiöses Erleben gelingt selten bei gleichzeitig vorherrschender Alltagshektik und kritischer Distanz. (Was eine weltanschauliche Realitätsprüfung, die religiösen Erlebnissen vorausgeht oder folgt, allerdings nicht ausschließt.) Darum versucht man bei Gottesdiensten, Meditationen, Besinnungstagen u.ä. eine Atmosphäre und Einstellung bei den Teilnehmenden herzustellen, die eine generelle emotionale Reaktionsbereitschaft fördert, die dann mit religiösen Inhalten gekoppelt werden kann. Der Leiter eines Gebetskreises sagt etwa, man solle jetzt nicht diskutieren, sondern sein Herz sprechen lassen, oder der Exerzitienbegleiter ermutigt den Übenden mit Ignatius von Loyola, in seinen Betrachtungen »nicht das Vielwissen, sondern das Empfinden und Verkosten der Dinge von innen her« zu suchen (Geistliche Übungen, Nr. 2) und bei beeindruckenden Inhalten zu verweilen. Solche Einstimmungen laden dazu ein, das gewohnte diskursive Erörtern zurückzustellen zugunsten der Bereitschaft, eine Überzeugung gesammelt auf sich wirken und sich von ihr betreffen zu lassen. Darin könnten folgende Umschaltungen enthalten sein:

Lockerung der willentlichen Kontrolle

(1) Man versucht, mehr Gefühl zuzulassen, d.h. die kritische Distanz (psychoanalytisch: Ich-Zensur) und Willenssteuerung des gewöhnlichen Wachbewusstseins und Alltagslebens zu lockern, und sich den Gefühlen, die man erwartet, unbefangener hinzugeben, sich von ihnen stärker erregen zu lassen. In manchen Gruppen sagt man beispielsweise, man solle sich seiner Tränen nicht schämen.

Sensorische Deprivation

(2) Die emotionale Reaktionsbereitschaft versucht man meistens auch dadurch zu erhöhen, dass man sich an einen einsamen und stillen Ort zurückzieht oder in den Gottesdienst Stillepausen einfügt: Man reduziert die Stimulation durch Umweltreize und auch die Vigilanz ihnen gegenüber, damit sich die Aufmerksamkeit von der Außenwelt stärker auf die Innenwelt der eigenen Gedanken sowie der Emotionen, die sie auslösen, richten kann

(sensorische Deprivation). Diesem Ziel dient auch der Augenschluss oder (im Zen) die Einengung des Gesichtsfelds auf einen Punkt am Boden.

(3) Die emotionale Erregung wird noch gesteigert, wenn es gelingt, die Aufmerksamkeit ungeteilt auf einen einzigen Inhalt zu fokussieren – auf einen Gedanken, ein Gefühl, eine Erwartung. Dies geschieht etwa dadurch, dass man sich bemüht, länger bei einem Inhalt zu verweilen, oder durch das Wiederholen einer Aussage die Aufmerksamkeit bei ihm zu halten, bevor sie – wie gewohnt – zu anderen Gegenständen übergeht.

Fokussierung der Aufmerk-samkeit

Beispiel: Mantra
Verschiedene Techniken, die man mit dem Sanskritwort Mantra(m) bezeichnen kann, dienen dieser Aufrechterhaltung der Aufmerksamkeit. Mantra bedeutet im Hinduismus – sofern man damit nicht einen vedischen Text oder ein rituelles Gebet meint – einen heiligen Namen oder eine sakrale Formel, die man laut oder tonlos mit den Lippen oder nur in Gedanken meditativ rezitiert, um das Denken zu beruhigen, zu läutern und mit dem Göttlichen zu vereinen. So wiederholt man im Namajapa einen der Gottesnamen. Die Wiederholungen zählt man mit einem Beerenkranz von 108 Kügelchen. In vielen buddhistischen Richtungen pflegt man die gleiche Übung, jedoch oft in Verbindung mit bestimmten Visualisierungen und Körperhaltungen. In einer weitgehend verwestlichten Form arbeitet die von dem Inder Maharishi Mahesh Yogi begründete Transzendentale Meditation mit Mantras, um den Übenden mit Energien der »kreativen Intelligenz« zu verbinden.

Im Christentum verwendet man das Mittel der Wiederholung beim Rosenkranz. Bei diesem betet man fünfmal zehn »Gegrüßet seist du, Maria« und fügt in diesen Text jeweils das gleiche »Geheimnis« ein – nämlich einen Meditationsimpuls wie »Jesus, der von den Toten auferstanden ist«.

Sich auf einen einzigen Inhalt konzentrieren kann man aber auch dadurch, dass man die Aufmerksamkeit zuerst auf einen einfachen Reiz lenkt – auf den Atem- oder Herzrhythmus, was gleichzeitig das angstfreie Lockern der willentlichen Kontrolle fördert –, um sie dann gebündelt auf den Betrachtungsgegenstand zu richten. Ähnlich fixiert der Hypnotiseur die Aufmerksamkeit des Klienten zuerst auf den Finger o.ä., verstärkt seine Erwartung und spricht dann die Hauptsuggestion aus. Lernt der Übende, die Kanäle sinnlicher Außenweltwahrnehmung weitgehend auszuschalten (Trance), so kann man von Selbsthypnose sprechen. Diesen Weg gehen vermutlich jene Meditationsweisen, die mit der Konzentration auf den Atem- und Herzrhythmus arbeiten, besonders deutlich das seit dem frühen christlichen Mönchtum praktizierte Jesusgebet (Herzensgebet) sowie der Dhikr (arabisch: Gedenken) der islamischen Sufi-Tradition.

Beispiele: Jesusgebet und Dhikr

Im Jesusgebet wiederholt man nicht nur ein Mantra, sondern stimmt dieses auch mit dem Atem – bei manchen auch mit dem Herzschlag – ab. Sitzend und mit geschlossenen Augen lenkt der Meditierende die Aufmerksamkeit »aus dem Kopf ins Herz« und spricht leise oder nur innerlich beim Einatmen: »Herr Jesus Christus« und beim Ausatmen: »Erbarme dich meiner.« Oder einfacher: »Jesus (beim Einatmen) Christus« (beim Ausatmen) oder noch kürzer: »Je – sus«. Der Anfänger soll die Übung – unter Anleitung eines Starez – täglich in einer bestimmten, beträchtlichen Zahl oder Zeit verrichten, bis sie ihm zur Gewohnheit, zum »selbsttätigen inneren Gebet« und »Beten ohne Unterlass« (1. Thessalonicherbrief 5,17) wird, das ihn auch beim Gehen oder bei einfacheren Arbeiten begleitet. Bei intensiver Übung kann es zu Trancezuständen, Analgesie, Ekstasen und Durchflutungserlebnissen kommen (Jungclausen, 1995).

Beim Gottgedenken (Dhikr) der Sufis wiederholt man im Sitzen laut oder schweigend das Grundbekenntnis »Es gibt keinen Gott außer Gott, und Muhammad ist Gottes Prophet«, Namen Gottes aus dem Koran o.a. und verbindet diese Formeln meistens mit dem Atemrhythmus. Bei den eher seltenen gemeinsamen Dhikr-Sitzungen verbindet man die Wiederholung der Formeln mit beschleunigtem Atmen und rhythmischen Körperbewegungen. Die dabei erstrebte Erfahrung (Hal) wird ähnlich wie im Hesychasmus des christlichen Mönchtums als ekstatische Freude geschildert (Halm, 1978).

Körperhaltung, Geste, Musik: Der Ansatz bei der Ausdrucks- oder Verhaltenskomponente

Vom körperlichen Zustand her wird religiöses Erleben offensichtlich dadurch gefördert, dass man – unspezifisch oder durch bestimmte Techniken – in Gebet und Meditation einen Entspannungszustand induziert. Wenn nach Wolpes (1958) Theorie der reziproken Hemmung Entspannungszustände Angstreaktionen antagonistisch entgegenwirken, kann man daraus folgern, dass Entspannung das Verfügen über angenehme Gedanken und Gefühle erleichtert.

Auf spezifischere Weise kann man religiöses Erleben dadurch unterstützen, dass man nonverbale Ausdrucksformen vollzieht, die an grundlegende gestisch-stimmliche Ausdrucksweisen anknüpfen, so sehr sie kulturell geformt sind und verschieden aufgefasst werden.

Bei den rituellen Andachtsübungen der Hindus oder innerhalb des Hatha-Yoga sollen die symbolischen Gesten mit Fingern und Händen (Mudras), die ursprünglich wohl magisch verstanden wurden, das Denken des Beters auf die innere Andacht hinlenken. Aus dem gleichen Grund begleiten sie auch im Mahayana-Buddhismus kultische Handlungen sowie das Rezitieren von Mantras. Ähnlich das Händefalten, das Kreuzzeichen, das Ausbreiten der Arme und das Knien bei

Christen oder die Verbeugungen und das Sich-Niederwerfen (Prosternation) beim Pflichtgebet der Muslime.

Diese Körperhaltungen und Gesten rufen nicht automatisch Gefühle hervor; man kann sie bekanntlich auch ohne innere Beteiligung, theatralisch vollziehen. Doch können sie als Signal und Einladung wirken, mehr Gefühl zuzulassen und die gewählte Ausdrucksform mit ihm zu füllen. So können sie der geweckten Reaktionsbereitschaft den Ausdruck, die entsprechende expressiv-behaviorale Aktivität erleichtern.

Als Greeley (1975) US-Bürger befragte, welche Situationen bei ihnen religiöse Erfahrungen auslösen, wurde mit 49% (bei Mehrfachnennungen) am häufigsten das Hören von Musik genannt, noch vor »Gebet« (48%) und »Momenten ruhigen Nachdenkens« (42%). Musik und Gesang haben in vielen Religionsgemeinschaften einen festen Platz, und ihre emotionale Wirkung ist sicher von ihrer Beziehung zur Ausdrucks- sowie zur neurophysiologischen Komponente her zu verstehen. Allerdings sind die genauen Prozesse des Musikerlebens noch wenig bekannt. Bestimmte Formen von Musik und Gesang wirken – freilich abhängig von der Stimmungslage, den Erwartungen und den kulturell geprägten Verarbeitungsgewohnheiten des Einzelnen – unmittelbar neurophysiologisch stimulierend oder beruhigend (die Sammlung fördernd), angenehm oder unangenehm, angstabschwächend oder angststeigernd (Pekrun, 1985). »Musikalische Ausdrucksmodelle«, d.h. Gesang und Musik mit bestimmten Charakteristika in Melodik, Rhythmus, Harmonik, Klangfarbe und Lautstärke können freudig oder traurig, besorgniserregend oder beunruhigend wirken und mit einem entsprechenden Text gekoppelt werden. Dieser ansteckungsartige Einfluss beruht vielleicht darauf, dass die Hörer Ähnlichkeiten mit grundlegenden Verhaltensweisen und Gefühlsäußerungen – Passivität/Trauer, Aktivität/Freude, Imponiergehabe oder Zärtlichkeitsbekundungen – oder mit Ausdrucksformen der menschlichen Stimme wahrnehmen. So kann eine Melodie dazu einladen, dem, was der Text ausspricht – dem Vertrauen, der Bitte oder dem Lobpreis – emotional stärker zuzustimmen.

Musik induziert und steigert (nur) in dem Maß religiöses Erleben, als die nötige Vertrautheit, d.h. Kopplung mit religiösen Inhalten, gegeben ist (Miller & Strongman, 2002). Denn die von ihr angeregten Emotionen lassen sich mit religiösen wie auch mit profanen Inhalten verbinden. Man kann Weihnachtslieder singen und östliche Meditationsmusik hören und sich – ohne jeden religiösen Gedanken – einfach der friedlichen Stimmung hingeben. Umgekehrt konnte Johann Sebastian Bach für ein Weihnachtsoratorium ein Dutzend Sätze aus Kantaten verwenden, die er zuvor

Bedeutung
der Musik

zum Geburtstag oder zum Jubiläum von weltlichen Herrschern komponiert hatte, und ähnlich ist der moderne Sakro-Pop von der übrigen Pop-Musik letztlich nur durch seinen Text und Kontext zu unterscheiden.

Atemkontrolle, Fasten, Halluzinogene: Der Ansatz bei der neurophysiologischen Komponente

Die habituelle Gestimmtheit einer Person ist zwar großenteils genetisch bestimmt – also wohl auch die heitere oder ernste Grundstimmung ihrer Religiosität –, doch lässt sich religiöses Erleben innerhalb dieser Grenzen auch von seiner neurophysiologischen Komponente her beeinflussen.

Atem-
kontrolle

In manchen Meditationsrichtungen lernt man, die Atemfrequenz zu reduzieren, in anderen soll man den Atem nur beobachten und ihm seinen natürlichen Rhythmus lassen, was gewöhnlich auch zu einer Verlangsamung und Beruhigung führt. Vivekananda schreibt den Atemübungen (Pranayama) des Raja-Yoga die Wirkung zu, Unruhe abzubauen, die Stimmung zu harmonisieren und eine zuvor nicht gekannte Gelassenheit zu erleben. Über die Grundlagen der Atemtherapie gibt es verschiedene Auffassungen. Sicher ist, dass sich emotionale Zustände – etwa Angst oder Geborgenheit – in der Art des Atmens offenbaren. Das Achten auf den Atem kann darum dem Meditierenden eine etwa vorhandene störende innere Unruhe bewusst machen. Darüber hinaus kann die Umschaltung auf einen ruhigeren Atemrhythmus zu einer Entspannung führen, die gemäß der Theorie der reziproken Hemmung positive Gefühle begünstigt. Der sich selbst steuernde Atem kann auch als Symbol des Getragenwerdens von einer höheren Wirklichkeit verstanden, d.h. mit dem Glauben an das Geborgensein in Gott oder dem Absoluten gekoppelt werden.

Religiöses
Fasten

Das individuelle bzw. – etwa im islamischen Ramadan – von der Glaubensgemeinschaft vorgeschriebene religiöse Fasten ist in spiritueller und psychologischer Hinsicht komplex und wenig erforscht. Die bewusste Einschränkung der Nahrungsaufnahme kann als Ausdruck der Buße wie auch der verstärkten Hinwendung zu geistiger Nahrung und Führung praktiziert werden. Fasten steigert die Aufmerksamkeit für das leibseelische Befinden, doch ist ungeklärt, unter welchen Bedingungen es eine gehobene Gestimmtheit oder einen veränderten Bewusstseinszustand (etwa mit Visionen) fördert, wie es von einzelnen Personen berichtet wird. Eine starke Verminderung der Kalorienzufuhr scheint das allgemeine Befinden zu verbessern und die Aufmerksamkeitsleistung einzuschränken (Poenicke et al., 2005). Längeres Fasten kann eine vermehrte Serotoninausschüttung und mit ihr eine euphorische Gestimmtheit bewirken; doch warum stellt sich dieser Effekt nur bei freiwilligem Fasten und nicht bei erzwungenem Hungern ein?

Vertreter der psychedelischen Bewegung der 1960er-Jahre haben ihre Erfahrungen mit psychoaktiven Drogen wie LSD, Meskalin und Psilocybin – um nur die bekanntesten Halluzinogene zu nennen – oft auch als Königsweg zu intensiven religiösen Erlebnissen und veränderten Bewusstseinzuständen gepriesen und darauf hingewiesen, dass im Peyote-Kult der mexikanischen und amerikanischen Indianer Meskalin innerhalb religiöser Kulte eingesetzt wird. Nach den Drogenverboten der US-Regierung wurde das Thema nur noch von wenigen Außenseitern mit mehr oder weniger großer Nähe zur »Neurotheologie« erörtert (beispielsweise Jansen, 2001; Strassman, 2001). Die Mainstream-Religionsgemeinschaften stehen den spirituellen Ansprüchen der psychedelischen Bewegung kritisch gegenüber wegen der Gefahr der Drogenabhängigkeit, der Künstlichkeit (»Religion aus der Retorte«) und der Fixierung auf einzelne Intensiverfahrungen, die ohne Einbettung in eine religiöse Ethik und Gemeinschaft – wie sie etwa bei der Native American Church gegeben ist – wenig nachhaltig zu sein versprechen. Das Thema ist aber in theoretischer Hinsicht aufschlussreich, weil es die Beziehung zwischen der neurophysiologischen und der kognitiven Komponente religiöser Emotion beleuchtet.

Halluzinogene

Psychedelika/Halluzinogene lösen nicht automatisch religiöse Erfahrungen aus: Bei LSD-Experimenten, die im säkularen Kontext von Selbsterfahrung und Psychotherapie durchgeführt wurden, qualifizierten nur 24% bzw. 32% ihre Erfahrungen als »religiös«, während dies bei einem Versuch, der auch religiöse Anregungen einschloss, wesentlich mehr, nämlich 83% taten (zusammenfassend: Masters & Houston, 1966, S. 255).

Wenn ein Konsument seine psychedelischen Erfahrungen als religiös empfindet, deutet er sie in der Regel – wie die Fallbeispiele 20 und 21 illustrieren – entsprechend seinen weltanschaulichen, d.h. kognitiven Voraussetzungen.

Fallbeispiel 20 und 21
Der Buddhist Blofeld (1991) fühlte sich durch ein Drogenerlebnis in einen Zustand versetzt, »in dem volle Bewusstheit der drei großen Wahrheiten erwachte, die ich längst verstandesmäßig angenommen aber niemals als selbstverständlich erfahren hatte« – nämlich die unmittelbare Erfahrung, dass alles unterschiedslos eins ist, dass die grundlegende Wirklichkeit aus Glückseligkeit besteht und dass alle Gegenstände ohne eigenes Sein sind und sich im Meer der Glückseligkeit auflösen.

Bei dem protestantischen Arzt Thomas (1970) aktivierte hingegen ein Versuch mit Psilocybin Einstellungen und biblische Assoziationen, die ihm aufgrund seiner theologischen Bildung und spirituellen Praxis vertraut waren. Er fühlte sich mit dem Hosianna-Lobpreis der Pflanzen, Tiere und Engel zu den höchsten Stufen des Thrones Gottes emporschweben, hörte eine Stimme seinen Mangel an Glauben tadeln: »Du Kleingläubiger, warum bist du so furchtsam?« und spürte eine segnende Hand mit Jesu Worten aus dem Johannesevangelium: »Meinen Frieden gebe ich euch.«

Unspezifische Erregung

Psychedelika wie Psilocybin, LSD und Meskalin können – wenn sie nicht zu einer »schlechten Reise« führen – die emotionale Reaktionsbereitschaft aktivieren, die Vorstellungstätigkeit bis zu Halluzinationen anregen und die höheren kognitiven Leistungen zugunsten eines gefühlsbestimmten, assoziativen Denkens reduzieren (Leuner, 1981). Diese Erregung ist weitgehend unspezifisch. Die emotionale Wirkung hängt großteils von der Atmosphäre ab, die Leiter, Raum oder Musik schaffen. Die Assoziationen, Visionen und Emotionen können profane oder auch religiöse Vorstellungen und Gedanken beinhalten. Letztere sind von den religiösen Überzeugungen geprägt, die der Betreffende mitbringt, d.h. die er mit der chemisch gesteigerten Erlebensbereitschaft und Fantasie koppelt. So können Psychedelika Episoden ermöglichen, in denen das bereits Geglaubte intensiver erlebt und in ungewohnten Assoziationen neu verknüpft wird.

Bei dem bekannten Karfreitags-Experiment hörten 20 protestantische Theologiestudenten einen über Lautsprecher übertragenen Gottesdienst – religiöse Erwartung und Anregung waren also stark ausgeprägt. Anschließend berichteten die 10 Mitglieder der Versuchsgruppe, denen man in einem Doppelblindversuch 30 Milligramm Psilocybin verabreicht hatte, Erfahrungen, die großteils Merkmale von Mystik aufwiesen – nämlich Einheit mit allem, Transzendieren von Raum und Zeit, Gefühl der Heiligkeit u.a. –, und zwar signifikant häufiger als die Mitglieder der Kontrollgruppe, die als Placebo nur ein Vitaminpräparat eingenommen hatten (Pahnke, 1966).

III. Ekstase: Ausnahmezustand oder psychische Störung?

Die bisher durchgeführten Umfragen zu spirituellen Intensiverfahrungen erlauben wegen ihrer vieldeutigen Fragestellung keine verlässlichen Aussagen über die Verbreitung von religiösen Ekstasen in der Bevölkerung. Der psychologische Berater wird gewiss nicht jeden Tag mit diesem Phänomen konfrontiert, doch wenn er es wird, sollte er herausfinden, wie es einzuschätzen ist.

Die psychologische und religionswissenschaftliche Literatur verwendet den Begriff Ekstase so uneinheitlich (s. Goodman, 1991; Holm, 1982; Leuner, 1973; Spoerri, 1968), dass mit ihm sowohl mystische Einheitserlebnisse und Trancezustände in unterschiedlicher Gestimmtheit als auch höchst dysphorische Besessenheitserlebnisse bezeichnet werden. Im Folgenden soll unter Ekstase in emotionspsychologischer Sicht jede Art von gesteigerter Freude und Verzückung verstanden und untersucht werden, wie solche Hochgefühle – wenn sie religiös bzw. spirituell empfunden werden – in Bezug auf die psychische Gesundheit und Persönlichkeitsentwicklung zu beurteilen sind.

Gesteigerte Freude und Verzückung

Der Psychiater Bleuler (1857–1939) hielt Ekstasen noch ausnahmslos für »beseligende Dämmerzustände«, und der Psychoanalytiker Lewin (1982) sah speziell in der religiösen Ekstase den Versuch, Verlust oder Angst durch die hypomane Regression zum Lust- und Einheitserlebnis an der Mutterbrust zu verleugnen. Demgegenüber beschrieb James (1902/1997) ekstatische Bekehrungs- und Erleuchtungserlebnisse, in denen psychische Krisen überwunden werden, und der Psychiater Bucke (1901/1925) stellte das ekstatische »kosmische Bewusstsein« als Wurzel schöpferischer Persönlichkeiten dar. Dies bestätigte die Schriftstellerin Laski (1961) durch Zeugnisse aus ihrem Bekanntenkreis. Auch Maslow (1964, 1973) vertrat mit dem der Humanistischen Psychologie eigenen Optimismus eine ekstasefreundliche Ansicht. Er wertete die Antworten von 270 Personen – größtenteils College-Studierende – auf die Frage nach ihren »glücklichsten Augenblicken, ekstatischen Augenblicken, Augenblicken des Entzückens« aus und stellte die Merkmale der berichteten peak experiences (Gipfelerfahrungen) zu einem idealtypischen Syndrom von ausschließlich positiven Erlebnissen, Einsichten und Wirkungen zusammen. Seine Folgerung: Weit entfernt davon, regressiv und kompensationsbedingt zu sein, würden die peak experiences eine angst- und bedürfnisfreiere Wahrnehmung ermöglichen, die Kosmos und Mitmensch selbstvergessen, als wertvoll erfasse, Leid und Tod akzeptiere, mit Selbstverwirklichung einhergehe, manchmal auch therapeutisch wirke und religiöse Bekehrungen fördere. Umfragen, die diese positiven Wirkungen empirisch nachweisen wollten, sind allerdings problematisch, weil sie das Konstrukt peak experience zu unterschiedlich operationalisierten (Mathes et al., 1982).

Hat Maslow die Ekstase rehabilitiert, so trat bei ihm das in den Hintergrund, was früher den Vordergrund beherrschte: die pathologischen Formen gesteigerten Hochgefühls. Dies war teilweise methodenbedingt: Da er nur nach »glücklichsten Augenblicken« fragte, konnte er nicht jene manisch-euphorischen Zustände erfassen, denen Depressionen und Desintegrationen folgen. Ekstasen können im nichtpathologischen Kontext spontan erlebt bzw. absichtlich durch psychotechnische Bemühungen einschließlich Psychedelika herbeigeführt werden; sie können aber auch im Zusammenhang mit psychischen Störungen auftreten. Im Hinblick auf ihre religiösen Vorstellungsinhalte ist der Unterschied allenfalls an deren Paradoxie und wahnhafter Unkorrigierbarkeit zu erkennen; sicherer ist die Faustregel, dass Ekstasen umso wahrscheinlicher Symptome einer psychischen Störung sind, je unkontrollierbarer, d.h. je stärker der Emotionsregulation entzogen sie hereinbrechen und je destabilisierender, d.h. aufwühlender, verwirrender, erschöpfender und desintegrierender, sie wirken. Sie sind umso weniger pathologieverdächtig, je mehr sie kontrollierbar, integriert, ermutigend, sozial motivierend und produktiv verlaufen. Was dies im Einzelnen bedeutet, soll ein Blick auf die Merkmale psychotischer und neurotischer Störungen zeigen.

Ekstasen im Kontext von Psychosen

Hier werden religiös-ekstatische Episoden vor allem in folgenden Zusammenhängen erlebt.

(1) *In den Dämmerzuständen von Epilepsien:* Sie sind oft mit farbkräftigen optischen Halluzinationen, Wahnideen und Seligkeitsgefühlen verbunden, die jedoch seltener religiös und für die religiöse Einstellung weniger bedeutsam sind, als man – wohl aufgrund von Dostojewskis eindrucksvollen Schilderungen – oft angenommen hat (Dewhurst & Beard, 1970; Fleck, 1935). Die von Sensky (1983) befragten 46 Epilepsiepatienten berichteten keineswegs häufiger als die Kontrollgruppe mystische und religiöse Erfahrungen. Den pathologischen Ursprung erkennt man in erster Linie an den Symptomen, die für eine der vielen Formen von Epilepsie sprechen.
(2) *In der manischen Phase der affektiven Psychosen:* Hier geht die euphorische Gestimmtheit mit gesteigertem Antrieb und häufig mit Ideenflucht und Gereiztheit einher und wird meistens nach einiger Zeit von einer depressiven Phase abgelöst. Der manisch Erregte hat u.U. das Gefühl, er könne mit göttlicher Geisteskraft alle Zusammenhänge verstehen, Widersprüche überwinden und Probleme lösen. Mancher fühlt sich auch zu einem großen Werk oder zur Erlösung der ganzen Menschheit berufen.
(3) *Am Beginn von Schizophrenien,* seltener in späteren chronischen Abläufen: Diese Hochgefühle werden innerhalb der krankheitstypischen Ich-, Wahrnehmungs-, Denk- und Erlebensstörungen (Buckley, 1981) in einem »verwirrenden Ineinander von grauenvollster Angst und ekstatischer Verzü-

ckung« erfahren (Weitbrecht, 1968). Die Ekstase ist mit der unterschwelligen Angst um den Verlust der Ich-Grenzen verbunden (»Ich werde beeinflusst; in mir ist noch ein anderer«), hat den Charakter eines numinosen Erschüttertwerdens und entspringt vermutlich großenteils der Angstabwehr. Mit dem Hochgefühl gehen manchmal Wahnvorstellungen des Erwähltseins einher, mit den Angstzuständen aber solche des (paranoiden) Beeinträchtigt- und Verfolgtwerdens.

Ekstasen im Kontext von emotionalen Konflikten

Im Bereich starker emotionaler Konflikte, die – im Unterschied zu den soeben erwähnten Psychosen – die Realitätsprüfung nicht aufheben, kann die Abwehr von Angst und Depression zu religiös-ekstatischen Episoden führen – ähnlich, wie es die ekstatischen Geborgenheitserlebnisse von Fallbeispiel 7 und 8 (S. 99) zeigen. Diese Episoden werden unterschiedlich erlebt: entweder rein passiv und als Flucht vor der Wirklichkeit (psychoanalytisch betrachtet: regressiv) oder aber als Anstoß zu einer aktiven Problembewältigung und psychischen Integration, d.h. entwicklungsfördernd, progressiv. Letzteres wird in der biografischen Literatur öfter berichtet: so das religiös-ekstatische Erlebnis, das dem Mitbegründer der Selbsthilfebewegung der Anonymen Alkoholiker, Bill Wilson, auf dem Tiefpunkt seiner Verzweiflung die Kraft gab, Wege aus seiner Alkoholabhängigkeit zu suchen (Buckley, 1981). Das Fallbeispiel 22 zeigt diese Möglichkeit anhand eines Therapieberichts.

Abwehr von Angst und Depression

Fallbeispiel 22
Der Psychiater Horton (1973) erzählt von einem 18-jährigen Klienten, der durch das Studium an einem weit entfernten College der unerträglichen Abhängigkeit, in der ihn sein Vater halten wollte, zu entfliehen versuchte, aber emotional so eng an beide Eltern gebunden blieb, dass er ständig in größter Angst und Depression lebte. Der Vater wollte ihn durch den Entzug der finanziellen Unterstützung, durch einen Gerichtsentscheid und viele Tricks in das Haus zurückholen. Der Sohn hatte das Gefühl, jemand schaue ihm über die Schulter und folge ihm überallhin. In seinen Träumen erlebte er Nachtmahre und hatte danach tagelang das Empfinden, er werde vernichtet.
Er begann zu beten. »Zuerst sprach er Gebete, die ihn seine Mutter gelehrt hat. Schließlich meditierte er einfach durch die ›Klärung seines Geistes‹. Eines Nachts, erschöpft und niedergeschlagen, ohne irgendwo Trost finden zu können, hatte er sein erstes mystisches Erlebnis: ›Es war wie eine aufbrechende Quelle. Ich fühlte mich als Teil von allem. Und ich starb. Als es aufhörte, war ich verändert. Ich spürte grenzenlosen Mut und Kraft und war zu großen Taten inspiriert. Ich wünschte, dass mein Leben eine ständige Feier dessen werde, was ich da gefunden hatte.‹« Tatsächlich konnte er dem Drängen seines bindungssüchtigen Vaters widerstehen, sein suizidverdächtiges, gefährliches Autofahren verändern und eine Psychotherapie beginnen. Mehrmals erlebte er mystische Zustände, die ihm, wie er sagte, »den Mut und die Kraft vorwärts zu gehen« gaben.

Vielleicht wird in solchen Ekstasen die nahezu hypnotische Konzentration auf den Gedanken an Gottes Halt und Zuwendung sowie auf die dabei erlebte Fähigkeit, sich selbst als wertvoll zu empfinden, seine Situation angstfrei zu betrachten und als kontrollierbar wahrzunehmen, im Kontrast zur vorangegangenen Resignation ekstatisch als »aufbrechende Quelle« erlebt. Wer sie als »grenzenlosen Mut und Kraft« empfindet, übersieht zwar wohl manche reale Schwäche und Schwierigkeit, mit denen er noch zu kämpfen haben wird (Kontrollillusion) – aber er verleugnet sie nicht. Die Vorüberlegungen sowie die Nacharbeit – Letztere wurde in Fallbeispiel 22 in einer formellen Psychotherapie geleistet – machen es u.U. möglich, dass der Betroffene die ekstatisch erlebte Angstfreiheit in nüchternerer Form auch in späteren Situationen aktivieren kann. Dann wirkt die Ekstase nicht nur als momentane Erleichterung und Ablenkung.

Ekstasen als nichtpathologische Ausnahmezustände

Religiös-ekstatische Hochgefühle können auch von Menschen erlebt werden, die weder an psychotischen Symptomen leiden noch einer Depressions- und Angstabwehr bedürfen, sondern sie als Ergebnis beharrlicher spiritueller Übung erfahren. Ekstasen als nichtpathologische Ausnahmezustände werden vermutlich durch zwei Faktoren ermöglicht, die auch bei Gebetsformen wie Mantra, Jesusgebet und Dhikr eine Rolle spielen: (1) Die Fokussierung der Aufmerksamkeit und emotionalen Reaktionsbereitschaft auf einen positiven Inhalt und (2) die alle kritische Distanz aufgebende Hingabe an das Gefühl, das der Inhalt auslöst.

Die Bedeutung der Aufmerksamkeit

Diese Vermutung wird durch die Tatsache gestützt, dass viele Mystiker erst nach jahrelangen Meditationsübungen ihre erste ekstatische Erfahrung erlebten. Sie stimmt auch mit der von Laski (1961), Maslow (1964) und anderen berichteten Beobachtung überein, dass im profanen Bereich ekstatische Zustände nicht selten bei Tätigkeiten erlebt werden, die mit einem totalen, aber kontrollierten Absorbiertsein der Aufmerksamkeit einhergehen: beim Gebanntsein von einem Musikstück, beim Schwimmen, Skifahren oder Lösen eines intellektuellen Problems. Diese Erfahrungen hat man oft mit den (nicht befriedigend geklärten) Begriffen »peak performance« und »flow« umschrieben (Privette, 1983).

IV. Religiosität in klinisch relevanter Depression

Die Frage, ob Religiosität Depressivität verschiedenen Grades beeinflussen kann, wird in Kapitel 4 mit Blick auf die Beziehung zwischen Religiosität und subjektivem Wohlbefinden behandelt, weil sie meistens in diesem Rahmen untersucht wurde. Dabei wurde die umgekehrte Wirkungsrichtung gewöhnlich außer Acht gelassen: wie klinisch relevante Depression das religiöse Erleben, Denken und Verhalten verändern kann. Zu dieser Frage will der folgende Abschnitt einige Hinweise geben, wobei es freilich schwierig ist, dazu gesicherte Daten zu erheben.

(1) Zum religiösen Erleben bemerkt Hole (1977, S. 144) aufgrund einer Befragung von 109 Kranken, dass Patienten mit großer Depressionstiefe ihr »Geborgenheitsgefühl im Glauben« und ihren »Glauben an Erlösung und ewiges Heil« niedriger einschätzen als solche mit leichter Depression. Auch Dörr (1987) stellt fest, dass die depressiveren Personen in ihrer Stichprobe weniger religiöse Erfahrung bekunden und beispielsweise seltener dem Item zustimmen: »Der Glaube an Gott hilft mir, in schwierigen Lebenslagen nicht zu verzweifeln.« Auch wird mit zunehmender Depressivität die Gottesvorstellung negativer (Dörr, 1987). Dies wurde auch von Greenway, Milne und Clarke (2003) sowie von Murken (1998) beobachtet und oben (S. 172) mit dem durch Depressivität geminderten Selbstwertgefühl erklärt. Noch allgemeiner kann man in emotionspsychologischer Sicht annehmen, dass die Erstarrung des Gefühlslebens, die schwere Depressionen charakterisiert, oft auch die Fähigkeit beeinträchtigt, überhaupt noch religiöse Gefühle zu mobilisieren, sodass sie auch nicht für die Emotions- und Verhaltensregulation verfügbar sind. Dies macht Fallbeispiel 23 anschaulich. Es sind wohl Phasen, in denen die neurophysiologische und die Gefühlskomponente so stark gestört sind, dass kognitive Prozesse, die von Glaubensüberzeugungen ausgehen, wirkungslos bleiben.

Tiefe Depression beeinträchtigt religiöses Erleben

Fallbeispiel 23
Eine Krankenhausseelsorgerin, die an einer schweren Depression erkrankte, schreibt rückblickend:»In den allerschwersten Stunden hat der Glaube überhaupt keine Rolle mehr gespielt. Mein Verstand und mein Wille mochten ihn wohl weiterhin bejahen, aber für mein Herz war er unerreichbar. Er war kein Trost, keine Antwort auf verzweifelnd quälende Fragen, keine Hilfe, wenn ich nicht weiterwusste« (Weber-Gast, 1978, S. 32f.).
    Was der Patientin neben den Gesprächen mit einer Psychotherapeutin, der Ermutigung durch den Ehemann und den Medikamenten vom Religiösen her half, war einerseits

die Entdeckung, dass die Klagepsalmen sowie bestimmte Aussagen des Neuen Testaments Verständnis für die »Leiden dieser Zeit« ausdrückten und sie nicht mit heroischen Appellen überforderten, und andererseits das Wissen, dass andere für sie beteten (wohl eine Art von spiritueller sozialer Unterstützung). »Mit der langsam einsetzenden Genesung lernte ich auch wieder beten. In der Tiefe der Krankheit konnte ich es gar nicht mehr« (S. 38).

Die erwähnte Einschränkung des religiösen Erlebens und der Emotions- und Verhaltensregulation hat Ringel (1953) in Bezug auf Suizidgedanken als präsuizidale »Einengung« beschrieben. In der Stichprobe von Hole (1977) unternahmen Depressive, die in gesunden Zeiten regelmäßig bzw. öfter den Gottesdienst besuchten, deutlich seltener einen Suizidversuch als solche, die nie zum Gottesdienst gingen. Doch von denen, die einmal versucht hatten, sich das Leben zu nehmen, meinten fast alle, ihr Glaube könne einen Suizidversuch nicht verhindern. Ein Patient, der angab, sein Glaube sei nach der Erkrankung »eher fester geworden« und könne ihn in Zukunft vor einem Suizidversuch bewahren, meinte auf eine entsprechende Rückfrage, bei seinem ersten Suizidversuch habe die Verhinderung durch den Glauben »nicht mehr funktioniert«. Die einst verinnerlichte Norm, Suizid abzulehnen, konnte das Erleben und Verhalten nicht mehr beeinflussen.

Präsuizidale
Einengung

(2) Tiefe Depressionen sind manchmal mit übertriebenen, völlig grundlosen Wertlosigkeitsgefühlen, Schuldgefühlen und Selbstbezichtigungen verbunden. In extremen Fällen fühlt sich der Kranke weit über seinen wirklichen Einflussbereich hinaus für alles Elend der Umgebung verantwortlich, hält sein Tun und Dasein für schuldhaft und entwickelt wahnhafte Versündigungsideen. Letztere wirken bei religiösen Patienten besonders erschreckend und werden oft stark beachtet. Ein Patient: »Ich fühle mich zu schlecht, um überhaupt zu beten. Ich bin verworfen. Ich bin der ewigen Verdammnis preisgegeben.« Indes ist die Instanz, der gegenüber sich religiöse Patienten schuldig fühlen, keineswegs immer Gott, sondern häufiger das eigene Selbst, die Familie, sonstige Personen oder die Menschheit (Hole, 1977).

Tiefe Depression wird in der Hauptsache nicht durch negative Kognitionen ausgelöst, sondern macht – umgekehrt – selbstwertstützende sowie entlastende Gedanken schwerer verfügbar und erleichtert Erinnerungen, Vorstellungen und Schlussfolgerungen, die das eigene Versagen zum Gegenstand haben. Darum kann ja auch moralisch-religiöse Skrupulosität durch die medikamentöse Verbesserung der Serotoninverfügbarkeit wirksam gelindert werden (Fallon et al., 1990).

V. Religiöse Wahnideen schizophrener Menschen als Bewältigungsversuch

Wahnideen zeichnen sich u.a. durch ihre Unbezweifelbarkeit und Unkorrigierbarkeit aus. Sie treten bei mehr als 50% der schizophren Erkrankten auf; solche mit religiösem Inhalt werden von der sozialen Umwelt oft mit besonderem Befremden und wenig Verständnis aufgenommen. Darum befasst sich dieser Abschnitt mit ihnen – über das hinaus, was oben zu Wahnbildungen in ekstatischen Phasen von Schizophrenien gesagt wurde.

Zum Thema religiöse Wahnideen liegen neben phänomenologischen Beschreibungen (Bradford, 1984; Rokeach, 1981) nur wenige empirische Untersuchungen und theoretische Erklärungsversuche vor. Fest steht, dass die Wahnideen schizophrener Menschen in der Mehrzahl nichtreligiöse Inhalte haben: Von den Patienten, die in einer Klinik in den USA diese Diagnose hatten, berichteten nur 30% religiöse Wahnerlebnisse (Bradford, 1984). Kranke, die solche erfahren, stammen zwar eher aus religiös interessierten Familien als andere, waren selber eher religiös aktiv und wandten sich besonders in den sechs Monaten vor der Einweisung in die Klinik religiösen Ideen zu, doch sind diese Zusammenhänge nicht stark ausgeprägt (Zweifel & Scharfetter, 1977). Ein Schizophrener mit religiösem Hintergrund kann ebenso gut profane wie spirituelle Themen aufgreifen. Er kann sein Bedrohtsein in einer Weltuntergangsvorstellung nach dem biblischen Muster von Sintflut und Weltgericht oder nach dem technischen Szenario einer Atomkatastrophe ausdrücken und sich in seinen Größenfantasien – wie einer sagte – als »Christus, Kennedy und Einstein« fühlen. Wahnideen von Schizophrenen sind – gleich ob sie einen säkularen oder religiösen Inhalt haben – vermutlich als Versuch zu deuten, die bedrohlichen Störungen ihres Ich-Bewusstseins einerseits durch Interpretation zu verstehen und andererseits durch Überkompensation, d.h. durch eine radikale, psychotische Form von Abwehr, erträglich zu machen.

Nach dem Ich-Psychopathologiemodell von Scharfetter (1999, 2002), das Ansätze von Jaspers weiterführt, kann man Schizophrenie – unabhängig von der Ursache – als Störung in einer oder mehreren der fünf grundlegenden Dimensionen des Ich-Bewusstseins auffassen, nämlich als Störung der

(1) *Ich-Vitalität:* des Gefühls eigenen Lebendigseins;

(2) *Ich-Aktivität:* der Fähigkeit zu flüssigem, konzentriertem, selbstinitiiertem Denken, Sprechen und Handeln;

(3) *Ich-Konsistenz:* der Gewissheit, trotz gegensätzlicher Strebungen ein kohärentes Ganzes zu sein;

(4) *Ich-Demarkation:* der Abgrenzung des Ich von anderen Menschen und fremden Einflüssen;

(5) *Ich-Identität:* der Kontinuität des eigenen Ich durch die Wandlungen der Lebensgeschichte hindurch.

Welt-
untergang
– göttliches
Strafgericht

Erfährt der Betroffene eine dieser Dimensionen als gestört, so kann er aus Angst vor drohender Desintegration und Fragmentierung mit Schreckstarre (Stupor), Verstummen, motorischer Erregung und Verwirrung reagieren. Er kann aber auch in kognitiven und emotionalen Bewältigungsversuchen Wahnvorstellungen entwickeln. Diese dienen einerseits dem Bewusstmachen und Verstehen des eigenen Zustands, also der Interpretation – etwa im hypochondrischen Krankheitswahn oder im Verfolgungswahn –, und sie versuchen andererseits ein Erträglichmachen von Angst und Selbstwertminderung durch Überkompensation – beispielsweise in einem Größen- und Allmachtswahn. Die religiösen Wahnideen, die bei christlich sozialisierten Schizophrenen am häufigsten auftreten, lassen sich großenteils von den genannten Zielen her verstehen. Dies sollen folgende Beispiele belegen, die freilich nicht schematisch auf den Einzelfall angewandt werden dürfen.

Fallbeispiel 24
Ein Patient sagte, als er auffällig wurde, er sei der Prophet Jesu Christi. Die Welt sei verloren, er werde deshalb die letzten Tage fastend und betend das Ende abwarten. Psalmen betend ging er Tag und Nacht in ängstlicher Unruhe auf und ab und sagte, das Jüngste Gericht habe bereits begonnen und als Prophet werde er lebend in den Himmel aufgenommen werden; dies habe ihm Gott zugesagt. Als nichts geschah, wurde er ungeduldig, sprang nackt aus dem Fenster und wollte über Wiesen und Felder Gott entgegenlaufen. Seine Angst wurde immer stärker. Da sah er in der Dämmerung ein Licht, und bald erschien ihm vom Himmel her ein Kreuz mit Christus. So harrte er trotz Kälte im tiefen Schnee aus, bis er gegen seinen Willen in die Klinik gebracht wurde (Hochenegg, 1980).

Obwohl sich der Kranke in Fallbeispiel 24 als Prophet fühlte, steht hier nicht die Erhöhung seiner Rolle im Vordergrund, sondern die Ankündigung des Jüngsten Gerichts. Diese Vorstellung hilft ihm wohl, sich das Unheimliche und Katastrophale bewusst zu machen, das er aufgrund der Bedrohung seiner Ich-Vitalität und -Konsistenz erlebt und das sich in den verschiedenen Formen des Untergangswahns, des hypochondrischen, des Verfolgungs- und des Strafwahns ausdrücken kann.

Fallbeispiel 25

Eine Patientin erklärt, sie habe mit dem Teufel ein Bündnis geschlossen, ohne es zu wissen. »Wohin ich komme, bringe ich Unglück. Durch mich kommt alles Unglück in die Welt.« Jede ihrer Handlungen habe eine »böse Bedeutung«, weil sie der Teufel sei oder weil der Teufel in ihr sei (Erichsen, 1974).

Besessenheitswahn

Die Vorstellung, man werde von Dämonen oder vom Teufel »besessen«, kann im Sinne des Fremdbeeinflussungs- und Verfolgungswahns das Empfinden thematisieren, sich nicht mehr selbst steuern zu können (Ich-Aktivität), sondern auf böse Weise von fremden Mächten gelenkt zu werden. Vor allem aggressive und sexuelle Regungen, die der Kranke äußerst negativ bewertet und als unerträglich schuldhaft empfindet, kann er so dem eigenen Ich aberkennen und dämonischen Einflüssen zuschreiben. Ähnlich die von Schizophrenen oft erlebten »Stimmen« (akustische Halluzinationen), die sie beschimpfen und bedrohen: Ihre Bezichtigungen sind als Fremdgedanken erträglicher denn als Selbstbezichtigungen.

Fallbeispiel 26

Ein 25-jähriger Amerikaner fühlte sich zwei Jahre lang als Jesus. Manchmal hatte er zwar das Gefühl, jeder könne ein Judas sein und alle wollten ihn in Washington kreuzigen. Er fühlte sich wie ein abgesetzter König. Aber: »Ich war etwas ganz Besonderes. Ich war mehr als der Präsident der Vereinigten Staaten. Ich war mehr als ein Prinz oder General oder der Hunne Attila. Ich hatte mehr Soldaten als er und mehr Anhänger als sie alle. Ich war der netteste Mensch der Welt. Ich empfand mich als sehr liebevoll und zärtlich. Ich ging umher und machte ständig den Segensgestus. Auch in der Klinik verbreitete ich das Wort« (Gettis, 1987).

Messianischer und Prophetenwahn

Die Identifikation mit Jesus erklärt manchem Kranken sein Gefühl, bedroht zu sein, ermöglicht aber auch eine Abwehr dieser Angst durch eine Überkompensation. Als Segen spendender, von vielen verehrter Jesus und erst recht als Gott selbst kann er sich bedeutend und liebenswert fühlen.

KAPITEL 3

RELIGIOSITÄT IN DEN VARIATIONEN VERÄNDERTER BEWUSSTSEINSZUSTÄNDE

Die Religiosität von Gläubigen unterscheidet sich nicht nur nach der Art und Stärke ihrer Motive (Kapitel 1) und Emotionen (Kapitel 2), sondern auch danach, ob sie ausschließlich im gewöhnlichen Wachbewusstsein oder auch in außergewöhnlichen, veränderten Bewusstseinszuständen erfahren wird, sei es, dass diese spontan auftreten, sei es, dass sie absichtlich induziert werden. Solche Erfahrungen sind insgesamt zwar selten und keineswegs mit dem »Wesen« von Religiosität gleichzusetzen. Trotzdem sollen im folgenden Kapitel einerseits (I) Offenbarungserlebnisse wie Visionen, Auditionen und mediale Handlungen, aber auch Besessenheitserlebnisse und andererseits (II) mystische Einheitserlebnisse erörtert werden. Was ist das Charakteristische an ihnen? Unter welchen Bedingungen entstehen sie? Wann sind sie als psychisch gesund, wann als Störungen zu betrachten?

Zwei grundlegende Veränderungen des Ich-Bewusstseins

Als außergewöhnliche oder veränderte Bewusstseinszustände (altered states of consciousness, ASC) sollen hier kognitive und emotionale Prozesse bezeichnet werden, die im Hinblick auf grundlegende Funktionsbereiche wie Wachheit, Ich-Bewusstsein (Identitätsgefühl), Körperschema oder Zeitbewusstsein von jenem Wachbewusstsein abweichen, das in westlichen Kulturen als normal erachtet wird. Die bekanntesten Beispiele sind wohl die Übergänge zum Einschlafen und Aufwachen (hypnagoge bzw. hypnopompe Phänomene), Tagtraum, Schlaftraum, Hypnose, Nahtod-Erfahrungen und epileptische Anfälle.

Was ist bei veränderten Bewusstseinszuständen verändert? Ludwig (1966), Tart (1980), Pekala (1991) und Farthing (1992) haben zahlreiche Dimensionen bzw. Subsysteme des Bewusstseins aufgelistet, deren Veränderung den verschiedenen Phänomenen zugrunde liegen soll, während Vaitl et al. (2005) einen Theorierahmen mit den vier Dimensionen (1) Aktivierung, (2) Wahrnehmungsspanne, (3) Selbstwahrnehmung und (4) Dynamik sensorischer Prozesse vorschlugen. Der Begriff »veränderte Bewusstseinszustände« lädt geradezu dazu ein, ihn auf allzu verschiedenartige Phänomene anzuwenden, ganz abgesehen davon, dass er esoterische Autoren zu allerlei Spekulationen über mögliche »Bewusstseinsebenen« angeregt hat. Kritiker des Begriffs raten denn auch, ihn aufzugeben und stattdessen von spezielleren Konstrukten wie Vigilanz oder selektive Aufmerksamkeit auszugehen. Die folgenden Ausführungen verzichten auf eine Theorie, die alle in Frage kommenden Bewusstseinszustände erfassen will. Sie beschränken sich auf außergewöhnliche Erfahrungen im religiösen Bereich; bei diesen zeigt sich, dass man sie in erster Linie als religiös geprägte Veränderungen eines grundlegenden Funktionsbereichs deuten kann, der sich nach dem phänomenologisch-psychiatrischen Ich-Psychopathologiemodell von Scharfetter (1999, 2002) als Ich-Bewusstsein mit fünf Komponenten oder Dimensionen bestimmen lässt (s. S. 209f.), nämlich:

- Ich-Vitalität
- Ich-Aktivität
- Ich-Konsistenz
- Ich-Demarkation
- Ich-Identität

5 Komponenten des Ich-Bewusstseins

Von diesen Dimensionen erweisen sich für die Erklärung religiös geprägter Sondererfahrungen die beiden folgenden als fundamental, während andere Merkmale wie Zeitbewusstsein oder Körperschema als zweitrangig erscheinen:

(1) *Ich-Aktivität:* Die Fähigkeit und das Gefühl, selbst Träger und Initiator seiner Wahrnehmungen, Gedanken, Emotionen, Antriebe und Handlungen zu sein. Sie kann sich im Sinne einer kontrollierten, rezeptiven und kreativen Unwillkürlichkeit – beispielsweise bei Inspirationserlebnissen – wie auch im Sinne von beinträchtigenden Fremdbeeinflussungserlebnissen verändern.
(2) *Ich-Demarkation:* Das Bewusstsein, eine gegenüber anderen Wirklichkeiten abgegrenzte Einheit, d.h. ein eigenes Ich, zu sein. Es kann sich unter

dem Einfluss von Ekstasen, Drogen, Meditation und psychischen Störungen verändern – sei es im Sinne einer krankhaften Isolation und eines Überflutetwerdens, sei es im Sinne eines reversiblen, positiv empfundenen mystischen Einheitserlebnisses.

Von diesen beiden – grundlegenden und darum allgemeinen – Gesichtspunkten aus versuchen die folgenden Abschnitte, (I) Offenbarungs- und Besessenheitserlebnisse als Veränderungen der Ich-Aktivität und (II) mystische Einheitserlebnisse als Veränderung der Ich-Demarkation zu interpretieren.

I. Offenbarungs- und Besessenheitserlebnisse

Manchen Erfahrungen ist der Eindruck gemein, dass sie nicht in der gewohnten Weise vom eigenen Ich initiiert, gewollt und gesteuert werden, sondern unwillkürlich, ichfremd, »von sich aus« bzw. von einem anderen Bewusstseinszentrum kommen. Dabei ist zu unterscheiden: Erfahrungen, die – gleich ob angenehm oder unangenehm – vorwiegend kommunikativ als Kundgabe erlebt werden, sollen hier als Offenbarungserlebnisse bezeichnet werden; Erfahrungen, die als quälende, zwanghafte Fremdbeeinflussung empfunden werden, werden hier Besessenheitserlebnisse genannt. Beide Erlebnisformen können psychologisch als verschiedene Arten von reduzierter Ich-Aktivität verstanden werden. (Diese Deutung ist nicht psychologistisch, weil sie kein Urteil über die Richtigkeit des Inhalts von Offenbarungs- oder Besessenheitserlebnissen einschließt: Psychologisch kann man einen besonderen, übernatürlichen Ursprung nicht ausschließen, jedoch – wenn nicht zuverlässige andere Zeugen oder audiovisuelle Dokumentationen dagegen sprechen – mit der darzulegenden Deutung eine einfachere, sparsamere Erklärung anbieten.)

Offenbarungserlebnisse, Visionen und mediale Handlungen

Offenbarungserlebnisse zeichnen sich dadurch aus, dass dem Betroffenen ihr Inhalt als etwas erscheint, das er nicht durch eigenes Nachdenken erarbeitet und entdeckt hat, sondern das ihm »von außen«, von einer anderen Quelle, mitgeteilt wird. Sie treten auf als:

- Eingebungen/Inspirationen ohne Hör- und Seherlebnis, etwa als Gewissheit, dass ein Engel oder Gott bei einem gegenwärtig ist, dass man eine Botschaft verkünden soll, als profane kreative Lösung eines Problems u.ä.
- Visionen und Auditionen, die sich aus Eingebungen ohne Hör- und Seherlebnis, aber auch aus automatischen Handlungen entwickeln können.
- Automatische, mediale Handlungen, wie sie von Spiritisten praktiziert werden.

Im säkularen Kontext haben Dichter wie William Blake, Johann Wolfgang Goethe und Rainer Maria Rilke berichtet, sie hätten manche ihrer Texte nach innerem Diktat verfasst, und Friedrich Nietzsche hat zu den Inspirationserlebnissen, die er während seiner Arbeit am »Zarathustra« erfuhr, bemerkt, er habe sich da als »Medium übermächtiger Gewalten« gefühlt, dem »Offenbarung« zuteil wurde: »Man hört, man sucht nicht; man nimmt, fragt nicht, wer da gibt« (Ecce homo). Solche Kundgaben – in theosophischer Tradition heute oft »Channeling« genannt – kann der Betroffene naturalistisch als unbewusst vollzogene Leistung oder aber als Mitteilung eines Verstorbenen, einer unbestimmten höheren Intelligenz, eines Engels/ Devas, eines Dämons oder Gottes deuten.

Psychologisch dürfte die oben erwähnte Reduzierung der Ich-Aktivität und ergänzend dazu die Neodissoziationstheorie eine plausible Erklärung dafür anbieten, dass unbewusste Prozesse durchaus rational verlaufen und beispielsweise zu Inspirationen führen können, in denen ein mathematisches Problem richtig gelöst oder ein Kunstwerk von hoher Qualität geschaffen wird. (Der Psychoanalyse fällt es hingegen schwer, dies mit ihrer Unterscheidung zwischen unbewussten, triebbestimmten und halluzinatorischen Primärvorgängen einerseits und bewussten, zielorientierten Sekundärvorgängen andererseits bzw. – nach Ernst Kris – mit einer »Regression im Dienste des Ich« zu erklären.) So macht Hilgard (1986) geltend, dass in Hypnoseexperimenten u.U komplexe Handlungen unbewusst ausgeführt werden. In Hypnose kann man Menschen dazu veranlassen, ihre Hand zu vergessen und Fragen verbal korrekt mit ja oder nein zu beantworten, während sie – der Suggestion entsprechend – mit der Hand das Gegenteil schreiben. Solche Erscheinungen sowie hypnotische Blindheit, Taubheit, Schmerzunempfindlichkeit und Amnesie beweisen nach Hilgard, dass – unabhängig von Triebkonflikten – eine parallele Informationsverarbeitung möglich ist, d.h. eine partielle oder vollständige Dissoziation (Teilung) des Bewusstseins in ein bewusst arbeitendes System und ein oder mehrere unbewusst arbeitende Subsysteme. In Hypnose und ähnlich bei Inspirationserlebnissen, Halluzinationen, Zwangsgedanken, Schlafwandeln, Schlafsprechen, Traum und automatischem Schreiben schränkt das zentrale Kontrollsystem des (Gesamt-)Bewusstseins seine gewöhnliche (Ich-)Aktivität und Re-

Neo-
dissoziations-
theorie

Parallele
Informations-
verarbeitung

alitätsprüfung ein und lässt ein Subsystem relativ eigenständig, dissoziiert Informationen verarbeiten (denken) und Ziele verwirklichen. Länger dauernde und unkontrollierbare dissoziative Zustände gelten als krankhaft; kürzere und kontrollierbare jedoch als »gesunde« Ausnahmezustände.

Visionen und Auditionen

Was in der religionswissenschaftlichen und spirituellen Literatur Vision und Audition genannt wird, ist psychologisch als Pseudohalluzination bzw. Halluzination zu deuten – sofern man sich von vornherein darauf verständigt, dass diese Begriffe, entgegen einem verbreiteten Missverständnis, nicht nur pathologische Erscheinungen bezeichnen.

Halluzinationen und Pseudohalluzinationen

Halluzinationen nennt man in der Klinischen Psychologie und Psychiatrie Erlebnisse, die nicht von einem äußeren (auch für andere Menschen wahrnehmbaren) Sinnesreiz hervorgerufen, aber so intensiv und real wie Sinneswahrnehmungen empfunden werden. Sie werden nicht als bloße Erinnerungen, Vorstellungen oder Gedanken erlebt, sondern als etwas, das aus einer anderen Quelle als der eigenen mentalen Tätigkeit kommt.

Die bisher vorgelegten Halluzinationstheorien scheinen meistens nur einen der Faktoren zu berücksichtigen, die zu ihrem Zustandekommen beitragen (Slade & Bentall, 1988). Für unseren Zusammenhang ist die Annahme von Bedeutung, dass Halluzinationen irrtümliche Fremdzuschreibungen von inneren Reizen sind: Die Quelle der Gedanken, Vorstellungen und Stimmen, in denen sich emotionale Erregungen melden, wird vom bewussten Ich dissoziiert und einem ichfremden, äußeren Ursprung zugeschrieben, weil die Realitätsprüfung, die diese Externalisierung durchschauen und korrigieren könnte, abgeschwächt ist (Horowitz, 1975). Die Fähigkeit, die Realitätsprüfung teilweise oder ganz einzuschränken und den Ergebnissen der Subsysteme Emotion und Fantasie mehr oder weniger starken Wahrnehmungscharakter zuzuerkennen, bildet eine normale, latente Funktionsmatrix. Psychisch Gesunde betätigen sie bei Einschlaf- und Aufwacherlebnissen, im Schlaftraum, im Tagtraum, in lebhaften Inspirationen, in Hypnose, (manchmal) in der Meditation sowie in außergewöhnlichen spontanen Erfahrungen; sie erleben also verhältnismäßig häufig Halluzinationen in verschiedenen Abstufungen. Im akustischen Bereich gibt es einen kontinuierlichen Übergang vom (1) Lautwerden starker Wünsche oder von Selbstermahnungen über (2) Pseudohalluzinationen, in denen man eigenständige Stimmen hört, sie aber noch als unwirklich und an das eigene Erleben gebunden empfindet, bis zu (3) akustischen Halluzinationen, in denen sie als wirklich und von außen kommend erscheinen. Im optischen Bereich besteht ein ähnliches Kontinuum von (1) lebhaften Vorstellungen über (2) Tagträume, die noch aktiv vom Ich gesteuert werden, sich aber den (3) Pseudohalluzinationen nähern können, bei denen man noch um den Trugcharakter weiß, bis zu (4) optischen Halluzinationen, die – wenigstens kurz – als reale Sinneswahrnehmung erlebt werden.

Halluzinationen können freilich auch Symptome von neurotischen und psychotischen Störungen sein. Ihr pathologischer Charakter ist – sieht man einmal von sehr speziellen Formen ab – nicht aus dem Inhalt, sondern aus dem Zusammenhang mit Störungssymptomen zu erkennen. Sowohl in der seelsorglichen als auch in der psychologischen Beratung ist darum, wenn von Visionen die Rede ist, sorgfältig abzuklären, ob sie mit einem flexiblen, realitätsgerechten Verhalten einhergehen, d.h. als nichtpathologische Ausnahmezustände zu betrachten sind, oder aber mit Ängsten, sozialem Rückzug, Verwirrung und anderen Anzeichen einer Störung verbunden sind.

In dieser Sicht kann man Visionen und Auditionen – analog zu bedeutungshaltigen Träumen – als dissoziative Arten einer Bewusstwerdung und (versuchten) Verarbeitung von Gefühlen und Gedanken auffassen, die je nach den psychischen Ursachen und spirituellen Anliegen sowie dem kulturellen und weltanschaulich-kognitiven Bezugsrahmen des Mediums variieren.

Wie sehr Offenbarungserlebnisse vom weltanschaulichen Bezugsrahmen (und nicht unbedingt von angeblich kulturübergreifenden Archetypen) bestimmt werden, zeigt schon ein einfacher Blick auf ihre verschiedenen Inhalte: Während Hindus Visionen von Krishna oder den Devis (Göttinnen) schildern und Mahayana-Buddhisten Erscheinungen von Bodhisattvas berichten, ist dies Zen-Buddhisten, die solche Auffassungen und Erlebnisse ablehnen, fremd. Wenn Christen eine Vision oder Audition erleben, begegnen sie darin weder Krishna noch einem Bodhisattva, sondern Christus, Maria, einem anderen Heiligen oder einem Engel. Dabei ist die konfessionelle Prägung unübersehbar. So sind Marien- und Fegefeuervisionen praktisch ganz den Katholiken vorbehalten, in deren Frömmigkeit diese beiden Themen u.U. einen bedeutenden Platz einnehmen (Benz, 1969).

Visionen sind kulturabhängig

Die folgenden Ausführungen wollen die Aufmerksamkeit auf einige Motive von Visionen und Auditionen lenken. Denn gleich, ob man ein Offenbarungserlebnis für eine objektiv gültige Erkenntnis hält oder nicht, gleich, ob man es als gesunden Ausnahmezustand oder als Zeichen einer Störung einschätzt – für den Betroffenen kommt es in erster Linie darauf an, die unbewussten Motive, die ihm zugrunde liegen, zu verstehen und zu verarbeiten. Darum sollte man im Gespräch das Augenmerk stets auf die Frage richten, wie der Visionär die Erscheinung emotional erlebt hat und was sie ihm über die Wünsche, Ideale und Ängste, die ihn bewegen, »offenbaren« könnte. Dabei kann man schwerpunktartig zwei Gruppen unterscheiden: (1) Visionen und Auditionen, die spontan auftreten und bei denen die emotionale Erregung im Vordergrund steht, und (2) Visionen und Auditionen, die selbstinduziert und meistens inhaltlich komplex sind und vorwiegend der Selbstklärung oder Verkündigung dienen.

Gruppe 1: Visionen und Auditionen – spontan und emotional

Sie werden oft außerhalb der Meditation erfahren: in Krisen, bei drängenden Wünschen oder Ängsten, Bekehrungen oder emotionalen Durchbrüchen. Inhaltlich, kognitiv sind sie meistens einfach strukturiert. Die emotionale Erregung scheint so überwältigend erlebt zu werden, dass die Realitätsprüfung und Selbstzuschreibung für kürzere oder längere Zeit blockiert ist, sodass die Szenen oder Stimmen, in denen die Gefühle bewusst werden, nicht mehr als eigene subjektive Regungen, sondern als von außen ausgelöste Wahrnehmungen mit unmittelbarer Gewissheit erfahren und von religiösen Menschen fast unwillkürlich einer übermenschlichen Quelle zugeschrieben werden.

(1) Bewältigung und Abwehr von Angst, Depression und Trauer

Fallbeispiel 27
Eine junge Frau, die am frühen Morgen, als es noch dunkel war, zu einer Bushaltestelle ging, verirrte sich in der ihr unbekannten Gegend, sah im Scheinwerferlicht eines Autos drei Männer, die ihr wenig vertrauenerweckend vorkamen und glaubte sich in höchster Gefahr. Zitternd vor Angst bat sie Gott um Hilfe. Da erblickte sie einen weiteren Mann, der auf sie zulief und den sie trotz der Dunkelheit sehen konnte. »Sein Antlitz war streng, aber schön. Ich rannte auf ihn zu: ›Ich habe mich verirrt und werde von mehreren Männern verfolgt‹, sagte ich verzweifelt. ›Komm‹, sagte er, ›ich bring dich in Sicherheit.‹« Nun fühlte sie sich wieder sicher und ging mit ihm zur Haltestelle. Als sie sich bedankte, nickte er und nannte ihren Vornamen: »Tschüss, Euphie.« Da er diesen nicht von ihr erfahren haben konnte, drehte sie sich nach ihm um, doch da war er verschwunden, und sie war überzeugt, dass es ein Engel war (Moolenburgh, 1985, S. 51f.).

Gläubige Menschen können in extremer Angst den Beistand, den sie sich wünschen, in Gestalt eines Engels (Fallbeispiel 27) oder eines Heiligen halluzinieren – so wie im säkularen Rahmen Schiffbrüchige ein rettendes Schiff »sehen«. Sie nehmen die gewünschte Hilfe für einen Augenblick als wirklich gegeben wahr und wehren so die Angst ab. Dabei bleibt die Realitätsorientierung insgesamt erhalten – die Frau in Fallbeispiel 27 erreichte ihr Ziel. Ja, die Halluzinationen verhindern wohl gerade eine Panikreaktion und ermöglichen ein realitätsgerechtes Handeln.

Fallbeispiel 28
Eine 60-jährige Frau, die seit Jahren kränklich war und sich zu alldem noch den Unterschenkel brach, war, als sie mit starken Schmerzen im Streckgerät lag, der Verzweiflung nah. Da hörte sie jemand kommen. »Er war gekleidet in ein langes, weißes Gewand, hochgewachsen und majestätisch.« Er stellte sich vor als der Oberarzt, der abends seine Runde gehe, um die Herzen anzusprechen. »Und dir sage ich: ›Du dürstest, ich dürstete auch; du fühlst dich ganz von Gott verlassen, so ging es mir auch; du hast das harte, kalte Eisen im Fleisch und Blut, das hatte ich auch.‹ Mehr sagte er nicht; er wandte sich um und war fort. Ich empfand aber eine solche Freudigkeit, dass ich hätte aus dem Bett hüpfen können. Denn ich war ja nicht verwöhnt mit solchen Sachen« (Hillerdal & Gustafson, 1979, S. 27f.).

Auch Depressionen und Verlassenheitsgefühle können mit Hilfe von Visionen und Auditionen bewältigt werden, in denen sich der Gläubige – wie die Frau in Fallbeispiel 28 – die tröstende Zuwendung Jesu oder Gottes oder eines Engels als für einen Moment sinnfällig real vorstellt.

Fallbeispiel 29
Eine Witwe berichtet: »Als ich vor dem Einschlafen noch wach im Bett lag, sah ich plötzlich, wie mein verstorbener Mann ins Zimmer kam. Er ging auf mich zu und setzte sich an mein Bett. Ich war so glücklich, dass er da war. Dann ging er wieder zur Tür. Ich fragte ihn, ob er in Zukunft öfter kommen werde. Da hat er wortlos den Kopf geschüttelt und verschwand.«

Weniger dramatisch und umso häufiger sind die visionären Episoden, in denen Trauernde die Trennung von einem geliebten Menschen, die der Tod erzwungen hat, verarbeiten (s. Fallbeispiel 29). In den Erscheinungen von Verstorbenen meldet sich vermutlich – wie in einem Traum – der unbewusst empfundene Wunsch nach einem Kontakt und unterbricht für einen Augenblick das gewohnte Gefühl, Urheber dieser Vorstellung zu sein. In einer Stichprobe von 33 Jugendlichen, die vor kurzem ein Geschwister verloren hatten, berichtete fast jeder Zweite optische und akustische Halluzinationen vom Verstorbenen (Balk, 1983). Auch von Witwen und Witwern, deren Partner vor kurzem gestorben war, erlebten 61% Erscheinungen des Verstorbenen, wobei dies die meisten von ihnen als hilfreich einschätzten (Olson et al., 1985).

(2) Ermahnung und Selbstbeschuldigung

Fallbeispiel 30
Eine Frau mit moralisch strenger, fundamentalistischer Einstellung hörte monatelang Laute wie von einem schreienden Kind und Schritte, die sie nachts nicht schlafen ließen. Damit war die Angst verbunden, ihren Kindern könnte etwas Schreckliches zustoßen. Bei der Beratung stellte sich heraus, dass sie seit einer Abtreibung unter schweren Schuldgefühlen und Strafangst litt.

Nicht nur Bewältigungsbedürfnisse, sondern auch Ermahnungen und Selbstbeschuldigungen können emotional so stark erlebt werden, dass sie der Betreffende nicht mehr der eigenen »Stimme des Gewissens« zuschreibt, sondern als Kundgabe einer anderen Quelle erfährt: etwa vor einem geplanten Suizid oder nach einer Abtreibung (Fallbeispiel 30).

Ein ganz anderer, aber ebenfalls halluzinatorischer Umgang mit extremer Gewissensangst zeigt sich bei psychotisch Erkrankten, wenn sie die Ausführung von Impulsen, die sie im höchsten Maß ablehnen, als Eingebung und Befehl einer höheren Instanz rechtfertigen. Auf diese Weise können Todeswünsche gegen andere, aber auch sexuelle Wünsche als Wille, ja als Geheiß eines Höheren erlebt werden, der über jeden Verdacht erhaben ist, sodass die Gewissensangst reduziert wird. Am deutlichsten ist diese Rationalisierung, wenn paranoid-schizophrene Mörder erklären, sie hätten in einer Audition von Gott oder einem Engel den Auftrag zu ihrer Tat erhalten.

Gruppe 2: Visionen und Auditionen – selbstinduziert und komplex

Diese Visionen und Auditionen zeichnen sich dadurch aus, dass sie selbstinduziert werden können und in ihrem kognitiven Inhalt u.U. sehr komplex und umfangreich sind, ja den Charakter einer zusammenhängenden Reflexion bzw. einer Verkündigung an andere haben. Sie dienen eher der spirituellen Suche und der Belehrung von Mitmenschen als der Bewältigung emotionaler Probleme. Innerhalb der westlich geprägten Großkirchen wird

»Neuoffen-
barungen«

ihnen nur noch in konservativen Schichten Beachtung geschenkt; in esoterischen Kreisen aber schätzt man sie als Intuitionen aus der höheren geistigen Welt und betrachtet sie oft als »Neuoffenbarungen«, die den Anspruch erheben, über das hinauszugehen, was in biblischen Zeiten offenbart werden konnte. Da die Medien höchst selten psychiatrischer Hilfe bedürfen, befasst sich die psychiatrische Literatur nicht mit diesem Phänomen. Auf eine Selbstinduzierung weisen folgende Umstände hin:

(1) Wenn solche Offenbarungserlebnisse erlernt wurden: Nicht wenige der zeitgenössischen Medien haben nach dem Vorbild von Jakob Lorber (1800–1864), der seinerseits vom schwedischen Visionär Emanuel Swedenborg (1688–1772) angeregt war, gelernt, auf das »innere Wort« zu hören. Nach Aussage mancher Medien beginnt dies mit einem mühsamen Erlauschen und Übersetzen, d.h. Versprachlichen der Kundgaben. Doch nach einiger

Übung vernimmt man diese wie einen Text, den man einmal auswendig gelernt hat und sich nun vergegenwärtigt. Das Medium kann seine Kundgaben bei vollem Wachbewusstsein formulieren (und mitschreiben), aber auch in so tiefer Trance, dass es nicht weiß, was es gesprochen hat. Automatisches Buchstabieren und Schreiben, Trancetechnik, Tagträumen und Visualisierungen scheinen die Umschaltung auf einen Zustand, in dem man »es« denken und sprechen lässt, wirksam vorzubereiten. Auch die Psychotherapie kann das Kommenlassen von Visionen und Auditionen einüben, wenn sie beispielsweise auf der Oberstufe des Autogenen Trainings dazu anleitet, selbstgewählte Wertbegriffe – Glück, Gerechtigkeit, Güte u.ä. – oder Konflikte, die man durch »Fragen an das Unbewusste« anspricht, symbolisch und pseudohalluzinatorisch zu erleben: als Sphärenmusik, Engelstimmen, farbige Landschaften, Monster oder Hexen.

(2) Wenn der Zeitpunkt genau an die persönlichen und gemeinschaftlichen Erfordernisse angepasst ist: So sammelte sich die Mitbegründerin der New-Age-Gemeinschaft Findhorn (Schottland), Dorothy Maclean (geb. 1921), dreimal täglich, um auf die »innere Stimme und Führung« zu hören, die sie als Botschaft von »einer Art Engel« (christlich) oder von Devas (theosophisch) deutete. Gabriele Wittek (geb. 1933), die von den Anhängern des »Universellen Lebens« als Prophetin betrachtet wird, empfing in ihrer aktiven Zeit ihre Offenbarungen zu festgesetzter Zeit, auf die sich diese einstellen konnten. Das Tieftrancemedium Varda Hasselmann (geb. 1946) hält seine Trancesitzungen nach Vereinbarung ab, und die Seherinnen in Medjugorje (Herzegowina) erleben ihre Marienerscheinungen pünktlich jeden Abend um 18.40 Uhr, wie es den Pilgern angekündigt ist.

Termingerechte Offenbarungen

(3) Wenn die Inhalte der Auditionen und Visionen ganz dem Wissenshorizont, der kulturellen Prägung und der weltanschaulichen Einstellung des Mediums entsprechen. So enthalten die immer umfangreicher werdenden Eingebungen, von denen Maclean berichtet, Ermutigungen zu einem alternativen Lebensstil, zum Anbau von Gemüse (mit einer Zusammenfassung ihrer Lektüre von Rudolf Steiners Ausführungen zum biologisch-dynamischen Landbau) und Ermunterungen zu einer brüderlichen Zukunft mit typisch theosophischen Vorstellungen. Auch die Botschaften von Wittek und Hasselmann klingen wie Referate zur esoterischen Spiritualität, der sie sich verpflichtet fühlen, nur dass sie einem »Geistführer« bzw. einer »Entität« aus der höheren geistigen Welt zugeschrieben werden. Indes spiegeln die Botschaften von Medjugorje eine katholische Spiritualität mit den Themen Marienfrömmigkeit, inneres Gebet und Frieden wieder, die in jener Region von Franziskanern in Predigt und Jugendarbeit vermittelt wurde.

Auch die Neuoffenbarungen von Emanuel Swedenborg, Jakob Lorber, Helena Blavatsky, Rudolf Steiner, Helen Schucman, Jane Roberts und anderen umfassen zwar Tausende von Seiten, enthalten aber letztlich nur Gedanken aus ihnen bekannten Überlieferungen und Zeitkontexten. Sie enthüllen nichts, was nicht aus bestimmten esoterischen Texten oder den normalen Quellen des Wissens, Nachdenkens und Vermutens hätte geschöpft werden können: keine Innovationen wie etwa ein historisch-kritisches Bibelverständnis, kein bisher unbekanntes Menschen- oder Gottesbild, kein neues Medikament und keine archäologische Entdeckung (etwa des Grabes des Hohenpriesters Kajaphas). Sie sind auch nicht einheitlich, sondern so unterschiedlich wie der Wissensstand, das Problembewusstsein und die weltanschaulichen Überzeugungen der Medien.

Medien, die Visionen und Auditionen selbstinduzieren, müssen dies keineswegs in betrügerischer Absicht tun; sie praktizieren wohl in vielen Fällen nur eine ausgeprägt intuitive Art der Reflexion – ähnlich der künstlerischen Inspiration. Psychologisch können folgende Probleme damit verbunden sein.

● Medien können die bewusste Umschaltung auf Offenbarungserlebnisse nicht nur zu spiritueller Reflexion, sondern zur Auseinandersetzung mit ihren psychischen Problemen einsetzen, wobei die Fremdzuschreibung der erfahrenen Kundgaben und Impulse eine solche Auseinandersetzung gerade verhindert. So versuchte eine Frau, durch automatisches Schreiben, das bald in Auditionen überging, Verbindung mit ihrem verstorbenen Freund zu halten. Sie nahm die Suizidgedanken, die sie auf dem Tiefpunkt des Trauerprozesses erlebte und großenteils verdrängte, nicht mehr als ihre eigenen Regungen wahr, sondern als Stimme und Auftrag des geliebten Verstorbenen. Auf dem Höhepunkt der Krise sagte er ihr: »Halte dich für ein Opfer bereit. Spring in den Fluss!« Der Suizidwunsch, den sie tatsächlich zu verwirklichen versuchte, war für sie nicht als ihr eigener Impuls wahrnehmbar, mit dem sie sich hätte auseinandersetzen können.

● Gleich, ob Medien ihre Kundgaben einem verstorbenen Menschen, einem Schutzgeist, Engel/Deva oder Gott zuschreiben – meistens halten sie sie für Informationen, die dem gewöhnlichen Wissen überlegen sind. Dieser Offenbarungsanspruch ist problematisch, wenn sie bei ihrer Lebensberatung meinen, auf medizinische, psychologisch-pädagogische und finanzielle Auskünfte von Fachkräften verzichten zu können oder es besser zu wissen. Im weltanschaulichen Bereich wird ein Dialog mit Andersdenkenden blockiert, wenn Medien und ihre Anhänger meinen, eine höhere Offenbarung zu besitzen, die sie vom philosophisch-theologischen Argumentieren und dem Begründen ihrer Offenbarung dispensiert.

Psychologisch ist zu bemerken, dass visionäre und auditive Inspirationen als parallele Informationsverarbeitung richtig oder falsch, ethisch hochstehend oder extrem egoistisch, inhaltlich differenziert oder übervereinfachend sein können. Wie sie zu beurteilen sind, ist also nicht nach guten oder schlechten »Frequenzen« oder nach dem Gewissheitserlebnis des Visionärs zu beurteilen. Letzteres beruht ja – wenn nicht weitere Zeugen oder audiovisuelle Aufnahmen für eine übernatürliche Erscheinung sprechen – auf einer vorübergehenden Blockierung der Fähigkeit, das Erlebte und Gedachte der richtigen Quelle zuzuschreiben und es kritisch zu überprüfen. Offenbarungserlebnisse sind nach den Maßstäben der Vernunft zu prüfen, will man sich nicht gegen deren Einwände immunisieren. Möglicherweise beruht das Interesse an Offenbarungen in esoterischen und randkirchlichen Kreisen gerade auf dem Bedürfnis, frei von den Rationalitätszwängen und Zweifeln einer der Aufklärung verpflichteten philosophischen und theologischen Reflexion bestimmten Überzeugungen anhängen zu können.

Kritische Prüfung

Zum Gespräch mit der christlichen Theologie sei noch angemerkt: Vermutlich haben die Redaktoren der alttestamentlichen Bücher nur jene Visionen (die ohnehin großenteils eine literarische Form darstellen) von Propheten aufgenommen, die mit dem Glauben Israels an den Gott der Schöpfung und Befreiung übereinstimmten und ihn aktualisierten. Im Neuen Testament bilden Visionen und Auditionen ein Randphänomen, und Jesus hat seinen Offenbarungsanspruch nicht mit ihnen begründet, sondern bei normalem Wachbewusstsein »an Gottes Stelle« gesprochen und gehandelt. Und die »Erscheinungen« des auferstandenen Jesus? Nach Auskunft von Bibelwissenschaftlern sind die Erscheinungsberichte form- und traditionsgeschichtlich zu wenig geklärt, als dass eine verlässliche psychohistorische Rekonstruktion möglich wäre, zumal in diesen Texten andere Beschreibungskategorien verwendet werden als in heutiger Sprache und Psychologie. Man kann nicht eindeutig feststellen, worin die Berichte das Spezifische dieser Erscheinungen sehen, die für sie ja nur eine bestimmte Zeit lang erfolgten und nicht nur Einzelnen, sondern ganzen Gruppen zuteil wurden, und die von späteren Visionen, etwa eines Stefanus, verschieden zu sein scheinen.

Biblische Visionen?

Eine Sonderform: Nahtod-Erfahrungen

Nahtod-Erfahrungen, auch Sterbebett-Visionen, Erfahrungen in Todesnähe oder near-death experiences (NDE) genannt, berichten – je nach Stichprobe und Schätzung der verschiedenen Autoren – zwischen 10% und 50% der Menschen, die einmal dem Tod nahe waren und reanimiert wurden. Manche schildern diese Erlebnisse als nahezu höllisch, die Mehrzahl empfand sie jedoch positiv. Sie nennen etwa (1) ein Gefühl unbeschreiblichen Friedens, großen Glücks, tiefer Liebe, (2) außerkörperliche Erfahrungen (out-of-body experiences), (3) den Eintritt in die Dunkelheit oder in einen Tunnel, (4) das Schauen eines außerordentlich schönen Lichts und (5) den Eintritt in dieses Licht. Manche sagen auch, sie hätten auf ihr Leben zurückgeblickt, Verstorbene und Freunde gesehen und eine Lichtgestalt wahrgenommen. Allerdings erfahren nur wenige alle hier aufgezählten Phänomene; eine Abfolge mit allen Elementen, wie sie Ring (1985) idealtypisch konstruiert hat, wird selten berichtet, und jede der genannten Erfahrungen ist auch außerhalb der Sterbesituation möglich.

Obwohl die erlebten Vorstellungen insofern kultur- und einstellungsabhängig sind, als die erwähnte Lichtgestalt von Christen gelegentlich als Engel, Christus oder Gott und von Hindus als eine ihnen vertraute Gottheit oder als Bote des Todesgottes Yama gedeutet, von anderen aber nicht näher bestimmt wird, sind Nahtod-Erfahrungen weitgehend kulturübergreifend ähnlich, auch unabhängig von den Umständen der Todesnähe: Krankheit, Unfall, Suizid, Anästhesie. Diese Beobachtung hat zu neurophysiologischen Hypothesen animiert. Nahtod-Erfahrungen, so wurde vermutet, könnten auf dem extremen Stress beruhen, dem das Gehirn in der Sterbesituation ausgesetzt ist: auf mangelnder Sauerstoffversorgung (Hypoxie), Entleerung der Neurotransmitter-Speicher, Freisetzung von Endorphinen, Veränderungen der Prozesse im limbischen System, den Schläfenlappen und dem visuellen Kortex. Da sich diese Annahmen experimentell nicht prüfen lassen, stützen sie sich auf Analogien zu anderen Erfahrungen – wie Verlust des Bewusstseins, Drogenkonsum, elektromagnetische Stimulierung der Schläfenlappen – und bleiben spekulativ. Nach Greyson (2000) kann keiner dieser Ansätze für sich das ganze Spektrum der Nahtod-Erfahrungen erklären. Außerdem: Warum berichten nicht alle Reanimierten Nahtod-Erfahrungen? Sind sie vielleicht als Versuch zu deuten, die Todesangst durch ein Hochgefühl mit tröstenden Halluzinationen zu bewältigen? Doch warum erlebt dann eine Minderheit nur negative Gefühle und Visionen? Positiv erlebte Nahtod-Erfahrungen zeigen das Sterben in einem hoffnungsvollen Licht, doch sind sie kein Beweis für ein Leben nach dem Tod, denn sie treten nicht nach, sondern vor dem Gehirntod auf.

Manche, die eine Nahtod-Erfahrung erlebt haben, zeigen sich danach kaum davon berührt, während die Mehrheit positive Wirkungen berichtet: Ihre Angst vor dem Tod sei geschwunden, ihr Glaube an ein Leben nach dem Tod gestärkt usw. (Groth-Marnat & Schumaker, 1989). Allerdings sind

Neurophysiologische Hypothesen

einige so labil und verletzlich, dass sie die Unterstützung eines Psychotherapeuten oder einer Selbsthilfegruppe suchen.

Automatische, mediale Handlungen (Spiritismus)

Während bei Auditionen und Visionen dem Medium der Inhalt unmittelbar mit dem Erlebnis bewusst wird – außer beim Reden in Tieftrance –, hält es diesen bei automatischen (medialen) Handlungen zunächst in unwillkürlichen, als fremdgesteuert (aber erwünscht) empfundenen Bewegungen der Hand fest und entziffert ihn erst im Nachhinein. Eine Möglichkeit, »Jenseitskontakte« mit Verstorbenen, Schutzgeistern, Kontrollgeistern, Geistführern oder anderen Geistwesen (englisch: spirits) herzustellen, sehen spiritistisch Interessierte in folgenden Handlungen:

● Automatisches (mediales) Schreiben: Man setzt sich gesammelt an einen Tisch, nimmt Papier und Stift und wartet eine Zeitlang, ob die Hand von selbst zu schreiben oder zu zeichnen anfängt. Eine Vorstufe dazu erlebt jeder, der während eines längeren Telefongesprächs so ungewollt und unbewusst einen Kugelschreiber ergreift und Bilder oder Wörter auf ein Blatt kritzelt, dass er sich hinterher fragt, wer ihm das Schreibzeug in die Hand gedrückt und das Blatt voll gekritzelt hat und – da sonst niemand im Zimmer war – schlussfolgert, dass er es selbst gewesen sein muss. Auf diese Weise kann man auch – angeblich geleitet von einem verstorbenen Künstler – automatisch malen und musizieren.

Formen des »Jenseitskontakts«

● Automatisches Buchstabieren (Glasrücken, Tischrücken): Beim sogenannten Glasrücken konzentrieren sich der Einzelne oder die Teilnehmer einer Séance auf einen leicht gleitenden Gegenstand – ein umgestülptes Trinkglas, eine Münze o.ä. –, den sie mit den Fingerspitzen leicht berühren, und warten, bis ihrem Empfinden nach ein Geist ihre Hand führt und den Gegenstand so zu den vorn aufgezeichneten Buchstaben des Alphabets, zu den Wörtern Ja und Nein und zu den Zahlen 0 bis 9 schiebt, dass daraus Antworten buchstabiert oder ein Ja oder Nein signalisiert werden. Beim Tischrücken legen die Teilnehmer ihre Hände ohne Druck auf die Platte eines leichten, runden Holztisches und warten, bis er in der Platte zu klopfen anfängt oder vibriert und sich hebt – eine Seltenheit, die viele Parapsychologen auf Psychokinese zurückführen –, oder bis ein Tischbein so auf den Boden stößt, dass man aus den Klopflauten die Antwort buchstabieren kann. Hier können die Teilnehmer durch Hand- oder Beinarbeit den Tisch bewegen, ohne es bei der gespannten Erwartung zu bemerken, d.h. bewusst zu tun.

Die spiritistische Deutung, der zufolge bei solchen Handlungen ein Geist durch telepathische oder andere Einwirkung die Hand führt, kann nicht durch Beweis ausgeschlossen werden, doch ist die neodissoziationstheoretische bzw. tiefenpsychologische Erklärung plausibler und sparsamer. Demnach handelt es sich um psychische Automatismen (Janet, 1889), d.h. motorisch-kommunikative Handlungen, in denen man zu bewusst gestellten Fragen auf unbewusste Weise Antworten herbeiführt. Diese beruhen – wie Visionen und Auditionen – auf kontrollierter Unwillkürlichkeit und paralleler Informationsverarbeitung, nur werden bei ihnen die Eingebungen nicht unmittelbar bewusst, sondern erst, nachdem sie von der Hand unwillkürlich, automatisch registriert wurden. Die Umschaltung auf dissoziiertes Denken wird gerade dadurch induziert, dass man die Aufmerksamkeit vom bewussten Reflektieren weg auf die erwartete automatische Bewegung der Hand lenkt.

In der psychologischen Beratung sollte man das Hauptaugenmerk auf die Frage lenken, weshalb jemand diese Praktiken angefangen hat. Denn die spiritistische Überzeugung und Praxis bietet nicht wenigen Menschen Gelegenheit, Wünsche und Ängste, die sie gewöhnlich verdrängen, einem Geistwesen zuzuschreiben und in dieser entlastenden Form zu artikulieren. Der Berater sollte dazu ermutigen, sie als Regungen zu nehmen, mit denen sich der Klient auseinanderzusetzen hat – gleich, ob er sie spiritistisch oder anders erklärt. Nur eine Minderheit von weltanschaulich interessierten Spiritisten will – gegen den modernen Materialismus – mit ihrer »Jenseitsforschung« beweisen, dass es ein Leben nach dem Tod und eine geistige Welt gibt. Bei der Mehrheit beruht das Interesse an spiritistischen Praktiken – sofern diese über eine Party-Unterhaltung hinausgehen – auf anderen Motiven, die meistens auf unbewältigte Probleme hinweisen: (1) Verbindung mit einem lieben Verstorbenen, u.U. als Symptom eines ungünstig verlaufenden Trauerprozesses, (2) Bewältigung von Angst und Unsicherheit (»Ist mir mein Freund noch treu?«; »Ist das Gymnasium die richtige Schulform für mein Kind?«) und (3) Selbsterfahrung im Experimentieren mit unbekannten Kräften. Hier besteht die Gefahr, dass das ständige Erwarten von Geisterkundgaben natürliche nächtliche Geräusche, eine schmerzhafte Bewegung unter der Dusche u.ä. zu angsterregenden Erscheinungen oder »Geisterattacken« dramatisiert.

Motive
für spiritistische
Praktiken

Glossolalie – ein automatisches Sprechen?

Glossolalie (Zungenrede, Sprachenrede) wird von Schamanen, Angehörigen japanischer Neureligionen und manchen Spiritisten berichtet, hat aber ihre größte Bedeutung in den verschiedenen charismatischen Gruppen des Neo-Pentekostalismus, die ab 1950 innerhalb und außerhalb der großen christlichen Kirchen entstanden. Hier wird sie mit Berufung auf das Neue Testament (Apostelgeschichte 10,46; 19,6; 1. Korintherbrief 12,10; 14,2) als Gnadengabe (Charisma) und Zeichen der »Geisttaufe« geschätzt. Während die Kundgaben beim Hören auf das »innere Wort« sowie das Reden in Tieftrance in einer verständlichen Sprache erfolgen, bestehen die glossolalischen Äußerungen aus Lauten, die von den Hörenden keiner der bekannten Sprachen zugeordnet werden können.

Als Beispiel sei ein Teil einer längeren glossolalischen Äußerung eines US-Amerikaners wiedergegeben, wobei die doppelten Schrägstriche Atempausen bezeichnen:

vasta loito // rakiri memto, stela toro // tantala, vasaito, la porto // mos toro kantolo, beloro // hordo, la sai do // marta, lebn tentantala, bala sato loito // hordo, la sito ma kito // mes to prosu, dula no // pro sutula pa tuno // zebele ko tuz rusutu.

Diese Passage wurde von einem anderen Teilnehmer des Gebetstreffens in der Landessprache so ausgelegt: »Die ganze Welt lebte in der Finsternis, und siehe, in der Finsternis suchen Menschen nach Wahrheit und Licht. Doch das Licht kam und leuchtete in den Herzen der Menschen. Und siehe, ihr seid das Licht der Welt ...« (zit. nach Malony & Lovekin, 1985, S. 32).

In linguistischer Hinsicht verwenden Glossolalen einen individuellen Grundbestand von Lauten und äußern sich zu unterschiedlichen Themen – sei es Lobpreis oder prophetische Ermutigung – mit ähnlichen, austauschbaren Lauten, sodass man keine Liste von Lauten mit gleicher Bedeutung anfertigen und keine Ordnung in einem Satz, keine Syntax feststellen kann. Darum bezeichnet Samarin (1972) die Glossolalie als Pseudosprache. Positiver betrachtet, kann man sie als unsemantische Privatsprache charakterisieren, die sich – unter Verzicht auf kognitive Information – auf die expressive und appellative Funktion der Sprache beschränkt, indem sie beliebige Laute bildet. Dabei ist im neopentekostalischen Gebet (privat oder beim Gebetstreffen) der Adressat Gott, bei prophetischen Botschaften aber die Gebetsgruppe oder ein Einzelner in ihr.

Wie ist Glossolalie psychologisch zu verstehen? Zungenreden kann man spontan entdecken oder aufgrund von Vorbildern und Ermutigung durch eine charismatische Gruppe lernen. Sie ist nicht nur – wie Goodman

Linguistische Deutung

(1972) meint – in Trance, sondern auch mit offenen Augen, ja sogar beim Steuern eines Autos möglich (Spanos & Hewitt, 1979). Die ältere Psychiatrie kannte fast nur das unkontrollierte Zwangsreden von psychotisch gestörten Patienten und verglich damit das Zungenreden, Lallen, Schreien und Stöhnen in altpentekostalischen Gottesdiensten. Doch erfolgen die glosso-

**Psycho-
logische
Deutung**

lalischen Äußerungen in neopentekostalischen Gebetstreffen auf eigenen Wunsch, selbstinduziert und kontrolliert: Die Betreffenden beginnen ihren Beitrag genau dann, wenn er im Ablauf vorgesehen ist, und passen die Lautstärke der Größe des Raumes und Kreises an. Trotzdem empfinden sie ihr Sprechen als unwillkürlich, als ob eine fremde Macht ihre Sprechmuskulatur benützen würde; christliche Glossolalen deuten es als Inspiriertwerden vom Heiligen Geist. Psychologisch mag das Zungenreden manchmal auf Autosuggestion beruhen; dann empfindet man es als fremdgesteuert, weil man dies erwartet. Doch ist auch ein automatisches Sprechen (in einer unsemantischen Sprache) – ähnlich dem automatischen Schreiben – möglich. Dabei nimmt der Glossolale die willentliche Steuerung (Ich-Aktivität) beim Artikulieren absichtlich zurück und lässt »es« in irgendwelchen Lauten sprechen.

Glossolalie wird oft nur nach dem ersten Durchbruch als faszinierend und ekstatisch erlebt und danach mit zunehmender Routine bloß noch als wohltuend und fast wie selbstgemacht empfunden. Für die meisten Neopentekostalen ist dieses »Charisma« wohl ein Mittel, das Gefühl zu erleben, von Gottes Geist und nicht nur von den eigenen Gedanken und Willensentschlüssen geführt zu werden. Untersuchungen – mit kleinen Stichproben – haben keine eindeutig vorherrschenden Persönlichkeitsmerkmale bei Glossolalen festgestellt und keine spezifischen Wirkungen des Zungenredens nachgewiesen, die ausschließlich glossolalischen Mitgliedern von charismatischen Gruppen zukämen (Malony & Lovekin, 1985). Nur Francis und Robbins (2003) berichten von niedrigeren Neurotizismuswerten bei Glossolalen im Vergleich mit Nicht-Glossolalen.

Besessenheitserlebnisse

Dieser Abschnitt soll Besessenheitserlebnisse erörtern, die unfreiwillig auftreten und negativ als Beherrschtwerden von einer fremden, bösartigen Macht empfunden werden – im Unterschied zu Trancezuständen, die man in bestimmten Kulturen absichtlich induziert, um vorübergehend mit Tiergeistern, verstorbenen Vorfahren, Göttern oder Satan in Verbindung zu treten.

Während sich der Betroffene bei dämonischen Visionen und Auditionen »nur« beschimpft und bedroht fühlt, empfindet er sich bei Besessenheitserlebnissen in seiner Freiheit von einer anderen Macht eingeschränkt, unter Zwang gesetzt und fremdgesteuert. In fundamentalistischen christlichen Kreisen und manchen nichtwestlichen Kulturen wird diese Beeinträchtigung als Besessensein durch dämonische Mächte, Satan oder okkulte Kräfte gedeutet und mit einem spirituellen Heilungsritual (Exorzismus, Befreiungsgebet mit Handauflegung u.ä.) behandelt. Die Klassifikationssysteme ICD-10 und DSM-IV ordnen »Besessenheitszustände« den dissoziativen Störungen zu und lenken die Aufmerksamkeit auf Wahnideen von Schizophrenen, dissoziative Identitätsstörungen und Trancezustände. Indes zeigt Pfeifer (1994, 1999), dass das Gefühl, besessen zu sein, in unterschiedlichen Überzeugungsformen auftreten kann – von der einfachen Annahme, dass Erkrankungen von bösen Geistern verursacht sein können (eher eine Verhexungsvorstellung als ein veränderter Bewusstseinszustand), über diesbezügliche überwertige Ideen bis zur unkorrigierbaren Wahngewissheit – und dass psychisch Leidende damit u.U. eine Reihe von Störungssymptomen im Rahmen ihrer Glaubensvorstellungen deuten. Damit ist gemeint, dass sie dem psychologischen oder seelsorglichen Berater einen Erklärungsversuch anbieten bzw. einen solchen von einer religiösen Bezugsgruppe übernehmen und von einem Heilungsritual Hilfe erwarten.

Eine Suche nach Deutung und Hilfe

Auftreten im Rahmen von psychischen Störungen

Die dämonologische Deutung des Patienten kann – wenn ihr der Berater die nötige Geduld und Aufmerksamkeit schenkt – seine übrige Schilderung der Beschwerden ergänzen (aber nie ersetzen). Darum sollen hier – weitgehend nach Pfeifer (1994, 1999) – einige wichtige Störungen genannt werden, zu deren Beschreibung und Erklärung sie oft verwendet werden.

Schizophrenien
Schizophren erkrankte Menschen äußern manchmal in wahnhafter wie auch in anderer Form das Gefühl, von bösen Mächten beeinträchtigt und gesteuert zu werden. Damit können sie das »Teuflische« an den schmerzhaften Einschränkungen, denen sie ausgeliefert sind, beschreiben und gegebenenfalls auch aggressive Regungen, die sie als höchst bösartig empfinden, einer ichfremden Quelle, eben einer bösen Macht zuschreiben (s. Fallbeispiel 25).

Depressionen

Manche Patienten können schon bei minder schwerer Depression ihren Mangel an Glaubensfreude und religiösem Interesse für ein Anzeichen eines dämonischen Einflusses halten – zumal wenn in einer charismatischen Gruppe das intensive Erleben zum Maßstab der Gottesnähe erhoben wird.

Panikattacken und Zwangsstörungen

Innerhalb der Angststörungen können Panikattacken mit ihren heftigen körperlichen Symptomen als bedrohliche Angriffe einer bösen Macht, als »Geisterattacken« gedeutet werden. Ebenso naheliegend ist, dass Patienten Zwangsgedanken mit extrem unmoralischen Inhalten dämonischen Einflüssen zuschreiben, um das Unbegreifliche zu verstehen und sich selbst zu entlasten: etwa blasphemische Gedanken beim Beten oder aggressive Impulse. So sagte eine zwangsgestörte 18-Jährige:»Ich fürchte, dass der Teufel in mir ein Messer nehmen und meine Mutter töten wird« (Wikström, 1980).

Dissoziative Persönlichkeitsstörung

Auch bei der dissoziativen Persönlichkeitsstörung (früher: multiple Persönlichkeitsstörung), die durch das Vorhandensein von zwei oder mehreren Identitäten oder Persönlichkeitszuständen gekennzeichnet ist, die wiederholt die Kontrolle über das Verhalten der Person übernehmen, kann der Betreffende das Auftreten von Persönlichkeiten mit extrem unmoralischen Handlungsimpulsen dämonischem Einfluss zuschreiben (oder der Reinkarnation und so seine Rolle in einem früheren Leben erklären). Beispielsweise hielt sich eine 54-jährige Frau für besessen, da sie oft nachts mit Schmerzen im Unterleib wach wurde und dann mit ihrem Auto zu einer Autobahnraststätte fuhr, um dort wahllos mit Fernfahrern sexuell zu verkehren. Danach verschwanden die Schmerzen, sie fuhr zurück und schlief neben ihrem an Alzheimer erkrankten Ehemann ruhig weiter. Dies erklärte sie so: »Das habe ich nicht getan. Das war der Satan in mir.« Da Beichtgespräche sie nicht von ihrer Angst vor der Hölle befreiten, bat sie um einen Exorzismus (Niemann, 2005, S. 115).

Histrionische und Borderline Persönlichkeitsstörungen

Die Instabilität in den Affekten und zwischenmenschlichen Beziehungen bei Borderline Persönlichkeitsstörungen sowie die entsprechende Impulsivität kann in einem dämonengläubigen Milieu als Einfluss von Geistmächten gesehen werden. Auch können sich Menschen mit starkem Drang nach intensiven Gefühlen und Aufmerksamkeit, d.h. mit histrionischer (früher: hysterischer) Persönlichkeitsstörung, durch Besessenheitsdeutungen als Opfer einer übermenschlichen Macht darstellen, um so in Kreisen, die sich davon beeindrucken lassen, Beachtung zu finden. Sie können diese Rolle ohne bewusste Täuschungsabsicht, unbewusst, übernehmen, bzw. ein entsprechendes Milieu kann sie ihnen geradezu suggerieren. Rein histrionisch motivierte Besessenheitserlebnisse hören auf, wenn ihnen das Umfeld keine Beachtung mehr schenkt.

Anpassungsstörungen

Menschen aus einem dämonengläubigen Umfeld können auch Widrigkeiten, die bei ihnen eine Anpassungsstörung (manchmal verbunden mit einer Persönlichkeitsstörung) auslösen, dem Teufel oder Dämonen zuschreiben. So führte ein 55-jähriger Geschäftsmann und Besucher von charismatischen Gottesdiensten die Symptome, an denen er nach der Erkrankung seines jüngsten Sohnes litt, auf dämonischen Einfluss zurück, nur weil er beim Gebet mit seinem Sohn einen starken Widerstand spürte (Pfeifer, 1994).

Die spirituellen Rituale, die Kranke, die sich für besessen halten, von Geistheilern oder Geistlichen erbitten, sind Bewältigungsversuche und Hoffnungen auf Hilfe – nicht selten von Menschen, die bei Psychiatern und Psychotherapeuten keine Heilung gefunden haben oder die deren Behandlungsmethoden in ihrem Fall für zu wenig »übernatürlich« halten. Sind Befreiungsgebete und Exorzismen wirksam und empfehlenswert?

Zu dieser Frage liegen Berichte von methodisch unterschiedlicher Qualität und lediglich über wenige Fälle vor. Nach Finkler (1980) und Pfeifer (1994) werden solche Rituale unter günstigen Bedingungen von Patienten zwar subjektiv als positiv empfunden, doch bessern sich die Beschwerden objektiv nicht. Im medial vielbeachteten Fall der deutschen Studentin Anneliese Michel, die an einer epileptischen Psychose und wahrscheinlich auch an Magersucht litt, haben die zahlreichen Exorzismen, die an ihr vollzogen wurden, nachdem ihr die Ärzte nicht helfen konnten, nicht zum Erfolg geführt; sie starb nach exzessivem Fasten 1976 im fränkischen Klingenberg. Nach manchen Berichten haben Exorzismen auch geschadet (zusammenfassend: Bull, 2001): Exorzismusrituale schaden sehr wahrscheinlich dann, wenn sie bei psychisch Gestörten zwangsweise, ohne ihr Einverständnis und ihre Mitwirkung bzw. nach aufdringlicher Ermahnung und ohne gleichzeitige Psychotherapie vollzogen werden. Aber auch Exorzismen, die auf Verlangen erfolgen, können Ängste erzeugen und die Aus-

Wirksamkeit von Exorzismen

einandersetzung mit der psychischen Problematik behindern, wenn sie einem Patienten, der in seiner dämonologischen Deutung noch unsicher ist, mit der Autorität eines Heilers oder Geistlichen Besessenheit attestieren und durch das Fragen nach Namen, Ziel und Zahl der anwesenden Dämonen bestimmte Antworten suggerieren. Sie verstärken nämlich seine Befürchtung, er sei übermenschlichen bösen Mächten ausgesetzt. Auch die Ansicht von Psychotherapeuten wie Bull (2001), innerhalb einer psychotherapeutischen Behandlung von konservativen Christen sei es hilfreich, ihnen im Rahmen ihres Glaubenssystems die Zuversicht zu vermitteln, dass man mit Hilfe Gottes oder eines Engels die bösen Geister »austreiben« könne, ist höchst problematisch. Denn dieses Vertrauen schlägt u.U. rasch in Selbstbeschuldigungen und Verzweiflung um, wenn sich die Beschwerden nicht bessern: Denn dann hat man nicht nur den Glauben an dämonische Mächte verstärkt, sondern auch deren Unkontrollierbarkeit demonstriert. Etwas anderes ist es, wenn der psychologische oder seelsorgliche Berater einen Patienten dazu ermutigt, im ganz normalen Gebet die nötige Kraft zum Bewältigen seiner Belastungen zu suchen – verbunden mit einer notwendigen Psychotherapie.

Biblische Argumente?

Zum Gespräch mit der Theologie: Psychologisch kann man die Möglichkeit eines dämonischen Einflusses auf Menschen weder beweisen noch stichhaltig ausschließen. Doch lassen sich die Phänomene, die angeblich für Besessenheit sprechen, einfacher erklären, was eine dämonologische Deutung überflüssig macht. Wer meint, an der grundsätzlichen Möglichkeit von Besessenheit festhalten zu müssen, muss sich bewusst sein, dass man keine Symptome beschreiben kann, die im konkreten Einzelfall eine sichere dämonologische Zuschreibung erlauben. Der Versuch, aus den biblischen Berichten von Dämonenaustreibungen Jesu allgemeingültige Kriterien für Besessenheit abzuleiten, übersieht, dass die zentrale Absicht dieser Texte eine andere ist: Sie wollen erzählend das befreiende Wirken Jesu und des Glaubens an ihn verkünden. Dabei teilen sie zwar den Dämonenglauben von Jesu Umfeld, doch muss man diesen – theologisch betrachtet – nicht für verbindlicher halten als die biblischen Ansichten zur Zeugung des Menschen oder zu körperlichen Krankheiten, die auch von streng »bibeltreuen« Medizinern als zeitbedingt relativiert werden. Gründe genug für eine Zusammenarbeit von Seelsorgern und Psychiatern bzw. Psychotherapeuten bei der Betreuung von Menschen mit Besessenheitserlebnissen.

Stigmatisation

nennt man in der Frömmigkeitsgeschichte das spontane Auftreten von Wundmalen, die denen des gegeißelten, dornengekrönten und gekreuzigten Jesus ähnlich sind. Stigmata, die erstmals von Franz von Assisi (1181–1226) bezeugt sind, werden zahlreichen Personen zugeschrieben, die in der Regel eine ausgeprägte Passionsfrömmigkeit pflegten und mehrheitlich Katholiken und Frauen waren, beispielsweise Anna Katharina Emmerick (1774–1824) oder Therese Neumann in Konnersreuth/Bayern (1898–1962).

Manche Personen haben sich die Wunden aus Geltungsbedürfnis selbst zugefügt. Bei den wenigen Stigmatisierten, die ärztlich überprüft wurden – etwa »Madeleine«, eine Patientin von Pierre Janet, oder der Kapuziner Pio von Pietrelcina (1887–1968) – waren die Wunden nicht tief, bluteten aber stark. Eine übernatürliche Ursache ist nicht auszuschließen, doch lässt sich Stigmatisation möglicherweise einfacher als psychogene Hautblutung und gerötete Hautschwellung erklären. Extrem sensible Personen können beim Mitleiden mit dem leidenden Jesus diese Hautveränderungen autosuggestiv herbeiführen. Für diese Hypothese spricht, obwohl eine streng wissenschaftliche Klärung noch aussteht, Folgendes: Prinzipiell kann man durch Fremdsuggestion (Lechler, 1933) Stigmata erzeugen und in Hypnose bei Menschen, die dazu disponiert sind, an beliebigen Stellen Blutungen der Blutfleckenkrankheit (Purpura) hervorrufen (Agle et al., 1969). Ob eine Stigmatisation von dankbarer Betroffenheit, Selbstbestrafungstendenzen oder histrionischen Geltungs- und Erlebnisbedürfnissen motiviert ist, ist von Fall zu Fall zu untersuchen.

II. Mystische Einheitserlebnisse

Was ist unter Mystik zu verstehen; welche Merkmale kennzeichnen mystische Erfahrungen? Der Begriff Mystik wird in der psychologischen und religionswissenschaftlichen Literatur unterschiedlich verstanden, doch enthalten die meisten Definitionen ein gemeinsames Merkmal.

James (1902/1997) betrachtete die mystische Erfahrung als universales, weltanschauungsübergreifendes Phänomen mit den Merkmalen (1) Unaussprechlichkeit, (2) tiefe Einsicht (noetische Qualität), (3) Flüchtigkeit (»höchstens eine Stunde oder zwei«) sowie (4) Passivität. An diesem weitgefassten Mystikbegriff hat man mit Recht kritisiert, dass die genannten Eigenschaften vielerlei Intensiverfahren zukommen und dass nicht jede mystische Erfahrung »flüchtig« ist.

Definitionen von Mystik

Während auch Bucke (1901/1925) und spätere Autoren wie Maslow (1964) oder Aldous Huxley die wesentliche Gleichheit aller mystischen Erfahrung betonten und in ihr den gemeinsamen Kern aller Religionen sahen, arbeitete der Religionswissenschaftler und Kenner östlicher Religionen Zaehner (1960) in einer differenzierenden Typologie das Unterscheidende heraus. Er unterschied zwischen einer profanen »Naturmystik«, die »panenhenisch« Raum und Zeit transzendiert (und die er allerdings fälschlicherweise für eine Art manische Erregung bzw. für ein Überflutungserlebnis hielt), und einer religiösen Mystik, die entweder »monistisch« (pantheistisch) oder »theistisch« ausgeprägt sei.

Auch der Philosoph Stace (1960) plädierte mit phänomenologischen Argumenten für eine Differenzierung. Er sah den »universalen Kern« aller Mystik jenseits der weltanschaulichen Deutungen in der Erfahrung der »Einheit« bzw. des »Einen« und nahm zwei Typen an: In der »extravertierten« Mystik erlebe man das Eine in der Verschiedenheit der Wahrnehmungsobjekte, die dafür transparent würden; in der »introvertierten« Mystik hingegen erfahre man das Eine unter Absehen von allen äußeren Dingen im Transzendieren von Raum und Zeit und im Leerwerden des Ich vom Bewusstsein jedes bestimmten Inhalts, bis nur noch eine »leere und freie Einheit« zurückbleibe. Doch die weiteren Merkmale sind nach Stace beiden Mystiktypen gemeinsamen: das Gefühl der Objektivität und Realität, die positive Stimmung von Glück, Frieden und Erfüllung, das Empfinden von etwas Heiligem und Göttlichem – wodurch die mystische Erfahrung in einem Sinn, der nicht an eine Glaubensüberzeugung gebunden ist, religiös sei – sowie der Eindruck, diese Erfahrung sei eine paradoxe Einheit von Gegensätzen und unaussprechlich.

Es dürfte schwierig sein, die auf sinnlicher Wahrnehmung beruhende (»extravertierte«) mystische Erfahrung von einem normalen Schöpfungsglauben zu unterscheiden, der ebenfalls alle Dinge auf den einen Urgrund Gott hin transparent sieht. Hingegen gehört die Erfahrung des »Einen« sicher zum gemeinsamen Kern allen mystischen Erlebens – allerdings verbunden mit der Erfahrung, der Meditierende sei mit dem Einen eins, in einer Unio mystica. Stace dürfte auch der Vielfalt mystischer Erfahrungen kaum gerecht werden; denn diese lässt sich nicht auf einen extravertierten und einen introvertierten Typ reduzieren und auch nicht einfach damit erklären, dass die Mystiker bei der nachträglichen Beschreibung des Erlebten dieses nie »pur«, sondern in den Sprach- und Deutungsmustern der Religion berichtet hätten, in der sie erzogen wurden. Diesen Einwand hat vor allem Katz (1978) herausgearbeitet. Allerdings hat Katz die der mystischen Erfahrung vorausgehenden und sie bestimmenden Denkmuster so sehr in den Mittelpunkt gerückt, dass die Vielfalt mystischer Erfahrungen mit der Vielfalt der Glaubensinhalte zusammenzufallen scheint und nichts Gemeinsames mehr sichtbar wird.

Stace hat das »Eine«, das die Aufmerksamkeit absorbiert, als zentrales Merkmal mystischen Erlebens betrachtet, dem gegenüber die anderen von ihm genannten Züge »periphere Charakteristika« seien. Damit hat er ohne

Zweifel einen zentralen Aspekt mystischen Erlebens erfasst; allerdings versäumte er es klarzustellen, dass die »peripheren« Merkmale auch Intensiverfahrungen ohne Einheitserlebnis zukommen können. Diese Unklarheit wirkt sich in Hoods (1975) Versuch aus, in enger Anlehnung an Stace eine *Mystical Experiences Scale* (M-Scale) zu konstruieren. Hood operationalisierte die von Stace genannten Merkmale (außer dem der paradoxen Einheit) und formulierte zu acht Charakteristika jeweils zwei positive und zwei invertierte Aussagen, sodass ein Fragebogen mit 32 Items und maximal 160 möglichen Punkten entstand. Der folgende Auszug nennt die acht Charakteristika mit jeweils einem (positiven) Beispielitem:

---

(1) Ich-Qualität: Ich hatte eine Erfahrung, in der mich etwas Größeres als ich selbst zu absorbieren schien.
(2) Einheitsqualität: Ich hatte eine Erfahrung, in der ich spürte, dass alles in der Welt Teil desselben Ganzen ist.
(3) Innere subjektive Qualität: Ich hatte eine Erfahrung, in der alle Dinge Bewusstsein zu haben schienen.
(4) Raum-zeitliche Qualität: Ich hatte eine Erfahrung, in der ich weder Raum noch Zeit spürte.
(5) Erkenntnisqualität: Ich hatte eine Erfahrung, in der mir eine neue Sicht der Wirklichkeit offenbart wurde.
(6) Unaussprechlichkeit: Ich hatte eine Erfahrung, die man nicht in Worten ausdrücken kann.
(7) Positives Gefühl: Ich empfand eine tiefe Freude.
(8) Religiöse Qualität: Ich hatte eine Erfahrung, die mich mit einem Gefühl der Ehrfurcht zurückließ.

Hood hat in mehreren Untersuchungen die Summe der Punkte ermittelt, die die Personen seiner Stichproben auf dieser Skala bzw. ihren drei Faktoren (extrovertive mysticism, religious interpretation, introvertive mysticism) erreichten, und mit anderen Persönlichkeitsmerkmalen korreliert. So fand er beispielsweise positive Beziehungen zu intrinsischer Religiosität sowie zur *Absorption Scale* und *Hypnotic Depth Scale* (zusammenfassend: Spilka et al., 2003). Verfügen wir also über ein Messinstrument, das eine empirische Mystikforschung ermöglicht? Dies ist wohl nur in einem sehr eingeschränkten Sinn zu erwarten. Hoods *M-Scale* unterscheidet nämlich nicht zwischen mystischen Einheitserlebnissen im Sinne einer Unio mystica und anderen, mehr oder weniger spirituellen Intensiverfahrungen, die mit »tiefer Freude«, »Ehrfurcht«, einem »Gefühl des Staunens«, einer »neuen Sicht der Wirklichkeit« u.a. verbunden sind, und in denen das Ich bzw. Selbst nicht wie aufgelöst empfunden wird. Die *M-Scale* misst Intensiverfahrungen, die man nur im Sinne eines Sammelbegriffs und eines Komplexes von gleich wichtigen Merkmalen als »Mystik« bezeichnen kann; man kann auf ihr eine hohe Punktzahl erreichen, ohne je ein mystisches Einheitserlebnis im strengen Sinn erfahren zu haben. Nach diesem quantifizierenden Messverfahren gilt jeder als Mystiker – wenn auch u.U. mit niedriger Punktzahl –, der einmal eine »tiefe Freude« und ein »Gefühl der Ehrfurcht« erlebt hat.

Die folgenden Überlegungen wollen mystische Einheitserlebnisse im engeren Sinn einer Unio mystica untersuchen. Wahrscheinlich sind sie selten und vorerst noch nicht mit Hilfe von bewährten Fragebogen zu erforschen. Möglich und sinnvoll ist jedoch der Versuch, durch die Analyse von einzelnen Erfahrungsberichten Hypothesen zu einigen Entstehungsbedingungen (zumal in Bezug auf Psychotechniken) sowie zu der seit James (1902/1997) diskutierten Frage zu gewinnen, was einerseits das Gemeinsame – wenn es das gibt – und andererseits das Unterscheidende in der Vielfalt mystischen Erlebens ausmacht.

Der gemeinsame Kern mystischen Erlebens

Den universalen phänomenologischen Kern mystischen Erlebens bildet nach weitgehender Übereinstimmung eine Einheit oder Vereinigung, die insofern einen veränderten Bewusstseinszustand darstellt, als der Mystiker sie (1) als Inspiration/Intuition, d.h. als Offenbarung, erlebt, und (2) in einer positiv empfundenen »Auflösung der Individualität« (Stace, 1960), welche die gewöhnliche Subjekt-Objekt-Differenz gegenüber einem Anderen – wie immer er dieses versteht – überwindet und sich mit ihm eins fühlt. Die Fallbeispiele 31 und 32 sollen das Gemeinte mit Berichten aus zwei unterschiedlichen religiösen Traditionen veranschaulichen.

Gefühl der Einheit

Fallbeispiel 31 und 32
Ein japanischer Buddhist mit intensiver Zen-Praxis schildert sein Satori-Erlebnis mit den folgenden Sätzen, wobei er das Absolute sowohl »Buddha« als auch – um jede begriffliche Fixierung zu vermeiden – »Nichts« nennt: »Am Papierfenster in der Zen-Halle fliegt ein kleines Insekt, es ist nichts. Am Himmel das Flugzeug ist nichts. Das ganze All wird zu nichts. Indessen verwischt sich das Gefüge des Papierfensters und wird unkenntlich. Der Leib sinkt in bodenlose Tiefe. Da erklingt der Gong. In diesem Augenblick ein spontaner Ausruf. Ich komme zu mir. Die Welt, die ich erfasst habe, Himmel und Erde sind eins. Ich und das All sind eins. Der Buddha und ich sind gleich, eine Einheit – nichts« (Dumoulin, 1963).

Die französische Katholikin Lucie Christine (Pseudonym), eine Mutter von fünf Kindern, erlebte seit ihrem 29. Lebensjahr im freien Gebet und bei der Messe häufig Momente intensiver Vereinigung mit Gott oder Christus wie diese: »Seit zwei Tagen gibt mir Gott jedesmal, wenn ich in die Kirche gehe, eine Empfindung von seiner Gegenwart, die ich nicht mehr auszudrücken weiß; sie scheint mir alle Begriffe zu übersteigen. Es ist eine volle Schauung, aber ohne alle Gestalt; Schauung und Vereinigung zugleich. Ich bin in Gott versenkt ... Zugleich ist er eins mit mir; er durchdringt mich, ist mir tiefer inne als die Luft, die ich atme, inniger mit mir vereinigt als die Seele mit dem durch sie lebenden Leib; ich bin ganz von ihm eingenommen, weiß nicht mehr, welches Dasein ich habe ... und diese Loslösung ist unaussprechlich, ist eine Entzückung, ein Rausch« (Christine, o.J., zum 5.6.1884). »Jesus kam durch sein Sakrament in mich; in seinem anbetungswürdigen Wesen verlor ich die Empfindung meines Seins. Ich war von der göttlichen Substanz umhüllt, beherrscht, eingenommen. Dieser Zustand bedeutet keinen Verlust des Bewusstseins, wohl aber in hohem Grad den Verlust des Ichs« (zum 17.3.1884).

Wie ist diese als Offenbarung empfundene »Auflösung der Individualität«, diese Ich-Entgrenzung psychologisch zu deuten?

In psychiatrischer Sicht lassen Formulierungen wie »Verlöschen« (nirvana), »Verschwinden« (fana), mystisches »Sterben« (Johannes vom Kreuz), »Verlust des Ichs« (Fallbeispiel 32) oder »Der Buddha und ich sind gleich« (Fallbeispiel 31) zunächst einen psychotischen Ich-Verlust vermuten. Tatsächlich können in schizophrenen Episoden mystische Ich-Entgrenzungen erlebt werden, die auf einer krankhaften Störung der Ich-Demarkation beruhen, doch wird die Unio mystica in fast allen Erlebnisberichten und Reflexionstexten der spirituellen Traditionen als reversibler, das Ich stärkender Ausnahmezustand geschildert – nicht als Desintegration, sondern als »Erwachen«, »Neugeburt«, »Erleuchtung«, »Gnade« und »wahres Leben«. So auch in den Fallbeispielen 31 und 32.

Ich-Verlust?

Psychoanalytische Deutungen versuchen mystische Einheitserlebnisse großenteils als Regression zum »uneingeschränkten Narzissmus« zu erklären, in dem das Ich des Säuglings noch »alles enthält«. So interpretierte Freud (GW 14, S. 421–431) Romain Rollands Hinweis auf das »ozeanische Gefühl«. Auf dieser Linie betrachtete auch Lewin (1982) ekstatisch-mystische Erlebnisse als gegenseitige Inkorporation und als Versuch, Verlust oder Angst durch eine Regression zum ozeanischen Lust- und Ganzheitserlebnis an der Mutterbrust zu verleugnen; zum Beweis zitierte er eine Äußerung von Franz von Sales, der das »Gebet der Ruhe« mit dem Gestilltwerden des Säuglings an der Mutterbrust verglich. Außerdem erwecke die Unaussprechlichkeit ekstatischer Erlebnisse den Anschein, »als sei der Mund auf seine Funktion als präverbales Organ regrediert, sodass es ihm folglich schwerfällt, andere Funktionen als die des Essens oder Saugens auszuführen« (Lewin, 1982, S. 149). Indes nahmen Prince und Savage

Regression?

(1972) an, mystische Erlebnisse seien nicht durchweg eine pathologische Regression, sondern u.U. – wie manche psychotherapeutischen und kreativen Erfahrungen – eine »Regression im Dienste des Ich« (Ernst Kris). Grof (1978) sah in der kosmischen Einheit, die manche LSD-Konsumenten erlebt haben, eine Wiederbelebung der Geborgenheit im Mutterschoß.

Möglicherweise dienen ekstatisch-mystische Erlebnisse, wie etwa in Fallbeispiel 22 (»Ich fühlte mich als Teil von allem. Und ich starb.«) sowohl der Abwehr als auch der Bewältigung von Angst und Depression. Allerdings besteht auch dann kein Grund, sie als Regression zu frühesten Kindheitsstadien zu deuten, denn dazu haben sie zu viel von den Reaktionsweisen von Erwachsenen und zu wenig von einem frühkindlichen Verhalten an sich: Der 18-Jährige in Fallbeispiel 22 begann eine Psychotherapie, und Mystiker wie Al-Hallaj, Hakuin und Teresa von Avila sind nicht durch Saugen oder Daumenlutschen aufgefallen. Gegen die Regressionshypothese spricht auch, dass sich die bekannten Mystiker des Prozesses bewusst waren, in dem ihr zunächst klar abgegrenztes Ich in einer Wirklichkeit aufgeht, die sie durchaus kognitiv als Ich und Welt transzendierend und darum als nur überbegrifflich oder metaphorisch beschreibbar betrachteten – während der Säugling weder ein abgegrenztes Ich noch Begriffe kennt, denen gegenüber er einen Überstieg erleben könnte (Hood, 1976). Die von Mystikern oft beteuerte Unaussprechlichkeit ihrer Erfahrungen erklärt sich plausibel aus der Schwierigkeit, in gewöhnlicher Sprache ein ungewöhnliches, verändertes Ich-Erleben zu beschreiben. Immerhin haben sprachbegabte Mystiker ihre Erfahrungen sehr wohl beschrieben: in Grenzbegriffen, Metaphern und Paradoxen wie »leuchtendes Dunkel« oder »flüsterndes Schweigen«.

Neurophysiologische Hypothesen versuchen, mystische Einheitserlebnisse mit spezifischen Veränderungen der Aktivität bestimmter Hirnströme bzw. Hirnareale zu erklären. So stellte man beispielsweise bei 48 Zen-Praktizierenden, die während ihrer Zazen-Übungen untersucht wurden (Kasamatsu & Hirai, 1966), und bei sechs Indern, die im Lauf ihrer Raja-Yoga-Meditation den Samadhi-Zustand erreichten (Anand et al., 1961), – vereinfachend gesagt – das Auftreten von Alphawellen fest, deren Amplitude sich vergrößerte und deren Frequenz abnahm und in die teilweise auch rhythmische Thetawellen eingestreut waren. Nach Newberg, d'Aquili und Rause (2003) ging bei acht Buddhisten und drei Franziskanerinnen während der Phasen tiefster spiritueller Vereinigung die Durchblutung des oberen Scheitellappens meistens drastisch zurück; dadurch werde die Hirnaktivität im »Orientierungsfeld«, das unsere räumliche Orientierung und die Unterscheidung unseres

Körpers von der übrigen Welt ermögliche, reduziert und eine Raumlosigkeit erlebt, die der Geist als unendlichen Raum und Ewigkeit deuten könne. Austin (1998) führt die Erleuchtung, die die Zen-Tradition als Überwindung der Ich-Abgrenzung beschreibt, auf die durch Meditation induzierte Hemmung der Aktivität mehrerer subkortikaler Hirnareale zurück, die gewöhnlich das Gefühl des körperlichen Selbst und mit ihm die »Ich-mich-mein-Perspektive« speisen. Allerdings weist das Auftreten von Alphawellen nur auf einen unspezifischen Entspannungszustand (hypoarousal) hin, und die verminderte Aktivität bestimmter Hirnareale sagt nichts über den kognitiven und emotionalen Inhalt, der mit Einheitserlebnissen verbunden sein kann.

In kognitiver Perspektive und im Rahmen des Ich-Psychopathologie-modells von Scharfetter (1999, 2002), das fünf Dimensionen des Ich-Bewusstseins unterscheidet (s. S. 209, 213), sollen hier mystische Einheitserlebnisse, bei denen keine psychische Störung zu vermuten ist, als weitgehend induzierbare und positiv empfundene Ausnahmezustände gedeutet werden, deren Inspirationscharakter und Ich-Entgrenzung sich aus dem totalen Absorbiertsein der Aufmerksamkeit von seinem Gegenstand – bei religiöser Mystik: vom Absoluten oder Gott – erklärt. Dieses Absorbiertsein führt nämlich zur beabsichtigten Reduzierung zweier Dimensionen des Ich-Bewusstseins: (1) Das eigene Initiieren, die eigene Ich-Aktivität wird nicht mehr von der des Gegenstandes unterschieden, in den sich der Meditierende versenkt – was den Inspirationscharakter erklärt und die mystische Nicht-Zweiheit vorbereitet. (2) Das Empfinden, ein eigenes, abgegrenztes Ich zu sein, die Ich-Demarkation, löst sich in einem völligen Sich-selbst-Vergessen auf – was die Unio mystica vollendet.

Absorbiert-sein der Auf-merksamkeit

(1) Zum Inspirationscharakter –
»Nicht mehr ich handle, sondern nur noch das Transzendente«

Sowohl die spontanen als auch die nach langer Meditationspraxis erfahrenen Einheitserlebnisse werden nicht mehr als gewöhnliches Betroffensein empfunden, das durch das eigene Erwägen mit seinem begrifflich-diskursiven Denken oder symbolischen Vergegenwärtigen ausgelöst wird, sondern als Einsicht, die sich »von selbst«, nichtdiskursiv, wie eine Eingebung einstellt. Sie schließen – wenigstens wenn sie ausdrücklich religiös empfunden werden – die Unwillkürlichkeit eines Offenbarungserlebnisses und völligen Ergriffenwerdens ein. Der Mystiker erfährt sein Einheitserlebnis – auch wenn er sich durch jahrelange Meditation darauf vorbereitet hat – nicht als Ergebnis seiner Bemühungen, sondern als Selbstoffenbarung des Absoluten oder Gottes (jedoch nicht als konkrete Eingebung) sowie als Involviertsein seiner ganzen Person.

Die Zen-Tradition beschreibt die entscheidende Einsicht als Intuition, die man nicht durch intellektuelle Anstrengung (obwohl zum Sesshin auch die Lektüre von buddhistischen Texten gehört), sondern nur durch Übung erreicht. In ihr soll man – wie Hakuin (1685–1768) in seinem »Gesang des Zazen« schreibt – »das Denken des Nicht-Denkens zum Denken machend« die Buddha-Natur (das Absolute) als wahren Grund des eigenen Wesens erfassen, d.h. Selbst-Wesensschau (kensho-godo oder satori) erfahren.

Zen-Tradition

Die Rücknahme der bewussten Ich-Initiative wird im Zen formal und scheinbar völlig profan eingeübt: Sie kann in fast jedem Tätigkeitsbereich ansetzen und soll sich zu einer allgemeinen Einstellung sich und dem Leben gegenüber generalisieren. Sowohl das in dieser Haltung jahrelang, bis zur völligen Automatisierung geübte Bogenschießen als auch das Schwertfechten oder die Tee-Zeremonie, das Blumenstecken oder die Kalligraphie eignen sich dazu; doch wird sie am wirksamsten beim Sitzen und Atmen (Zazen) in absichtsloser Aufmerksamkeit erreicht. Dabei überlässt man sich dem sich selbst regulierenden Atem bis zum Gefühl, man werde geatmet, und soll sich möglichst aller Gefühle, Wünsche, Vorstellungen und Gedanken entledigen, entleeren und sich auch nicht auf das Meditationsziel fixieren – weil dies wieder ichzentriert und damit kontraproduktiv wäre. Stets soll das Bewusstsein eingeübt werden, nicht das Ich handle, sondern »Es«, das Absolute, das »Nichts«.

So berichtet Kapleau (1987, S. 315), wie er nach fünf Jahren absichtslosen Sitzens, Atmens und Sich-Konzentrierens auf das »Nichts« (japanisch: mu) in der Tradition des Zazen endlich den Durchbruch zur Ich-Freiheit erlebte: »Warf mich (in der Meditation) neun weitere Stunden auf Mu, so völlig versunken, dass ich vollkommen verschwand ... Nicht ich frühstückte, sondern Mu. Nicht ich fegte und wischte die Fußböden nach dem Frühstück, sondern Mu. Nicht ich aß zu Mittag, sondern Mu aß.«

Christliche Mystik

Eine Rücknahme der bewussten Ich-Initiative übt auch die christliche Mystiktradition ein – allerdings nicht formal, sondern in einem durch und durch inhaltlichen, ausdrücklich religiösen Kontext. Meistens ist er so ethisch-aktiv (aszetisch) formuliert, dass man leicht übersieht, welche Automatisierung und Rücknahme der Ich-Aktivität er beinhaltet. »Unserer Eigenliebe und unserem Eigenwillen zu entsagen«, ist für Teresa von Avila (1515–

1582: Seelenburg V, 2, 7) und für andere Lehrer christlicher Spiritualität eine Grundvoraussetzung für das Erleben der Einheit mit Gott. Im Beten wie im Handeln soll sich der Mensch ganz von Gottes Willen und Güte bestimmen lassen und nur noch anstreben, was Gott will. Dies soll ihm zur zweiten Natur, d.h. mehr und mehr habitualisiert und automatisiert werden. Ist dieser Prozess weit genug fortgeschritten, kann der Gläubige in seinem Gebet zu einem kontemplativen Verweilen übergehen, bei dem er das eigene Erwägen und Initiieren einschränkt und »passiv« darauf wartet, dass ihn Gottes Wille inspiriere und ergreife.

In der Sprache und Psychologie Teresas ausgedrückt, kann auf der Grundlage dieser ethisch-affektiven Einstellung nach dem (1) »Gebet der Sammlung« der »Wille« (in etwa: das Wertstreben, die Liebesfähigkeit) als erstes »Seelenvermögen« einen Zustand erreichen, in dem der Mensch von Gott »gefangengehalten wird« (Leben, Kap. 14, 2) und den sie das (2) »Gebet der Ruhe« nennt. Diese inspirierte Passivität, dieser »Schlaf der Seelenkräfte« kann dann in der weiteren Entwicklung vom Willen aus den »Verstand«, das »Gedächtnis« (Bewusstsein) und das »Vorstellungsvermögen« erfassen und so das (3) »Gebet der (mystischen) Vereinigung« ermöglichen. Erreicht dieses seinen Höhepunkt, so sind alle Seelenvermögen »zu nichts anderem fähig, als sich nur mit Gott allein zu beschäftigen« (Leben, Kap. 16, 3). Dies wird Teresa in einer Eingebung von Gott einmal so erklärt: »Die Seele wird völlig zunichte, damit sie besser in mich eindringe; nicht mehr sie ist es, die da lebt, sondern ich bin es ... Hier schwinden ihr alle Seelenvermögen und werden derart aufgehoben, dass man an ihnen, wie schon gesagt, durchaus keine Tätigkeit wahrnimmt« (Leben, Kap. 18, 12).

Angleichung an den Willen Gottes bis zum Sich-inspirieren-Lassen übt auch die islamisch-sufische Mystiktradition ein. Sie hat das Grundbekenntnis: »Es gibt keinen Gott außer Gott« zu der Überzeugung gesteigert, dass es keinen Handelnden gibt außer Gott, sodass er allein Subjekt und Ich ist (Schimmel, 1985, S. 212; speziell zum Dhikr in ichpsychologischer Sicht: Geels, 1996). Darum soll der Beter die Initiative ihm überlassen. »Der Gottesgelehrte sagt: Was soll ich tun? Der Gotteskundige sagt: Was wird Er tun?« (Bayezid Bistami, gest. 874, zit. nach Ritter, 1978, S. 598).

Sufismus

Wie immer das Transzendente näher aufgefasst wird – immer gehört zum mystisch-religiösen Einheitserlebnis ein Abbau bzw. eine Umzentrierung des gewöhnlichen Bewusstseins der Ich-Aktivität. Dieses Gefühl: »Nicht mehr ich handle, sondern nur noch das Transzendente«, erklärt vor allem den Inspirations- und Offenbarungscharakter, aber auch ein gut Teil der Ich-Entgrenzung von mystischen Erfahrungen. Hier werden – wenigstens auf dem Höhepunkt der Absorption – keine einzelnen Eingebungen oder Visionen erlebt, vielmehr offenbart sich das geglaubte Transzendente selbst und ergreift den Meditierenden. Sein Erleben, Denken und Wollen hat sich in langer Übung so wirksam und »theozentrisch« auf das angenommene Göttliche eingestellt, dass sich seine Aufmerksamkeit ungeteilt darauf richtet und in Episoden eines völligen Absorbiertseins so von ihm inspiriert und gesteuert fühlt, dass er nicht mehr zwischen dem Aktivitätszentrum seiner Person und dem des Transzendenten unterscheidet, sondern eine entdifferenzierte Einheit (Nicht-Zweiheit) erfährt. Nur diese Einheitserfahrung gilt im Zen als echt und wichtig, während man den u.U. vorausgehenden oder nachfolgenden Visionen und Eingebungen keine Beachtung schenken soll. Auch christliche Mystiker meinten, die Unio könne nur von Gott, eine Eingebung oder Vision aber auch vom Menschen oder von bösen Mächten kommen.

(2) Zur »Auflösung der Individualität« – »Nicht mehr ich erkenne und bin, sondern nur noch das Transzendente«

Noch deutlicher wird in mystischen Zeugnissen ein anderes Nicht-mehr-unterscheiden-Können geschildert: die »Auflösung der Individualität« (Stace, 1960) ins meditierte und geglaubte Transzendente, das Sich-selbst-Vergessen in der Erfahrung: »Nicht mehr ich erkenne und bin, sondern nur noch das Transzendente.«

Zen-Tradition

Die Zen-Tradition sieht das Entscheidende des Zen-Wegs im »Ausfallenmachen« der bewussten Ich-Aktivität und des Ich-Bewusstseins überhaupt, wenn Dogen Kigen (1200–1253) schreibt:

»Den Buddha-Weg lernen heißt das eigene Selbst lernen. Das eigene Selbst lernen heißt das eigene Selbst vergessen. Das eigene Selbst vergessen heißt von den zehntausend Dingen (dharma) bestärkt werden. Von den zehntausend Dingen bestärkt werden heißt Leib und Geist des eigenen Selbst sowie Leib und Geist des anderen ausfallen machen. Die Spuren der Erleuchtung verschwinden; die spurlose Erleuchtung dehnt sich aus – endlos« (Shobogenzo: Genjokoan, zit. nach Dumoulin, 1986, S. 67).

Die erlebte Einheit mit dem »Einen Geist« ist das erklärte Ziel aller Zen-Schulen. Als Voraussetzung dafür gilt das »Leerwerden« des Bewusstseins von allen emotionalen und kognitiven Beziehungen, die es als Ich an einzelne Dinge und Ziele binden und ihnen gegenüberstellen, als wäre es ein eigenständiges Subjekt (was es nach buddhistischer Auffassung nur scheinbar ist). Außerdem gehört dazu auch die in langer Übung erworbene Fähigkeit zur Konzentration der Aufmerksamkeit. Diese soll sich in der Sitzmeditation (Zazen) nicht auf einen bestimmten Gegenstand oder ein Symbol richten, sondern ohne jede Ablenkung, gegenstandslos auf das Sitzen allein (shikantaza) gesammelt bleiben. Anfänger werden dazu angeleitet, Aufmerksamkeit und Bewusstsein in das Hara, den Bereich, der sich eine Handbreit unterhalb des Nabels erstreckt, zu verlagern, sodass sich das Ich von den Körperempfindungen der Wärme, der Schwere und des Wohlbefindens nicht mehr beobachtend abhebt, sondern mit ihnen eins wird, sich »somatisiert« (J. H. Schultz).

Das Leerwerden und Sich-Konzentrieren ist zwar gegenstandslos, aber nicht inhaltslos. Zen-Meditierende mit mahayana-buddhistischer Einstellung üben zwar zunächst ein unspezifisches Sich-Sammeln, suchen aber letztlich das religiöse Einswerden mit dem All-Einen. Es ist »wache Präsenz in einem anderen, nicht mehr gegenständlichen, sondern inständlichen Bewusstsein« (Dürckheim, 1976, S. 101). Das Ziel – satori oder kenshogodo – ist es, so vom All-Einen absorbiert zu werden, dass man nur noch dieses wahrnimmt und sich selbst vergisst.

Eine japanische Nonne schildert ihr Satori-Erlebnis so: »Ich hatte mich selbst vergessen. Ah, dies ist es, dies ist es. Es ist nichts, es ist nichts. Himmel und Erde werden im Augenblick hell, mein Körper ist plötzlich leicht geworden. Ich fühle mich, als ob ich bis an die Grenzen des Himmels fliegen könnte. Alles ist nichts, mit gefalteten Händen verehre ich das Nichts« (Dumoulin, 1963).

Die christliche und die sufistisch-islamische Mystiktradition haben ihren Weg zum Einswerden mit Gott zwar nicht so methodisiert wie die Zen-Schulen, doch ist die psychologische Ähnlichkeit mit ihnen unübersehbar. So wie beim Zen-Weg in allem der »Eine Geist« bewusst werden soll, möchten theistische Mystiker erreichen, dass sie in allem nur noch »Gott allein« wahrnehmen. Ihre Meditation mag zeitlebens von einem bestimmten Thema ausgehen – vom Gedanken der Nähe des Schöpfers o.ä. –, mit der Zeit führt sie immer mehr zu einem einfachen, ungegenständlichen Verweilen bei Gott (oder Christus), das als Endstufe der Meditation (früher: Kontemplation) betrachtet wird.

Im Systematisierungsversuch der Teresa von Avila entspricht diese kognitive und emotionale Vereinfachung dem Übergang vom »Gebet der Sammlung«, in dem man noch u.U. recht mühsam Einzelerwägungen anstellt, zum »Gebet der Ruhe«, bei dem das diskursive Bedenken nur noch den Anstoß gibt zu einem Ergriffenwerden der Liebesfähigkeit (»Wille«) und dann zurücktreten soll, weil es die mühelos aus dem Innersten quellende Freude mit einzelnen Akten des Dankes oder der Reue nur beeinträchtigen würde (Leben, Kap. 14). Mit dieser Einstellung erlebte dann beispielsweise Lucie Christine im Meer, den Wäldern, einem Insekt oder einer Blume Gott allein, weil ihr alles sagte: »Hier ist Er! ... Ehre sei Gott!« (zum 6.5.1883), und der iranische Sufi Ab-Hallaj (858–922) bekannte: »Keinen Becher Wasser trink ich dürstend, / Ohne dass Dein Bild im Glas ich fände. / Keinen Hauch tu ich, betrübt noch fröhlich, / Dem sich Deingedenken nicht verbände« (Schimmel, 1982, S. 45).

Absorbiert von »Gott allein«

Mit dem einfachen Verweilen kann auch die Konzentrationsfähigkeit zunehmen. Sie wird nicht selten geschult durch die mantra-artige Wiederholung von Gebetsformeln. Zunehmende Konzentration macht es aber möglich, dass die Aufmerksamkeit von dem Gefühl »Gott allein« für Momente völlig absorbiert wird, und dies schließt ein Leerwerden des Bewusstseins von Ich und Welt ein, d.h. ein Sich-selbst-Vergessen in Gott.

Für Teresa von Avila geht das kontemplative Verweilen über in ein Gefangenwerden von Gottes Liebe, und dieses weitet sich auf die anderen Funktionen aus – auch auf den unterscheidenden, diskursiven »Verstand«, den man im Zen durch Sitzmeditation und Koan-Übungen zum Schweigen bringt.

»Hier, im Gebet der Vereinigung, ist die Seele ganz wach für Gott, für Dinge dieser Welt aber und für sich selbst ganz empfindungslos; denn während der freilich nur kurzen Dauer der Vereinigung ist sie wie von Sinnen, sodass sie, wenn sie auch wollte, an nichts denken kann. Darum ist es auch nicht nötig, das Denken künstlich zu unterdrücken; hier liebt sie nur, weiß aber in diesem Zustand nicht einmal, wie sie liebt, noch was das ist, was sie liebt, noch was sie möchte« (Seelenburg V, 1, 3).

Auch die Sufi-Tradition beschreibt das »Verschwinden« (fana) als ein Sich-selbst-Vergessen im Absorbiertsein vom Gottgedenken, wenn Abu Hamid al-Ghazzali (1058–1111) erklärt:

»Wenn der Beter nicht länger an sein Beten oder an sich selbst denkt, sondern völlig von Dem absorbiert wird, Den er anbetet – dieser Zustand wird von den Erkennenden das Verschwinden aus der Sterblichkeit (fana) genannt. Wenn ein Mensch so sehr von sich selber entrückt ist, dass er nichts mehr wahrnimmt von den Gliedern seines Körpers und nichts von dem, was sich außerhalb oder innerhalb seines Geistes ereignet. Von all dem ist er losgelöst, und all das ist von ihm losgelöst. Er wandert zuerst zu seinem Herrn und dann in seinem Herrn. Doch wenn ihm während dieses Zustandes der Gedanke kommt, dass er sich völlig selbst entrückt ist, so ist dies ein Fehler und eine Schande. Vollkommene Absorption bedeutet, dass er nicht nur seiner selbst, sondern auch seiner Absorption nicht bewusst ist« (Kitab al-Arba'in, zit. nach Smith, 1950, S. 69).

Demnach kann das mystische Einheitserlebnis als absorptionsbedingte Entdifferenzierung der gewohnten Ich-Demarkation gedeutet werden: In Episoden völliger Absorption ist der Meditierende unfähig, seine eigene Person mit ihren Vorstellungen, Erfahrungen, Attributionen und Emotionen noch als abgegrenztes Ich/Selbst zu erleben und vom Gegenstand seiner Meditation zu unterscheiden. Die Ich-Grenzen werden nicht nur gelockert – wie in intensiver Einfühlung und Kommunikation –, vielmehr hat der Versunkene den Eindruck, dass nicht mehr er erkennt und ist, sondern nur mehr das Transzendente: Mit ihm fühlt er sich eins. Die Unterscheidung zwischen Erkennendem (Subjekt) und Erkanntem (Objekt) ist blockiert, die gewohnte Subjekt-Objekt-Beziehung entdifferenziert. Der Meditierende vergisst sich in einem buchstäblichen Sinn.

Entdifferenzierung der Ich-Demarkation

Dass intensive Konzentration zu völligem Sich-selbst-Vergessen führen kann, wird auch durch außerreligiöse, therapeutische Beobachtungen bestätigt. So sind auf der Oberstufe des Autogenen Trainings »als mystisch zu bezeichnende Verschmelzungserlebnisse« nicht selten (Dittrich, 1985). Auch konnte Havens (1982) durch ein Hypnosetraining, das u.a. Suggestionen zum Erleben von Körperlosigkeit, zum Sich-Identifizieren mit Tönen sowie zum Verlust der Selbstwahrnehmung einschloss, bei dreien der 15 Teilnehmer schon nach sechs Übungsstunden ein spontanes Licht- und Ruheerlebnis erzielen, dem das »Gefühl vollkommenen Einsseins mit allem« folgte.

Die Absorption der Aufmerksamkeit kann auch – was hier nicht weiter ausgeführt werden soll – Phänomene erklären, die mystische (und ekstatische) Erlebnisse oft begleiten: die (relative) Unaussprechlichkeit der Erfahrung, das Gefühl, eine tiefe Einsicht in alle wichtigen Zusammenhänge erhalten zu haben, die Gewissheit, eine Offenbarung empfangen zu haben, die Veränderung des Zeitbewusstseins und das Gefühl der Schwerelosigkeit.

Die Vielfalt mystischen Erlebens

Mystische Einheitserlebnisse haben nicht nur einen gemeinsamen Kern, sondern auch eine konkrete Ausprägung. Darum ist auch zu fragen, worin das Unterscheidende und Spezifische besteht, das ihre Vielfalt erklärt. Religionswissenschaftliche Autoren haben diese Vielfalt durch Typologien wie diese zu beschreiben versucht:

- »Profane« vs. »religiöse« Mystik (Zaehner)
- »Seelenmystik« mit oder ohne Verbindung zur »Gottesmystik« (Otto)
- »Naturmystik« vs. »Geistesmystik« (Otto)
- »Voluntaristischer« vs. »gnostischer« Mystiktyp (Schimmel)
- »Solitäre« vs. »solidarische« Mystik (Zaehner)

Ursachen der
Vielfalt

Vom oben skizzierten Ansatz aus kann man annehmen, dass ein ichentgrenzendes Absorbiertsein als solches ein nach Inhalt und Bedeutung variabler Bewusstseinszustand ist, der in unterschiedlichen Kontexten erlebt werden kann. Man muss sich nur einmal fragen: (1) Wovon wird – kognitiv – die Aufmerksamkeit total beansprucht? An was vergisst sich das Ich? Womit fühlt es sich eins? Und (2) was bedeutet – emotional und motivational – dem Betreffenden eine solche Ich-Entgrenzung im Ganzen seiner Ziele und Werte? Die mögliche Vielfalt mystischer Einheitserlebnisse erklärt sich also vermutlich aus dem (1) kognitiven (weltanschaulichen) und dem (2) motivationalen Kontext, in dem sie entstehen und verarbeitet werden.

(1) Verschieden nach dem weltanschaulichen Kontext
Ob eine Inspirations- und Einheitserfahrung religiös empfunden wird und welche Bedeutung sie erhält, hängt einerseits vom weltanschaulichen Kontext ab. Denn dieser ist nicht ein dem Erleben äußerlicher, nachträglicher »over-belief« (William James), sondern kann das Erleben vor, während und nach der mystischen Episode beeinflussen, weil er den Gegenstand der Versenkung, ihre Absicht, Erwartung und Be-Deutung bestimmt.

In religiöser Hinsicht gilt ohne Einschränkung: »Es gibt keine reinen (d.h unvermittelten) Erfahrungen« (Katz, 1978, p. 26). Während der hinduistische Atman-Brahman-Monismus die Vereinigung mit dem Absoluten anstrebe und erlebe – so Katz –, suchten agnostische Vertreter des Buddhismus im Nirvana die Befreiung von allen Illusionen ohne einen solchen Bezug zum Absoluten. (Den Unterschied zum mahayana-buddhistischen Zen erwähnt Katz nicht.) Ähnlich betrachteten theistische Mystiker Gott auf verschiedene Weise. Nicht weniger wesentlich als die metaphysischen Ansichten würden aber auch die spirituellen Absichten das Ergebnis der Versenkung bestimmen. Wollten etwa Christen und Muslime eher die Endlichkeit, die Trennung von Gott und die Sünde überwinden, so die Buddhisten eher das Leiden, die Unbeständigkeit und die Illusion, ein substanzielles Ich zu sein. (Allerdings kann Katz das allen mystischen Erlebnissen Gemeinsame nicht erklären.)

So wird verständlich, dass es neben religiösen auch nichtreligiöse Ich-Entgrenzungen gibt. In diesen vergisst sich das Ich zwar auch in einem Umfassenden, doch empfindet es dieses nicht als ein eigenes Zentrum, auf das es in Ehrfurcht seine Aufmerksamkeit richtet. Das Einheitserlebnis ist nicht theozentrisch wie in der religiösen theistischen oder pantheistischen Mystik. Vielmehr wird das Umfassende u.U. verstanden als grenzenlose Ruhe, als Hochgefühl, Lustgefühl, Kraftgefühl, alles durchströmende Energie oder bergende Atmosphäre der Natur, wie es in Fallbeispiel 33 geschildert wird.

Fallbeispiel 33
Eine Psychotherapeutin, die sich als »radikale Humanistin« ohne religiöse Neigungen bezeichnet, hat mehrmals – oft mehrere Stunden lang – mit innerem Frieden und Freude Durchflutungserlebnisse erfahren, deren ersten Durchbruch sie bei der Arbeit im Garten erlebte: »Ich erinnere mich, dass ich meine Umgebung immer intensiver wahrnahm – den Gesang der singenden Vögel, das Rascheln der Blätter ... Plötzlich spürte ich die Regung, mich auf das Gras zu legen, und als ich es tat, schien eine Energie durch mich hindurchzufließen, als ob ich ein Teil der Erde unter mir geworden wäre. Die Grenze zwischen meinem körperlichen Selbst und meiner Umgebung schien sich aufzulösen und das Gefühl der Trennung verschwand. Auf seltsame Weise fühlte ich mich verschmolzen in eine totale Einheit mit der Erde, als ob ich von ihr und sie aus mir wäre ... Ich bemerkte, dass ich von einer unglaublichen liebenden Energie umgeben war und dass alles, das Lebendige und das Nichtlebendige, unauflöslich mit einer Art Bewusstsein verbunden ist, das ich nicht mit Worten beschreiben kann« (Coxhead, 1985, S. 30f.).

Diese Art von Ich-Entgrenzung kann man mit Zaehner (1960) als »pan-enhenisch« (wörtlich: Alles-in-Einem) bezeichnen, darf sie aber nicht, wie er, für notwendig pathologisch halten. Oft verwendet man dafür auch den Ausdruck »kosmisches Bewusstsein«, mit dem der kanadische Nervenarzt Richard Bucke (1901) das ekstatische Erleuchtungserlebnis beschrieb, das ihn bei einer nächtlichen Heimfahrt von einem Treffen mit Freunden ergriff.

In der vorgeschlagenen Sicht wird ebenfalls verständlich, dass auch religiöse Einheitserlebnisse nach ihrem weltanschaulichen Hintergrund variieren. Monistisch-pantheistische Mystiker des Hinduismus und Buddhismus, die überzeugt sind, dass ihr Ich in seinem Kern nur scheinbar ein eigenständiges, substanzielles Wesen, in Wirklichkeit jedoch in einem ontologischen Sinn mit dem Absoluten identisch ist, suchen in der Versenkung diese Nicht-Wesenhaftigkeit (anatman) zu erfahren und beschreiben die erlebte Einheit mit: »Ich bin Du – Du bist ich« oder als Verlöschen (nirvana) des Ich und aller Dinge im All-Einen. Für sie bedeutet dies eine Befreiung aus dem Kreislauf der Wiedergeburten. Indes schildern die meisten Mystiker theistischen Glaubens, sei er christlich oder islamisch, die Unio mystica eher als ein Sich-Durchdringen und Ineinander-Sein von zwei eigenständigen Wesen, als »Ich bin in dir – du bist in mir« oder auch gemäß einer biblischen Metapher als Verbundenheit von Braut (Seele) und Bräutigam (Gott).

Monistische und theistische Einheitserfahrung

(2) Verschieden nach dem motivationalen Kontext

Die Bedeutung, die eine Inspirations- und Einheitserfahrung für den Betreffenden hat, hängt sicher auch vom motivationalen Kontext ab. Von den Motiven her, die die Religiosität eines Menschen prägen können (s. Kapitel 1), liegt es nahe, Alternativen wie die folgenden in Betracht zu ziehen: Gehen die Einheitserlebnisse eines Gläubigen mit zwanghafter, flexibler oder unterentwickelter Bereitschaft zu moralischer Selbstkontrolle einher? Setzt er seine mystischen Erlebnisse zur Bewältigung von Frustration, Angst und Trauer ein, oder sind sie eher Momente, in denen er solche Belastungen nur zu vergessen sucht? Stehen die Einheitserlebnisse in einem »solitären« (»quietistischen«) Kontext, weil der Meditierende sozial gleichgültig ist und soziales Engagement u.U. als Beeinträchtigung der mystischen Versenkung ablehnt? Oder schränkt er die Zeit der Meditation auf ein Maß ein, das auch noch den Einsatz für andere ermöglicht, deren Belange er ins Gebet nimmt, sodass aus der mystischen Vermählung »unaufhörlich Werke, Werke hervorgehen« (Teresa von Avila, Seelenburg VII, 4, 6)? Ist das mystische Erleben eines Gläubigen auch »Erkenntnismystik«, d.h. ist er an einer Reflexion und Differenzierung seiner weltanschaulichen Auffassungen interessiert oder nicht?

»Unmittelbare Gottes-erfahrung«?

Zum Gespräch mit der Theologie: Mystische Erlebnisse werden nicht selten naiv realistisch mit einer »unmittelbaren Gotteserfahrung« gleichgesetzt. Diese Auffassung liegt der mittelalterlichen Definition von Mystik als einer Cognitio Dei experimentalis sowie der von Stoa und Neuplatonismus beeinflussten Idee eines »Seelengrunds«oder »Seelenfünkleins« zugrunde, über die der Mensch unmittelbar mit dem Göttlichen verbunden sein soll. Dagegen impliziert die oben vorgeschlagene Hypothese, dass auch mystische Einheitserlebnisse normalerweise von der Weltanschauung des Mystikers geprägt werden. Eine übernatürliche Einwirkung und Offenbarung ist demnach zwar nicht auszuschließen, doch lassen sich Einheitserlebnisse einfacher, sparsamer erklären. Ob man den Offenbarungserfahrungen von Mystikern zustimmt oder nicht, ist nach philosophisch-theologischen Gesichtspunkten zu prüfen; ihr Gewissheitserlebnis kann – weil es absorptionsbedingt und damit subjektiv ist – eine solche Reflexion nicht ersetzen. Reduziert die hier betonte Bedeutung der »Psychotechniken« das mystische Erleben auf ein selbstinduziertes, absorptionsbedingtes Nicht-mehr-unterscheiden-Können zwischen dem Ich und dem Inhalt, in den es sich versenkt, d.h. auf eine Selbstmanipulation ohne objektive Erkenntnismöglichkeit? Dies ist nicht der Fall, wenn man in solchen Psychotechniken eine günstige subjektive Voraussetzung dafür sieht, die Verbindung mit dem geglaubten Transzendenten besonders intensiv erleben zu können.

KAPITEL 4

RELIGIOSITÄT UND SUBJEKTIVES WOHLBEFINDEN

In welcher Beziehung stehen die verschiedenen Formen von Religiosität zur psychischen Gesundheit bzw. zum subjektiven Wohlbefinden? Diese Frage bildet einen Schwerpunkt der religionsbezogenen Forschung. Das folgende Kapitel resümiert dazu – ergänzend zu den einschlägigen Ausführungen in früheren Partien dieses Buchs – einige wichtige Ergebnisse, indem es fragt, (I) wann Religiosität das subjektive Wohlbefinden beeinträchtigt, (II) ob sie es u.U. fördert und ob – umgekehrt – (III) subjektives Wohlbefinden oder dessen Mangel Religiosität beeinflusst.

Die Frage, wie sich Religiosität und psychische Gesundheit bzw. subjektives Wohlbefinden zueinander verhalten, wurde in den letzten 30 Jahren sowohl von Klinischen Psychologen als auch von Psychiatern, Sozialpsychogen, Gesundheitspsychologen, Gerontopsychologen und Lebensqualitätsforschern in mehreren hundert Studien untersucht (Batson et al., 1993; Gartner et al., 1991; Koenig et al., 2001; Plante & Scherman, 2001; Schumaker, 1992; Spilka et al., 2003). Die Diskussion der Ergebnisse würde einen stattlichen Band füllen. In diesem Kapitel sollen nur schwerpunktartig einige wichtige Resultate angeführt werden – ergänzend zu den Informationen, die in den vorausgegangenen Kapiteln bereits dazu gegeben wurden. Dabei werden der Begriff »psychische Gesundheit« und die entsprechenden klinischen Indikatoren (Neurotizismus, Angst, Depressivität) unter das umfassendere Konstrukt subjektives Wohlbefinden mit seinen Hauptindikatoren Lebenszufriedenheit und Glücklichsein subsumiert, um die Mental-health-Forschung in die umfassende Perspektive der sozialwissenschaftlichen Lebensqualitätsforschung integrieren zu können. Sowohl Religiosität als auch subjektives Wohlbefinden kann man als unabhängige und als abhängige Variable betrachten. Daraus ergeben sich für die folgende Darstellung drei Leitfragen:

(I) Beeinträchtigt Religiosität das subjektive Wohlbefinden?
(II) Fördert Religiosität das subjektive Wohlbefinden?
(III) Beeinflusst subjektives Wohlbefinden bzw. dessen Mangel die Religiosität?

I. Beeinträchtigt Religiosität das subjektive Wohlbefinden?

Verursacht Religiosität allgemein oder in bestimmten Ausprägungen psychische Störungen, Belastungen (psychischen Stress) oder Lebensunzufriedenheit, sofern man die statistischen Zusammenhänge als kausale Beziehungen interpretieren darf?

Auf der Ebene der Gesamtbevölkerung wurden zwischen Religiosität und psychotischen Symptomen weder positive noch negative Korrelationen gefunden (Koenig et al., 2001). Ebenso besteht nach zahlreichen angelsächsischen Studien bei nicht klinischen Stichproben zwischen Neurotizismus und Religiosität kein signifikanter Zusammenhang (Francis, 1992). Letzteres erklärt sich wohl daraus, dass Neurotizismusskalen eine emotionale Labilität erfassen, die auf einer wesentlich genetisch bestimmten Vulnerabilität gegenüber psychischen Belastungen beruhen dürfte und als solche nicht kognitiv-religiös verursacht sein kann.

In Bezug auf Trait-Angst und manifeste Angst sind viele Untersuchungsergebnisse uneinheitlich, doch zeigt die Mehrheit der Resultate einen negativen Zusammenhang mit intrinsischer Religiosität (Bergin et al., 1987; Petersen & Roy, 1985; Sturgeon & Hamley, 1979). Zwischen Religiosität und Angststörungen (Agoraphobie, einfache Phobie usw.) wurden bei einer großen Stichprobe von Senioren keine Beziehungen festgestellt (Koenig et al., 1993). Zu Zwangsstörungen, Perfektionismus und Skrupulosität wurde bereits dargelegt, dass diese unter bestimmten Bedingungen in rigoristischen Milieus durch religiöse Einflüsse gefördert bzw. inhaltlich ausgestaltet werden können (s. Fallbeispiel 2 und 3, S. 69–73). In diesem Fall ist Religiosität eine Mitursache unter mehreren. Diese multifaktorielle Sicht wird auch durch die Beobachtung bestätigt, dass Angstsymptome mit religiösem Hintergrund hauptsächlich durch therapeutische Standardmethoden (inklusive Medikamente) zu behandeln sind und dass die Klärung belastender religiöser Überzeugungen (z.B. Bibelauslegungen) solche Therapien nicht ersetzen, sondern nur unterstützen kann (Nielsen, Johnson & Ellis, 2002). Demgegenüber suggeriert der von Schaetzing (1955) eingeführte und von Thomas (1964) erweiterte Begriff der »ekklesiogenen«, d.h. durch ein leibfeindliches kirchliches Milieu verursachten Neurose eine Monokausalität, die einem multifaktoriellen Verständnis von Störungen widerspricht und darum nie in eine wissenschaftliche Klassifikation psychischer Störungen aufgenommen wurde.

»Ekklesiogene Neurose«?

Im Hinblick auf Depressivität bei nicht klinischen Stichproben zeigen Personen mit intrinsischer religiöser Orientierung und häufiger Teilnahme an religiösen Aktivitäten ihrer Gemeinde niedrigere Werte als extrinsische, wenig partizipierende und nicht religiöse; dabei sind die Korrelationen schwach (Koenig et al., 2001). Bei einer für die USA repräsentativen Studie erwiesen sich die Religiösen, verglichen mit den Nichtreligiösen, als weniger depressiv (Martin & Stack, 1983).

Über die Verbreitung von »religiösen Belastungen« durch eine rigoristische Erziehung und Sexualmoral, die von einem Teil der heute älteren Generation berichtet wird, liegen keine aussagekräftigen Untersuchungen vor. Personen, die eine psychotherapeutische Behandlung suchten, erfuhren in ihrem Glauben mehr Trost als Belastung, doch zeigten jene, die eine religiöse Belastung durch Entfremdung von Gott, Furcht oder Schuld bekundeten, höhere Depressivitätswerte, zumal wenn sie meinten, die begangenen Sünden seien zu groß, um Vergebung zu finden (Exline et al., 2000). Auf dieser Linie liegt auch die Beobachtung, dass mit zunehmender Depressivität die Gottesvorstellung negativer geschildert wird (Dörr, 1987; Greenway et al., 2003; Murken, 1998). Dieser Zusammenhang ist wohl als Wechselwirkung zu interpretieren (s. S. 207f. sowie S. 257f.): Rigoristische Vorstellungen von einem strengen Richter-Gott mögen einerseits das Selbstwertgefühl mindern und die Depressivität verstärken, doch dürfte umgekehrt – konsistenztheoretisch betrachtet – die Disposition zu einem niedrigen Selbstwertgefühl und zu Depressivität die Rezeption von selbstwertstützenden Aussagen der religiösen Verkündigung stark einschränken (s. Abbildung 5, S. 172). Zu Belastungen, die von »problematischen religiösen Gruppen« ausgehen können, finden sich Hinweise in Kapitel 6.

II. Fördert Religiosität das subjektive Wohlbefinden?

Kann Religiosität als soziale bzw. personale Ressource von subjektivem Wohlbefinden betrachtet werden: Beugt sie (präventiv, protektiv) Belastungen und psychischen Störungen vor, heilt sie Letztere gar (therapeutisch) und steigert sie Lebenszufriedenheit und Glücklichsein? Von den Europäern, die sich als religiös bezeichnen, erklären 81%, dass sie aus dem Glauben Trost und Kraft ziehen (Zulehner, 2002). Tatsächlich bestehen zwischen Religiositätsvariablen und wichtigen Indikatoren subjektiven Wohlbefindens positive Zusammenhänge, die allerdings nicht stark sind. In Bezug auf Substanzmissbrauch (Koenig et al., 2001; Wills et al., 2003) und Suizidalität (Grom, 2000) ist dies vielfach nachgewiesen. Wie wirkt religiöser Glaube im Hinblick auf Depressivität?

Intrinsische Religiosität, sowohl gemeinschaftsbezogene (Gottesdienstbesuch) als auch private, geht gemäß der Mehrheit der Studien mit etwas geringerer nichtklinischer Depressivität einher (Koenig et al., 2001; Smith, McCullough & Poll, 2003) – auch bei gleicher genetischer Ausstattung. So haben Kendler, Gardner und Prescott (1997) festgestellt, dass religiöse eineiige weibliche Zwillinge weniger Depressivitätssymptome und Alkoholprobleme bekunden als ihre nichtreligiösen Schwestern. In der Untersuchung von Genia und Shaw (1991) zeigten intrinsisch Religiöse einen durchschnittlichen Depressivitätswert von 3.52 (gemäß dem *Beck Depression Inventory*), Extrinsische aber von 6.26 und Nichtreligiöse von 6.29 Punkten. Die depressionsverhindernde Wirkung von Religiosität wird von Soziologen vorzugsweise mit der sozialen Unterstützung durch die (in den USA karitativ meist sehr aktive) Glaubensgemeinschaft und von Psychologen eher mit persönlicher, religiös motivierter Belastungsbewältigung (Coping) erklärt. Beide Faktoren schließen sich nicht aus und sind gut belegt (Nooney & Woodrum, 2002).

Religiöse Belastungsbewältigung (Coping) scheint bei verschiedenen Arten von kritischen Lebensereignissen mit besserer Anpassung und geringerer Depressivität einherzugehen (Koenig et al., 2001; s. auch Abbildung 3, S. 92, und Fallbeispiel 5, S. 94). Manche Untersuchungsergebnisse sind allerdings uneinheitlich, weil man sowohl Religiosität als auch Depressivität unterschiedlich gemessen hat und weil Religiosität vermutlich bei verschiedenartigen kritischen Lebensereignissen (Tod einer nahestehenden Person, Erkrankung, Verlust des Arbeitsplatzes, Familienprobleme) und Dauerbelastungen (Behinderung, Altersbeschwerden, chronische Krankheit) auf un-

Nichtklinische Depressivität

Religiöses Coping

terschiedliche Weise zur Emotionsregulation eingesetzt wird. Auch ist mit Pargament (1997) zwischen günstigen und ungünstigen religiösen Coping-formen zu unterscheiden (vgl. oben S. 83f.).

Die Pufferwirkung religiösen Copings wird erheblich deutlicher, wenn man sie nicht am Depressivitätsniveau, sondern an der Lebenszufriedenheit misst. Denn hier kann Religiosität durch sinnerhaltende kognitive Umstrukturierung mit einer Relativierung von Zielen und Leistungsmaßstäben bei gleichzeitiger emotionaler Unterstützung im Sinne einer »kompensatorischen Zielregulation« (Meier, 1992) wirken und die Lebenszufriedenheit eher gewährleisten als das Freisein von depressiven Symptomen, das ja auch von nichtkognitiven Faktoren abhängt. Dies wurde in Kapitel 1/2/II in Bezug auf die Bewältigung schwerer körperlicher Krankheit, Angst und Verlust im Trauerprozess näher ausgeführt (vgl. S. 93–103).

Welche Beziehung besteht zwischen Religiosität und habitueller, klinisch relevanter Depressivität, an der offensichtlich auch ein bedeutender neurobiologischer Faktor beteiligt ist? Hier kann Religiosität zum tapferen Ertragen ermutigen und der Suizidakzeptanz entgegenwirken (Grom, 2000), stößt aber bei schwerer Depression auch an Grenzen; ja, die Wirkungsrichtung kann sich geradewegs umkehren: Wie in Kapitel 2/IV gezeigt wurde, können bei schwerer Depression die religiösen Bewertungsprozesse die Gefühle gegenüber Gott sowie die eigene Befindlichkeit immer weniger beeinflussen, sondern werden eher umgekehrt von der Depression negativ eingefärbt (s. Fallbeispiel 23, S. 207). So empfanden von den Psychosomatikpatienten, die Murken (1998) untersucht hat und die großenteils an depressiven Störungen litten, die mit negativerer Befindlichkeit eher negative Gefühle gegenüber Gott, während diejenigen, die ihm gegenüber positive Gefühle hegten, nicht weniger Depression und Angst erlebten als andere. Haben Erstere ihre negative Gottesbeziehung schon vor der depressiven Erkrankung erlebt oder wurden für sie mit zunehmender Depression Vorstellungen von einem liebenden Gott – so wie säkulare positive Gedanken und Erinnerungen auch – immer schwerer verfügbar wie bei einer präsuizidalen »Einengung« (Ringel, 1953)? Für Letzteres spricht die Beobachtung, dass eine Psychotherapie mit religiösen Elementen bei schwer depressiven Patienten die Wahrnehmung Gottes als nah, liebend und akzeptierend dann (leicht) verbessern kann, wenn sie deren Selbstkonzept und »Objektbeziehungen« positiver zu gestalten vermag (Tisdale et al., 1997).

Gläubige, die an Depressionen leiden, scheinen sich zu den betont glaubensfrohen und persönlichen Gebetstreffen von Pfingstgemeinden besonders hingezogen zu fühlen. In North Carolina fanden sich unter den Mit-

Klinisch
relevante
Depressivität

gliedern von Pfingstgemeinden dreimal so viele Personen, die in den letzten sechs Monaten eine Major Depression erlebt hatten, als unter den Mitgliedern nicht pfingstlicher Denominationen (Meador et al., 1992). Wie sehr allerdings Depression den Einfluss religiöser Überzeugungen innerhalb der Emotionsregulation einschränkt, zeigen auch Studien zur Wirksamkeit von religiösen Varianten von kognitiven Standardtherapien. Diese können zwar bei religiösen Klienten mit milder oder schwerer Depression die Besserung des Befindens beschleunigen, doch ist nach einiger Zeit kaum noch ein Unterschied zur Wirksamkeit der säkularen Standardtherapie bei Kontrollgruppen festzustellen (zusammenfassend: Koenig et al., 2001).

Heilt also Religiosität Depressionen? Nein, aber sie unterstützt Heilungsprozesse. Der Glaube an ein unbedingtes Angenommensein von Gott kann das Selbstwertgefühl stützen (s. S. 106–112) und – wenn die Leistungsfähigkeit eingeschränkt ist – die Maßstäbe der Gesellschaft relativieren, zur Problemlösung ermutigen und damit Resignation verhindern (s. Abbildung 3, S. 92).

Steigert Religiosität Lebenszufriedenheit und Glücklichsein?

Steigert positive Religiosität über ihren präventiven, ihren Heilung unterstützenden und ihren Lebenszufriedenheit erhaltenden Einfluss hinaus das subjektive Wohlbefinden? Ja. Auf eine solche Steigerung weisen positive statistische Beziehungen zu globalen wie auch zu spezifischen Positiv-Indikatoren subjektiven Wohlbefindens hin.

Von den 100 englischsprachigen Untersuchungen, die Koenig et al. (2001) gesichtet haben, berichten 80% von positiven, 13% von nicht vorhandenen und 7% von gemischten Korrelationen zwischen Religiosität einerseits und den globalen Indikatoren Lebenzufriedenheit, Glücklichsein, Hoffnung, Sinnorientierung und positive Gefühle andererseits – bei jüngeren und älteren, weiblichen und männlichen Respondenten christlichen, jüdischen und muslimischen Glaubens; nur eine einzige Studie mit einer Stichprobe von wenigen College-Studierenden ergab negative Beziehungen. Eine ältere Meta-Analyse von 28 Studien zeigt, dass zwischen subjektivem Wohlbefinden einerseits und religiöser Aktivität und Einstellung andererseits eine positive Korrelation bestand, die zwischen r = .14 und r = .25 lag (Witter et al., 1985). In Westdeutschland ermittelte eine Repräsentativumfrage, dass sich regelmäßige Gottesdienstbesucher – je nach Konfession – um 16% bzw. 10% häufiger als die Nichtkirchgänger der jeweiligen Kon-

Indikatoren subjektiven Wohlbefindens

fession als mit dem Leben zufrieden bezeichnen (Emnid, 1992). Positive Beziehungen zwischen Religiosität und Glücklichsein ermittelte Abdel-Khalek (2006) auch bei Einwohnern Kuwaits.

Man beachte: Der bescheidene, aber verlässlich belegte Wohlbefindensvorsprung der Religiösen beruht offensichtlich nicht nur auf resignativer (zufrieden + unglücklich), sondern auch auf positiver Zufriedenheit (zufrieden + glücklich). Denn er zeigt sich nicht bloß im Hinblick auf die kognitive Frage nach der Lebenszufriedenheit, sondern auch bei der überwiegend emotionalen Frage, wie glücklich man sei. Nach mehreren Umfragen besteht zwischen Religiosität und Glücklichsein ein positiver Zusammenhang zwischen $r = .05$ und $r = .27$ (Veenhoven, 1984). Nach repräsentativen Umfragen in den USA nimmt der Anteil der »sehr Glücklichen« mit der Häufigkeit des Gottesdienstbesuchs und damit mit einer Verhaltensvariablen, nicht nur einer Einstellungsvariablen, linear zu (s. Tabelle 9).

Tabelle 9: Häufigkeit des Gottesdienstbesuchs und Selbsteinschätzung als »sehr glücklich« bei 34 706 Befragten des *General Social Survey* der USA (National Opinion Research Center), gemittelt über die Jahre 1972 bis 1996 (nach Myers, 2000, S. 65)

Häufigkeit des Gottesdienstbesuchs	Anteil derer, die sich als »sehr glücklich« einschätzen
Seltener als jeden Monat	28%
Einmal im Monat	31%
Fast jede Woche	35%
Wöchentlich	39%
Häufiger	47%

Die wohlbefindenssteigernde Wirkung von Religiosität wird mit verschiedenen Ursachen erklärt, wobei die Forschung von einer zusammenhängenden und befriedigenden Theorie noch weit entfernt ist. Es genügt wohl nicht, mit der Copingforschung (vgl. S. 82–103) geltend zu machen, dass Religiosität günstige Bewältigungsstrategien unterstützt, denn diese erklären ja nur die Aufrechterhaltung von subjektivem Wohlbefinden. Wenn Religiosität aber Wohlbefinden mit aufbaut und steigert, wird sie wohl auch die Befriedigungsstrategien positiv beeinflussen, mit denen Gläubige ihre Zufriedenheits- und Glücksbilanz dem erstrebten Niveau anzunähern versuchen.

So betont beispielsweise Argyle (1987) nicht nur die soziale Unterstützung, die religiöse Menschen in ihrer Glaubensgemeinschaft erfahren, sondern auch die sinngebende Kraft religiöser Ideen, während etwa Pollner (1989) die Bedeutung religiöser Anstöße zur Problemlösung, Ermutigung, Sinnorientierung und Identitätsbildung hervorhebt. Emmons, Cheung und Tehrani (1998) meinen zeigen zu können, dass religiös-spirituelle Ziele ein höheres Maß an intrinsischer Motivation, Selbsttranszendenz, Integration und Wohlbefinden ermöglichen als andere Bestrebungen (etwa Intimität, Macht, Generativität). Das Spezifische, das Religiosität den allgemein menschlichen, profanen Befriedigungsstrategien hinzufügt, könnte in der motivierenden Vision eines höchsten, unzerstörbaren Werts und Sinns des Lebens bestehen. Darin stimmen die meisten Autoren überein, die eine Deutung der Daten versuchen. Diese Annahme bezieht ihre Plausibilität aus der Tatsache, dass alle Weltreligionen – auf je eigene Weise – sinnstiftende Bewertungen der eigenen Person, des sozialen Verhaltens, des Lebens und der Sterblichkeit vermitteln, die einer Infragestellung oder Abwertung des Lebens durch erlittene Frustrationen, kritische Lebensereignisse, materialistische Banalisierung oder Nihilismus entgegenwirken können.

Befriedigungsstrategien religiöser Menschen

Die Forschung hat zwischen Religiosität und folgenden, mehr spezifischen Indikatoren subjektiven Wohlbefindens ebenfalls positive Korrelationen festgestellt:

- Sinnorientierung (Ardelt, 2003; Francis & Evans, 1996; Steger & Frazier, 2005)
- Internale Kontrollüberzeugung und Optimismus (Koenig et al., 2001)
- Positives Selbstwertgefühl (Koenig et al., 2001; Leslie et al., 2001)
- Zwischenmenschliche Dankbarkeit (McCullough, Tsang & Emmons, 2004)
- Prosoziales Empfinden und Verhalten (Hodgkinson et al., 1990; Regnerus et al., 1998; Spilka et al., 2003; Wuthnow, 1991)
- Ehezufriedenheit, Ehestabilität (Gartner et al., 1991; Poloma & Pendleton, 1991)

In Kapitel 1 wurden die meisten Ergebnisse detaillierter dargestellt und damit erklärt, dass Religiosität nicht nur Belastungsbewältigungsstrategien, sondern auch Befriedigungsstrategien unterstützt und dabei die Befriedigung von subjektiv bedeutsamen Motiven gewährleistet bzw. optimiert (s. Abbildung 1, S. 31).

Der Mehrwert, den Religiosität den Bemühungen um ein befriedigendes, bejahbares Leben hinzufügt, dürfte grundsätzlich davon abhängen, ob relevante Glaubensüberzeugungen so zentral und konkret verinnerlicht werden, dass sie die wohlbefindensbedeutsamen Bewertungsprozesse innerhalb der Emotionsregulation mit ihren Befriedigungsstrategien beeinflussen – und nicht allgemeine feiertägliche Bekenntnisformeln und damit »kalte« Kognitionen bleiben.

Sowohl im Hinblick auf die religiösen Bewältigungsstrategien als auch auf die Befriedigungsstrategien kann man zusammenfassend feststellen: Der Glaube kann eine bedeutende, allerdings auch begrenzte soziale und personale Ressource für subjektives Wohlbefinden sein. Warum ist seine Wirkung nicht stärker, weshalb sind alle einschlägigen statistischen Zusammenhänge bescheiden? Ein struktureller Grund liegt wohl darin, dass psychische Gesundheit und subjektives Wohlbefinden multifaktoriell bedingt sind: Sie hängen sowohl von intrapsychischen, nämlich emotionalen, kognitiven, neurobiologischen und lerngeschichtlichen, als auch von psychosozialen Faktoren ab. Religiosität ist also – auch wenn sie zentral verinnerlicht wurde – immer nur ein Faktor von mehreren und zwar »bloß« ein kognitiver: Sie verändert beispielsweise nicht unmittelbar wie ein Psychopharmakon die neurobiologischen Ursachen von emotionaler Labilität oder Depression, sondern kann die Gestimmtheit nur mittelbar über Bewertungsprozesse innerhalb der Emotions- und Verhaltensregulation beeinflussen. Außerdem ist Religiosität auf hinreichend entwickelte Motive, Befriedigungsstrategien und Bewältigungsstrategien angewiesen: Sie kann nur das aufwerten und fördern, was ansatzweise schon an Selbstwertgefühl, Kontrollstreben, Liebesfähigkeit, sozialer Sensibilität und positiver Lebenseinstellung vorhanden ist.

Bedingungen für subjektives Wohlbefinden

III. Beeinflusst subjektives Wohlbefinden bzw. dessen Mangel die Religiosität in einer bestimmten Richtung?

In klinischen und sozialwissenschaftlichen Untersuchungen interessieren naturgemäß nur die mutmaßlichen kausalen Beziehungen zwischen Religiosität und psychischer Gesundheit bzw. subjektivem Wohlbefinden. Indes stellt sich in religionspsychologischer Sicht – ohne dass man damit von normativen Vorgaben ausgehen muss – auch die Frage nach der umgekehrten Wirkrichtung: Religiosität als abhängige Variable. Sie wurde bisher selten thematisiert und kann hier nur skizziert werden.

Religiosität als abhängige Variable

Wie beeinflussen positive Indikatoren subjektiven Wohlbefindens – etwa robuste Stressresilienz, positives Selbstwertgefühl, internales Kontrollbewusstsein, Ehezufriedenheit und prosoziales Empfinden – religiöses Denken, Erleben und Verhalten? Erleichtern sie die Aktivierung bestimmter religiöser Kognitionen und Emotionen? Dazu liegen keine einschlägigen Studien vor.

Dass Störungen des subjektiven Wohlbefindens das religiöse Denken, Erleben und Verhalten beeinflussen, ist dann anzunehmen, wenn solche Störungen bereits vor der religiösen Sozialisation aufgetreten sind oder eine bislang unauffällige Religiosität mit dem Ausbruch einer psychischen Krise stark verändert wird. Einige Beispiele, die bereits in den Kapiteln 1 bis 3 ausgeführt wurden, sollen noch einmal kurz genannt und in Tabelle 10 zusammengefasst werden:

Störfaktoren
religiösen
Denkens und
Erlebens

● In Bezug auf Zwangsstörungen: Ein rigoristisches ethisch-religiöses Milieu kann nicht nur Zwangsstörungen mit religiösem Hintergrund fördern, vielmehr kann eine ausgeprägte Neigung zu Zwangsstörungen – konsistenztheoretisch plausibel – eine ausgeglichene Verinnerlichung und Anwendung von ethisch-religiösen Normen der Familie und Glaubensgemeinschaft beeinträchtigen, perfektionistische Selbstüberforderung und Gewissensängstlichkeit begünstigen und deren Korrektur durch positive und entlastende Aussagen der Glaubensüberlieferung verhindern.

● In Bezug auf geringes Selbstwertgefühl: Angstbesetzte Gottesvorstellungen können nicht nur eine Verminderung des Selbstwertgefühls bewirken, vielmehr kann ein geringes Selbstwertgefühl auch für die einseitige Rezeption von angstbesetzten Gottesvorstellungen (Gott als Richter und Rächer) disponieren.

● In Bezug auf Depressivität: Religiöse Belastungsbewältigung unterstützt die Therapie von klinisch relevanter Depression, doch reduziert tiefe Depression, zumal bei präsuizidaler »Einengung«, den Einfluss von religiösen Kognitionen auf die Emotions- und Verhaltensregulation im Coping.

● In Bezug auf psychotische Episoden: In ihnen werden religiöse Vorstellungen oft auffallend selektiv übernommen und mitunter völlig aus dem Zusammenhang gerissen, verzerrt und tendenzgleich zur vorliegenden Störung als Ausdrucksmittel verwendet, das durch profane Äquivalente ersetzbar ist. So erklären sich zahlreiche »religiöse« Halluzinationen, Besessenheitserlebnisse und Wahnideen.

Tabelle 10: Vermutete kausale Zusammenhänge zwischen Negativ-Indikatoren subjektiven Wohlbefindens und Religiositätsvariablen		
Negativ-Indikatoren subjektiven Wohlbefindens		Religiositätsvariablen
Zwangsstörungen	disponieren für → ← fördert	ethisch-religiöse Gewissens-ängstlichkeit
geringes Selbstwertgefühl	disponiert für → ← fördern	angstbesetzte Gottesvor-stellungen
klinisch relevante Depression	beeinträchtigt → ← unterstützt Therapie	religiöses Coping
psychotische Episoden mit »religiösen« Halluzinationen, Besessenheitserlebnissen, Wahnideen	beeinträchtigen → ← bietet Ausdrucks-mittel für	religiöses Denken

Zweiter Teil

RELIGIOSITÄT IM WIRKUNGSFELD SOZIALER EINFLÜSSE

PSYCHOSOZIALE BEDINGUNGEN UND WECHSELWIRKUNGEN

Der erste Teil dieser Religionspsychologie untersuchte in der Sicht der Differenziellen Psychologie/Persönlichkeitspsychologie in vier Kapiteln, welche vorwiegend intrapsychischen Bedingungen die Vielfalt erklären, in der sich Religiosität ausprägen kann. In dem hier folgenden zweiten Teil sollen aus dem Blickwinkel der Sozialpsychologie einige psychosoziale Bedingungen und Wechselwirkungen beleuchtet werden, die zur Entstehung religiöser Vielfalt beitragen. Denn – darauf wurde schon im Exkurs über die Entwicklung von Religiosität hingewiesen (vgl. oben S. 173–181): Religiöses Erleben, Denken und Verhalten entwickelt sich immer auch unter Einflüssen, die überwiegend psychosozialer Art sind. Religiös wird man nicht aufgrund einer bestimmten genetischen Ausstattung oder einer plötzlichen Erleuchtung, sondern durch Einflüsse der sozialen Umwelt und Kultur, und diese Einflüsse können auch noch die religiöse Entwicklung des Erwachsenen bis zum Lebensende mehr oder weniger stark bestimmen.

Eine Sozialpsychologie des Religiösen gibt es allenfalls in Ansätzen. Die folgenden Ausführungen beschränken sich skizzenartig auf zwei Schwerpunkte und Fragen: (1) Welche sozialen Einflüsse bzw. Lernprozesse bestimmen die Vermittlung und Ausprägung von Religiosität in den heutigen westlichen Gesellschaften (Kapitel 5)? (2) Wodurch kann die Mitgliedschaft in einer spirituellen Gruppe zur Ressource bzw. zum Risikofaktor werden (Kapitel 6)?

KAPITEL 5

RELIGIOSITÄT IM SPANNUNGSFELD VON FREMD- UND SELBSTSOZIALISATION

Welche soziokulturellen Einflüsse bestimmen die Entwicklung der verschiedenen Formen von Religiosität? Während Sozialwissenschaftler oft nur allgemein von religiöser Sozialisation sprechen, lassen sich in Anlehnung an Banduras Sozialkognitive Lerntheorie soziale und individuelle Lernprozesse beschreiben, die die Wechselwirkung von Fremd- und Selbstsozialisation differenzierter erklären. Diese Lernprozesse sollen im folgenden Kapitel erläutert werden.

Welche sozialen Einflüsse bzw. Lernprozesse erklären, wie in heutigen westlichen Gesellschaften Religiosität vermittelt und in einer bestimmten Ausprägung gefördert wird? Dass sich religiöses Erleben, Denken und Verhalten nur entwickelt, wenn es – in seinen Grundlagen meistens in Kindheit und Jugend, aber u.U. auch im Erwachsenenalter – von der sozialen Umwelt und Kultur durch Anregungen gefördert und vom Einzelnen verinnerlicht wird, belegen Beobachtungen wie diese:

(1) Die Familie, in der jemand heranwächst, ist, trotz ihres sozialen Wandels in den letzten Jahrzehnten und trotz starker außerfamilialer Einflüsse, entscheidend für den (ersten) Zugang zu religiösen Glaubensüberzeugungen, persönlicher Gebetspraxis und Teilnahme an Gottesdiensten und ähnlichen Veranstaltungen der Glaubensgemeinschaft. Demgegenüber ist ein Zugang durch andere soziale Kontakte oder mediale Einflüsse vergleichsweise selten.

Bedeutung der Familie

Das belegen sowohl ältere als auch neuere Untersuchungen (zusammenfassend: Spilka et al., 2003). Beispielsweise zeigt eine eindrucksvolle

Langzeitstudie bei US-Amerikanern, dass sie über die Jahrzehnte umso wahrscheinlicher religiös blieben oder im Alter noch religiöser wurden, je stärker sie in ihrer Kindheit religiös sozialisiert wurden (McCullough et al., 2005). Auch kommen die Deutschen, die mindestens einmal im Monat den Gottesdienst besuchen, zu 72% aus einem ziemlich oder sehr religiösen Elternhaus, aber nur zu 4% aus einer völlig areligiösen Familie (Vogel, 2003). Die Teilnahme an der religiösen Unterweisung und Jugendarbeit der Kirche, aber auch Gespräche mit Seelsorgern sowie die religiöse Anregung durch Medien scheinen bei Jugendlichen fast nur wirksam zu sein, wenn sie von der religiösen Erziehung in der Familie mitgetragen werden. So hat bei 14- bis 18-jährigen niederländischen Schülern die Bedeutung, die sie der Religion beimessen, die Häufigkeit ihres privaten Betens und auch die ihres Gottesdienstbesuchs eine bemerkenswerte statistische Beziehung zur Bedeutung, die ihre Eltern der Religion und der religiösen Erziehung (nach Ansicht ihrer Kinder) zuerkennen. Die Teilnahme am Konfirmandenunterricht und an schulischen Diskussionen über Religion, religiöse Gespräche mit Mitarbeitern der kirchlichen Seelsorge sowie religiöse Lektüre und Nutzung religiöser Rundfunk- und Fernsehsendungen scheinen einen weitaus geringeren Einfluss zu haben (De Hart, 1990, s. Tabelle 11).

Tabelle 11: Indikatoren persönlicher Religiosität von 14- bis 18-Jährigen und ihre Beziehungen zu verschiedenen Sozialisationskontexten (De Hart, 1990).

	Bedeutung von rel. Erziehung für die Eltern	Teilnahme an Konfirmandenunterricht	Rel. Gespräche mit Seelsorgern	Rel. Lektüre Rundfunk/ Fernsehen
Bedeutung von Religion für die Schüler	.43	.04	.08	.21
Häufigkeit des Betens	.39	.06	.10	.11
Häufigkeit des Gottesdienstbesuchs	.46	.11	.18	.09

Sicher beeinflussen zunehmend auch Gleichaltrige und die Medien das religiöse Denken und Verhalten von Jugendlichen, doch wird Religion zunächst entscheidend von den Eltern gefördert oder nicht gefördert.

(2) Für die Beibehaltung und Weiterentwicklung religiöser Überzeugungen und Verhaltensweisen über die Primärsozialisation in der Familie hinaus sind außerfamiliale soziale Einflüsse von Bedeutung: religiöse Unterweisung in Schule bzw. Glaubensgemeinschaft, Teilnahme an deren Gottesdiensten und anderen Veranstaltungen, Medien sowie die Plausibilität von ethisch-religiösen Werten in der öffentlichen Meinung der jeweiligen Gesellschaft bzw. Region, Bezugspersonen (signifikante andere: Freunde, Partner) und Bezugsgruppen. Dabei hat sich mit der Lockerung der Bindung an die Glaubensgemeinschaften auch eine unterschiedliche Prägung durch deren Glaubenslehre und -praxis herausgebildet, die sich zwischen zwei Polen bewegt: einerseits der »institutionellen Religion« derer, die in hohem Maß mit der Lehre ihrer Glaubensgemeinschaft übereinstimmen und deren Gottesdienste regelmäßig besuchen, und andererseits der diffusen »universalen Religion« derer, die an eine nicht näher bestimmte höhere Macht sowie an die Bedeutung der Menschenrechte und des persönlichen Gebets glauben – eine Religion, die von Mitgliedern verschiedener Konfessionen geteilt werden kann und stark vom religiösen Pluralismus, von der Medienkultur und vom Zeitgeist beeinflusst zu werden scheint (Campiche, 2004; Lambert, 2004).

Außerfamiliäre Einflüsse

Dass sich Religiosität überhaupt entwickelt und wie sie sich entwickelt, hängt offensichtlich von einer Fremdsozialisation mit ihren vielfältigen Anregungen und Einflüssen ab. Diese werden jedoch vom Kind, Jugendlichen und Erwachsenen nicht passiv und mechanisch aufgenommen, sondern mehr oder weniger stark individuell verarbeitet und verinnerlicht. Religiosität kann weitgehend formelhaft, unreflektiert, gewohnheitsmäßig und nur als Teil der Familien- und Volkstradition, d.h. extrinsisch und wenig zentral, assimiliert und akkommodiert werden (s. oben Tabelle 2 und Huber, 2003), oder aber durchdacht und mit persönlichen kognitiven sowie motivationalen Schwerpunkten (s. Abbildung 5, S. 172), also selektiv, intrinsisch und bedeutsam für die individuelle Emotions- und Verhaltensregulation (s. Abbildung 1, S. 31).

Religiosität entwickelt sich aufgrund von Fremd- und Selbstsozialisation. Als Rahmen, in dem sich die möglichen Einflüsse der Fremdsozialisation und damit bestimmter Milieus oder Sozialisationsfelder einigermaßen charakterisieren lassen, bietet sich die Sozialkognitive Lerntheorie von Bandura (1979, 1986) an. Mit dieser lassen sich – bei freier, vereinfachender Anlehnung und Weiterführung – drei soziale Einflüsse als soziale Lernprozesse beschreiben, die unterschiedlich ausgeprägt sein und auf verschiedene

Sozialkognitive Lerntheorie

Weise individuelle Lernprozesse anregen und unterstützen können: (1) Lernen am Modell, (2) Lernen durch Unterweisung und (3) Lernen durch Fremdverstärkung und soziale Bestätigung (s. Abbildung 6). Dieser lerntheoretische Ansatz erlaubt es, die einzelnen Einflüsse religiöser Sozialisation differenzierter in ihrer psychosozialen Dynamik zu beschreiben als durch soziologische Typologien religiöser Gemeinschaften – etwa Yingers (1970) bekannte Unterscheidung von Kult, Sekte, etablierter Sekte, Denomination, Ecclesia und Universalkirche –, die an anderen Gesichtspunkten ausgerichtet sind.

Fremdsozialisation (Soziale Lernprozesse)		Selbstsozialisation (Individuelle Lernprozesse)
Lernen am Modell (Beobachtungslernen)		Lernen durch Einsicht
Lernen durch Unterweisung	⟶	Lernen durch Selbstverstärkung
Lernen durch Fremdverstärkung und soziale Bestätigung		Lernen durch eigenes Handeln

Abbildung 6: Soziale und individuelle Lernprozesse religiöser Sozialisation in Anlehnung an die Sozialkognitive Lerntheorie (Bandura, 1979, 1986)

I. Soziale Lernprozesse

Lernen am Modell (Beobachtungslernen)

Religiosität ist ein kulturelles Erlebens-, Denk- und Verhaltensmuster, das der Einzelne nicht durch Versuch und Irrtum lernt und das er sich nicht nur durch Unterweisung aneignen kann, sondern das er auch durch Beobachtung und Nachahmung von »Modellpersonen« zu lernen vermag.

Ein Berufsschüler schrieb einmal zu Bedeutung der Großeltern für seine religiöse Entwicklung: »Die Zufriedenheit meiner Oma wurde von ihr mit Gott begründet, was mich oft nachdenklich macht und es *(das Glauben und Beten, Anm. d. Verf.)* als nachstrebenswert beurteilen lässt.« Ein Student, der die beiden letzten Monate eines krebskranken 48-jährigen Priesters miterlebt hatte, schrieb dazu: »Er war für mich das Beispiel eines Menschen, der ganz fest und ernst und vertrauensvoll geglaubt hat. Er gibt mir das überzeugende Beispiel dafür, wie gut ein solches Leben aus einem tiefen Glauben gelingen kann. Er gibt Hilfe, Mut und Kraft dazu, auch mit den eigenen Zweifeln den Glauben zu wagen.«

Vorbildwirkungen dieser Art haben kaum etwas mit der genauen Nachahmung religiöser Gesten und Riten zu tun, die bei jungen Kindern oft im Vordergrund steht, sondern bringen dem Beobachter eine bestimmte Einstellung nahe. Sie lassen sich von Banduras Konzept des Lernens am Modell aus so deuten: Entscheidend ist im ethisch-religiösen Bereich, dass der Beobachter beim Modell eine stellvertretende Selbstverstärkung erfahren kann. Dass er bei einer Person, die er achtet oder liebt und die darum seine Aufmerksamkeit erregt, wahrnehmen kann, wie befriedigend oder haltgebend eine bestimmte Einstellung oder Verhaltensweise zu sein vermag. (Also gibt es auch eine abschreckende Vorbildwirkung – etwa wenn jemand erlebt, wie gewissensängstliche Religiosität einen Menschen belasten kann.)

Stellvertretende Selbstverstärkung

Es macht einen Unterschied, ob jemand eine bestimmte Art von religiösem Erleben und Verhalten – und Religiosität überhaupt – an einem nahen bzw. einem medial vermittelten Modell als positive Erlebensmöglichkeit erfahren kann oder Religiosität nur als abstrakte Lehre und Idee kennenlernt. Dabei hängt die Aufmerksamkeit des Beobachters nicht nur von Eigenschaften des Modells, sondern auch von der Ansprechbarkeit ab, die er für bestimmte Motive mitbringt.

Die Bedeutung des Lernens am Modell geht auch aus der Tatsache hervor, dass praktisch alle Religionen ihre Anhänger auf Vorbilder des Glaubens hinweisen. Auf besonders emotionale Weise versuchen dies Erweckungsbewegungen, indem sie Konvertiten in Gottesdiensten, Missionsveranstaltungen und Kleinschriften möglichst dramatisch »Zeugnis« ablegen und berichten lassen, wie versöhnt und sinnerfüllt sie sich seit ihrer Bekehrung fühlen und wie sinnleer ihr Leben zuvor war. Indes dürfte Vorbildern des sozialen Nahbereichs – Eltern, Großeltern, Freunden – das größte Gewicht zukommen: Obwohl ihre Bedeutung mit dem Alter abnimmt, erklären von den Deutschen über 16 Jahren 68%, sie betrachteten ihre Mutter, und 62% ihren Vater als Vorbild (Noelle-Neumann & Köcher, 1997).

Lernen durch Unterweisung

Religiöse Entwicklung ist auch auf mündliche oder schriftliche Unterweisung angewiesen und hängt von deren Ausrichtung und Qualität ab. Sie kann durch Hinweise der Eltern, Unterricht, Predigt, Lektüre oder Gespräch mit einem geistlichen Begleiter erfolgen. Schematisierend gesagt kann sie etwa

- überwiegend kognitiv auf die Vermittlung von Glaubenswissen oder auch auf die emotional bedeutsame Anregung von moralischer Selbstkontrolle und von Strategien der Belastungsbewältigung und Befriedigung ausgerichtet sein (s. Abbildung 1, S. 31);
- kommunikativ eigenes Nachdenken anregen und offen sein für eine Auseinandersetzung mit Einwänden der Adressaten bzw. für andersartige Auffassungen fremder Glaubensrichtungen – oder eher autoritär und indoktrinierend eine unreflektierte Übernahme der Glaubenslehre fordern und damit ein rigides religiöses Denken mit der Neigung zum Dogmatismus begünstigen;
- die Zeugnisse der Glaubensüberlieferung buchstäblich (fundamentalistisch) oder aber offen für Interpretationen im Horizont zeitgenössischen Verstehens auffassen und vermitteln.

Lernen durch Fremdverstärkung und soziale Bestätigung

Als kulturelles Erlebens-, Denk- und Verhaltensmuster mit nicht geringen spirituellen und ethischen Ansprüchen können sich religiöse Auffassungen beim Heranwachsenden zwar mehr und mehr in eigener Einsicht und Selbstverstärkung verwurzeln und damit intrinsisch motiviert sein. Jedoch melden sich die Motive, die sie ansprechen, nicht mit der Dranghaftigkeit und periodischen Regelmäßigkeit von Triebbedürfnissen. Vielmehr muss sich Religiosität – emotional – gegen Bequemlichkeit, gelegentliche Lustlosigkeit und sinnlichere Alternativangebote sowie – kognitiv – gegen Zweifel durchsetzen, wenn das Kind, der Jugendliche und der Erwachsene sie weiterhin aktivieren und persönlich entwickeln sollen. Dazu sind auch Einflüsse erforderlich, die Religiosität vonseiten der sozialen Umwelt, d.h. auch extrinsisch, stützen bzw. hemmende Faktoren abbauen. Diese können sowohl erzieherisch geplant als auch unbeabsichtigt und strukturell sein. In lerntheoretischer Sicht kann man sie als (1) Lernen durch Fremdverstärkung (Bekräftigung) und – in wissenssoziologischer Ergänzung dazu – als (2) Lernen durch soziale Bestätigung interpretieren.

(1) *Fremdverstärkung* ist für die meisten lerntheoretischen Richtungen die Maßnahme (und der entsprechende Vorgang), die die Wahrscheinlichkeit erhöht, dass ein Verhalten häufiger und länger auftritt, sei es infolge klassischer, sei es aufgrund operanter Konditionierung. Klassische Konditionierung kann etwa erklären, dass bestimmte religiöse Begriffe, Symbole, Riten oder Lieder unwillkürlich eine angenehme oder unangenehme Gefühlsreak-

Klassische Kondi-tionierung

tion hervorrufen können, weil sie in früheren Erfahrungen mit positiven (etwa stimmungsvollen Gottesdiensten oder Familienfeiern zu Weihnachten) oder negativen Erlebnissen verknüpft waren. Operante Konditionierung erklärt, wie Bezugspersonen und -gruppen religiöses Verhalten durch materielle Vorteile oder soziale Anerkennung belohnen und damit verstärken können.

Direkte materielle Belohnung können nicht nur Eltern ihren Kindern für erwünschtes Verhalten oder finanzstarke Sekten umworbenen Interessenten gewähren; sie sind in indirekter Form auch möglich, wenn beispielsweise in manchen Ländern – wie den Vereinigten Staaten – Glaubensgemeinschaften den Mangel an sozialen Einrichtungen durch Gemeindeaktivitäten ausgleichen, sodass Gottesdienstbesuch und Zugehörigkeit zu einer Glaubensgemeinschaft auch praktische Unterstützung durch deren Kindergärten, Altenpflegeheime, Beratungsdienste und Nachbarschaftshilfe ermöglichen. Dies ist u.a. wohl auch ein Grund, warum in der Bevölkerung der USA der Gottesdienstbesuch eine höhere Quote erreicht – und extrinsische, nutzenorientierte Religiosität verbreiteter ist als in europäischen Ländern mit ausgebauter sozialstaatlicher Versorgung, wo Gottesdienstbesuch und Zugehörigkeit zu einer Glaubensgemeinschaft nur noch strikt religiösen Interessen nützen.

Operante
Konditio-
nierung

Soziale Anerkennung durch Eltern und Familienzugehörigkeit kann für Kinder von religiös interessierten Eltern einen hohen Belohnungswert haben bei ihren Bemühungen, aktiv an der religiösen Unterweisung und am Gottesdienst teilzunehmen. Bei Jugendlichen und Erwachsenen ist die Anerkennung durch religiös eingestellte Freunde, Partner oder eine Bezugsgruppe u.U. ein kraftvoller Verstärker, der die Beibehaltung und Weiterentwicklung religiösen Verhaltens wahrscheinlicher machen kann.

(2) *Soziale Bestätigung* soll hier den von Wissenssoziologen und Sozialpsychologen hervorgehobenen Umstand bezeichnen, dass die wahrgenommene Übereinstimmung der eigenen Ansichten mit denen von »signifikanten anderen« zu deren Festigung beiträgt. Häufig vermittelt diese Übereinstimmung schon allein durch ihr Vorhandensein – das freilich oft ein Überzeugen durch Unterweisung einschließt – die nötige Plausibilität (Berger & Luckmann, 1969, S. 165) und Gewissheit. Im Unterschied zur Fremdverstärkung geht es hier um einen vorwiegend kognitiven Einfluss: Soziale Bestätigung gewährleistet gegen persönliche und sozial vermittelte Zweifel stellvertretende Plausibilität und Gewissheit. So übernimmt ein Kind religiöse Auffassungen weitgehend auf Treu und Glauben von seiner Familie und seinen Lehrkräften. Auch ein Jugendlicher und Erwachsener sagt sich u.U.

bei vielen Fragen: »Was gebildete und angesehene Menschen glauben, wird schon seine Richtigkeit und seine guten Gründe haben, auch wenn ich sie nicht im Einzelnen prüfen kann.« Beispielsweise kann das religiöse Bekenntnis eines angesehenen Naturwissenschaftlers einen Christen in der Ansicht bestärken, dass Naturwissenschaft und Schöpfungsglaube miteinander vereinbar sind, auch wenn er die damit verbundenen Fragen nicht genau kennt. Ebenso kann die selbstverständlich gelebte religiöse Praxis der eigenen Familie oder der Region den Glauben stützen.

In weltanschaulich pluralistischen und säkularisierten Gesellschaften westlicher Prägung gilt Religion jedoch weitgehend als Privatsache, wird also von der öffentlichen Meinung nicht plausibilisiert, sondern in das Belieben des einzelnen Bürgers bzw. der Familie gestellt. Die für eine lebendige religiöse Entwicklung nötige Plausibilität kann nur von der Familie, gleichgesinnten Freunden, Gruppen und der Glaubensgemeinschaft hergestellt werden; wo sie fehlt, kommt es leicht zu religiöser Indifferenz.

II. Individuelle Lernprozesse

Die individuellen Lernprozesse, die von den skizzierten sozialen Lernvorgängen angeregt werden müssen, damit eine Selbstsozialisation und Selbststeuerung im ethisch-religiösen Bereich möglich wird, lassen sich vereinfacht als (1) Lernen durch Einsicht, (2) Lernen durch Selbstverstärkung und (3) Lernen durch eigenes Handeln beschreiben. Diese Lernprozesse erklären, dass Kinder, Jugendliche und Erwachsene das ethisch-religiöse Angebot der verschiedenen Sozialisationsfelder u.U. selektiv und in gewissem Maß kreativ verinnerlichen können.

Selektive und kreative Verinnerlichung

Lernen durch Einsicht

Als Lernen durch Einsicht (insight-learning) bezeichnen Lerntheoretiker eine Problemlösung oder Verhaltensänderung, die durch das Erkennen der Struktur und des Lösungsprinzips der Aufgabe – also nicht durch Versuch und Irrtum – zustande kommt. Ethisch-religiöse Aufgaben in diesem Sinn können darin bestehen, dass man das eigene Leben und die Natur als Schöpfung versteht, eine Handlung im Licht eines religiösen Gebots beurteilt oder einen heiligen Text sachgemäß auslegt. Das religiöse Verständnis, das auf Lernen durch Einsicht beruht, dürfte individuell sehr unterschiedlich sein, denn der Umfang, in dem es sich entwickelt, hängt sowohl von der Unterweisung im weitesten Sinn (also auch von den Informationsmöglichkeiten des Erwachsenen) als auch vom religiös-intellektuellen Interesse des Einzelnen ab.

Lernen durch Selbstverstärkung

Je mehr ein Verhalten aufgrund der inneren Befriedigung, die es einem gewährt, übernommen und beibehalten wird – und nicht nur aufgrund von Fremdverstärkung –, desto mehr beruht es auf einem Lernen durch Selbstverstärkung (self-reinforcement), auf intrinsischer Motivation. Selbstverstärkung bzw. Selbstkritik ist ein entscheidender Teilprozess moralischer Selbstkontrolle innerhalb der Emotions- und Verhaltensregulation und eine Voraussetzung für die Entwicklung eigener Ziele (s. Abbildung 2, S. 64). Eine Sozialisation, die durch Beispiel und Unterweisung die mögliche innere Erfüllung ethisch-religiösen Verhaltens verstehbar macht und positive Motive anspricht, dürfte am ehesten zu einer Selbstverstärkung befähigen, während Zwang und übertriebene materielle Belohnung sie verhindert. Zwang wirkt in der religiösen Erziehung erwiesenermaßen kontraproduktiv (Lloyd, 1991; Potvin & Sloane, 1985), weil er nur das Vermeiden von Bestrafung (negative Verstärkung) ermöglicht, religiöses Verhalten mit negativen Erfahrungen verknüpft und Widerstand (Reaktanz) aufbaut.

Lernen durch eigenes Handeln

Nach Banduras Konzept des Lernens am Modell erfordern Nachbildungsleistungen auch Erfahrungen mit eigenen Nachahmungsversuchen. Dies gilt sicher auch – wenn eine selbst erfahrene und nicht nur eine »Schon-mal-gehört«-Religiosität entstehen soll – für Einsichten und Impulse, die durch ethisch-religiöses Modell-Lernen und Unterweisen vermittelt werden. Der Heranwachsende oder der erwachsene Konvertit verwirklicht sie erst dann tatsächlich, wenn er entsprechendes Handeln in eigener Regie ausprobiert und Glaubenseinsichten oder Gebete selbst auswählt oder formuliert, meditiert oder sich sozial engagiert. Nur so lernt er, Fremdheitsgefühle gegenüber ethisch-religiösen Verhaltensweisen abzubauen, Überforderungsängste zu reduzieren, Einsicht in Kosten und Nutzen (Selbstverstärkung) zu gewinnen und die eingeübten Denk-, Erlebens- und Verhaltensmuster im Langzeitgedächtnis zu verankern (Habitualisierung).

KAPITEL 6

DIE MITGLIEDSCHAFT IN EINER SPIRITUELLEN GRUPPE: RESSOURCE ODER RISIKOFAKTOR?

Dieses Kapitel untersucht, unter welchen Bedingungen spirituelle Gruppen, die eine intensive religiöse Sozialisation anstreben, die psychische Entwicklung und das subjektive Wohlbefinden ihrer Mitglieder fördern bzw. beeinträchtigen.

Spirituelle Gruppen wollen – so sehr sie sich voneinander nach Glaubensüberzeugungen, Zielen, Verhaltensnormen, Schulungsmethoden und Binnenbeziehungen unterscheiden – Anregungen vermitteln, die über das gewöhnliche Maß einer religiösen Großgemeinde hinausgehen, gleich, ob sie sich, wie etwa eine neupietistische Gruppe, eine katholische Ordensgemeinschaft oder eine buddhistische Mönchsgemeinde, als Teil einer umfassenden Glaubensrichtung oder als eigene Bewegung verstehen. Darum erstreben sie eine intensive Schulung und Lebensweise, d.h. eine Sozialisation mit sozialen Lernprozessen des Beobachtungslernens, der Unterweisung, der Fremdverstärkung und der sozialen Bestätigung (s. Kapitel 5), die je nach Richtung und Gruppenform ihr eigenes Gepräge haben. In diesem Kapitel soll untersucht werden, unter welchen Bedingungen solche Einflüsse die psychische Entwicklung und das subjektive Wohlbefinden der Mitglieder intakt lassen, unterstützen oder gefährden.

I. Die Diskussion um die »destruktiven Kulte«

Während die Soziologie schon in der ersten Hälfte des 20. Jahrhunderts mit Begriffen wie »Sekte«, »Kirche« und »Denomination« religiöse Organisationen im Hinblick auf ihr Verhältnis zur »Gastkultur« zu typisieren versuchte, wurde eine genuin psychologische Untersuchung der Chancen und Risiken der Mitgliedschaft in spirituellen Gruppen erst im Zusammenhang mit der »Anti-Kultbewegung« zu einem Thema. Viele der psychospirituellen Gruppen und Bewegungen, die sich mit dem Psychoboom und der religiösen Pluralisierung in den 1970er-Jahren und danach ausgebreitet haben, wurden von den Medien als »destruktive Kulte« mit einem bedrohlichen Manipulations- und Beeinträchtigungspotenzial geschildert. Man machte sie verantwortlich für Fehlentwicklungen wie:

Vorwürfe der Anti-Kult-bewegung

- Verengung des Interessenhorizonts auf die Welt des Kults;
- schablonenhaftes Denken und Sprechen nach indoktrinierten Mustern;
- Entfremdung von Familienangehörigen, Ehepartnern und Freunden;
- sozialer Ausstieg durch Abbruch der Berufsausbildung oder Erwerbsarbeit;
- extreme emotionale Abhängigkeit von der Gruppe und ihrem charismatischen Führer;
- Ausbeutung der Arbeitskraft und der finanziellen Ressourcen;
- Introversion mit einem Übergewicht der Fantasie- und Wunschwelt bei gleichzeitiger Angst vor den Anforderungen der Realwelt außerhalb des Kults;
- psychische Destabilisierung, Angst und Depression, in manchen Fällen mit Dekompensation.

In mehreren Ländern sahen sich ehemalige Mitglieder bestimmter Gruppen sowie Familienangehörige veranlasst, sich zu Initiativen zusammenzuschließen und Anhängern, die sich von ihrer Bewegung lösen wollten oder die nach ihrem Austritt an Anpassungsproblemen litten, psychologische Beratung mit dem Ziel einer Rehabilitation anzubieten; ähnliche Aufgaben übernahmen auch Beratungsstellen von Kirchen und Verbänden. Auch bildeten sich Selbsthilfegruppen von ehemaligen Mitgliedern. Der Massenselbstmord von mehr als 900 amerikanischen Angehörigen der »People's Temple«-Sekte von Jim Jones 1978 in Guayana, die Gruppen(selbst)morde von Sonnentemplern 1994 in der Schweiz und in Kanada sowie der Giftgas-

Anschlag der Aum Shinri Kyo des Japaners Shoko Asahara 1995 auf die U-Bahn von Tokio machten an extremen Beispielen zerstörerische Folgen von Sektenzugehörigkeit und -abhängigkeit bewusst und ließen auch harmlosere Gruppen in einem besorgniserregenden Licht erscheinen. Auch die als aggressiv empfundenen Expansionsbestrebungen der Scientology in den 1990er-Jahren, die zur Beobachtung durch deutsche Verfassungsschutzbehörden führten, rüttelten die Öffentlichkeit auf. Schließlich befassten sich in den 1990er-Jahren sowohl das Europaparlament als auch das französische Parlament und der Deutsche Bundestag mit der Frage, ob »neue religiöse und ideologische Gemeinschaften und Psychogruppen« – so die Formulierung der Enquete-Kommission des Deutschen Bundestags – eine Gefahr für den Staat und die Gesellschaft darstellten (Richardson & Introvigne, 2001). Sie verneinten dies, erkannten aber einzelnen Gruppen ein hohes Konfliktpotenzial zu, das Wachsamkeit erfordere.

Anhänger der verdächtigten Gruppen und Bewegungen und manche Psychologen erwiderten, Berichte von Aussteigern und von Eltern zeichneten ein verzerrtes Bild. Die Eltern seien nur darüber aufgebracht, dass sie ihre Söhne und Töchter nicht mehr bevormunden könnten, den etablierten Kirchen gehe es bloß um ihren Geltungsanspruch und die Fallbeispiele von Psychiatern und Ausstiegsberatern ließen außer Acht, dass Gruppenmitglieder, die dekompensierten, bereits vor ihrem Beitritt psychisch labil gewesen seien. Ihre Gruppen stabilisierten die Mitglieder, und deren Probleme unterschieden sich nicht von denen von Mitgliedern anderer straff geführter Gruppen – etwa der Ordensgemeinschaften der herkömmlichen Religionen sowie der Erweckungsbewegungen.

Eine wissenschaftliche Erforschung dieses Problembereichs ist schwierig, schon weil die Vielfalt der religiösen Gruppen, zu denen auch solche mit spirituell überhöhten psychologischen Lebenshilfe-Angeboten gehören, durch keine Typologie befriedigend zu erfassen ist. Zu den »neuen religiösen und ideologischen Gemeinschaften und Psychogruppen« kann man Gruppierungen wie die Zeugen Jehovas, die freikirchlichen Pfingstgemeinden, christlich-fundamentalistische Kreise, Scientology, Universelles Leben, Vereinigungskirche (Mun), Kinder Gottes/Die Familie, Ananda Marga, Hare Krishna, Divine Light Mission/Elan Vital, die Bhagwan/Osho-Bewegung, Landmark Education u.a. zählen. Diese Heterogenität gebietet von vornherein Vorsicht bei Verallgemeinerungen. Da die Begriffe Sekte und Kult zu Generalisierungen verleiten und problematisch sind, soll ihnen hier die weite und neutrale Bezeichnung *spirituelle Gruppe* vorgezogen und damit zur Untersuchung der möglichen Einflüsse im Einzelfall eingeladen werden.

Sekte –
Kult –
spirituelle
Gruppe

Ressource oder Risikofaktor?

Zu diesen Einflüssen und ihren Ursachen liegt inzwischen eine Reihe von Studien vor (zusammenfassend: Deutscher Bundestag Enquete-Kommission »Sogenannte Sekten und Psychogruppen«, 1998; Deutscher Bundestag Referat Öffentlichkeitsarbeit, 1998; Galanter, 1989; Richardson, 1995). Ihre Ergebnisse sind nicht immer einheitlich, doch legen sie den Schluss nahe, dass spirituelle Gruppen das subjektive Wohlbefinden ihrer Mitglieder weder generell beeinträchtigen, noch dass sie es ausnahmslos fördern, dass sie also sowohl Ressource als auch Risikofaktor sein können.

Beispielsweise zeigten Tests, dass Sannyasins der Bhagwan/Osho-Bewegung weniger Stress und Depressivitätswerte als die Normstichprobe aufwiesen und ein hohes Maß an sozialer Unterstützung sowie – nach eigener Einschätzung – eine höhere Lebenszufriedenheit als vor ihrem Beitritt erfuhren (Latkin et al., 1987). Auch der Psychiater Klosinski (1985) hatte bei 16 der 30 Bhagwan-Anhänger, die er interviewte, den Eindruck, dass bei ihnen die Mitgliedschaft in der Bewegung dazu beitrug, bislang unterdrückte Persönlichkeitsanteile zu integrieren, aus einer depressiven Entwicklung auszubrechen, das belastende Gefühl eigener Andersartigkeit abzubauen, Alkohol- und Drogenabhängigkeit zu überwinden und selbstsicherer und konfliktbereiter zu werden. Allerdings zeigten sich auch bei einem Großteil der Befragten negative Symptome, und um 1980, in der Blütezeit des zentralen Bhagwan-Ashrams in Poona, mussten monatlich fünf bis sieben Westdeutsche in eine psychiatrische Klinik gebracht werden, weil sie dekompensiert waren.

Verbesserungen und Verschlechterungen des Befindens

Die 237 Mitglieder der Vereinigungskirche, die Galanter, Rabkin, Rabkin und Deutsch (1979) untersuchten, berichteten von erheblichen psychischen Schwierigkeiten in der Zeit vor ihrem Beitritt, die sich durch die Mitgliedschaft gebessert hätten, sowie von einem Grad an Wohlbefinden, der über dem einer unauffälligen Kontrollgruppe lag. Andererseits sprachen Personen, die die Vereinigungskirche freiwillig verlassen haben, von ausgeprägten emotionalen Schwierigkeiten nach diesem Schritt (Galanter, 1983). Von dcn 39 ehemaligen Anhängern der Vereinigungskirche und der Scientology, die Petermann (1984) betreute, litt etwa die Hälfte noch Monate und Jahre nach ihrem Austritt an Depressionen, sei es, weil die Mitgliedschaft diese nicht behoben, sei es, weil sie sie noch verstärkt hatte.

Auch bei Mitgliedern der Hare-Krishna-Bewegung stellten mehrere Studien fest, dass sie zwar ein überdurchschnittliches Maß an Dogmatismus, (nichtpathologischer) Zwanghaftigkeit und mangelndem Selbstwertgefühl hatten, jedoch in manchen Fällen vom Drogenkonsum wegkamen und sich in vielen Merkmalen sowie im subjektiven Wohlbefinden und in positiver Gestimmtheit nicht von der Allgemeinbevölkerung unterschieden (zusammenfassend: Richardson, 1995). Di Fiorino, Fizzotti und Miniati (2002) halten es für möglich, dass der Verbleib in der Gruppe leicht protektiv wirkt, und Kraus und Eckert (1997) vermuten, dass durch idealisierende Übertragung auf den absolut vollkommenen Krischna und seinen Guru sowie eine Überbetonung des eigenen Wertesystems das Selbstwertgefühl stabilisiert werden kann.

Begrenzte
Aussagekraft
von Studien

Solche Untersuchungen beweisen sicher – entgegen dem verallgemeinernden Reden von »destruktiven Kulten« –, dass das Leben in solchen Gruppen weder generell klinisch bedeutsame Störungen verursacht noch das subjektive Wohlbefinden mindert, sondern Letzteres zunächst eher steigert. Allerdings ist hier mit einem Selektionseffekt zu rechnen: Man erfasst mit der Untersuchung von aktiven Mitgliedern nur das Befinden derer, die noch mit der Gruppe zufrieden sind und nicht derer, die sie aus Unzufriedenheit verlassen haben. Die Fluktuation ist ja recht hoch, d.h. die Verweildauer in der Gruppe beträgt oft nicht mehr als zwei Jahre. Außerdem ermittelt man nur Durchschnittswerte und nicht den Einzelfall, für den die Mitgliedschaft u.U. problematisch wird, wegen ausgeprägter Vulnerabilität gegenüber psychischen Belastungen oder wegen latenter Störungen. Nicht einbezogen sind auch die u.U. hohen Kosten – etwa moralischer Rigorismus und extreme soziale Kontrolle –, mit denen die Befreiung von der Drogenabhängigkeit oder die Stabilisierung in Zeiten von Krisen und bei emotionaler Labilität erkauft wird und die u.U. nur für eine Übergangszeit gerechtfertigt sind.

So sind also auch – trotz ihrer Tendenz zu übertriebenen Beschuldigungen – Berichte von ehemaligen Mitgliedern sowie Beobachtungen der »Sektenberatung« zu berücksichtigen.

Diese berichtet von Problemen unterschiedlicher Art. Leiden nun die Aussteiger nur an Umstellungsproblemen, wie sie nach einem Berufswechsel oder einer gescheiterten Beziehung auch auftreten, oder an destruktiven Nachwirkungen? Ein psychisches Risiko ist auf jeden Fall dann zu befürchten, wenn es eine Bewegung – wie beispielsweise die Scientology – aufgrund einer antipsychiatrischen Ideologie ablehnt, Mitglieder, die in eine psychische Krise geraten, von wissenschaftlich ausgebildeten Fachkräften behandeln zu lassen, und stattdessen auf eigene Methoden vertraut. Dass die Autoritätshörigkeit eine ernste Gefahr darstellt – auch wenn es dafür kaum verbindliche psychometrische Normen gibt –, zeigten Fernsehberichte von Sannyasins, die mit andächtig gefalteten Händen oder ekstatisch hüpfend täglich dem im Rolls Royce vorbeifahrenden Bhagwan Rajneesh/Osho huldigten, sowie Aussagen von Mun-Anhängern, denen der Gruppenleiter den Ehepartner ausgesucht und aufgedrängt hatte.

Warum treten Menschen spirituellen Gruppen bei?

Als Gründe, weshalb Menschen einer spirituellen Gruppe beitreten bzw. sich deren Spiritualität zuwenden (Konversion), werden sowohl individuelle Dispositionen (Motive) als auch gruppenspezifische Methoden genannt. Als individuelle Dispositionen werden angeführt:

Individuelle Dispositionen

- Suche nach einem sinnerfüllten Leben und Interesse an einem alternativen spirituellen Weg;
- Unzufriedenheit mit der Leistungsorientierung und materialistischen Ausrichtung der Familie, Berufsausbildung, Gesellschaft;
- Überwindung von Orientierungslosigkeit durch eine klare Lebensordnung und das aufwertende Engagement für eine große Sache;
- Selbsterfahrung, die Bearbeitung von persönlichen Krisen und Identitätsproblemen in der Adoleszenz, fehlende soziale Unterstützung, Midlife- Crisis, psychosomatische Beschwerden und emotionale Konflikte.

Eine einheitliche »Sektenpersönlichkeit« lässt sich nicht feststellen, und die Konversionsmotive können sehr vielfältig sein. Letztere sind so allgemein, dass man sich fragt, warum die meisten Menschen ihre Probleme anders lösen und nur verhältnismäßig wenige einer spirituellen Bewegung beitreten. Sind vielleicht besondere Einflüsse vonseiten der Gruppen und Bewegungen dafür verantwortlich?

Als gruppenspezifische Methoden, die den Beitritt und Verbleib in spirituellen Gruppen erklären könnten, wurden besondere Beeinflussungstechniken genannt. Man verglich die in den Gruppen praktizierte Schulung mit der »Gedankenreform« (thought reform) – volkstümlich: »Gehirnwäsche« (brainwashing) –, der Kriegsgefangene des Koreakriegs in Umerziehungslagern chinesischer Kommunisten unterzogen wurden (Lifton, 1961). Oder man behauptete, die Mitglieder würden einer »Zwangsbeeinflussung« (coercive persuasion) ausgesetzt, wie sie in »totalen Institutionen« – Gefängnissen, psychiatrischen Kliniken und Klöstern – üblich sei (Schein et al., 1971). Dabei würden zentrale Einstellungen der Betroffenen im Dreischritt

Beeinflussungstechniken

von Auftauen, Verändern und Wiedereinfrieren modifiziert. Zuerst greife man ihr bisheriges Selbstverständnis und ihre Selbstachtung an, indem man sie verunsichere und beschuldige (als »Kapitalist« u.a.), dann biete man ihnen neue Ansichten an, begründe diese und belohne schließlich deren Übernahme durch Anerkennung vonseiten der Bezugsgruppe. Der Psychologe und Ex-Munie Hassan (1993) sprach von »Bewusstseinskontrolle« (mind control), die durch Informations-, Verhaltens-, Gedanken- und Gefühlskontrolle die ursprüngliche Identität einer Person verdränge und durch eine neue Identität überdecke, die sie in vielen Fällen ohne starken sozialen Druck niemals für sich gewählt hätte.

Die Hinweise auf eine übermächtige Manipulation durch eine Gruppe entlasten Gruppenmitglieder, indem sie sie zu Opfern einer Verführung machen, übersehen aber, dass diese ihrer Gruppe freiwillig beitreten und von ihr auch nicht absolut »kontrolliert« werden, da ihr viele freiwillig den Rücken kehren. Trotzdem ist mit Beeinflussungstechniken zu rechnen, die in extremen Gemeinschaften eine emotionale Abhängigkeit fördern, die die freie Selbstbestimmung beeinträchtigt.

Der Einfluss des Lebens in spirituellen Bewegungen und Gruppen ist vermutlich von Mitglied zu Mitglied und von Gruppe zu Gruppe verschieden und hängt wohl hauptsächlich von folgenden Faktoren ab:

(1) von der allgemeinen und religiösen Sozialisation vor dem Eintritt sowie von den weiteren Kontakten zu früheren Bezugspersonen;

Multifaktorielle
Erklärung

(2) von den Bedürfnissen und Motiven während der Konversion und danach;

(3) vom spirituellen Angebot, den sozialen Beziehungen in der Gruppe sowie der Art der Beeinflussung.

Von diesem multifaktoriellen Ansatz aus soll im Folgenden untersucht werden, was in spirituellen Gruppen dazu führen bzw. davor bewahren kann, dass die freie Selbstbestimmung und u.U. auch das subjektive Wohlbefinden von Mitgliedern gefährdet und beeinträchtigt werden. Die Frage stellt sich bei allen spirituellen Gruppen: bei den neureligiösen aus der Zeit nach 1970 wie auch bei den herkömmlichen Ordensgemeinschaften, Erweckungsbewegungen und Gebetsgruppen der alten Weltreligionen. Die folgenden Überlegungen wollen die genannten Faktoren näher beleuchten, indem sie nach der Werbung und Rekrutierung (II), der Beziehung der Mitglieder zur Gruppe (III), ihrem Verhältnis zum »Meister« (IV) und der Art der Schulung (V) fragen.

II. Werbung und Rekrutierung

Welche Bedürfnisse und Motive werden angesprochen?

Der Einfluss einer spirituellen Bewegung und Gruppe hängt bereits großenteils von der Art ihrer Werbung und Rekrutierung ab. Hier bestehen beträchtliche Unterschiede. Während heute die klassischen Ordensgemeinschaften des Buddhismus und des Christentums in den Aufnahmegesprächen jene zurückweisen, die ihrer Meinung nach kein eindeutig religiöses Anliegen haben, werben manche neueren Gruppen oft damit, dass sie psychotherapeutische Bedürfnisse ansprechen: Wer an Kontaktschwierigkeiten, Angst, Stress, Depressionen oder Beziehungsproblemen leidet, soll durch ihre Kurse, ihren Meditationsweg oder ihre ideale Gemeinschaft das »Göttliche im Menschen«, die »Kraft des Geistes« u.ä. erfahren und dadurch eine Art Kurzzeittherapie erleben.

Psycho-
therapeu-
tische
Bedürfnisse

Die von L. Ron Hubbard (1911–1986) gegründete Scientology/Dianetik wirbt mit der Zusage, sie könne durch ihre quasitherapeutischen Auditing-Kurse die Teilnehmer von allen belastenden »Engrammen« befreien, ihren Intelligenzquotienten steigern und ihre psychosomatischen Beschwerden heilen. Bei der Auswertung des Fragebogens, mit dem sie Interessenten anwirbt, erklärt sie jedem, er leide an erheblichen psychischen Mängeln, die er in einem ihrer Kurse bearbeiten sollte. Dem Einstiegskurs folgen weitere Kurse, u.U. auch einer, der »den Studenten durch jedes Fachgebiet durchbringt«, sowie ein »Drogenrundown«, der den Süchtigen »ohne Entzugserscheinungen in einer Raketenfahrt ohne Schmerz und Belastung direkt wieder zum Leben« zurückführt. Versprochen wird die »totale Freiheit« von Kopfweh, Magenschmerzen und Schüchternheit.

Die Bewegung von Bhagwan/Osho (1931–1990) verspricht, durch ihre Verfahren, zumal durch die »Dynamische Meditation«, das Ego, das vom Verstandeskult und der Lebensangst der modernen Zivilisation geschwächt sei, von seinen Blockaden zu befreien und in die kosmische Energie eintauchen zu lassen. Von den 30 Mitgliedern, die Klosinski (1985) befragte, hatten 80% eine Psychotherapie begonnen, bevor sie mit der Bewegung in Berührung kamen.

Jede spirituelle Schulung setzt bei den Teilnehmern eine gewisse Belastbarkeit und beim Leiter die nötige Behutsamkeit voraus und kann an diesen beiden Voraussetzungen scheitern. Bei Gruppen, die überdurchschnittlich viele Mitglieder mit psychischen Problemen anziehen und deren Leiter keine psychologische Ausbildung mitbringen, ist die Gefahr eines Misslingens und einer Fehlbehandlung aber wahrscheinlicher als in Gruppen, die ein eindeutig spirituelles Angebot machen. Der Psychiater Nedopil (1998) berichtet von 14 Patienten, bei denen das Leben bzw. die Schulung in der Scientology, Bhagwan/Osho-Bewegung, Divine Light Mission, TM oder Vereinigungskirche zwar nicht die Ursache, aber der auslösende Faktor einer Psychose war, und von acht weiteren Fällen, bei denen sich die Symptomatik verschlimmert hat.

III. Die Gruppe

Ein Klima, das unterstützt oder das abhängig macht?

Emotionale
Abhängigkeit

Jede spirituelle Gruppe muss unter ihren Mitgliedern ein Klima gegenseitigen Vertrauens fördern, das einen persönlichen Austausch gewährleistet und dem Gemeinschaftsideal entspricht. Dabei muss sie auch mit der Gefahr rechnen, dass die Gruppenzugehörigkeit, die sich entwickelt, für manche Mitglieder einen so starken Belohnungs- und Eigenwert erhält, dass sie sich vorschnell ihren Erwartungen und Normen anpassen (Akkulturation) und nicht mehr frei genug prüfen, ob ihnen Spiritualität und Ideal der Gruppe entsprechen, weil sie die mögliche Trennung von der Nestwärme und Selbstwertbestätigung, die sie in ihr erhalten, als empfindlichen Verlust fürchten.

Eine solche emotionale Abhängigkeit wird jedoch fast unvermeidlich, wenn man Interessenten mit ausgeprägten Zuwendungsbedürfnissen anwirbt und sie durch ein gezieltes »love bombing« an die Gruppe bindet. Love bombing bedeutet, dass manche Gruppen Neulinge, die an Kursen oder Seminaren teilnehmen, mit überaus warmer Zuwendung und Anerkennung aufnehmen: Man lobt jede Bemerkung und jedes Mitmachen, drückt durch innigen Blickkontakt, Mundfütterung mit Obststücken oder Schokolade Zuneigung aus und bedeutet ihnen bei jeder Gelegenheit, wie wichtig sie der Gruppe oder »Familie« sind. Ähnlich wirkt die Zusicherung in Bhagwan/Osho-Gruppen, bei ihnen dürfe man schwach und spontan sein wie ein Kind und die Verletzungen, die einem in der Vergangenheit zugefügt wurden, beweinen, um neue Kraft für die Zukunft zu schöpfen. Diese Einladung wird u.U. mit Übungen verbunden, die den Abbau von schützenden Abwehrmechanismen und ein rückhaltloses Vertrauen in die Gruppe forcieren: mit Tiefenmassage (Rolfing) oder dem Nacherleben des Geburtsvorgangs (Rebirthing). »Insbesondere familiäre Außenseiter und ehemalige

Problemkinder mit psychosomatischen Beschwerden erleben durch ihren Beitritt zur Bewegung (von Bhagwan/Osho) eine Aufnahme in die ›heile Großfamilie‹« (Klosinski, 1985, S. 135).

Die Verwöhnung mit Zuwendung kann die Befriedigung von maßlosen Zuwendungs- und Bestätigungswünschen zu einem so beherrschenden Verstärker machen, dass man ihretwegen außergewöhnliche Einschränkungen auf sich nimmt und eine gewisse Autonomie gegenüber der Gruppe kaum noch für erstrebenswert hält, sondern als drohenden Verlust wertet. Darum nehmen manche Gruppenmitglieder erhebliche Strapazen auf sich, verteilen Werbematerial oder betteln für ihre Gruppe, um von ihr anerkannt zu werden, und nehmen dafür auch eine extreme soziale Kontrolle in Kauf.

Eine Bindung durch die Befriedigung außergewöhnlicher Zuwendungs- und Bestätigungsbedürfnisse ist in jeder Gruppe und Zweierbeziehung möglich. Im spezifisch spirituellen Bereich können dazu folgende Überzeugungen beitragen: Der Anspruch, das höchste Ideal von Gemeinschaft zu verwirklichen und die »wahre Familie« (Vereinigungskirche) oder die erleuchtete, gottgewollte »Familie der Liebe« (Die Familie) zu sein. Die Ansicht, die Bewegung besitze eine Weltanschauung, die der der Masse überlegen und nur einer Elite verständlich sei, oder sie allein verfüge über den Weg zum »göttlichen Licht« (Divine Light Mission/Elan Vital), zur »kosmischen Energie« (Bhagwan/Osho) oder zur »totalen Freiheit« (Scientology).

Spirituelle Verstärkung der Abhängigkeit

Fallbeispiel 34
Die Geborgenheit, Wärme und Energie, die u.U. Menschen erleben, die sich von ihren Eltern nie verstanden fühlten, schildert der Bericht einer 27-jährigen Frau. Sie beschrieb ihr Verhältnis zu den Eltern als gespannt, litt oft an Kopfschmerzen, Ohnmachtsanfällen, Herzphobien und Todesängsten und suchte zunächst in Wohngruppen von Drogenkonsumenten, politisch Engagierten und Anhängern eines alternativen Lebensstils ihren Weg. Angesteckt von der Begeisterung ihres ehemaligen Freundes, der sich der Bhagwan/Osho-Bewegung angeschlossen hatte, ließ sie sich in einem deutschen Neo-Sannyas-Zentrum einweihen und erlebte die Gemeinschaft der über 100 Anhänger so:

»Plötzlich hatte ich das Gefühl, ich komme nach Hause. Ich bin aufgetaut wie ein Eisblock und habe gemerkt, wie die Hitze aus meinem Bauch, wie sie so hochkommt ... Dann haben die ganzen Leute angefangen zu singen. Ich habe das Gefühl gehabt von totalem Angenommensein, dass ich quasi in die Sannyasin-Familie aufgenommen werde ... Ich habe wirklich das Gefühl gehabt, ich mache eine Tür auf, habe die ganze Zeit in der Kälte draußen gestanden, und jetzt komme ich rein und gehe ins Warme! – Und das ist für mich eine ganz grundlegende Erfahrung gewesen, die mich jetzt auch immer noch trägt« (Klosinski, 1985, S. 113).

IV. Der »Meister«

Eine Beziehung, die klärt oder die entmündigt?

Eine intensive spirituelle Schulung erfordert in der Anfangsphase den anregenden und klärenden Austausch mit einem erfahrenen und integren »Meister«. Der Hinduismus weist diese Rolle dem Guru, der Buddhismus dem tibetischen Lama oder dem japanischen Roshi, der Sufismus dem Sheikh, der jüdische Chassidismus dem Zaddik, das orthodoxe Christentum dem Starez und die katholische Kirche dem geistlichen Begleiter (früher: Seelenführer, Spiritual) zu. Die meisten dieser klassischen Traditionen verlangen vom »Schüler« die Bereitschaft, sich vom Meister führen zu lassen, weil sich spirituelle Selbsttäuschungen und unkluger Eifer (etwa beim Fasten) nur so vermeiden lassen. Sie warnen aber auch vor Scharlatanen und Ausbeutern und fordern, dass sich jeder Meister an die Überlieferung sowie an die für alle verbindlichen heiligen Schriften hält. Außerdem setzen sie voraus, dass sich die Meister-Schüler-Beziehung auf die spirituelle Leitung beschränkt und auch in diesem Bereich mehr und mehr zur Selbstbestimmung befähigt. In hinduistischen Traditionen lehrt man beispielsweise, der Schüler müsse nach einer gewissen Zeit seinem »inneren Führer« (Antaryamin) folgen (Hummel, 1996), und Ignatius von Loyola verlangt in seinen »Geistlichen Übungen« (Exerzitien), dass der Begleiter den Übenden dazu anleite, seine inneren Regungen selbst zu verstehen (Nr. 8), und ihn beim Suchen seiner weiteren Lebensrichtung nicht beeinflusse, sondern »unmittelbar den Schöpfer mit seinem Geschöpf und das Geschöpf mit seinem Schöpfer und Herrn wirken lasse« (Nr. 15).

»Innerer Führer« oder Guru-Abhängigkeit?

Im Einzelfall kann man auch solche Traditionen missachten und eine emotionale Abhängigkeit aufbauen, die die oben beschriebene Abhängigkeit von einer Gruppe noch übertrifft. Diese Gefahr scheint jedoch besonders groß zu sein bei charismatischen Gründern neureligiöser Bewegungen und bei Gruppenleitern, die weitgehend außerhalb von bewährten spirituellen Überlieferungen und Institutionen agieren und bestätigungsbedürftige Anhänger anziehen.

So hielten von den 40 Frauen und Männern aus verschiedenen spirituellen Gruppen, die Jacobs (1987) befragte, 43% ihren Glauben an den Führer der Bewegung auch dann noch aufrecht, als sie ihre Gruppe verlassen hatten. Die anderen 57% hatten sich erst von ihrem Führer losgesagt, nachdem er sie durch ungerechte Be-

schuldigungen, Schläge, Unnahbarkeit, Luxus oder sexuelle Ausbeutung von Anhängerinnen enttäuscht hatte. Deutsch (1980) hat beschrieben, wie sechs von 14
Anhängern ihrem Guru auch dann noch treu blieben, als er zunehmend unberechenbar, bizarr und grausam wurde.

Die Beziehung zu einem Leiter oder Führer mit charismatischer Ausstrahlung kann nicht nur von spirituellen Idealen, sondern auch von starken Bedürfnissen nach nahezu grenzenloser Zuwendung, Anerkennung, Sicherheit
und Größe motiviert sein, sodass sie als Quelle intensiver Befriedigung erlebt wird, auf die man fast nicht mehr verzichten kann. Die entsprechende
Bereitschaft zu Bewunderung und Gehorsam kann die Größenbedürfnisse
und Bemächtigungswünsche des Führers oder Leiters aktivieren (Gegenübertragung) und ihn zu einem Auftreten und einer spirituellen Selbstüberhöhung verleiten, die das Machtgefälle gegenüber den Anhängern vergrö
ßert und deren Wünsche nach Teilhabe noch wirksamer befriedigt. Je stärker
Anhänger auf solche Bedürfnisse fixiert sind, desto wahrscheinlicher entsteht eine emotionale Abhängigkeit, die die Fähigkeit zu kritischer Distanz
einschränkt und die Bereitschaft zu einer Überidentifizierung und Überanpassung fördert. Diese emotionale Abhängigkeit kann auf verschiedenen
Motivschwerpunkten beruhen; hier soll vereinfachend auf zwei hingewiesen werden.

(1) Ein Führer kann sich mit hohem moralischen oder therapeutischen Anspruch sowie idealistischen Zielen als Vorbild präsentieren, in dem Anhänger stellvertretend ihr Ich-Ideal mit seinem ethischen Rigorismus erfüllt
sehen bzw. auf das sie es übertragen. Dann erleben sie ihn als den Edlen, der
sie selbst sein wollen und sollen – in einer Mischung aus verzücktem Selbstwertgefühl und strengem Pflichtbewusstsein.

Übertragung
des Ich-Ideals

Ein 19-Jähriger schrieb nach seiner Bekehrung zur Vereinigungskirche ins Tagebuch, seine bisherigen Ansichten über Gott, den Sinn des Lebens und die Sünde
würden nun »in einen wunderbaren, idealen Zusammenhang gebracht. Das größte
Geschenk ist die Präsenz des Messias. Es eröffnet weite Energiequellen, Hoffnung
und Kraft. Aber auch die immensen Schwierigkeiten und Hindernisse durch das
Böse werden klar« (Hammerstein, 1980, S. 21). Mit dem Messias meinte er den
charismatischen Führer Mun.

Mit Berufung auf das hohe Ideal, dem seine Bewegung dient und das er
verkörpert, kann ein Führer eine kritische Auseinandersetzung unterbinden
und eine Überanpassung rechtfertigen: Das edle Ziel, zu dessen Verwirklichung er durch meditative Erleuchtung, Offenbarungen aus der übermensch-

lichen Welt oder seine Stellung in einer Hierarchie berufen wurde, diskreditiert Zweifel, abweichende Gedanken und Kritik als verwerflichen Widerstand gegen das große Werk; es verlangt Unterordnung.

Der Gefahr, legitime Kritik zu unterdrücken, setzt sich auch die konservativ-katholische Vereinigung »Opus Dei« aus, wenn sie von ihren Vollmitgliedern erwartet, dass sie den Ratschlägen und Anweisungen, die ihnen der geistliche Leiter am Ende der regelmäßigen Aussprache gibt – ohne sie im gemeinsamen Gespräch zu entwickeln –, widerspruchslos gehorchen, und wenn sie dies nicht nur mit dem Erfahrungsvorsprung des Leiters begründet, sondern auch damit, dass er »dein Apostolat kennt und weiß, was Gott will« und über »mehr Gnade, spezielle Gnade, Standesgnade« verfügt. Und dies nicht ohne zu mahnen: »Wer bist du, dass du über die Entscheidungen deines Vorgesetzten urteilst?« (Steigleder, 1983, S. 111–113).

(2) Ein charismatischer Führer kann in einer Art love bombing so viel Ermutigung, Bestätigung und menschliche Wärme anbieten, dass ihn Anhänger zu einer Mutter- oder Vaterfigur idealisieren, die ihnen bedingungsloses Angenommensein und Befreiung von Schuldgefühlen gewährt und die Nachbildung von Selbstwertgefühl ermöglicht. In der Tradition der liebenden Verehrung des Meisters (Guru-Bhakti) machen Sri Chinmoy, Sathya Sai Baba, Babaji oder Da Free John Vereinsamten und Beziehungsgeschädigten das Angebot, sie als Liebesobjekt zu wählen (Hummel, 1996). Ein junger Mann, der früher enorme Schwierigkeiten mit seinem Vater hatte, bekannte: »Ich habe bei Bhagwan das Gefühl, als ob der der erste Mensch wäre, den ich überhaupt liebte; und dabei kann er ruhig (weit) weg sein ... Ich hätte fast gesagt, weil er gar nicht da ist« (Klosinski, 1985, S. 99f.).

(3) Ein spiritueller Führer kann sich so wirkungsvoll als Quelle bzw. Vermittler höherer Erkenntnis, heilender Kräfte und göttlicher Energie darstellen, dass er ein fast magisches Verlangen nach Teilhabe an höchster Erleuchtung, Heilung und Macht weckt. Solche Zuschreibungen werden vor allem durch die hinduistischen Traditionen entlehnte Vorstellung gefördert, er sei nicht nur ein menschlicher Begleiter bei der Erfahrung des Absoluten, sondern dessen Verkörperung und Vermittler. So wird tantrischen Gurus die Macht zugeschrieben, durch Kraftübertragung (Shaktipat) Vitalität, Unsterblichkeit und Erleuchtung zu vermitteln. Andere – etwa Sathya Sai Baba oder Maharaj Ji (Divine Light Mission/Elan Vital) – gelten als Avataras und Satgurus. Nach hinduistischer Auffassung kann sich das göttliche Bewusstsein bzw. ein Gott, der dem Kreislauf der Wiedergeburten enthoben ist, in einem Menschen, einem Avatara (Herabkunft), inkarnieren und den Mitmenschen durch Berührung, Blick oder Schweigen seine göttliche Erkennt-

nis und Kraft übermitteln. Ein Guru, der auf dieser höchsten Stufe steht, kann auch als Satguru betrachtet werden, in dem sich das an sich eigenschaftslose Absolute (Sat oder Nirguna-Brahman) verkörpert und uneingeschränkten Gehorsam und Verehrung verlangt.

Sathya Sai Baba (geb. 1926) bezeichnet sich als »der Allgegenwärtige, Allmächtige und Allwissende«, der Wahrheit, Gerechtigkeit, Frieden und Liebe verkörpert. Seine Anhänger (devotees) finden angeblich dadurch am sichersten und schnellsten den Weg zur Befreiung, dass sie sein Bild meditieren und ihn verehren. Auch Maharaj Ji (geb. 1957) betrachtet sich als Satguru, ohne den der Weg zum ekstatischen »Wissen« des Göttlichen nicht zu finden sei. Seine Anhänger bereiten sich durch Licht-, Klang-, Nektar- und Wortmeditation auf die Wahrnehmung des inneren Lichts und auf die Begegnung (Darshan: segensreicher Anblick) vor. In einem ihrer Songs rühmen sie ihn: »Ruhe und Frieden kommen von Dir / Meer des Mitleids, Beherrscher des Universums, / Heilig ist Dein Name. / In dir liegt die Befreiung.« Dann erscheint Maharaj Ji, setzt sich auf einen Thron und lässt die Anhänger, die stundenlang gewartet haben, vorbeiziehen und mit der Stirn seine göttlichen Lotosfüße berühren. Danach versuchen sie, das Darshan-Erlebnis, das zu verblassen droht, durch das begeisterte Sprechen in der Gruppe und durch weiteres Meditieren zu erhalten, wobei nicht wenige den Guru halluzinieren und mit ihm sprechen.

Solche Vorstellungen laden dazu ein, maßlose Heilungs-, Erleuchtungs- und Größenwünsche auf den Guru zu übertragen, ohne dass diese Übertragungen – wie in einer verantwortungsbewusst durchgeführten Psychotherapie – als solche bewusst gemacht und bearbeitet werden, es sei denn, der Anhänger versuche dies aus eigener Kraft oder mit Hilfe von befreundeten Nicht-Anhängern. Die spirituelle Überhöhung der Führergestalt und ihr Anspruch auf Objektivität kann eine selbstkritische Einsicht erheblich erschweren und damit die Abhängigkeit festigen.

V. Die Schulung

Eine Beeinflussung, die eine neue Identität anregt oder aufdrängt?

Jede spirituelle Bewegung lehrt und übt durch eine Schulung – Noviziat, Kurse, Workshop – eine Lebensform ein, die den Neuling dazu befähigen soll, ihr Ideal zu übernehmen und zu verwirklichen. Damit stellt sich die Frage, ob sie ihm auch einen Freiraum und ein Moratorium gewährt, in dem er ihr Selbstverständnis und ihre Praxis versuchsweise und unfestgelegt mitleben und dann in innerer und äußerer Freiheit entscheiden kann, ob er sie sich endgültig zu eigen machen will – oder ob sie zu einem raschen, verbindlichen Beitritt drängt, ihm durch eine Schnellbekehrung (instant socialization) eine neue Identität aufzwingt und den Austritt erschwert. Diese Gefahren scheinen zwei Umstände besonders heraufzubeschwören: Der (1) exklusive Heilsanspruch, den eine Bewegung auf den eigenen Weg erhebt, sowie eine (2) forcierte Indoktrination, die sie praktiziert.

(1) Der Heils- und Erleuchtungsanspruch, den spirituelle Gruppen erheben, weist grundlegende Unterschiede auf. Bei klassischen Ordensgemeinschaften ist er nie exklusiv. Nach buddhistischem Verständnis besteht die Gemeinde (Sangha) im engeren Sinn zwar aus Mönchen oder Nonnen, doch kann man auch außerhalb dieses klösterlichen Kerns Buddhist sein und die Ordination zum Mönch oder zur Nonne macht einen Austritt nicht unmöglich. Die Orthodoxen Kirchen und die katholische Kirche halten das von ihnen geschätzte Ordensleben für einen frei zu beantwortenden, persönlichen Ruf, nach den »evangelischen Räten« zu leben, also nicht für ein allgemeines Gebot. So kann es ebenso richtig sein, außerhalb von Ordensgemeinschaften zu leben; ja Letzteres ist die Regel und nicht die Norm.

Nicht wenige der neueren spirituellen Bewegungen lehren jedoch, dass ihre Lebensform der einzige sichere Weg zum wahren Menschsein sei und kennen keine Traditionen und Rechtsnormen, die eine freie Prüfung vonseiten des Neulings gewährleisten. Wer ihr Ideal und ihre Lebensform nicht annimmt, ist ihrer Meinung nach unerleuchtet und befindet sich auf einem gefährlichen Irrweg. Das Festhalten am früheren Selbstverständnis und Wertsystem wird scharf kritisiert und mit Minderwertigkeitsgefühlen, Schuldvorwürfen und Angst vor den Folgen seines Versagens belastet. Das frühere Leben wird als verkehrt, der neue Weg in der Bewegung als allein wertvoll, zukunftsfähig und gottgewollt dargestellt. Eigene Schwächen werden u.U. zu groben Fehlentwicklungen, Eltern zu Spießern und Freunde zu Verführern umgewertet. So provoziert man einen Identitätskonflikt und drängt dazu, mit seiner Vergangenheit zu brechen und Ideal und Lebensform der Gruppe als neue Identität zu übernehmen, weil man angeblich nur so die Selbstachtung aufrechterhalten kann.

Exklusiver Heils-anspruch?

Die Scientology erklärt denen, die ein erstes Interesse gezeigt und sich einem »Persönlichkeitstest« unterzogen haben, bei dessen Auswertung meistens, sie zeigten neben starken Seiten auch erhebliche Mängel in Bezug auf Selbstsicherheit, Kommunikationsfähigkeit u.a., und diese könnten sie nur durch ihre Kurse wirksam beheben. Ihr Gründer, L. Ron Hubbard, drängt: »Die ganze qualvolle Zukunft dieses Planeten, jedes Mannes, jeder Frau und jedes Kindes, und auch Dein Schicksal für die nächsten endlosen Trillionen von Jahren hängen davon ab, was du hier und jetzt in Scientology tust. Dies ist eine ungemein ernsthafte Aktivität. Und wenn wir es verpassen, jetzt aus der Falle zu entkommen, haben wir möglicherweise nie wieder ein Chance.«

(2) Das Bestreben, dem Neuling die eigene Gruppenidentität aufzudrängen, äußert sich auch oft in einer forcierten Indoktrination. Eine kommunikative **Indoktrination** Unterweisung, die eine Auseinandersetzung mit Einwänden und Zweifeln erlaubt, ist da nicht vorgesehen. Entsprechende Rückfragen werden mit Sätzen wie: »Das verstehst du später besser« oder »Wie kannst du dir ein Urteil (etwa über Mun) erlauben?«, abgetan. Stattdessen trägt der Schulungsleiter seine Botschaft in einfachen Kernsätzen und Vergleichen vor und lässt sie nicht diskutieren, sondern mit dem Beifall oder den Bekenntnissen derer, die der Bewegung schon länger angehören, beantworten. Manchmal vermitteln auch Lieder und Sprechchöre eine Begeisterung und soziale Bestätigung, die jeden Zweifel im Keim ersticken.

Zweifel verhindern will man u.U. auch dadurch, dass man Neulinge, die noch nicht gefestigt sind, mit überzeugten Anhängern umgibt, sodass sie den Eindruck gewinnen, in der Bewegung gebe es nur Zustimmung und Zufriedenheit (»kollektives Nichtwissen«). Zweifel kann man auch dadurch unterdrücken, dass man die Neulinge pausenlos mit dem Anhören von Vorträgen, mit Werbung, Betteln und Hausarbeit beschäftigt, sodass sie kaum zum Nachdenken kommen. Man kann auch Kontakte mit Eltern und Freunden außerhalb der Bewegung, d.h. Besuche, Telefongespräche und Briefverkehr, erschweren und damit ein gewisses Maß an sozialer Isolation erreichen. Diese ist – so zeigte sich bei Ehemaligen verschiedener Gruppen (Wright, 1987) – sehr wichtig für den Verbleib. Viele, die ihre Gruppe verließen, erhielten den maßgeblichen Anstoß dazu, als sie längere Zeit außerhalb von ihr lebten und Kontakt mit Nicht-Anhängern hatten.

Die Beobachtung, dass manche Mitglieder spiritueller Gruppen nach einiger Zeit stark verändert sind, dem Außenstehenden nur noch mit abwe- **Hypnotische** sendem »Zehn-Meilen-Blick« zuhören und in angelernten Schablonen den- **Verfahren?** ken und reden, hat man gelegentlich mit massiver Fremdsuggestion und hypnotischen Verfahren in ihrer Schulung erklärt. Allerdings ist nicht anzunehmen, dass Gruppen eine formelle Hypnose einleiten oder ihre Mitglieder gegen deren Willen und ohne deren anfängliches Interesse manipulieren. Hingegen kann die beschriebene emotionale Abhängigkeit von der Gruppe bzw. ihrem Führer sowie die Einengung des Bewusstseins durch Indoktrination, Meditation und Sprechchöre die kritische Distanz abbauen und eine außerordentliche, suggestible Bereitschaft zur Übernahme von Denk- und Verhaltensweisen bewirken.

Die Veränderung mag zunächst frappierend sein. Doch je weniger die neuen Denk- und Verhaltensmuster in den Überzeugungen und Wertorientierungen des Neulings verankert sind, desto eher empfindet er den endgültigen Beitritt zur Bewegung als Konflikt zwischen seiner früheren und seiner neuen Identität. Desto anfälliger ist er auch für Zweifel und emotionale Enttäuschungen, wenn er bemerkt, dass die Gruppe nicht allen seinen Erwartungen entspricht und seine Freiheit einengt.

Zur helfenden Begleitung

Ein Ausstieg aus einer extremen und problematischen Gruppe ist möglich, aber u.U. mit beachtlichen Umstellungsschwierigkeiten verbunden. Die meisten, die eine Gruppe verlassen, verlieren zunächst etwas – nämlich all das, was sie ihnen für einige Zeit an Wertorientierung, Hoffnung oder sozialer Unterstützung geboten hat. Wer als Familienangehöriger, Freund oder Berater zum Gelingen eines solchen Schrittes beitragen will, sollte Folgendes beachten.

(1) Ein gewaltsames Herauslösen aus der Gruppe – durch List oder Entführung und anschließendes »Deprogrammieren« würde gegen das Recht auf Selbstbestimmung verstoßen und die für einen nachhaltigen Erfolg nötige eigenständige Verarbeitung der Gruppenzugehörigkeit verhindern: Die Indoktrination in der Gruppe würde nur durch eine Gegen-Indoktrination ersetzt.

Kein »Deprogrammieren«
‾‾‾‾‾‾‾‾‾

(2) Wenn sich ein Mitglied seiner Gruppe noch stark verbunden fühlt, sollten sich Angehörige und Freunde, die seine Gruppenzugehörigkeit für schädlich halten, nicht von ihm abwenden, sondern die Verbindung mit ihm aufrechterhalten. In ihren Gesprächen sollten sie seine Gruppenmitgliedschaft weder gutheißen (und sich auch nicht finanziell ausnützen lassen), noch aggressiv kritisieren. Vorwürfe, Angriffe und Lächerlichmachen können nämlich den Eindruck erwecken, der Betroffene finde nur in seiner Gruppe Verständnis für seine Anliegen und Bedürfnisse. Hingegen bietet ein von Rechtfertigungsdruck freies Gespräch die Chance, gemeinsame Positiverfahrungen und Wertüberzeugungen aus dem Leben vor dem Gruppenbeitritt

in Erinnerung zu rufen und wieder daran anzuknüpfen bzw. aktuelle Alternativen eines gelingenden Lebens bewusst zu machen, d.h. die Gruppe nicht als einzigen Garanten von Sinnerfüllung und Problembewältigung zu betrachten.

(3) Mitglieder, die im Begriff sind, sich innerlich von ihrer Gruppe zu distanzieren oder die sie gerade verlassen haben, sollten Gelegenheit erhalten, sich endgültig abzulösen, das Erlebte zu verarbeiten und sich neu zu orientieren. Ein demütigendes Triumphieren – »Wie konntest du nur so dumm sein!« – würde dies verhindern. Das frühere Gruppenmitglied sollte bei Bedarf durch sachliche Informationen Hintergründe und Methoden der Organisation, der er angehörte, erhalten. Darüber hinaus sollte der Betreffende im verstehenden Gespräch klären können, welche Bedürfnisse und Motive das Angebot der Gruppe bei ihm angesprochen hat: Waren bzw. sind es eher ethisch-spirituelle Ziele, Beziehungskonflikte oder psychosomatisch-psychiatrische Probleme? Was kann er an seiner Mitgliedschaft u.U. als positive Entwicklungsphase betrachten, und was hat ihn unbefriedigt gelassen oder ihm geschadet? Und wie lassen sich in Zukunft diese Ziele auf befriedigendere Weise verwirklichen und die Probleme wirksamer lösen? Wie ist ein sinnerfülltes und relativ beschwerdefreies Leben ohne problematische Gruppe möglich?

ANHANG

Ist religiöses Erleben in Archetypen des kollektiven Unbewussten verwurzelt?

Mancher Leser dieser Religionspsychologie fragt sich vielleicht, warum bisher die Archetypenlehre des Psychiaters und Tiefenpsychologen Carl Gustav Jung (1875–1961) kaum erwähnt wurde, wo sie doch zweifellos eine beachtliche Wirkungsgeschichte entfaltet hat. Nach der reduktionistischen und positivistischen Infragestellung jeder Art von Religion durch Freud empfanden viele akademisch Gebildete Jungs Auffassungen wie die Aufhebung eines Verdikts. Seine Archetypenlehre hat tiefenpsychologische Märchendeutungen und Bibelauslegungen angeregt, Religionspädagogen nach einer Symboldidaktik suchen lassen und spirituelle Schriftsteller zur Vision eines in »Tiefenschichten« verwurzelten, lebendig-ganzheitlichen Glaubens inspiriert. Allerdings hat man in diesen außerpsychologischen Domänen kaum zur Kenntnis genommen, dass Jungs Archetypenlehre von der akademisch-empirischen Psychologie nicht rezipiert wurde und nicht rezipiert werden kann; sie vermag ihr nur den Status einer parawissenschaftlichen Idee zuzuerkennen. Die Gründe dafür sollen hier dargelegt werden.

Jung hat den von Otto (1917) geprägten Begriff des Numinosen (vgl. S. 183) übernommen und ihn mit seinen Ansichten zum Individuationsprozess und den in ihm wirksamen Archetypen des kollektiven Unbewussten verknüpft. Seine diesbezüglichen Überlegungen sind nicht streng systematisch, sondern eher intuitiv (Hoy, 1983; Machoń, 2005).

Seine Individuationstheorie geht von der Überzeugung aus, dass jeder Mensch im Lauf seiner Entwicklung eine »Heilung der (drohenden) Spaltung« anstreben muss, indem er sich in seinem Bewusstsein mit dem Unbewussten auseinandersetzt und seine individuelle »Ganzheit« findet. Dabei werde das bewusste Ich nicht nur in Phasen der Neurose und Psychose, sondern auch in den normalen Krisen und in Wandlungen, die sich unbemerkt anbahnen, von Kräften erfasst, die es unwillkürlich, ja geradezu überwältigend zum Guten oder zum Bösen inspirieren. Diese Erfahrung werde nicht bewusst geweckt und gesteuert, vielmehr sei dem »gewöhnlichen Menschen« meistens nicht bewusst, was ihn zu einem solchen Erlebnis

Indi-
viduations-
theorie

treibe, und seine einzige Aktivität bestehe darin, dass er sich ihr durch »Selbstprüfung und Selbsterkenntnis« öffne (Jung 1942, S. 273). Das Fasziniert- und Erschrecktwerden von der Unwillkürlichkeit dieser Mächte wird nach Jung numinos erlebt, und dieses numinose Erleben setzt er mit religiöser Erfahrung gleich:

»Religion ist, wie das lateinische Wort religere sagt, eine sorgfältige und gewissenhafte Beobachtung dessen, was Rudolf Otto treffend das ›Numinosum‹ genannt hat, nämlich eine dynamische Existenz oder Wirkung, die nicht von einem Willkürakt verursacht wird. Im Gegenteil, die Wirkung ergreift und beherrscht das menschliche Subjekt, welches immer eher ihr Opfer denn ihr Schöpfer ist ... Das Numinosum ist entweder die Eigenschaft eines sichtbaren Objektes oder der Einfluss einer unsichtbaren Gegenwart, welche eine besondere Veränderung des Bewusstseins verursacht« (Jung, 1940, S. 3).

Anders als der hyperrationale Zeitgeist und ein willensgesteuerter Moralismus müsse religiöse Erfahrung spontan und intensiv erlebt und zugelassen werden. Dann könne sie psychisch gestörten Menschen zur Heilung und allen zu einem sinnvolleren Leben verhelfen. Religiös-numinoses Erleben im vollen Sinn wird nach Jung nicht von religiösen Kognitionen angeregt, sondern kommt wie eine Übermacht über den Menschen. Jung setzt dabei »Gott« gleich mit dem, was den Menschen in seinen Bann ziehen kann – mit psychischer Energie, Wert und Macht:

»Diejenige psychologische Tatsache, welche die größte Macht in einem Menschen besitzt, wirkt als ›Gott‹, weil es immer der überwältigende psychische Faktor ist, der ›Gott‹ genannt wird. Sobald ein Gott aufhört, ein überwältigender Faktor zu sein, wird er ein bloßer Name. Sein Wesentliches ist tot, und seine Macht ist dahin« (Jung, 1940, S. 88).

Numinos und damit religiös wird nach Jung alles erlebt, was mit starker Gefühlsintensität erfahren wird, beispielsweise die Faszination des Materialismus oder einer anderen »Milieusuggestion«, aber auch die *Archetypen*:

Archetypen

- der »Schatten«, die negative, weniger entwickelte Seite der Persönlichkeit;
- »Animus und Anima«, Personifikationen einer weiblichen Natur im Unbewussten des Mannes und einer männlichen Natur im Unbewussten der Frau;
- »Mutter und Kind«, sei es – als Mutter – die eigene Mutter, die Weisheit oder das Gottesreich, sei es – als Kind – das Gotteskind oder die Zukunft;

- der »Alte«, der Moral, Erkenntnis und Weisheit symbolisiert;
- das »Selbst«, das zwischen Bewusstem und Unbewusstem vermittelt, die zu suchende Ganzheit versinnbildet und durch Kreis, Quadrat oder Mandala dargestellt wird. Dieser Archetyp bilde das Zentrum der Persönlichkeit.

Kollektives
Unbewusstes

Während uns nach Jung die Komplexe des persönlichen Unbewussten vertraut sind, gibt es andere, die ungleich numinoser wirken, weil sie noch stärker mit »psychischer Energie« (Libido im Sinne von Jung) geladen sind. Es sind jene Impulse, Träume, Bilder und Einfälle, die nicht mehr aus Erfahrungen der individuellen Lebensgeschichte, sondern nur noch aus dem Einfluss eines »kollektiven Unbewussten« zu erklären sind. Dieses sei in Grundkräfte strukturiert, die übermächtig, autonom und numinos immer wieder Einfluss auf den Menschen ausüben und die Jung Archetypen nennt.

Einen wichtigen Beweis sieht er in der Wachfantasie eines Schizophrenen aus Zürich, der in numinoser Erregung einen Sonnenphallus sah und ihn als den Ursprung des Windes bezeichnete. Nach Jung konnte diese Vorstellung, die auch ein Motiv des Mithraskultes war, nicht aus der Biografie des Patienten stammen (Jung, 1936a, S. 63–66; 1952a, S. 200). Ähnlich habe er in Träumen von Patienten wie auch von Gesunden Symbole gefunden, die Motiven der Mythen und der »großen Träume« der Primitivvölker gleichen. Diese individuum-, kultur- und zeitübergreifende Gleichmäßigkeit (Universalität) verweise auf ein kollektives Unbewusstes, dessen archetypische Grundkräfte sich meistens in den Symbolen, Träumen, Wachfantasien oder künstlerischen Gestaltungen äußerten, die sich durch besondere Suggestivkraft auszeichnen – im Unterschied zu den oberflächlichen, intellektuellen Träumen aus dem persönlichen Unbewussten. Das kollektive Unbewusste ist für Jung also die Quelle religiöser Erfahrung.

In seiner Schrift »Antwort auf Hiob« (Jung, 1952b) beschreibt er das kollektive Unbewusste – offenbar unter dem Einfluss der »Philosophen des Unbewussten« Carl Gustav Carus und Eduard von Hartmann – als dumpfen Weltgrund und Lebensdrang, der das Individuum aus sich hervorbringt, um in ihm zur »Selbstanschauung«, zum Bewusstsein seiner selbst zu gelangen. Die Menschheitsgeschichte sei die in Spannungen und Kämpfen sich vollziehende Bewusstseinsgeschichte dieses Weltgrunds. Die Biografie des Einzelnen »stellt eine Perikope im säkularen Ablauf oder in der ›ewigen Revolution‹ der ›göttlichen‹ Bilder dar. Ein ewig Vorhandenes erscheint in der Zeit als Ablauf« (Jung, 1972, S. 229).

Als Strukturierungen des kollektiven Unbewussten sind die Archetypen universelle, in der Frühgeschichte der Menschheit, ja zum Teil in deren tierischer Vorgeschichte erworbene und vererbte Dispositionen menschlichen Vorstellens, Wollens und Denkens, die das gegenwärtige Individuum veranlassen, wiederkehrende Situationen – Geburt, Tod, Gefahr, Vater – so zu erleben, wie es seine Vorfahren taten. Einige von ihnen seien bereits selbstständige Persönlichkeitssysteme geworden – eben Schatten, Anima, Animus, die Mutter, das göttliche Kind, der Alte und vor allem das Selbst, in dem sich das Streben nach Ganzheit äußere.

Das kollektive Unbewusste mit seinen Archetypen – Dämon, Mana oder Gott genannt – könne durch seine faszinierend andrängenden Impulse zu Besessenheit und Persönlichkeitsspaltung führen, aber auch zur schöpferisch genutzten Quelle übermenschlicher Kraft werden. Mehrere Kräfte müssten dazu beitragen, dass der Mensch der Gefahr einer Psychose und Neurose entgehe und das gesunde Spannungsverhältnis zum kollektiven Unbewussten finde: die Religion mithilfe von lebendigen Symbolen und Riten, die die ursprüngliche Erfahrung nicht durch kodifizierte und dogmatisierte Formen ersticken dürfen, außerdem die Wertvorstellungen der Gesellschaft und schließlich die Psychotherapie, die zur bewussten Auseinandersetzung mit überwältigenden Impulsen anzuregen hat.

Diskussion
Gegen Jungs Auffassung von Religiosität sind ernsthafte Einwände geltend zu machen.

(1) Religiöses Erleben ist nicht mit der (seltenen) numinosen Erfahrung von überwältigenden, unwillkürlichen Impulsen und Einbrüchen gleichzusetzen, sondern beruht zum größten Teil auf der willentlichen Aktivierung von religiösen Überzeugungen (Kognitionen), deren Bedeutung keineswegs sekundär ist, wie Jung voraussetzt (s. S. 189f.).
(2) Jungs Archetypenbegriff enthält Widersprüche: Einerseits beschreibt er die Archetypen als universal, andererseits als Signale, die eine nötige Korrektur anzeigen und genau die konkrete Situation eines Individuums treffen können. Als reine Vorstellungsmöglichkeiten sind sie für ihn einerseits inhaltslos und allgemein, andererseits aber als Animus, Anima usw. sehr wohl inhaltlich voneinander unterschiedene Motive in Mythen und Träumen. Er nennt sie »an sich unanschaulich«, aber auch »Anschauungsbegriffe«. Er hält sie für »lebendige Subjekte« des kollektiven Unbewussten (sodass dieses in eine Vielzahl von Subjekten zerfallen müsste) und andererseits nur für dessen Strukturierungen (Balmer, 1972; Langner, 1983).

(3) Die Archetypenlehre ist erfahrungswissenschaftlich nicht zu verwenden und theoretisch nicht begründet: Die Annahme, dass in spontanen numinosen Eingebungen archetypische Strukturen eines kollektiven Unbewussten wirksam sind, lässt sich erfahrungswissenschaftlich weder beweisen noch widerlegen; sie ist also kein Konstrukt, das für die wissenschaftliche Psychologie geeignet wäre.

Die Beobachtungen, die Jung zur Begründung anführt, lassen sich ohne Archetypenlehre sparsamer und plausibler erklären. Das Ichfremde bei Offenbarungserlebnissen kann man mit guten Gründen als unbewusste, dissoziierte Aktivität des Individuums verstehen (s. S. 214f.), ohne ein kollektives Unbewusstes annehmen zu müssen. Die Ähnlichkeit zwischen heutigen Traummotiven und Vorstellungen alter Mythen lässt sich mühelos aus ähnlichen, überzeitlichen Situationen und Motiven erklären. Warum soll ein Patient aus Zürich, der täglich Sonne und Phallus erleben kann, in einem bestimmten Triebkonflikt und einer Paranoiaphase nicht die Vorstellung von einem Sonnenphallus als dem Ursprung der Winde entwickeln? Die von Jung immer wieder behaupteten Ähnlichkeiten sind oft nur oberflächliche Analogien, bei denen er weder den Erlebniskontext bei den modernen Patienten noch den der religionsgeschichtlichen Parallelen – zumal die Vieldeutigkeit und emotionale Flachheit oder Tiefe bei sprachlichen Metaphern – genau untersucht hat.

Der Versuch, von der Archetypenlehre aus die unüberschaubare Vielfalt von Symbolvorstellungen in Mythen, Märchen und Träumen auf wenige Grundformen zurückführen und damit eine Komplexitätsreduktion zu erreichen, läuft Gefahr, dass man sich mit dem Feststellen von Ähnlichkeiten begnügt und die individuellen und kulturellen Unterschiede und Entstehungsbedingungen übersieht.

(4) Die Erklärungskraft der Archetypenlehre ist fragwürdig: Was erfährt man über die intrapsychischen und psychosozialen Bedingungen von Religiosität, wenn man bestimmte Erfahrungen mit religionsgeschichtlichen Parallelen vergleicht und dafür archetypische Kräfte postuliert, dabei aber alles, was die Psychologie über relevante Motive, Denkprozesse und Bewältigungsstrategien weiß, außer Acht lässt? Welchen Erkenntnisgewinn enthielt beispielsweise Jungs Diagnose im Jahr 1936, Adolf Hitler und der Faschismus seien – mehr als auf ökonomische, politische und psychologische Ursachen – auf das Ergriffensein der Deutschen vom »Archetyp Wotan« zurückzuführen (Jung, 1936b) und für den Nationalsozialismus seien in hohem Maß die Götter (das kollektive Unbewusste) verantwortlich? War es da nicht ergiebiger, auf der Linie von Theodor W. Adorno, Erich Fromm

und anderen nach den sozialpsychologischen Entstehungsbedingungen antidemokratischer, intoleranter und destruktiver Einstellungen zu forschen? Hat die Archetypenlehre auf sozialpsychologischem und religionspsychologischem Gebiet eine vergleichbare Forschungstätigkeit hervorgebracht?

(5) Die Annahme eines kollektiven Unbewussten widerspricht der Freiheitserfahrung des Menschen: Nach Jung kann das Ich zwar um Freiheit ringen und die Einflüsse des kollektiven Unbewussten grundsätzlich integrieren, doch wird es von ihnen »aus seiner zentralen und beherrschenden Stellung quasi zur Seite geschoben und gerät dadurch in die Rolle des erleidenden Zuschauers, dem die nötigen Mittel fehlen, seinen Willen unter allen Umständen geltend zu machen« (Jung, 1946, S. 256); ja, »vom Unbewussten gehen determinierende Wirkungen aus« (Balmer, 1972, S. 74). Die psychische Entwicklung des Einzelnen und der Gesellschaft hat weitgehend der Richtung des kollektiven Unbewussten zu folgen und ist Teil von dessen Bewusstwerdungsgeschichte. Diese Deutung wird der Selbstbestimmung und Subjekthaftigkeit des Menschen kaum gerecht. Sie setzt auch eine wenig plausible Metaphysik des Unbewussten voraus, der zufolge sich das bewusste Ich des Menschen seinsmäßig aus einer kosmischen Energie aufbaut und nährt, die ursprünglich nur in unbewusster, psychoider und kollektiver Form vorhanden ist, sich jedoch zu archetypischen Grundkräften strukturiert und zum vollen psychischen Leben drängt, das seiner selbst bewusst wird.

Literatur

AA/Anonyme Alkoholiker deutscher Sprache (Hrsg.) (1983). *Zwölf Schritte und zwölf Traditionen*. München.

Abdel-Khalek, A. M. (2006). Happiness, health, and religiosity: Significant relations. *Mental Health, Religion & Culture, 9*, 85–97.

Abramowitz, J. S., Huppert, J. D., Cohen, A. A., Tolin, D. F. & Cahill, Sh. P. (2002). Religious obesessions and compulsions in a non-clinical sample: The Penn Inventory of Scrupulosity (PIOS). *Behaviour Research and Therapy, 40*, 824–838.

Abramson, L. Y., Seligman, M. E. P. & Teasdale, J. D. (1978). Learned helplessness in humans: Critique and reformulation. *Journal of Abnormal Psychology, 87*, 49–74.

Adam, I. (1976). Untersuchung über die Beziehung zwischen Gottesvorstellung und dem Erleben väterlicher Autorität in der Kindheit. *Wege zum Menschen, 28*, 190–196.

Adams, P. E. (2003). Understanding the high self-esteem of black adolescent girls. *Dissertation Abstracts International: Section A: Humanities & Social Sciences, 64 (A)*, 2255.

Adorno, T. W. (1973). *Negative Dialektik*. Gesammelte Schriften, Bd. 6. Frankfurt am Main: Suhrkamp.

Adorno, T. W., Frenkel-Brunswik, E., Levinson, D. J. & Sanford; R. N. (1950). *The authoritarian personality*. New York: Harper & Row.

Agle, D. P., Ratnoff, O. D. & Wasman, M. (1969). Conversion reactions in autoerythrocyte sensitization: Their relationship to the production of ecchymoses. *Archives of General Psychiatry, 20*, 438–447.

Almond, G. A., Sivan, E. & Appleby, R. S. (1995). Fundamentalism: Genus and species. In M. E. Marty & R. S. Appleby (Eds.), *Fundamentalism comprehended* (pp. 399–424). Chicago: The University of Chicago Press.

Allison, J. (1969). Religious conversion: Regression and progression in an adolescent experience. *Journal for the Scientific Study of Religion, 8*, 23–38.

Allport, G. W. (1960). *The individual and his religion*. New York: Macmillan.

Allport, G. W. (1959). *Persönlichkeit. Struktur, Entwicklung und Erfassung der menschlichen Eigenart*. Meisenheim: Hein.

Allport, G. W. & Ross, J. M. (1967). Personal religious orientation and prejudice. *Journal of Personality and Social Psychology, 5*, 432–443.

Altemeyer, B. (1996). *The authoritarian specter*. Cambridge (MA): Harvard University Press.

Altemeyer, B. (2003). Why do religious fundamentalists tend to be prejudiced? *International Journal for the Psychology of Religion, 13*, 17–28.

Altemeyer, B. & Hunsberger, B. (1992). Authoritarianism, religious fundamentalism, quest, and prejudice. *International Journal for the Psychology of Religion, 2*, 113–133.

Altemeyer, B. & Hunsberger, B. (1997). *Amazing conversions: Why some turn to faith and others abandon religion*. Amherst, N.Y.: Prometheus.

Altemeyer, B. & Hunsberger, B. (2004). A revised Religious Fundamentalism Scale: The short and sweet of it. *International Journal for the Psychology of Religion, 14*, 47–54.

Anand, B. K., Chhina, G. S. & Singh, B. (1961). Some aspects of EEG studies in Yogis. *Electroencephalography and Clinical Neurophysiology, 13*, 452–456.

Ardelt, M. (2003). Effects of religion and purpose in life on elders' subjective well-being and attitudes toward death. *Journal of Religious Gerontology, 14*, 55–77.

Assmann, J. (1993). Monotheismus und Kosmotheismus. *Ägyptische Formen eines »Denkens des Einen« und ihre europäische Rezeptionsgeschichte.* Heidelberg: Universitäts-Verlag Winter.

Assmann, J. (2003). *Die Mosaische Unterscheidung oder der Preis des Monotheismus.* München: Hanser.

Atkinson, B. E. & Malony, H. N. (1994). Religious maturity and psychological distress among older christian women. *International Journal for the Psychology of Religion, 4*, 165–179.

Austin, J. H. (1998). *Zen and the brain. Toward an understanding of meditation and consciousness.* Cambridge, MA: MIT Press.

Azari, N. P., Missimer, J. & Seitz, R. J. (2005). Religious experience and emotion: Evidence for distinctive cognitive neural patterns. *International Journal for the Psychology of Religion, 15*, 263–281.

Azari, N. P., Nickel, J., Wunderlich, G., Niedeggen, M., Hefter, H, Tellmann, L., Herzog, H., Stoerig, P., Birnbacher, D. & Seitz, R. J. (2001). Neural correlates of religious experience. *European Journal of Neuroscience, 13*, 649–652.

Baider, L., Russak, S. M., Perry, S., Kash, K., Gronert, M., Fox, B., Holland, J. C. & Kaplan-DeNour, A. (1999). The role of religious and spiritual beliefs in coping with malignant melanoma: An Israeli sample. *Psycho-Oncology, 8*, 27–35.

Bainbridge, W. S. (1992). Crime, delinquency, and religion. In J. F. Schumaker (Ed.), *Religion and mental health* (pp. 199–210). New York: Oxford University Press.

Baker, M. & Gorsuch, R. (1982). Trait anxiety and intrinsic-extrinsic religiousness. *Journal for the Scientific Study of Religion, 21*, 119–122.

Balk, D. (1983). Adolescents grief reactions and self-concept perceptions following sibling death: A study of 33 teenagers. *Journal of Youth and Adolescence, 12*, 137–161.

Ball, J., Armistead, L. & Austin, B.-J. (2003). The relationship between religiosity and adjustment among African-American, female, urban adolescents. *Journal of Adolescence, 26*, 431–446.

Balmer, H. H. (1972). *Die Archetypenlehre von C. G. Jung. Eine Kritik.* Berlin: Springer.

Baltes, P. B. (1990). Entwicklungspsychologie der Lebensspanne: Theoretische Leitsätze. *Psychologische Rundschau, 41*, 1–24.

Bandura, A. (1979). *Sozial-kognitive Lerntheorie.* Stuttgart: Klett (Original: 1977).

Bandura, A. (1986). *Social foundations of thought and action: A social cognitive theory.* Englewood Cliffs, NY: Prentice-Hall.

Bartholomew, K. & Horowitz, L. M. (1991). Attachment styles among young adults: A test of a four-category model. *Journal of Personality and Social Psychology, 61*, 226–244.

Bassett, J. F. & Williams, J. E. (2003). Protestants' images of self, God, and satan as seen in adjective check list description. *International Journal for the Psychology of Religion, 13*, 123–135.

Batson, C. D. (1991). *The altruism question: Toward a social-psychological answer*. Hillsdale: Lawrence Erlbaum.

Batson, C. D., Oleson, K. C., Weeks, J. L., Healy, S. P., Reeves, P. J., Jennings, P. & Brown, T. (1999). Religious prosocial motivation: Is it altruistic or egoistic? *Journal of Personality and Social Psychology, 57*, 873–884.

Batson, C. D., Schoenrade, P. & Ventis, W. L. (1993). *Religion and the individual: A social-psychological perspective*. New York: Oxford University Press.

Batson, C. D. & Ventis, W. L. (1982). *The religious experience: A social-psychological perspective*. New York: Oxford University Press.

Baumert, N. (1982). Unter der Führung des Geistes. *Geist und Leben, 55*, 106–111.

Beck, A. T. (1977). *Depression: Clinical, experimental, and theoretical aspects* (2nd ed.). New York: Harper & Row.

Beck, N. (2004). Familiäre und psychosoziale Aspekte der Zwangsstörung im Kindes- und Jugendalter. In Ch. Wewetzer (Hrsg.), *Zwänge bei Kindern und Jugendlichen* (S. 84–96). Göttingen: Hogrefe.

Beck, R. & McDonald, A. (2004). Attachment to God: The Attachment to God Inventory, tests of working model correspondence, and an exploration of faith group differences. *Journal of Psychology and Theology, 32*, 92–103.

Becker, P. (2003). *TIPI. Trierer Integriertes Persönlichkeitsinventar*. Göttingen: Hogrefe.

Beit-Hallahmi, B. & Argyle, M. (1997). *The psychology of religious behaviour, belief and experience*. London: Routledge.

Belzen, J. A. van (1998). Errungenschaften, Desiderata, Perspektiven – Zur Lage der religionspsychologischen Forschung in Europa, 1970–1995. In Ch. Henning & E. Nestler (Hrsg.), *Religion und Religiosität zwischen Theologie und Psychologie*. Bad Boller Beiträge zur Religionspsychologie (S. 131–158), Frankfurt am Main: Lang.

Benson, P. L. & Spilka, B. L. (1973). God-image as a function of self-esteem and locus of control. *Journal for the Scientific Study of Religion, 12*, 297–310.

Benz, E. (1969). *Die Vision*. Stuttgart: Klett.

Berger, P. L. (1972). Some second thoughts on substantive versus functional definitions of religion. *Journal for the Scientific Study of Religion, 13*, 125–133.

Berger, P. L. & Luckmann, T. (1969). *Die gesellschaftliche Konstruktion der Wirklichkeit*. Frankfurt am Main: Suhrkamp.

Bergin, A. E., Masters, K. F. & Richards, P. S. (1987). Religiousness and mental health reconsidered: A study of an intrinsically religious sample. *Journal of Counseling Psychology, 34*, 197–204.

Berlyne, D. E. (1960). *Conflict, arousal and curiosity*. New York: McGraw-Hill.

Bickel, C. O., Ciarrocchi, J. W., Sheers, N. J., Estadt, B. K., Powell, D. A. & Pargament, K. I. (1998). Perceived stress, religious coping styles, and depressive affect. *Journal of Psychology and Christianity, 17*, 33–42.

Bierhoff, H. W. (2002). Prosoziales Verhalten. In W. Stroebe, K. Jonas & M. Hewstone (Hrsg.), *Sozialpsychologie. Eine Einführung* (S. 319–351) (4. Aufl.). Berlin: Springer.

Bierhoff, H. W. & Wagner, U. (Hrsg.). (1998). *Aggression und Gewalt. Phänomene, Ursachen und Interventionen*. Stuttgart: Kohlhammer.

Birky, I. T. & Ball, S. (1988). Parental trait influence on God as object representation. *Journal of Psychology, 122*, 133–137.

Bless, H., Wänke, M., Bohner, G., Fellhauer, R. F. & Schwarz, N. (1994). Need for Cognition: Eine Skala zur Erfassung von Engagement und Freude bei Denkaufgaben. *Zeitschrift für Sozialpsychologie, 25*, 147–154.

Blofeld, J. (1991). *Selbstheilung durch die Kraft der Stille*. München: Scherz.

Bohannon, J. R. (1991). Religiosity related to grief level of bereaved mothers and fathers. *Omega, 23*, 153–159.

Bolterauer, L. (1989). *Die Macht der Begeisterung. Fanatismus und Enthusiasmus in tiefenpsychologischer Sicht*. Tübingen: Edition Diskord.

Boos-Nünning, U. (1972). *Dimensionen der Religiosität. Zur Operationalisierung und Messung religiöser Einstellungen*. München: Kaiser.

Borkenau, P. (1991). Gibt es eine altruistische Motivation? *Psychologische Rundschau, 42*, 195–205.

Borkenau, P. & Ostendorf, F. (1993). *NEO-Fünf-Faktoren Inventar (NEO-FFI) nach Costa und McCrae*. Göttingen: Hogrefe.

Bowlby, J. (1975). *Bindung*. München: Kindler.

Bowlby, J. (1983). *Verlust, Trauer und Depression*. Frankfurt am Main: Fischer.

Bradford, D. T. (1984). *The experience of God. Portraits in the phenomenological psychopathology of schizophrenia*. New York: Lang.

Brandtstädter, J. & Renner, G. (1990). Tenacious goal pursuit and flexible goal adjustment: Explication and age-related analysis of assimilative and accommodative strategies of coping. *Psychology and Aging, 5*, 58–67.

Brandstätter, V. & Gollwitzer, P. M. (1994). Research on motivation: A review of the eighties and early nineties. *German Journal of Psychology, 18*, 181–232.

Brody, S. (1980). Transitional objects: Idealization of a phenomenon. *Psychoanalytic Quarterly, 49*, 561–605.

Brody, S. (1982). Psychoanalytic theory of infant development and its disturbances: A critical evaluation. *Psychoanalytic Quarterly, 51*, 526–597.

Brown, L. B. (1966). Egocentric thought in petitionary prayer: A cross-cultural study. *Journal of Social Psychology, 68*, 197–210.

Brown, L. B. (1967). Quelques attitudes sousjacentes dans les prières pour demander des faveurs. In A. Godin (Ed.), *Du cri à la parole*. Cahiers de Lumen Vitac – Psychologie religieuse, Vol. 4 (pp. 67–88). Brüssel: Lumen Vitae.

Brunstein, J. C. (1990). *Hilflosigkeit, Depression und Handlungskontrolle*. Göttingen: Hogrefe.

Bucher, A. A. & Reich, K. H. (Hrsg.). (1989). *Entwicklung von Religiosität. Grundlagen, Theorieprobleme, praktische Anwendung*. Freiburg/Schweiz: Universitätsverlag.

Bucke, R. M. (1925). *Kosmisches Bewusstsein*. Celle: Kampmann (Original: 1901).

Buckley, P. (1981). Mystical experience and schizophrenia. *Schizophrenia Bulletin, 7*, 516–521.

Bull, D. L. (2001). A phenomenological model of therapeutic exorcism for Dissociative Identity Disorder. *Journal of Psychology and Theology, 29*, 131–139.

Bulman, R. J. & Wortman, C. B. (1977). Attribution of blame and coping in the »real world«: Severe accident victims react to their lot. *Journal of Personality and Social Psychology, 35*, 351–363.

Buri, J. R. & Mueller, R. A. (1993). Psychoanalytic theory and loving God concepts: Parent referencing versus self-referencing. *Journal of Psychology, 127*, 17–27.

Cacioppo, J. T., Petty, R. E., Feinstein, J. A. & Jarvis, W. B. G. (1996). Dispositional differences in cognitive motivation: The life and times of individuals varying in need for cognition. *Psychological Bulletin, 119*, 197–253.

Campiche, R. J. (2004). *Die zwei Gesichter der Religion. Faszination und Entzauberung*. Zürich: Theologischer Verlag.

Carozzi, A. F., Bull, K. S., Eells, G. T. & Hurlburt, J. D. (1995). Empathy as related to creativity, dogmatism, and expressiveness. *Journal of Psychology: Interdisciplinary & Applied, 129*, 365–373.

Chartier, M. R. & Goehner, L. A. (1976). A study of the relationship of parent-adolescent communication, self-esteem, and God image. *Journal of Psychology and Theology, 4*, 227–232.

Christine, L. (o.J.). *Geistliches Tagebuch*. Mainz: M. Grünewald.

Clark, R. H. (1994). The death of a child. *Journal of Religion and Health, 33*, 321–324.

Clavier, H. (1926). *L'idée de Dieu chez l'enfant* (2. Ed.). Paris: Fischbacher.

Cook, J. A. & Wimberley, D. W. (1983). If I should die before I wake: Religious commitment and adjustment to the death of a child. *Journal for the Scientific Study of Religion, 22*, 222–238.

Coxhead, N. (1985). *The relevance of bliss*. London: Wildwood House.

Crozier, S. & Joseph, S. (1997). Religiosity and sphere-specific just world beliefs in 16- to 18year-olds. *Journal of Social Psychology, 137*, 510–513.

Dahl, K. E. (1999). Religion and coping with bereavement. *Dissertation Abstracts International: Section B: The Sciences & Engineering, 59 (7–B)*, 3686.

Dalbert, C. (1996). *Über den Umgang mit Ungerechtigkeit. Eine psychologische Analyse*. Bern: Huber.

Deconchy, J.-P. (1966). Une question de psychologie de la religion: Dans quelle mesure peut-on parler de »magie« chez l'enfant? *Mélanges de Science Religieuse, 23*, 217–236.

Deconchy, J.-P. (1967). *Structure génétique de l'idée de Dieu chez les catholiques français, garçons et filles de 8 à 16 ans*. Brüssel: Lumen Vitae.

De Hart, J. (1990). Impact of religious socialization. *Journal of Empirical Theology, 3*, 1: 59–78.

Dein, D. & Stygall, J. (1997). Does being religious help or hinder coping with chronic illness? A critical literature review. *Palliative Medicine, 11*, 291–298.

Delp, A. (1984). *Gesammelte Schriften*, Bd. 4. Frankfurt am Main: Knecht.

Deneke, F. & Hilgenstock, B. (1989). *Das Narzissmusinventar*. Bern: Huber.

Deusinger, I. M. & Deusinger, F. L. (1996). Zur Messung von Einstellungen zur Religion. In H. Moosbrugger, Ch. Zwingmann & D. Frank (Hrsg.), *Religiosität, Persönlichkeit und Verhalten: Beiträge zur Religionspsychologie* (S. 129–144). Münster. Waxmann.

Deutsch, A. (1980). Tenacity of attachment to a cult leader: A psychiatric perspective. *American Journal of Psychiatry, 137*, 1569–1573.

Deutscher Bundestag, Enquete-Kommission »Sogenannte Sekten und Psychogruppen« (Hrsg.) (1998). *Neue religiöse und ideologische Gemeinschaften und Psychogruppen. Forschungsprojekte und Gutachten der Enquete-Kommission »Sogenannte Sekten und Psychogruppen«*. Hamm: Hoheneck.

Deutscher Bundestag, Referat Öffentlichkeitsarbeit (Hrsg.) (1998). *Endbericht der Enquete-Kommission »Sogenannte Sekten und Psychogruppen«. Neue religiöse und ideologische Gemeinschaften und Psychogruppen in der Bundesrepublik Deutschland*. Bonn: Deutscher Bundestag. Referat Öffentlichkeitsarbeit.

Dewhurst, K. & Beard, A. W. (1970). Sudden religious conversion in temporal lobe epilepsy. *British Journal of Psychiatry, 117*, 497–507.

Dickie, J. R., Ajega, L. V., Kobylak, J. R. & Nixon, K. M. (2006). Mother, father, and self: Sources of young adults' God concepts. *Journal for the Scientific Study of Religion, 45*, 57–71.

Dickie, J. R., Eshleman, A. K., Merasco, A. M., Shepard, A., Vander Wilt, M. & Johnson, M. (1997). Parent-child relationships and children's images of God. *Journal for the Scientific Study of Religion, 36*, 25–43.

Di Fiorino, M., Fizzotti, E. & Miniati, M. (2002). Psychometric profiles in Italian Hare Krishna movement. Affiliation and membership. *Archives of Psychiatry and Psychotherapy, 4*, 53–61.

Dittes, J. E. (1969). Psychology of religion. In G. Lindzey & E. Aronson (Eds.), *The handbook of social psychology* (Vol 5, 2nd ed., pp. 602–659). Reading, MA: Addison-Wesley.

Dittrich, A. (1985). *Ätiologie-unabhängige Strukturen veränderter Wachbewusstseinszustände*. Stuttgart: Enke.

Dörr, A. (1987). *Religion und Depression. Eine empirisch-psychologische Untersuchung*. Weinheim: Deutscher Studien Verlag.

Dörr, A. (2001). *Religiosität und psychische Gesundheit. Zur Zusammenhangsstruktur spezifischer religiöser Konzepte*. Hamburg: Kovac.

Donahue, M. J. (1985) Intrinsic and extrinsic religiousness: Review and meta-analysis. *Journal of Personality and Social Psychology, 48*, 400–419.

Dooley, A. M. (1981). *A quest for religious maturity*. Washington: University Press of America.

Dornes, M. (1993). *Der kompetente Säugling. Die präverbale Entwicklung des Menschen*. Frankfurt am Main: Fischer.

Downey, A. M. (1984). Relationship of religiosity to death anxiety of middle-aged males. *Psychological Reports, 54*, 811–822.

DSM-IV: American Psychiatric Association (1998). *Diagnostisches und Statistisches Manual Psychischer Störungen DSM-IV*. Deutsche Bearbeitung und

Einführung von H. Saß, H.-U. Wittchen, & M. Zaudig (2. Aufl.), Göttingen: Hogrefe.

Dürckheim, K. Graf (1976). *Zen und wir.* München: Barth.

Dumoulin, H. (1963). Die Zen-Erleuchtung in neueren Erlebnisberichten. *Numen, 10,* 133–152.

Dumoulin, H. (1986). *Geschichte des Zen-Buddhismus. Bd. 2: Japan.* Bern: Francke.

Ebert, D. (1997). *Psychiatrie systematisch.* Bremen: UNI-MED.

Eddington, T. J. & Hutchinson, R. L. (1990). Fundamentalism as predictor of cognitive complexity. *Journal of Psychology and Christianity, 9,* 47–55.

Edwards, K. (1976). Sex role behavior and religious experience. In W. Donaldson (Ed.), *Research in mental health and religious behavior.* Atlanta: Psychological Studies Institute.

Eisenberg, N. (1986). *Altruistic emotion, cognition, and behavior.* Hillsdale: Lawrence Erlbaum.

Eisinga, R., Felling, A. & Peters, J. (1990). Religious belief, church involvement, and ethnocentrism in the Netherlands. *Journal for the Scientific Study of Religion, 29,* 54–75.

Ellerbrock, J. (1990). *Lebensexperimente des Glaubens.* Frankfurt am Main: Lang.

Ellis, A. (1979). *Praxis der Rational-Emotiven Therapie.* München: Urban & Schwarzenberg.

Ellison, Ch. G. (1991). Religious involvement and subjective well-being. *Journal of Health and Social Behavior, 32,* 80–91.

Emmons, R. A. (2000). Is spirituality an intelligence? Motivation, cognition, and the psychology of ultimate concern. *International Journal for the Psychology of Religion, 10* (Special Issue: The spiritual intelligence), 3–26.

Emmons, R. A., Cheung, C. & Tehrani, K. (1998). Assessing spirituality through personal goals: Implications for research on religion and subjective well-being. *Social Indicators Research, 45,* 391–422.

Emmons, R. A. & McCullough, M. E. (2004). *The psychology of gratitude.* New York: Oxford University Press.

Emnid (1992). *Tabellen zur »Spiegel«-Umfrage »Was glauben die Deutschen?«* (Unveröffentlicht). Bielefeld: Emnid.

Engel, K. (1999). *Meditation. Geschichte, Systematik, Forschung, Theorie* (2. Aufl.). Frankfurt am Main: Peter Lang.

Erichsen, E. (1974). Bemerkungen über das sogenannte »religiöse« Erleben des Schizophrenen. *Der Nervenarzt, 45,* 191–199.

Erikson, E. H. (1953). *Wachstum und Krisen der gesunden Persönlichkeit.* Stuttgart: Klett.

Erikson, E. H. (1965). *Kindheit und Gesellschaft.* Stuttgart: Klett.

Erikson, E. H. (1975) *Der junge Mann Luther.* Frankfurt am Main: Suhrkamp.

Eschenröder, C. T. (1984). *Hier irrte Freud.* München: Urban & Schwarzenberg.

Ethridge, F. M. & Feagin, J. R. (1979). Varieties of »fundamentalism«: A conceptual and empirical analysis of two protestant denominations. *Sociological Quarterly, 20,* 37–48.

Ettl, G. (Hrsg.). (1985). *Mit einem Senfkorn Glauben im Gepäck*. Donauwörth: Auer.

Eurelings-Bontekoe, E. H. M., Van Steeg, J. H. & Verschuur, M. J. (2005). The association between personality, attachment, psychological distress, church denomination and the God concept among a non-clinical sample. *Mental Health, Religion & Culture, 8*, 141–154.

Exline, J. J., Yali, A. M. & Sanderson, W. C. (2000). Guilt, discord, and alienation: The role of religious strain in depression and suicidality. *Journal of Clinical Psychology, 56*, 1481–1496.

Fahd, T. (1987). Magic in Islam. In M. Eliade (Ed.), *The encyclopedia of religion* (Vol. 9, pp. 104–109). New York: Macmillan.

Farthing, G. W. (1992). *The psychology of consciousness*. Englewood Cliffs, N.J.: Prentice Hall.

Feagin, J. R. (1964). Prejudice and religious types: A focused study of Southern fundamentalists. *Journal for the Scientific Study of Religion, 4*, 3–13.

Fesch, J. (1974). *Du nimmst mich an*. Freiburg: Herder.

Festinger, L. (1954). *A theory of cognitive dissonance*. Stanford: Stanford University Press.

Filipp, S.-H. (1979). Entwurf eines heuristischen Bezugsrahmens für die Selbstkonzept-Forschung: Menschliche Informationsverarbeitung und naive Handlungstheorie. In S.-H. Filipp (Hrsg.), *Selbstkonzept-Forschung* (129–152). Stuttgart: Klett-Cotta.

Finkler, K. (1980). Non-medical treatments and their outcomes. *Culture, Medicine and Psychiatry, 4*, 271–310.

Fitz, A. (1990). Religious and familial factors in the etiology of obsessive-compulsive disorder: A review. *Journal of Psychology and Theology, 18*, 141–147.

Flakoll, D. A. (1975). Effects of theological views of self-acceptance on high and low self-esteem Christians. *Dissertation Abstracts International: Section B: The Sciences & Engineering, 36(B)*, 907.

Flammer, A. (1999). *Erfahrung der eigenen Wirksamkeit. Einführung in die Psychologie der Kontrollmeinung*. Bern: Huber.

Fleck, U. (1935). Über die Religiosität der Epileptiker. *Archiv für Psychiatrie und Nervenleiden, 103*, 122–135.

Florian, V. & Kravetz, S. (1983). Fear of personal death: Attribution, structure, and relation to religious belief. *Journal of Personality and Social Psychology, 44*, 600–607.

Fowler, J. W. (1991). *Stufen des Glaubens. Die Psychologie der menschlichen Entwicklung und die Suche nach Sinn*. Gütersloh: Gütersloher Verlagshaus (Original: 1981).

Francis, L. J. (1992). Religion, neuroticism, and psychoticism. In J. F. Schumaker (Ed.), *Religion and mental health* (pp. 149–160). New York: Oxford University Press.

Francis, L. J. & Jackson, Ch. J. (2003). Eysenck's dimensional model of personality and religion: Are religious people more neurotic? *Mental Health, Religion & Culture, 6*, 87–100.

Francis, L. J. & Robbins, M. (2003). Personality and Glossolalia: A study among male evangelical clergy. *Pastoral Psychology, 51*, 391–396.

Francis, L. J. & Stubbs, M. T. (1987). Measuring attitudes towards Christianity: From childhood to adulthood. *Personality and Individual Differences, 8*, 741–743.

Frantz, Th. T., Trolley, B. C. & Johll, M. P. (1996). Religious aspects of bereavement. *Pastoral Psychology, 44*, 151–163.

Freud, S. (1964–1968). *Gesammelte Werke* (GW). 18 Bände. Frankfurt am Main: S. Fischer.

Friedberg, B. & Friedberg, R. D. (1985). Locus of control and religiosity. *Psychological Reports, 56*, 757–758.

Frijda, N. (1986). *The emotions.* Cambridge: Cambridge University Press.

Furnham, A. (2003). Belief in a just world: Research progress over the past decade. *Personality and Individual Differences, 34*, 795–817.

Gächter, S. (1991). Wie übersinnlich ist der Deutsche? *Wiener, 7*, 51–58.

Galanter, M. (1983). Unification Church (»Moonie«) dropouts: Psychological readjustment after leaving a charismatic religious group. *American Journal of Psychiatry, 140*, 984–989.

Galanter, M. (Ed.). (1989). *Cults and new religious movements: A report of the Committee on Psychiatry and Religion of the American Psychiatric Association.* Washington D.C.: American Psychiatric Association.

Galanter, M., Rabkin, R., Rabkin, J. & Deutsch, A. (1979). The »Moonies«: A psychological study. *American Journal of Psychiatry, 136*, 165–170.

Gallup, G. H. (1998). *Thankfulness: America's saving grace.* Paper presented at the National Day of Prayer Breakfast, Thanks-Giving Square, Dallas.

Gartner, J., Larson, D. B. & Allen, G. D. (1991). Religious commitment and mental health: A review of the empirical literature. *Journal of Psychology and Theology, 19*, 6–25.

Geels, A. (1996). A note on the psychology of dhikr: The Halveti-Jerrahi order of dervishes in Istanbul. *International Journal for the Psychology of Religion, 6*, 229–251.

Genia, V. & Shaw, D. G. (1991). Religion, intrinsic-extrinsic orientation, and depression. *Review of Religious Research, 32*, 274–283.

Gettis, A. (1987). The Jesus delusion: A theoretical and phenomenological look. *Journal of Religion and Health, 26*, 131–135.

Gilbert, K. R. (1992). Religion as a resource for bereaved parents. *Journal of Religion and Health, 31*, 19–30.

Gilmore, S. K. (1969). Personality differences between high and low dogmatism groups of pentecostal believers. *Journal for the Scientific Study of Religion, 8*, 161–164.

Glick, I. O., Weiss, R. S. & Parkes, C. M. (1974). *The first year of bereavement.* New York: Wiley.

Glock, Ch. Y. (1962). On the study of religious commitment. *Religious Education. Research Supplement, 57*, 98–110.

Godin, A. & Marthe, S. (1960). Mentalité magique et vie sacramentelle chez les enfants de 8 à 14 ans. *Lumen Vitae, 15*, 269–288.

Godin, A. & Hallez, M. (1964). Images parentales et paternité divine. In A. Godin (Ed.), *De l'expérience à l'attitude religieuse. Cahiers de Lumen Vitae – Psychologie religieuse*, Vol. 3 (pp. 81–114). Brüssel: Lumen Vitae.

Goldman, R. (1964). *Religious thinking from childhood to adolescence.* New York: Seabury Press.

Goodman, F. D. (1972). *Speaking in tongues: A cross-cultural study of glossolalia.* Chicago: University of Chicago Press.

Goodman, F. D. (1991). *Ekstase, Besessenheit, Dämonen.* Gütersloh: Gütersloher Verlagshaus.

Gorsuch, R. (1968). The conceptualization of God as seen in adjective ratings. *Journal for the Scientific Study of Religion, 7,* 56–64.

Gorsuch, R. L. & McPherson, S. E. (1989). Intrinsic/Extrinsic measurement: I/E-Revised and single item scales. *Journal for the Scientific Study of Religion, 28,* 348–354.

Gorsuch, R. L., Mylvaganam, G., Gorsuch, K. & Johnson, R. (1997). Perceived religious motivation. *International Journal for the Psychology of Religion, 7,* 253–261.

Granqvist, P. (1998). Religiousness and perceived childhood attachment: On the question of compensation or correspondence. *Journal for the Scientific Study of Religion, 37,* 350–367.

Granqvist, P. & Hagekull, B. (1999). Religiousness and perceived childhood attachment: Profiling socialized correspondence and emotional compensation. *Journal for the Scientific Study of Religion, 38,* 254–273.

Greeley, A. M. (1975). *The sociology of the paranormal.* London: Sage.

Greenberg, D. (1984). Are religious compulsions religious or compulsive: A phenomenological study. *American Journal of Psychotherapy, 38,* 524–532.

Greenberg, D. & Witzum, E. (1994). The influence of cultural factors on obsessive compulsive disorder: Religious symptoms in a religious society. *Israel Journal of Psychiatry and Related Sciences, 31,* 211–220.

Greenway, A. P., Milne, L. C. & Clarke, V. (2003). Personality variables, self-esteem and depression and an individual's perception of God. *Mental Health, Religion & Culture, 6,* 45–58.

Greve, W. & Roos, J. (1996). *Der Untergang des Ödipuskomplexes. Argumente gegen einen Mythos.* Bern: Huber.

Greyson, B. (2000). Near-death experiences. In E. Cardeña, S. J. Lynn & S. Krippner (Eds.), *Varieties of anomalous experience: Examining the scientific evidence* (pp. 315–351). Washington, DC: American Psychological Association.

Grof, S. (1978). *Topographie des Unbewussten.* Stuttgart: Klett-Cotta.

Grom, B. (1993). Multivariate enough? Remarks on Schaefer and Gorsuch's multivariate belief-motivation theory of religiousness. *Journal for the Scientific Study of Religion, 32,* 291–294.

Grom, B. (2000a). *Religionspädagogische Psychologie des Kleinkind-, Schul- und Jugendalters* (5. Aufl.). Düsseldorf: Patmos.

Grom, B. (2000b). Suizidalität und Religiosität. In M. Wolfersdorf & Ch. Franke (Hrsg.), *Suizidforschung und Suizidprävention am Ende des 20. Jahrhunderts. Beiträge der DGS-Jahrestagung vom 08.–10.10.1999 in Bayreuth* (S. 19–35). Regensburg: Roderer.

Grom, B., Hellmeister, G. & Zwingmann, Ch. (1998). Münchner Motivationspsychologisches Religiositäts-Inventar (MMRI). Entwicklung eines neuen Messinstruments für die religionspsychologische Forschung. In Ch. Henning & E. Nestler (Hrsg.), *Religion und Religiosität zwischen Theologie und Psychologie. Bad Boller Beiträge zur Religionspsychologie* (S. 181–203). Frankfurt am Main: Lang.

Groth-Marnat, G. & Schumaker, J. F. (1989). The Near-Death Experience: A review and critique. *Journal of Humanistic Psychology, 29*, 109–133.

Grzymała-Moszczyńska, H. (1991a). *Psychologia religii*, Kraków: Nomos.

Grzymała-Moszczyńska, H. (1991b). The psychology of religion in Poland. *International Journal for the Psychology of Religion, 1*, 243–247.

Guntern, A. (1978). Angst und Dogmatismus. *Archiv für Religionspsychologie, 13*, 239–251.

Guntern, A. (1981). Welcher Gott in welchem Menschen ... Eine empirische Untersuchung als Anregung zur Selbstbefragung. *Der Evangelische Erzieher, 33*, 440–455.

Hafer, C. L. & Bègue, L. (2005). Experimental research on Just-World Theory: Problems, developments, and future challenges. *Psychological Bulletin, 131*, 128–167.

Halm, H. (1978). Der islamische Mystiker (Sufi, Fakir/Derwisch) und sein ekstatischer Zustand (hal). In H. Cancik (Hrsg.), *Rausch – Ekstase – Mystik* (S. 41–58). Düsseldorf: Patmos.

Halman, L. (2001). *The European Values Study: A third wave. Source book of the 1999/2000 European Values surveys*, Tilburg EVS, WORC: Tilburg University.

Hammermeister, J., Flint, M., Havens, J. & Peterson, M. (2001). Psychosocial and health-related characteristics of religious well-being. *Psychological Reports, 89*, 589–594.

Hammerstein, O. von (1980). *Ich war ein Munie*. München: dtv.

Haneke Schaap-Jonker, E., Eurelings-Bontekoe, P. & Zock, H. (2002). Image of God and personality pathology: An exploratory study among psychiatrics patients. *Mental Health, Religion & Culture, 5*, 55–71.

Hanisch, H. (1996). *Die zeichnerische Entwicklung des Gottesbildes bei Kindern und Jugendlichen. Eine empirische Vergleichsuntersuchung mit religiös und nicht-religiös Erzogenen im Alter von 7–16 Jahren*. Stuttgart: Calwer Verlag.

Hardy, A. (1980). *The spiritual nature of man: A study of contemporary religious experience*. Oxford: Clarendon Press.

Hartz, G. W. & Everett, H. C. (1989). Fundamentalist religion and its effect on mental health. *Journal of Religion und Health, 28*, 207–217.

Hassan, S. (1993). *Ausbruch aus dem Bann der Sekten. Psychologische Beratung für Betroffene und Angehörige*. Reinbek: Rowohlt.

Havens, R. A. (1982). Approaching cosmic consciousness via hypnosis. *Journal of Humanistic Psychology, 22*, 105–116.

Heckhausen, H. (1989). *Motivation und Handeln* (2. Aufl.) Berlin: Springer.

Heider, F. (1958). *The psychology of impersonal relations*. New York: Wiley.

Heine, P. (2001). *Terror in Allahs Namen. Extremistische Kräfte im Islam*. Freiburg: Herder.

Hellmeister, G. & Ochsmann, R. (1996). Die religiösen Orientierungen »End«,

»Means« und »Quest«: Eine Studie zur Validierung des Ansatzes von C. Daniel Batson. In H. Moosbrugger, C. Zwingmann & D. Frank (Hrsg.), *Religiosität, Persönlichkeit und Verhalten. Beiträge zur Religionspsychologie* (S. 115–127). Münster: Waxmann.

Henning, Ch. (2003). Die Geschichte der Religionspsychologie im deutschsprachigen Raum. In Ch. Henning, S. Murken & E. Nestler (Hrsg.), *Einführung in die Religionspsychologie* (S. 9–90). Paderborn: Schöningh.

Henseler, H. (1995). *Religion – Illusion? Eine psychoanalytische Deutung.* Göttingen: Steidl.

Henslin, J. M. (1967). Craps and magic. *American Journal of Sociology, 73,* 316–330.

Hertel, B. R. & Donahue, M. J. (1995). Parental influences on God images among children: Testing Durkheim's metaphoric parallelism. *Journal for the Scientific Study of Religion, 34,* 186–199.

Higgins, N. C., Pollard, C. A. & Merkel, W. T. (1992). Relationship between religion-related factors and obsessive compulsive disorder. *Current Psychology: Research and Reviews, 11,* 79–85

Hilgard, E. R. (1986). *Divided consciousness: Multiple controls in human thought and action* (expanded ed.). New York: Wiley.

Hill, P. C. & Bassett, R. L. (1992). Getting to the heart of the matter: What the social-psychological study of attitudes has to offer psychology of religion. *Research in the Social Scientific Study of Religion, 4,* 159–182.

Hill, P. C. & Hood, R. W. (Eds.). (1999). *Measures of religiosity.* Birmingham (AL): Religious Education Press.

Hillerdal, G. & Gustafsson, B. (1979). *Sie erlebten Christus.* Basel: Verlag die Pforte.

Hillesum, E. (1983). *Das denkende Herz der Baracke.* Heidelberg: Kerle.

Hochenegg, L. (1980). Prophetenwahn bei Schizophrenen. *Archiv für Religionspsychologie, 14,* 270–276.

Hodgkinson, V. A., Weitzman, M. S. & Kirsch, A. D. (1990). From commitment to action: How religious involvement affects giving and volunteering (93–114). In R. Wuthnow & V. A. Hodgkinson (Eds.), *Faith and philantropy in America: Exploring the role of religion in America's voluntary sector.* San Francisco: Jossey-Bass.

Hofmann, B. F. (1991). *Kognitionspsychologische Stufentheorien und religiöses Lernen. Zur (korrelations-)didaktischen Bedeutung der Entwicklungstheorien von J. Piaget, L. Kohlberg und F. Oser/P.Gmünder.* Freiburg/Schweiz: Universitätsverlag.

Holc, G. (1977). *Der Glaube bei Depressiven.* Stuttgart: Enke.

Hole, G. (2004). *Fanatismus. Der Drang zum Extrem und seine psychischen Wurzeln* (2. Aufl.). Gießen: Psychosozial-Verlag.

Holland, J. C., Kash, K. M., Passik, S., Gronert, M. K., Sison, A., Lederberg, M., Russak, S., M., Baider, L. & Fox, B. (1998). A brief spiritual beliefs inventory for use in quality of life research in life-threatening illness. *Psycho-Oncology, 7,* 460–469.

Holland, J. C., Passik, S., Kash, K. M., Russak, S. M., Gronert, M. K., Sison, A.,

Lederberg, M., Fox, B. & Baider, L. (1999). The role of religious and spiritual beliefs in coping with malignant melanoma. *Psycho-Oncology, 8,* 14–26.

Holm, N. G. (Ed.). (1982). *Religious ecstasy.* Stockholm: Almquist & Wiksell International.

Holmes, E. A. & Mathews, A. (2005). Mental imagery and emotion: A special relationship? *Emotion, 5,* 489–497.

Hood, R.W. (1975). The construction and preliminary validation of a measure of reported mystical experience. *Journal for the Scientific Study of Religion, 14,* 29–41.

Hood, R. W. (1976). Conceptual criticism of regressive explanations of mysticism. *Review of Religious Research, 17,* 179–188.

Hood, R. W. (1992). Sin and guilt in faith traditions: Issues for self-esteem. In J. F. Schumaker (Ed.), *Religion and mental health* (pp. 110–121). New York: Oxford University Press.

Hood, R. W., (Ed.). (1995). *Handbook of religious experience.* Birmingham, AL: Religious Education Press.

Hood, R. W., Hill, P. C. & Williamson, W. P. (2005). *The psychology of religious fundamentalism.* New York: The Guilford Press.

Hopson, R. E. (1996). The 12-step program. In E. P. Shafranske (Ed.), *Religion and the clinical practice of psychology* (pp. 533–558). Washington: American Psychological Association.

Horowitz, M. J. (1975). Hallucinations: An information-processing approach. In R. K. Siegel & L. J. West (Eds.), *Hallucinations* (pp. 163–195). New York: Wiley.

Horton, P. C. (1973). The mystical experience as a suicide preventive. *American Journal of Psychiatry, 130,* 294–296

Hoy, D. J. (1983). Numinous experiences: Frequent or rare? *Journal of Analytical Psychology, 28,* 17–32.

Huber, S. (1996). *Dimensionen der Religiosität. Skalen, Messmodelle und Ergebnisse einer empirisch orientierten Religionspsychologie.* Bern: Huber.

Huber, S. (2003). *Zentralität und Inhalt. Ein neues multidimensionales Messmodell der Religiosität.* Opladen: Leske und Budrich.

Hürten, Th. (1988). *Erziehung zur Mündigkeit? Einübung von Freiheit?* Unveröffentlichte Diplomarbeit, Katholische Fakultät der Universität München.

Hummel, R. (1996). *Gurus, Meister, Scharlatane. Zwischen Faszination und Gefahr.* Freiburg: Herder.

Hunsberger, B. (1996). Religious fundamentalism, right-wing authoritarism, and hostility toward homosexuals in non-christian religious groups. *International Journal for the Psychology of Religion, 6,* 39–49.

Hunsberger, B. & Platonow, E. (1986). Religion and helping charitable causes. *The Journal of Psychology, 120,* 517–528.

Hunsberger, B., Pratt, M. & Pancer, S. M. (1994). Religious fundamentalism and integrative complexity of thought: A relationship for existential content only? *Journal for the Scientific Study of Religion, 33,* 335–346.

Hunt, R. A. (1972). Mythological-symbolic religion commitment: The LAM scales. *Journal for the Scientific Study of Religion, 11,* 42–52.

Hutsebaut, D. (1995). *Een zekere onzekerheid. Jongeren en geloof.* Leuven-Amersfoort: Acco.

Hutsebaut, D. & Verhoeven, D. (1995). Studying dimensions of God representation: Choosing closed or open-ended research questions. *International Journal for the Psychology of Religion, 5,* 49–60.

Hyde, K. E. (1965). *Religious learning in adolescence.* London: Oliver and Boyd.

Hyde, K. E. (1990). *Religion in childhood and adolescence: A comprehensive review of the research.* Birmingham (AL): Religious Education Press.

ICD-10: Weltgesundheitsorganisation (2004). *Internationale Klassifikation psychischer Störungen. ICD-10 Kapitel V (F)* (5. Aufl.). Hrsg. von H. Dilling, W. Mombour & M. H. Schmidt. Bern: Huber.

Ingersoll-Dayton, B., Krause, N. & Morgan, D. (2002). Religious trajectories and transitions over the life course. *International Journal of Aging and Human Development, 55,* 51–70.

Izard, C. E. (1994). *Die Emotionen des Menschen. Eine Einführung in die Grundlagen der Emotionspsychologie* (2. Aufl.). Weinheim: Beltz.

Izard, C. E. & Buechler, S. (1984). Aspects of consciousness and personality in terms of differential emotions theory. In R. Plutchik & H. Kellerman (Eds.), *Emotion, vol. 1: Theories of Emotions* (pp. 165–187). New York: Academic Press.

Jacobs, J. (1987). Deconversion from religious movements: An analysis of charismatic bonding and spiritual commitment. *Journal for the Scientific Study of Religion, 26,* 294–308.

Janet, P. (1889). *L'automatisme psychologique.* Paris: Alcan.

Janssen, J., De Hart, J. & Gerardts, M. (1994). Images of God in adolescence. *International Journal for the Psychology of Religion, 4,* 105–121.

James, W. (1902/1997). *Die Vielfalt religiöser Erfahrung.* Frankfurt am Main: Insel. (Original: 1902: The varieties of religious experience. New York: Longman).

Jansen, K. (2001). *Ketamine: Dreams and realities.* Sarasota (FL): Multidisciplinary Association for Psychedelic Studies.

Jenkins, R. A. (1995). Religion and HIV: Implications for research and intervention. *Journal of Social Issues, 51,* 131–144.

Jones, E. (1960–1962). *Das Leben und Werk von Sigmund Freud.* 3 Bde, Bern: Huber.

Joubert, C. E. (1978). Sex, church attendance and endorsement of Ellis' irrational beliefs. *Psychological Reports, 42,* 1318.

Jung, C. G. (1936a). *Der Begriff des kollektiven Unbewussten.* GW 9.1, 1976, S. 53–66. Olten: Walter.

Jung, C. G. (1936b). *Wotan.* GW 10, 1974, S. 203–218. Olten: Walter.

Jung, C. G. (1940). *Psychologie und Religion.* GW 11, 1963, S.1–117. Zürich: Rascher.

Jung, C. G. (1942). *Das Wandlungssymbol in der Messe.* GW 11, 1963, S. 219–323. Zürich: Rascher.

Jung, C. G. (1946). *Theoretische Überlegungen zum Wesen des Psychischen.* GW 8, 1967, S. 187–267. Zürich: Rascher.

Jung, C. G. (1952a). *Symbole der Wandlung*. GW 5, 1973. Olten: Walter.

Jung, C. G. (1952b). *Antwort auf Hiob*. GW 11, 1963, S. 657–693. Zürich: Rascher.

Jung, C. G. (1972). *Briefe* (1946–1955). Olten: Walter.

Jungclausen, E. (1995). *Aufrichtige Erzählungen eines russischen Pilgers*. Freiburg: Herder.

Justice, W. G. & Lambert, W. (1986). A comparative study of the language people use to describe the personalities of God and their early parents. *Journal of Pastoral Care, 40*, 166–172.

Kaplan, H. B. (1982). Prevalence of the self-esteem motive. In M. Rosenberg & H. B. Kaplan (Eds.), *Social psychology of the self-concept* (pp. 139–151). Arlington Heights, IL: Harlan Davidson.

Kapleau, Ph. (1987). *Die drei Pfeiler des Zen*. Weilheim: Barth.

Kasamatsu, A. & Hirai, T. (1966). An electroencephalographic study on the Zen meditation (Zazen). *Folia Psychiatrica et Neurologica Japonica, 20*, 315–336.

Katz, S. T. (1978). Language, epistemology, and mysticism. In S. T. Katz (Ed.), *Mysticism and philosophical analysis* (pp. 22–74). New York: Oxford University Press.

Kecskes, R. & Wolf, Ch. (1993). Christliche Religiosität: Konzepte, Indikatoren, Messinstrumente. *Kölner Zeitschrift für Soziologie und Sozialpsychologie, 45*, 270–287.

Kecskes, R. & Wolf, Ch. (1995). Christliche Religiosität: Dimensionen, Messinstrumente, Ergebnisse. *Kölner Zeitschrift für Soziologie und Sozialpsychologie, 47*, 494–515.

Kelley, H. H. (1971). *Attribution in social interaction*. New York: General Learning Press.

Kellstedt, L. & Smidt, C. (1991). Measuring fundamentalism: An analysis of different operational strategies. *Journal for the Scientific Study of Religion, 30*, 259–278.

Keltner, D. & Haidt, J. (2003). Approaching awe: A moral, spiritual, and aesthetic emotion. *Cognition and Emotion, 17*, 297–314.

Kendler, K. S., Gardner, C. O. & Prescott, C. A. (1997). Religion, psychopathology, and substance use and abuse: A multimeasure, genetic-epidemiologic study. *American Journal of Psychiatry, 154*, 322–329.

Kennedy, Sh. M. (1999). Religious perfectionism: A first step toward conceptualization and assessment. *Dissertation Abstracts International: Section B: The Sciences & Engineering, 59(8–B)*, 4531.

Kernis, M. H. (Ed.). (2006). *Self-esteem. A sourcebook of current perspectives*. New York: Routledge.

Kim, J-K. (1988). *Strukturelle Zusammenhänge zwischen Religiosität und Persönlichkeit. Theoretische und empirische Untersuchungen zum Zusammenhang zwischen Religiositäts- und Persönlichkeitsdimensionen im Rahmen einer psychologischen Diagnostik*. Unveröff. Diss., Universität Bonn.

King, M. B. & Hunt, R. A. (1969). Measuring the religious variable: Amended findings. *Journal for the Scientific Study of Religion, 8*, 321–323.

King, M. B. & Hunt, R. A. (1975). Measuring the religious variable: National replication. *Journal for the Scientific Study of Religion, 14*, 13–22.

King, M. B. & Hunt, R. A. (1990). Measuring the religious variable: Final comments. *Journal for the Scientific Study of Religion, 29*, 531–535.

Kirkpatrick, L. A. (1986). *Empirical research on images of God: A methodological and conceptual critique.* Paper presented at the annual meeting of the Society for the Scientific Study of Religion, Savannah, GA.

Kirkpatrick, L. A. (1992). An attachment-theory approach to the psychology of religion. *International Journal for the Psychology of Religion, 2*, 3–28.

Kirkpatrick, L. A. (1993). Fundamentalism, christian orthodoxy, and intrinsic religious orientation as predictors of discriminatory attitudes. *Journal for the Scientific Study of Religion, 32*, 256–268.

Kirkpatrick, L. A. (1995). Attachment theory and religious experience. In R. W. Hood (Ed.), *Handbook of religious experience* (pp. 446–475). Birmingham, AL: Religious Education Press.

Kirkpatrick, L. A. (1998). God as a substitute attachment figure: A longitudinal study of adult attachment style and religious change in college students. *Personality and Social Psychology Bulletin, 24*, 961–973.

Kirkpatrick, L. A. (1999). Attachment and religious representations and behavior. In J. Cassidy & P. R. Shaver (Eds.), *Handbook of attachment. Theory, research, and clinical applications* (pp. 803–822). New York: Guilford.

Kirkpatrick, L. A. & Hood, R. W. (1990). Intrinsic-extrinsic religious orientation: The boon or bane of contemporary psychology of religion? *Journal for the Scientific Study of Religion, 29*, 442–462.

Kirkpatrick, L. A., Hood, R. W. & Hartz, G. W. (1991). Fundamentalist religion conceptualized in terms of Rokeach's theory of the open and closed mind: New perspectives on some old ideas. In M. Lynn & D. Moberg (Eds.), *Research in the social scientific study of religion* (Vol. 3, pp. 157–179). Greenwich, CT: JAI Press.

Kivett, V. R. (1979). Religious motivation in middle age: Correlations and implications. *Journal of Gerontology, 34*, 106–115.

Klessmann, M. (2004). *Pastoralpsychologie. Ein Lehrbuch.* Neukirchen-Vluyn: Neukirchener Verlag.

Klosinski, G. (1985). *Warum Bhagwan?* München: Kösel.

Knölker, U. (1987). *Zwangssyndrome im Kindes- und Jugendalter. Klinische Untersuchungen zum Erscheinungsbild, den Entstehungsbedingungen und zum Verlauf.* Göttingen: Vandenhoeck & Ruprecht.

Koenig, H. G., Cohen, H. J., Blazer, F. H., Pieper, C., Meador, K. G., Shepl, F., Goli, V. & DiPasquale, B. (1992). Religious coping and depression among elderly, hospitalized medically ill men. *American Journal of Psychiatry, 149*, 1693–1700.

Koenig, H. G., George, L. K., Blazer, D. G., Pritchett, J. T. & Meador, K. G. (1993). The relationship between religion and anxiety in a sample of community-dwelling older adults. *Journal of Geriatric Psychiatry, 26*, 65–93.

Koenig, H. G., McCullough, M. E. & Larson, D. B. (2001). *Handbook of religion and health.* New York: Oxford University Press.

Koenig, H. G., Smiley, M. & Gonzalez, J. A. P. (1988). *Religion, health, and aging.* New York: Greenwood Press.

Kohlberg, L. (1981). *The meaning and measurement of moral development*. Worcester, MA: Clark University Press.

Kohut, H. (1966). Formen und Umformungen des Narzissmus. *Psyche, 20*, 561–587.

Krahé, B. & Greve, W. (2002). Aggression und Gewalt. Aktueller Erkenntnisstand und Perspektiven künftiger Forschung. *Zeitschrift für Sozialpsychologie, 33*, 123–142.

Kraus, D. & Eckert, J. (1997) Die Bedeutung der Mitgliedschaft in Neuen Religiösen Bewegungen für die Regulation des Selbsterlebens am Beispiel der Hare-Krischna-Bewegung. *Psychotherapie Psychosomatik medizinische Psychologie, 47*, 21–26.

Krause, N. (2005). God-mediated control and psychological well-being in late life. *Research on Aging, 27*, 136–164.

Krejci, M. J. (1998). Gender comparison of God schemas: A multidimensional scaling analysis. *International Journal for the Psychology of Religion, 8*, 57–66.

Krieger, R. (1981). Ungewissheit und Wissbegier. In H.-G. Voss & H. Keller (Hrsg.), *Neugier-Forschung* (S. 80–108). Weinheim: Beltz.

Król, J. (1982). Wplyw posiadanego obrazu ojca na pojęcie Boga u mlodziźy (Young people's image of father and its influence on their image of God). *Roczniki Filozoficzne: Psychologia, 30*, 73–103.

Kruse, O. (1985). *Emotionsdynamik und Psychotherapie. Grundlagen zum Verständnis menschlicher Emotionen und ihrer psychotherapeutischen Beeinflussung*. Weinheim: Beltz.

Küng, H. & Kuschel, K.-J. (Hrsg.). (1993). *Erklärung zum Weltethos. Die Deklaration des Parlaments der Weltreligionen*. München: Piper.

Küpper, B. & Bierhoff, H. (1999). Liebe Deinen Nächsten, sei hilfreich ... Hilfeleistung ehrenamtlicher Helfer im Zusammenhang mit Motiven und Religiosität. *Zeitschrift für Differentielle und Diagnostische Psychologie, 20*, 217–230.

Kurtz, E. (1980). *Not-God*, Center City: Hazalden Educational Services.

Ladd, K. L., McIntosh, D. N. & Spilka, B. (1998). Children's God concepts: Influences of denomination, age, and gender. *International Journal for the Psychology of Religion, 8*, 49–56.

Lambert, Y. (2004). A turning point in religious evolution in Europe. *Journal of Contemporary Religion, 19*, 29–45.

Langer, E. J. (1975). The illusion of control. *Journal of Personality and Social Psychology, 32*, 311–328.

Langner, R. (1983). *Komplex und Archetypus in sozialpsychologischer Sicht*. Bonn: Bouvier.

Laski, M. (1961). *Ecstasy: A study of some secular and religious experiences*. Bloomington: University of Indiana Press.

Latkin, C., Hagan, R., Littman, R. & Sundberg, N. (1987). Who lives in utopia? A brief report on Rajneeshpuram research project. *Sociological Analysis, 48*, 73–81.

Lawrence, R. T. (1997). Measuring the image of God: The God Image Inventory and the God Image Scales. *Journal of Psychology and Theology, 25*, 214–226.

Laythe, B., Finkel, D. G., Bringle, R. G. & Kirkpatrick, L. A. (2002). Religious fundamentalism as a predictor of prejudice: A two-component model. *Journal for the Scientific Study of Religion, 41*, 623–635.

Lechler, A. (1933). *Das Rätsel von Konnersreuth im Lichte eines neuen Falles von Stigmatisation.* Elberfeld.

Leming, M. R. (1980). Religion and death: A test of Homan's thesis. *Omega, 10*, 347–364.

Lerner, M. J. (1980). *The belief in a just world: A fundamental delusion.* New York: Plenum.

Leslie, J. F., Gibson, H. M. & Robbins, M. (2001). God images and self-worth among adolescents in Scotland. *Mental Health, Religion and Culture, 4*, 103–108.

Leuner, H. (1973). Ekstase. In C. Müller (Hrsg.), *Lexikon der Psychiatrie* (S. 152–157), Berlin: Karger.

Leuner, H. (1981). *Halluzinogene. Psychische Grenzzustände in Forschung und Psychotherapie.* Bern: Huber.

Lewin, B. D. (1982). *Das Hochgefühl.* Frankfurt am Main: Suhrkamp.

Lewis, C. S. (1982). *Über die Trauer.* Zürich: Benziger.

Lifton, R. J. (1961). *Thought reform and the psychology of totalitarism.* New York: Norton.

Lloyd, D. H. (1990). The effect of parental control styles on the religious orientation of southern baptist mid-adolescents. *Dissertation Abstracts International: Section A: Humanities & Social Sciences, 51(A),* 3030.

Ludwig, A. M. (1966). Altered states of consciousness. *Archives of General Psychiatry, 15*, 255–234.

Lukatis, I. (1985). Erhebungen zum Dogmatismus von Theologen. In K.-F. Daiber & M. Josuttis (Hrsg.), *Dogmatismus. Studien über den Umgang des Theologen mit Theologie* (S. 185–194). München: Kaiser.

MacDonald, D. A., Friedman, H. L. & Kuentzel, J. G. (1999). A survey of measures of spiritual and transpersonal constructs: Part one – Research update. *Journal of Transpersonal Psychology, 31*, 137–154.

MacDonald, D. A. Kuentzel, J. G. & Friedman, H. L. (1999). A survey of measures of spiritual and transpersonal constructs: Part two – Additional instruments. *Journal of Transpersonal Psychology, 31*, 155–177.

Machoń, H. (2005). *Religiöse Erfahrung zwischen Emotion und Kognition. William James', Karl Girgensohns, Rudolf Ottos und Carl Gustav Jungs Psychologie des religiösen Erlebens.* München: H. Utz.

Malinowski, B. (1973). *Magie, Wissenschaft und Religion.* Frankfurt am Main: S. Fischer.

Malony, H. N. & Lovekin, A. A. (1985). *Glossolalia: Behavioral science perspectives on speaking in tongues.* New York: Oxford University Press.

Maltby, J. (1999). Frequent and regular church attendance as a religious ritual: Further investigation of the relationship between public aspects of religiosity and obsessional symptoms. *Personality and Individual Differences, 27*, 119–123.

Manock, D. I. (2004). The relationship of adult attachment styles and image of God in individuals. *Dissertation Abstracts International: Section B: The Sciences and Engineering, 65(1–B)* 472.

Marler, P. L. & Hadaway, C. K. (2002). »Being religious« or »being spiritual« in America: A zero-sum proposition? *Journal for the Scientific Study of Religion, 41,* 289–300.

Martin, J. & Stack, S. (1983). The effect of religiosity on alienation. *Sociological Focus, 16,* 65–76.

Maslow, A. H. (1964). *Religions, values, and peak-experiences.* Columbus: Ohio State University Press.

Maslow, A. H. (1973). *Psychologie des Seins. Ein Entwurf.* München: Kindler.

Masser Kavitzky, R. M. (1992). *Zwangsstörung und Religiosität bei Juden in Israel.* Unveröff. Diss., Universität Zürich.

Mathes, E. W., Zevon, M., Roter, P. & Joerger, S. (1982). Peak experience tendencies: *Scale development and theory testing. Journal of Humanistic Psychology, 22,* 92–108.

Maton, K. I. (1989). The stress-buffering role of spiritual support: Cross-sectional and prospective investigations. *Journal for the Scientific Study of Religion, 28,* 310–323.

Mawn, B. J. (1975). Testing the spirits: An empirical research for the socio-cultural situational roots of the catholic pentecostal religious experience. *Dissertation Abstracts International: Section B: The Sciences and Engineering, 36(B),* 1972–1973.

McCrae, R. R. & Costa, P. T. (1995). Conceptions and correlates of openess to experience. In R. Hogan, J. Johnson & S. Briggs (Eds.), *Handbook of personality psychology* (pp. 826–847). San Diego, CA: Academic Press.

Masters, R. E. L. & Houston, J. (1966). *The varieties of psychedelic experience.* London: Turnstone Books.

McCullough, M. E., Emmons, R. A. & Tsang, J.-A. (2002). The grateful disposition: A conceptual and empirical topography. *Journal of Personality and Social Psychology, 82,* 112–127.

McCullough, M. E., Enders, C. K., Brion, S. L. & Jain, A. R. (2005). The varieties of religious development in adulthood: A Longitudinal investigation of religion and rational choice. *Journal of Personality and Social Psychology, 89,* 78–89.

McCullough, M. E., Tsang, J.-A. & Emmons, R. A. (2004). Gratitude in intermediate affective terrain: Links of grateful moods to individual differences and daily emotional experience. *Journal of Personality and Social Psychology, 86,* 295–309.

McDonald, A., Beck, R., Allison, S. & Norsworthy, L. (2005). Attachment to God and parents: Testing the correspondence vs. compensation hypotheses. *Journal of Psychology and Christianity, 24,* 21–28.

McDowell, J. B. (1952). *The development of the idea of God in the catholic child.* Washington. Catholic University of America Press.

McIntosh, D. N., Silver, R. C. & Wortman, C. B. (1993). Religion's role in adjustment to a negative life event: coping with the loss of a child. *Journal of Personality and Social Psychology, 65,* 812–821.

Meador, K. G., Koenig, H. G., Turnbull, J., Blazer, D. G., George, L. K. & Huges,

D. (1992). Religious affiliation and depression. *Hospital and Community Psychiatry, 43*, 1204–1208.

Mehnert, A., Rieß, S. & Koch, U. (2003). Die Rolle religiöser Glaubensüberzeugungen bei der Krankheitsbewältigung maligner Melanome. *Verhaltenstherapie und Verhaltensmedizin, 24*, 147–166.

Meichenbaum, D. (1986). Warum führt die Anwendung der Imagination in der Psychotherapie zu Veränderungen? In J. L. Singer & K. S. Pope (Hrsg.), *Imaginative Verfahren in der Psychotherapie* (pp. 453–468), Paderborn: Junfermann.

Meier, P. (1992). *Sinnsuche und Sinnfindung im Umfeld eines kritischen Lebensereignisses. Die Krebserkrankung als Sinnkrise.* Regensburg: Loderer.

Meraviglia, M. (1999). Critical analysis of spirituality and its empirical indicators. *Journal of Holistic Nursing, 17*, 18–33.

Milanesi, G. (1967). Il pensiero magico nella preadolescenza. *Orientamenti Pedagogici, 14*, 547–589.

Miller, M. M. & Strongman, K. T. (2002). The emotional effects of music on religious experience: A study of the pentecostal-charismatic style of music and worship. *Psychology of Music, 30*, 8–27.

Moltke, von H. J. (1988). *Briefe an Freya 1939–1945.* München: Beck.

Moolenburgh, H. C. (1985). *Engel als Beschützer und Helfer der Menschheit.* Freiburg: Bauer.

Morris, P. A. (1982). The effect of pilgrimage on anxiety, depression and religious attitude. *Psychological Medicine, 12*, 291–294.

Murken, S. (1994). *Religiosität, Kontrollüberzeugung und seelische Gesundheit bei anonymen Alkoholikern. Eine empirische Studie.* Frankfurt am Main: Lang.

Murken, S. (1998). *Gottesbeziehung und psychische Gesundheit. Die Entwicklung eines Modells und seine empirische Überprüfung.* Münster: Waxmann.

Murphy, J. (1986). *Die unendliche Quelle Ihrer Kraft. Ein Schlüsselbuch positiven Denkens.* München: Goldmann.

Murphy, M. A. & Donovan, S. (1988). *The physical and psychological effects of meditation.* San Rafael, CA: Esalen Institute.

Murray, H. A. (1938). *Explorations in personality.* New York: Oxford University Press.

Muthny, F. A. (1989). *Freiburger Fragebogen zur Krankheitsverarbeitung (FKV). Manual.* Weinheim: Beltz Test GmbH.

Myers, D. G. (2000). The funds, friends, and faith of happy people. *American Psychologist, 55*, 56–67.

Nedopil, N. (1998). Sekten und destruktive Psychokulte – gesundheitliche Risiken für psychisch Kranke und mögliche Hilfestellungen. In R. Steinberg (Hrsg.), *Psychiatrie und Religion. 21. Psychiatrie-Symposion Pfalzklinik Landeck, Klingenmünster* (S. 32–41). Regensburg: Roderer.

Nelson, M. O. & Jones, E. M. (1957). An application of the Q-technique to the study of religious concepts. *Psychological Reports, 3*, 293–297.

Nelson, M. O. (1971). The concept of God and feelings toward parents. *Journal of Individual Psychology, 27*, 46–49.

Nemeroff, C. & Rozin (2000). The makings of the magical mind. The nature and function of sympathetic magical thinking. In K. S. Rosengren, C. N. Johnson & P. L. Harris (Eds.), *Imagining the impossible. Magical, scientific, and religious thinking in children* (pp. 1–34). Cambridge, UK: Cambridge University Press.

Newberg, A., d'Aquili & Rause, V. (2003). *Der gedachte Gott. Wie Glaube im Gehirn entsteht.* München: Piper.

Nielsen, S. L., Johnson, W. B. & Ellis, A. (2002). *Counseling and psychotherapy with religious persons.* New York: Erlbaum.

Niemann, U. (2005). Verrückt oder besessen? Menschliche, seelsorgliche und therapeutische Möglichkeiten im Umgang mit »Besessenen«. In U. Niemann & M. Wagner (Hrsg.), *Exorzismus oder Therapie? Ansätze zur Befreiung vom Bösen* (S. 111–136). Regensburg: Pustet.

Nipkow, K. E., Schweitzer, F. & Fowler, J. W. (Hrsg.). (1988). *Glaubensentwicklung und Erziehung.* Gütersloh: Gütersloher Verlagshaus.

Noelle-Neumann, E. & Köcher, R. (1997). *Allensbacher Jahrbuch der Demoskopie 1993–1997.* München: Saur.

Noffke, J. L. & McFadden, S. H. (2001). Denominational and age comparisons of God concepts. *Journal for the Scientific Study of Religion, 40,* 747–756.

Nooney, J. & Woodrum, E. (2002).Religious coping and church-based social support as predictors of mental health outcomes: Testing a conceptual model. *Journal for the Scientific Study of Religion, 41,* 359–368.

Nunner-Winkler, G. (1992). Zur moralischen Sozialisation. *Kölner Zeitschrift für Soziologie und Sozialpsychologie, 44,* 252–272.

Nunner-Winkler, G. (1993). Die Entwicklung moralischer Motivation. In W. Edelstein, G. Nunner-Winkler & G. Noam (Hrsg.), *Moral und Person* (S. 278–303). Frankfurt am Main: Suhrkamp.

Nunner-Winkler, G. (1996). Moralisches Wissen – moralische Motivation – moralisches Handeln. Entwicklungen in der Kindheit. In M.-S. Honig, H. R. Leu & U. Nissen (Hrsg.), *Kinder und Kindheit. Soziokulturelle Muster – sozialisationstheoretische Perspektiven* (S. 129–156). Weinheim: Beltz.

Nye, W. C. & Carlson, J. S. (1984). The development of the concept of God in children. *Journal of Genetic Psychology, 145,* 137–142.

Ochsmann, R. (1984). Belief in afterlife as a moderator of fear of death? *European Journal of Psychology, 14,* 53–67.

Ochsmann, R. (1993). *Angst vor Tod und Sterben. Beiträge zur Thanato-Psychologie.* Göttingen: Hogrefe.

Ochsmann, R., Pietschker, M. & Zwingmann, Ch. (1996). Der Einfluss der Religiosität auf die Konsequenzen der Beschäftigung mit Tod und Sterben. In H. Moosbrugger, Ch. Zwingmann & D. Frank (Hrsg.), *Religiosität: Persönlichkeit und Verhalten. Beiträge zur Religionspsychologie* (S. 179–189). Münster: Waxmann.

Oesterreich, R. (1981). *Handlungsregulation und Kontrolle.* München: Urban & Schwarzenberg.

Oler, I. D. (2000). Attachment style, parental caregiving and perceived image of God. *Dissertation Abstracts International: Section B: the Sciences and Engineering, 60(8–B),* 4242.

Olson, P. R., Suddeth, J. A., Peterson, P. J. & Egelhoff, C. (1985). Hallucinations of widowhood. *Journal of the American Geriatrics Society, 33*, 543–547.

Oser, F. & Gmünder, P. (1996). *Der Mensch – Stufen seiner religiösen Entwicklung. Ein strukturgenetischer Ansatz* (4. Aufl.). Gütersloh: Gütersloher Verlagshaus (1. Aufl. 1984).

Otto, R. (1917). *Das Heilige. Über das Irrationale in der Idee des Göttlichen und sein Verhältnis zum Rationalen.* Gotha: Klotz.

Pahnke, W. N. (1966). Drugs and mysticism. *International Journal of Parapsychology, 8*, 295–320.

Paloutzian, R., Jackson, S. L. & Crandell, J. E. (1978). Conversion experience, belief system, and personal and ethical attitudes. *Journal of Psychology and Theology, 6*, 266–275.

Papenthin, H. (1989). Entstehung und Entwicklung des (klassischen) amerikanischen Fundamentalismus. In C. Colpe & H. Papenthin (Hrsg.), *Religiöser Fundamentalismus – unverzichtbare Glaubensbasis oder ideologischer Strukturfehler?* (S. 13–52). Berlin: Alektor.

Pargament, K. I. (1997). *The psychology of religion and coping.* Theory, research, practice. New York: The Guilford Press.

Pargament, K. I., Ensing, D. S., Falgout, K., Olsen, H., Reilly, B., Haitsma, K. van & Warren, R. (1990). God help me (I): Religious coping efforts as predictors of the outcomes to significant negative life events. *American Journal of Community Psychology, 18*, 793–824.

Pargament, K. I., Kennell, J., Hathaway, W., Grevengoed, N., Newman, J. & Jones, W. (1988). Religion and the problem-solving process: Three styles of coping. *Journal for the Scientific Study of Religion, 27*, 90–104.

Pargament, K. I., Sullivan, M., Tyler, F. & Steele, R. (1982). Patterns of attribution of control and individual psychosocial competence. *Psychological Reports, 51*, 1243–1252.

Park, N., Peterson, Ch. & Seligman, M. E. P. (2004). Strengths of character and well-being. *Journal of Social & Clinical Psychology, 23*, 603–619.

Pecheur, D. R. & Edwards, K. J. (1984). A comparison of secular and religious versions of cognitive therapy with depressed christian college students. *Journal of Psychology and Theology, 12*, 45–54

Pekala R. J. (1991). *Quantifying consciousness: An empirical approach.* New York: Plenum Press.

Pekrun, R. (1985). Musik und Emotion. In H. Bruhn, R. Oerter & H. Rösing (Hrsg.), *Musikpsychologie,* (S. 180–188). München: Urban & Schwarzenberg.

Penncr, L. A. & Finkelstein, M. A. (1998). Dispositional and structural determinants of volunteerism. *Journal of Personality and Social Psychology, 74*, 525–537.

Petermann, F. (1984). Überblick über psychotherapeutische Angebote bei psychischen Problemen ehemaliger Sektenmitglieder. In S. Messner, W.-K. Pfeifer & M. Weber (Hrsg.), *Beratung im Umfeld von Jugendreligionen. Vorträge und Berichte einer Fachtagung vom 3. bis 6. November in Lohmar* (S. 178–189). Göttingen: Verlag für Medizinische Psychologie.

Petersen, K. U. (1993). *Persönliche Gottesvorstellungen. Empirische Untersu-*

chungen/Entwicklung eines Klärungsverfahrens. Ammersbek: Verlag an der Lottbek Jensen.

Petersen, L. R. & Roy, A. (1985). Religiosity, anxiety, and meaning and purpose: Religion's consequences for psychological well-being. *Review of Religious Research, 27*, 49–62.

Persinger, M. A. (1987). *Neuropsychological bases of God beliefs*, New York: Praeger.

Persinger, M. A. (2002). Experimental simulation of the God experience: Implications for religious beliefs and the future of the human species. In R. Joseph (Ed.), *NeuroTheology* (pp. 267–284). San José, CA: University Press, California.

Pfeifer, S. (1994). Belief in demons and exorcism in psychiatric patients in Switzerland. *British Journal of Medical Psychology, 67*, 247–258.

Pfeifer, S. (1999). Demonic attributions in nondelusional disorders. *Psychopathology, 32*, 252–259.

Phelps, K. E. & Woolley, K. 1994). The form and function of young children's magical beliefs. *Developmental Psychology, 30*, 385–394.

Piaget, J. (1974). Sechs psychologische Studien. In ders., *Theorie und Methoden der modernen Erziehung* (S. 151–277). Frankfurt am Main: Fischer.

Piaget, J. (1978). *Das Weltbild des Kindes.* Stuttgart: Klett.

Piaget, J. & Inhelder, B. (1972). *Die Psychologie des Kindes.* Olten: Walter.

Piontkowski, U., Ruppelt, M. & Sandmann, M. (1981). Eine Normierung von Rotters I-E-Skala. *Diagnostica, 27*, 313–323.

Plante, Th. G. & Sherman, A. C. (Eds.) (2001). *Faith and health. Psychological perspectives.* New York: The Guilford Press.

Poenicke, J., Albacht, B. & Leplow, B. (2005). Kognitive Veränderungen beim Fasten. *Zeitschrift für Klinische Psychologie und Psychotherapie, 34*, 86–94.

Pollner, M. (1989). Divine relations, social relations, and well-being. *Journal of Health and Social Behavior, 20*, 92–104.

Poloma, M. M. & Pendleton, B. F. (1991). *Exploring neglected dimensions of religion in quality of life research.* New York: Mellen.

Potvin, R. H. & Sloane, D. M. (1985). Parental control, age, and religious practice. *Review of Religious Research, 27*, 3–14.

Preston, C. A. & Viney, L. L. (1986). Construing God: An exploration of the relationships between reported interaction with God and concurrent emotional experience. *Journal of Psychology and Theology, 14*, 319–329.

Prince, R. & Savage, C. (1972). Mystical states and the concept of regression. In J. White (Ed.), *The highest state of consciousness* (pp. 114–134). Garden City, NY: Doubleday/Anchor.

Privette, G. (1983). Peak experience, peak performance, and flow: A comparative analysis of positive human experiences. *Journal of Personality and Social Psychology, 45*, 1361–1368.

Pyszczynski, T., Greenberg, J., Solomon, S. & Hamilton, J. (1990). A terror management analysis of self-awareness and anxiety: The hierarchy of terror. *Anxiety Research, 2*, 177–195.

Rachman, S. (1997). A cognitive theory of obsessions. *Behaviour Research and Therapy, 35*, 793–802.

Ramachandran, V. & Blakeslee, S. (2004). *Die blinde Frau, die sehen kann*. Reinbek: Rowohlt.

Randell, R. L. (1977). Religiöse Vorstellungen einer narzisstisch gestörten Persönlichkeit. *Wege zum Menschen, 29*, 68–78.

Regnerus, M. D., Smith, C. & Sikking, D. (1998). Who gives to the poor? The influence of religious tradition and political location on the personal generosity of Americans toward the poor. *Journal for the Scientific Study of Religion, 37*, 481–493.

Řižan, P. R. (2004). Spirituality: The story of a concept in the psychology of religion. *Archiv für Religionspsychologie/Archive for the Psychology of Religion, 26*, 135–156.

Richard, M. (2004). Religiosität als psychische Bindung: Die Struktur »innerer Arbeitsmodelle« von Gottesbeziehung. In Ch. Zwingmann & H. Moosbrugger (Hrsg.), *Religiosität: Messverfahren und Studien zu Gesundheit und Lebensbewältigung. Neue Beiträge zur Religionspsychologie* (S. 131–155), Münster: Waxmann.

Richardson, J. T. (1995). Clinical and personality assessment of participants in new religions. *International Journal for the Psychology of Religion, 5*, 145–170.

Richardson, J. T. & Introvigne, M. (2001). »Brainwashing« theories in european parliamentary and administrative reports on »cults« and »sects«. *Journal for the Scientific Study of Religion, 40*, 143–168.

Riesebrodt, M. (1990). *Fundamentalismus als patriarchalische Protestbewegung. Amerikanische Protestanten (1910–28) und iranische Schiiten (1961–79) im Vergleich*. Tübingen: Mohr.

Ring, K. (1985). *Den Tod erfahren – das Leben gewinnen*. Bern: Scherz.

Ringel, E. (1953). *Der Selbstmord. Abschluss einer krankhaften psychischen Entwicklung*. Wien: Maudrich.

Ritter, H. (1978). *Das Meer der Seele*. Leiden: Brill.

Ritzman, T. A. (1982). Depression and the nature of God. *Medical Hypnoanalysis, 3*, 129–139.

Rizzuto, A.-M. (1979). *The birth of the living God: A psychoanalytic study*. Chicago: University of Chicago Press.

Rizzuto, A.-M. (1991). Religious development: A psychoanalytic point of view. In F. K. Oser & W. G. Scarlett (Eds.), *Religious development in childhood and adolescence* (New Directions for Child Development, No. 52, pp. 47–60). San Francisco: Jossey-Bass.

Roberts, C. W. (1989). Imagining God: Who is created in whose image? *Review of Religious Research, 30*, 375–385.

Roghmann, K. (1966). *Dogmatismus und Autoritarismus. Kritik der theoretischen Ansätze und Ergebnisse dreier westdeutscher Untersuchungen*. Meisenheim: Hain.

Rokeach, M. (1960). *The open and closed mind. Investigations into the nature of belief systems and personality systems*. New York: Basic Books.

Rokeach, M. (1981). *The three Christs of Ypsilanti*. New York: Columbia University Press.

Ronco, A., Fizzotti, E. & Amenta, E. (1993). Immagine di Dio, percezione dei genitori, conoscenza e stima di sé. *Orientamenti Pedagogici, 40*, 661–679.

Ronco, A., Fizzotti, E. & Bellantoni, D. (1995). Percezione dei genitori, percezione di sé ed immagine di Dio. Una ricerca tra ragazzi napoletani dagli 11 ai 14 anni. *Orientamenti Pedagogici, 42*, 1203–1230.

Roof, W. C. & Roof, J. L. (1984). Review of the polls: Images of God among Americans. *Journal for the Scientific Study of Religion, 23*, 201–205.

Rotter, J. B. (1966). General expectancies for internal versus external control of reinforcement. *Psychological Monographs, 80*, 1 (Whole No. 609), 1–28.

Rowatt, W. C. & Kirkpatrick, L. A. (2002). Two dimensions of attachment to God and their relation to affect, religiosity, and personality constructs. *Journal for the Scientific Study of Religion, 41*, 637–651.

Rubin, Z. & Peplau, L. A. (1973). Belief in a just world and reactions to another's lot: A study of participants in the national draft lottery. *Journal of Social Issues, 29*, 73–93.

Rubin, Z. & Peplau, L. A. (1975). Who believes in a just world? *Journal of Social Issues, 31*, 65–89.

Samarin, W. J. (1972). *Tongues of men and angels*. New York: Macmillan.

Samuels, P. A. & Lester, D. (1985). A preliminary investigation of emotions experienced toward God by catholic nuns and priests. *Psychological Reports, 56*, 706.

Sandler, J. & Hazari, A. (1960). The obsessional: On the psychological classification of obsessional character traits and symptoms. *British Journal of Medical Psychology, 33*, 113–122.

Schaetzing, E. (1955). Die ekklesiogenen Neurosen. *Wege zum Menschen, 7*, 97–108.

Scharfetter, C. (1999). *Schizophrene Menschen: Diagnostik, Psychopathologie, Forschungsansätze* (5. Aufl.). München: Psychologie Verlags Union.

Scharfetter, C. (2002). *Allgemeine Psychopathologie. Eine Einführung* (5. Aufl.). Stuttgart: Thieme.

Scheidt, R. J. (1973). Belief in supernatural phenomena and locus of control. *Psychological Reports, 32*, 1159–1162.

Schein, E., Schneier, I. & Barker, C. H. (1971). *Coercive persuasion*. New York: Norton.

Scherer, K. R. (1990). Theorien und aktuelle Probleme der Emotionspsychologie. In K. R. Scherer (Hrsg.), *Psychologie der Emotion. Enzyklopädie der Psychologie*, Bd. 3 (pp. 1–38). Göttingen: Hogrefe.

Schimmel, A. (1982). *Gärten der Erkenntnis*. Köln: Diederichs.

Schimmel, A. (1985). *Mystische Dimensionen des Islam*. Köln: Diederichs.

Schlesiger, I. (1987). *Gott nimmt nicht die Last, er stärkt die Schultern*. Mainz: M. Grünewald.

Schmidt, K. O. (1971). *Selbst- und Lebensbemeisterung durch Gedankenkraft. Dynamische Psychologie im Alltag*. Pfullingen: Baum-Verlag.

Schmidtchen, G. (1997). *Wie weit ist der Weg nach Deutschland? Sozialpsychologie der Jugend in der postsozialistischen Welt*. Opladen: Leske und Budrich.

Schmitt, M., Dalbert, C. & Montada, L. (1986). Personale Normen und prosoziales Handeln. Kritische Anmerkungen und eine empirische Untersuchung zum Modell von S. H. Schwartz. *Zeitschrift für Sozialpsychologie, 17*, 40–49.

Schmitz, E. (1992). Religion und Gesundheit. In E. Schmitz (Hrsg.), *Religionspsychologie. Eine Bestandsaufnahme des gegenwärtigen Forschungsstandes* (S. 131–158). Göttingen: Hogrefe.

Schneider, K. & Schmalt, H.-D. (2000). *Motivation* (3. Aufl.). Stuttgart: Kohlhammer.

Schumaker, J. F. (Ed.). (1992). *Religion and mental health.* New York: Oxford University Press.

Schwartz, S. H. & Howard, J. A. (1981). A normative decision-making model of altruism. In J. P. Rushton & R. M. Sorrentino (Eds.), *Altruism and helping behavior* (pp. 189–211). Hillsdale: Lawrence Erlbaum.

Schwartz, S. H. & Howard, J. A. (1982). Helping and cooperation: A self-based motivational model. In V. J. Derlega & J. Grzelak (Eds.), *Cooperation and helping behavior* (pp. 327–353). New York: Academic Press.

Scheepers, P., Gijsberts, M. & Hello, E. (2002). Religiosity and prejudice against ethnic minorities in Europe: Cross-national tests on a controversial relationship. *Review of Religious Research, 43*, 242–265.

Sears, S. F., Rodrigue, J. R., Greene, A. F., Fauerbach, P. & Mills, R. M. (1997). Religious coping and heart transplantation: From threat to health. *Journal of Religion and Health, 36*, 345–351.

Seligman, M. E. P. (1975). *Helplessness. On depression, development and death.* San Francisco: Freeman.

Sensky, T. (1983). Religiosity, mystical experience and epilepsy. In F. C. Rose (Ed.), *Research in epilepsy* (pp. 214–220). New York: Pitman.

Sethi, S. & Seligman, M. E. P. (1993). Optimism and fundamentalism. *Psychological Science, 4*, 256–259.

Sherman, A. C. & Simonton, S. (2001). Religious involvement among cancer patients. Associations with adjustment and quality of life. In Th. G. Plante & A. C. Sherman (Eds.), *Faith and health. Psychological perspectives* (pp. 167–194). New York: The Guilford Press.

Siegman, A. W. (1961). An empirical investigation of the psychoanalytic theory of religious behavior. *Journal for the Scientific Study of Religion, 1*, 74–78.

Silberman, I. (2005). Religious violence, terrorism, and peace: A meaning-system analysis. In R. F. Paloutzian & C. L. Park (Eds.), *Handbook of the psychology of religion and spirituality* (pp. 529–549). New York: The Guilford Press.

Slade, P. D. & Bentall, R. P. (1988). *Sensory deception: A scientific analysis of hallucination.* Baltimore: Johns Hopkins University Press.

Smith, M. (1950). *Readings from the mystics of Islam.* London: Luzak.

Smith, P. C., Range, L. M. & Ulmer, A. (1991–1992). Belief in afterlife as a buffer in suicidal and other bereavement. *Omega, 24*, 217–225.

Smith, T. B., McCullough, M. E. & Poll, J. (2003). Religiousness and depression: Evidence for a main effect and the moderating influence of stressful life events. *Psychological Bulletin, 129*, 614–636.

Solomon, S., Greenberg, J. & Pyszczynski, T. (1991). Terror management theory of self-esteem. In C. R. Snyder & S. Forsyth (Eds.), *Handbook of social and clinical psychology: The health perspective* (pp. 21–40). New York: Pergamon Press.

Sorrentino, R. M. & Hardy, J. (1974). Religiousness and derogation of an innocent victim. *Journal of Personality, 42*, 372–382.

Spaemann, H. (1973). *Wer ist Jesus von Nazaret – für mich?* München: Kösel.

Spanos, N. P. & Hewitt, E. C. (1979). Glossolalia: Test of the trance and psychopathology hypotheses. *Journal of Abnormal Psychology, 88*, 427–434

Spanos, N. P. & Moretti, P. (1988). Correlates of mystical and diabolical experiences in a sample of female university students. *Journal for the Scientific Study of Religion, 27*, 105–116.

Spero, M. H. (1985). Transference as a religious phenomenon in psychotherapy. *Journal of Religion and Health, 24*, 8–25.

Spiegel, Y. (1973). *Der Prozess des Trauerns.* München: Kaiser.

Spilka, B., Addison, J. & Rosensohn, M. (1975). Parents, self and God: A test of competing theories of individual-religion relationships. *Review of Religious Research, 16*, 154–165.

Spilka, B., Hood R. W., Hunsberger, B. & Gorsuch, R. (2003). *The psychology of religion. An empirical approach* (3rd. ed.), New York: The Guilford Press.

Spilka, B., Ladd, K. L., McIntosh, D. N., Milrose, S. & Bickel, C. O. (1996). The content of religious experience: The role of expectancy and desirability. *International Journal for the Psychology of Religion, 6*, 95–105.

Spoerri, T. (Hrsg.). (1968). *Beiträge zur Ekstase.* Basel: Karger.

Stace, W. T. (1960). *Mysticism and philosophy.* Philadelphia: Lippincott.

Stark, R. (1965). A taxonomy of religious experience. *Journal for the Scientific Study of Religion, 5*, 97–116.

Stark, R. & Glock, Ch. Y. (1968). *American piety: The nature of religious commitment.* Berkeley: University of California Press.

Staub, E. (1982). *Entwicklung prosozialen Verhaltens. Zur Psychologie der Mitmenschlichkeit.* München: Urban & Schwarzenberg.

Steger, M. F. & Frazier, P. (2005). Meaning in life: One link in the chain from religiousness to well-being. *Journal of Counseling Psychology, 52*, 574–582.

Steigleder, K. (1983). *Das Opus Dei – eine Innenansicht.* Zürich: Benziger.

Stein, A. (1994). *Vermittlung religiöser Inhalte und religiös begründete Ängste. Eine empirische Untersuchung im Bereich religiöser Erziehung.* Essen: Die Blaue Eule.

Steinmann, E. (1952). J'étais entrée dans le royaume de l' Église. In M. Nédoncelle & R. Girault (Eds.), *J'ai rencontré le Dieu vivant* (p, 188). Paris: Éditions de la revue des jeunes.

Steketee, G., Quay, S. & White, K. (1991). Religion and guilt in OCD patients. *Journal of Anxiety Disorders, 5*, 359–367.

Strassman, R. (2001). DMT: *The spirit molecule: A doctor's revolutionary research into the biology of near-death and mystical experiences.* Rochester, VT: Park Street Press.

Streyffeler, L. L. & McNally, R. J. (1998). Fundamentalists and liberals: Personality characteristics of protestant christians. *Personality & Individual Differences, 24*, 579–580.

Strunk, O. (1959). Perceived relationship between parental and deity concepts. *Psychological Newsletter, 10*, 222–226.

Sturgeon, RT. S. & Hamley, R. W. (1979). Religiosity and anxiety. *Journal of Social Psychology, 108*, 137–138.

Sundén, H. (1966). *Die Religion und die Rollen*. Berlin: Töpelmann.

Tajfel, H. & Turner, J. (1986). An integrative theory of interpersonal conflict. In S. Worchel & W. G. Austin (Eds.), *Psychology of intergroup relations* (pp. 7–24). Chicago: Nelson–Hall.

Tamminen, K. (1993). *Religiöse Entwicklung in Kindheit und Jugend*. Frankfurt am Main: Lang.

Tart, C. T. (1980). A systems approach to altered states of consciousness. In J. M. Davidson & R. J. Davidson (Eds.), *The psychobiology of consciousness* (pp. 243–270). New York: Plenum Press.

Taylor, S. E. (1983). Adjustment to threatening events: *American Psychologist, 38*, 1161–1173.

Tellegen, A. & Atkinson, G. (1974). Openness to absorbing and self-altering experiences (»absorption«), a trait related to hypnotic susceptibility. *Journal of Abnormal Psychology, 83*, 268–277.

Terz, A. (Andrej Sinjawski) (1968). *Gedanken hinter Gittern*. Wien: Zsolnay.

Thierfelder, C. (1998). *Gottes-Repräsentanz. Kritische Interpretation des religionspsychologischen Ansatzes von A.-M. Rizzuto*. Stuttgart: Kohlhammer.

Thomas, K. (1964). *Handbuch der Selbstmordverhütung*. Stuttgart: Enke.

Thomas, K. (1967). Die Bedeutung der »hypnotischen und autogenen Bilderschau« für die Religionspsychologie. *Archiv für Religionspsychologie, 9*, 282–296.

Thomas, K. (1970). *Die künstlich gesteuerte Seele*. Stuttgart: Enke.

Thouless, R. H. & Brown, L. B. (1964). Les prières pour demander des faveurs. In A. Godin (Ed.), *De l'expérience à l'attitude religieuses*. Cahiers de Lumen vitae – Psychologie religieuse, Vol. 3 (pp. 129–146). Brüssel: Lumen Vitae.

Tisdale, T. C., Key, T. L., Edwards, K. J., Brokaw, B. F., Kemperman, S. R., Cloud, H. Townsend, J. & Okamoto, T. (1997). Impact of treatment on God image and personal adjustment, and correlations of God image to personal adjustment and object relations development. *Journal of Psychology and Theology, 25*, 227–239.

TNS Infratest (2005). Umfrage für den SPIEGEL vom 4. bis 6. Juli 2005. *Der Spiegel* 33/2005 (15.08.05), 138.

Tonigan, J. S., Miller, W. R. & Schermer, C. (2002). Atheists, agnostics and Alcoholics Anonymous. *Journal of Studies on Alcohol, 63*, 534–541.

Tucker, J. K. (2005). Meeting God: Representations of and relationships with God of mature christians. *Dissertation Abstracts International: Section B: The Sciences and Engineering, 65(8–B)*, 4269.

Ulich, D., Kienbaum, J. & Volland, C. (1999). Emotionale Schemata und Emotionsdifferenzierung. In W. Friedlmeier & M. Holodynski (Hrsg.), *Emotionale Entwicklung. Funktion, Regulation und soziokultureller Kontext von Emotionen* (S. 52–69), Heidelberg: Spektrum.

Utsch, M. (1998). *Religionspsychologie: Voraussetzungen, Grundlagen, Forschungsüberblick*. Stuttgart: Kohlhammer.

Vaitl, D., Gruzelier, J., Jamieson, G. A., Lehmann, D., Ott, U., Sammer, G., Strehl, U., Birbaumer, N., Kotchoubey. B., Kübler, A., Miltner, W. H. R., Pütz, P.,

Strauch, I. & Wackermann, J. (2005). Psychobiology of altered states of consciousness. *Psychological Bulletin, 131*, 98–127.

van der Lans, J. (1985). Frame of reference as a prerequisite for the induction to religious experience through meditation: An experimental study. In L. B. Brown (Ed.), *Advances in the psychology of religion* (pp. 127–134). Oxford: Pergamon Press.

van der Slik, F. W. P. & Konig, R. P. (2006). Orthodox, humanitarian, and science-inspired belief in relation to prejudice against Jews, Muslims, and ethnic minorities: The content of one's belief does matter. *International Journal for the Psychology of Religion, 16*, 113–127.

Veenhoven, R. (1984). *Data-book of happiness*. Dordrecht: Reidel.

Vergote, A. & Tamayo, A. (1981). *The parent figures and the representations of God: A psychological and cross-cultural study*. Den Haag: Mouton.

Vianello, R. (1976). *La religiosità infantile. 9 ricerche di psicologia religiosa condotte su 2 200 bambini dai 3 ai 11 anni*. Firenze: Giunti-Barbera.

Vianello, R. & Marin, M. L. (1980). Ricerca di sondaggio sull' attegiamento magico infantile. *Età evolutiva, 7*, 24–39.

Vivekananda, S. (1970). *The complete works of Swami Vivekananda*. Mayavati memorial edition, vol. 3. Calcutta: Advaita Ashrama.

Vogel, B. (Hrsg.). (2003). *Religion und Politik. Ergebnisse und Analysen einer Umfrage*. Freiburg: Herder.

Wahl, H. (1985). *Narzissmus? Von Freuds Narzissmustheorie zur Selbstpsychologie*. Stuttgart: Kohlhammer.

Wapnick, K. (1985). Forgiveness: A spiritual psychotherapy. In E. M. Stern (Hrsg.), *Psychotherapy and the religiously committed patient* (pp. 47–53). New York: Haworth Press.

Watkins, Ph. C., Woodward, K., Stone, T. & Kolts, R. L. (2003). Gratitude and happiness: Development of a measure of gratitude and relationships with subjective well-being. *Social Behavior & Personality, 31*, 431–452.

Watson, P. J., Milliron, J. T., Morris, R. J. & Hood, R. W. (1994). Religion and rationality: II. Comparative analysis of rational-emotive and intrinsically religious irrationalities. *Journal of Psychology and Christianity, 13*, 373–384.

Watson, P. J., Morris, R. J. & Hood, R. W. (1994). Religion and rationality: I. Rational-emotive and religious understandings of perfectionism and other irrationalities. *Journal of Psychology and Christianty, 13*, 356–372.

Weaver, A. J., Berry, J. W. & Pittel, S. M. (1994). Ego development in fundamentalist and nonfundamentalist protestants. *Journal of Psychology and Theology, 22*, 215–225.

Weber-Gast, I. (1978). *Weil du nicht geflohen bist vor meiner Angst. Ein Ehepaar durchlebt die Depression des einen Partners*. Mainz: M. Grünewald.

Weitbrecht, H. J. (1968). Ekstatische Zustände bei Schizophrenen. In T. Spoerri (Hrsg.), *Beiträge zur Ekstase* (S.115–136), Basel: Karger.

Welton, G. L., Adkins, A. G., Ingle, S. L. & Dixon, W. A. (1996). God control: The fourth dimension. *Journal of Psychology and Theology, 24*, 13–25.

Wendler, K. (1989). »Kann ich Gott noch vertrauen?« *Pastoraltheologie, 78*, 173–184.

Whatley, M.A. (1993). Belief in a Just World Scale: Unidimensional or multidimensional? *Journal of Social Psychology, 133,* 547–551.

White, R. W. (1959). Motivation reconsidered: The concept of competence. *Psychological Review, 66,* 297–333.

Wielandt, R. (2002). Dschihad: Krieg um des Glaubens willen? Grundlagen und neuere Entwicklungen der Anschauungen zum Dschihad im Islam. *Una Sancta, 57,* 114–121.

Wiesnet, E. & Gareis, B. (1976). *Schuld und Gewissen bei jugendlichen Rechtsbrechern.* Düsseldorf: Patmos.

Wikström, O. (1980). A case of »possession«. *Archiv für Religionspsychologie, 14,* 212–227.

Wills, T. A., Yaeger, A. M. & Sandy, J. M. (2003). Buffering effect of religiosity for adolescent substance use. *Psychology of Addictive Behaviors, 17,* 24–31.

Windholz, G. (1986). Pavlov's religious orientation. *Journal for the Scientific Study of Religion, 25,* 320–327.

Winnicott, D. W. (1989). *Vom Spiel zur Kreativität* (5. Aufl.). Stuttgart: Klett-Cotta (Original: 1953).

Winzelberg, A. & Humphreys (1999). Should patients's religiosity influence clinicians' referral to 12-step self-help groups? Evidence from a study of 3018 male substance abuse patients. *Journal of Consulting and Clinical Psychology, 67,* 790–794.

Witter, R. A., Stock, W. A., Okun, M. A. & Haring, M. J. (1985). Religion and subjective well-being in adulthood: A quantitative synthesis. *Review of Religious Research, 26,* 332–342.

Wittkowski, J. (1990). *Psychologie des Todes.* Darmstadt: Wissenschaftliche Buchgesellschaft.

Witzig, T. F. (2005). Obesessional beliefs, religious beliefs, and scrupulosity among fundamental protestant christians. *Dissertation Abstracts International: Section B: The Sciences and Engineering, 65(7–B),* 3735.

Wolpe, J. (1958). *Psychotherapy by reciprocal inhibition.* Stanford: Stanford University Press.

Worden, J. W. (1999). *Beratung und Therapie in Trauerfällen. Ein Handbuch* (2. Aufl.). Bern: Huber.

Wright, S. A. (1987). *Leaving cults: The dynamics of defection* (Monograph No. 7). Washington, DC: Society for the Scientific Study of Religion.

Wulff, D. M. (1997). *Psychology of religion: Classic and contemporary views* (2nd ed.), New York: John Wiley & Son.

Wulff, D. M. (2000). On the current status of the psychology of religion in the United States. In Ch. Henning & E. Nestler (Hrsg.), *Religionspsychologie heute* (S. 13–28), Frankfurt am Main: Lang.

Wuthnow, R. (1991). *Acts of compassion: Caring for others and helping ourselves.* Princeton: Princeton University Press.

Wuthnow, R. (1995). *Learning to care. Elementary kindness in an age of indifference.* New York: Oxford University Press.

Wuthnow, R. (2000). How religious groups promote forgiving: *A national study. Journal for the Scientific Study of Religion, 39,* 125–139.

Yinger, J. M. (1970). *The scientific study of religion.* New York: Macmillan.

Zaehner, R. (1960). *Mystik – religiös und profan.* Stuttgart: Klett.

Zimmer, A. (1999). *Das Verständnis des Gewissens in der neueren Psychologie.* Frankfurt am Main: Lang.

Znoj, H., Morgenthaler, Ch. & Zwingmann, Ch. (2004). Mehr als nur Bewältigen? Religiosität, Stressreaktionen und Coping bei elterlicher Depressivität nach dem Verlust eines Kindes. In Ch. Zwingmann & H. Moosbrugger (Hrsg.), *Religiosität: Messverfahren und Studien zu Gesundheit und Lebensbewältigung. Neue Beiträge zur Religionspsychologie* (S. 277–297), Münster: Waxmann.

Zulehner, P. M. (2002). Die Sehnsucht nach Sinn. In H. Denz (Hrsg.), *Die europäische Seele. Leben und Glauben in Europa* (S. 23–41). Wien: Czernin.

Zweifel, A. & Scharfetter, C. (1977). Christliche Religion und Psychosethematik. *Schweizer Archiv für Neurologie, Neurochirurgie und Psychiatrie, 121,* 317–324.

Zweigenhaft, R. L., Phillips, B. K. G., Adams, K. A., Morse, C. K. & Horan, A. E. (1985). Religious preference and belief in a just world. *Genetic, Social, and General Psychology Monographs, 3,* 333–348.

Zwingmann, Ch. (2004). Spiritualität/Religiosität und das Konzept der gesundheitsbezogenen Lebensqualität: Definitionsansätze, empirische Evidenz, Operationalisierungen. In Ch. Zwingmann & H. Moosbrugger (Hrsg.), *Religiosität: Messverfahren und Studien zu Gesundheit und Lebensbewältigung. Neue Beiträge zur Religionspsychologie* (S. 215–237), Münster: Waxmann.

Zwingmann, Ch., Grom, B., Schermelleh-Engel, K., Madsen, R., Schmitz, E. & Moosbrugger, H. (2004). Das Münchner Motivationspsychologische Religiositäts-Inventar: Dimensionsanalytische Prüfung und Revision. In Ch. Zwingmann & H. Moosbrugger (Hrsg.), *Religiosität: Messverfahren und Studien zu Gesundheit und Lebensbewältigung. Neue Beiträge zur Religionspsychologie* (S. 57–77), Münster: Waxmann.

Zwingmann, Ch., Rumpf, M., Moosbrugger, H. & Frank, D. (1996). Das I-E-Konzept: Wege aus der Krise? Religiöse Orientierungen und Glaubensinhalte. In H. Moosbrugger, Ch. Zwingmann & D. Frank (Hrsg.), *Religiosität: Persönlichkeit und Verhalten. Beiträge zur Religionspsychologie* (S. 97–114). Münster: Waxmann.

Sachregister

Theologie hat Zukunft

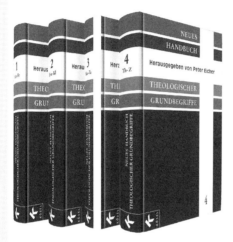

Peter Eicher (Hrsg.)
NEUES HANDBUCH
THEOLOGISCHER
GRUNDBEGRIFFE
4 Bände im Schuber
Gesamtumfang 2112 Seiten.
Gebunden
ISBN: 978-3-466-20456-4

»Das neue Handbuch theologischer Grundbegriffe ist das groß angelegte Experiment, das Gedächtnis des religiösen Denkens mit der Kraft humaner Phantasie zu verbinden.«

Peter Eicher

Für die Praxis

S. Bohlen/R. Krockauer/M. Lehner
THEOLOGIE UND SOZIALE ARBEIT
304 Seiten. Kartoniert
ISBN: 978-3-466-36710-8

G. Bitter/R. Englert/G. Miller/
K. E. Nipkow/D. Blum
NEUES HANDBUCH RELIGIONS-
PÄDAGOGISCHER GRUNDBEGRIFFE
576 Seiten. Gebunden
ISBN: 978-3-466-36598-2

Franz W. Niehl
BIBEL VERSTEHEN
Zugänge und Auslegungswege
256 Seiten. Kartoniert
ISBN: 978-3-466-36731-3

Ludwig Rendle
GANZHEITLICHE METHODEN IM
RELIGIONSUNTERRICHT
364 Seiten. Kartoniert
ISBN: 978-3-466-36754-2

022

SACHBÜCHER UND RATGEBER
kompetent & lebendig.

www.koesel.de
Kösel-Verlag München, info@koesel.de